현대종교학과 대순사상

비교연구 방법과 적용

Contemporary Religious Studies and Daesoon Thought

: Comparative Research Method and Application

현대종교학과 대순사상
비교연구 방법과 적용

초 판 인 쇄 2023년 03월 22일
초 판 발 행 2023년 03월 29일

저　　　자 차선근
발 행 인 윤석현
발 행 처 박문사
책 임 편 집 최인노
등 록 번 호 제2009-11호

우 편 주 소 서울시 도봉구 우이천로 353
대 표 전 화 02) 992 / 3253
전　　　송 02) 991 / 1285
전 자 우 편 bakmunsa@hanmail.net

ⓒ 차선근, 2023 Printed in KOREA.

ISBN 979-11-92365-28-2　93200　　　　　　정가 27,000원

현대종교학과 대순사상

비교연구 방법과 적용

Contemporary Religious Studies and Daesoon Thought

: Comparative Research Method and Application

차 선 근 저

박문사

이 책의 길라잡이

막스 뮐러(Friedrich Max Müller, 1823~1900)는 독일 출신의 고전 비교언어학자다. 옥스퍼드대학 교수였던 그가 1870년 런던 왕립연구소에서 '하나를 아는 사람은 아무것도 모른다', '세계의 종교들을 비교 연구하는 데 두려워 마라. 기독교 신학은 깨어지지 않는다', '잃는 것보다 얻는 것이 더 많을 것이다', '신학은 종교학을 통해서 더욱 공고해지고 생명력을 얻을 것이다'라고 연설하면서 기독교를 세계의 다른 종교들과 비교하도록 독려했던 일화는 유명하다. 그의 이런 업적 때문에 종교학계는 그를 '종교학의 아버지'로 부른다.

실제로 비교는 지식의 양을 늘리는 데 공헌할 수 있다. 비교가 필요한 이유다. 그러나 비교를 왜 하는 것인지, 어떻게 하는 것인지, 그 목적과 방법을 진지하게 고민하지 않는다면, 그때의 비교는 잘못되고 편향된 해석으로 기술된 지식을 생산할 위험에 처한다. 뮐러 이후 본격화된 비교가 그러했다. 결국 비교연구는 우열을 따진다거나, 유사성만 찾는다거나, 맥락이 없다거나, 이론적이지도 학술적이지도 못하다거나 하는 여러 비판에 직면하였고, 20세기 전반기가 끝나기 전에 거의 몰락해버렸다.

거의 빈사 상태였던 비교를 부활시킨 주인공은 후대의 종교학자들이었다. 그 선구자는 조너선 스미스(Jonathan Z. Smith, 1938~2017)였다. 그

는 종교학에서 비교가 여전히 필요하다는 사실을 강조하면서, 비교는 비교 그 자체가 목적이어서는 안 된다고 역설했다. 그에 의하면 비교는 지적 호기심에서 비롯되는 것으로서 목적을 지녀야 한다. 그가 말한 비교의 목적은 재기술(redescription)과 교정(rectification)이었다. 그러니까 비교로써 차이를 찾고, 그 차이를 담은 기술로써 기존에 잘못 알려진 사실을 바로 잡아야 한다는 것이다.

조너선 스미스에 의해 새로운 활력을 부여받은 비교는 막스 뮐러 시대의 그것과는 다르다. 이제 비교 작업을 할 때는 그 목적과 방법을 진지하게 성찰하지 않으면 안 되는 시대가 되었다. 그러므로 만약 누군가가 비교 작업한 연구 결과를 발표한다고 할 때 '비교하는 이유가 무엇인지' 묻는다면, 그의 질문 속에는 ▲ 막스 뮐러 시절의 몰락한 비교와 조너선 스미스 이후 새로 등장한 비교의 차이를 발표자가 알고 있는지, ▲ 지식 축적이나 비교 행위 그 자체를 넘어선 목적을 학술적으로 확보하고 있는지, ▲ 목적으로 나아가기 위한 비교 방법론의 여정이 적절하게 설계되어 있는지를 확인하려는 의도를 가졌음을 알아야 한다. 다음의 글은 필자가 이 사실을 설명하기 위해 대학원 수업 시간에 학생들에게 배포했던 자료다.

얼마 전 어느 학회에 참석한 일이 있었다. 한 발표자는 특정한 두 개의 종교사상을 비교한 결과를 내어놓았는데, 그 발표의 논평을 맡았던 나는 '그 어렵고 까다로운 비교를 굳이 해야 하는 이유는 무엇인지' 물었다.

돌아온 발표자의 대답은 하나만 알면 안 되고 둘을 알아야 지식의 폭이 더 커지며, 비교로써 나 자신도 더 잘 알게 되기 때문이라는 것이었다.

틀린 말은 아니었다. 그러나 내가 기대한 속 시원한 답도 아니었다. 의례 그렇듯 시간이 부족한 발표장 분위기로 인해 더 이상의 말을 할 기회는 얻지 못했다. 심지어 다음 발표자는 자기에게 할당된 시간이 줄어든다고 노골적인 불평까지 늘어놓았다.

자기 발표 시간을 빼앗긴 억울함을 호소하던 다음 발표자의 차례가 왔다. 그는 자기 논문 내용을 공개하기에 앞서, 뜬금없이 '비교를 하는 이유'를 물은 나의 질문이 한심스럽다고 느껴졌는지, '하나만 아는 것은 아무것도 모르는 것이다'라고 말한 막스 뮐러의 말을 꺼내면서, 비교는 당연히 해야 하는 것 아니냐고 반문했다. 나는 더 이상의 할 말을 찾지 못했다. 이들의 사고방식은 뮐러의 발언이 나온 '1870년'에 머물러 있었기 때문이다. 이들은 150여 년 전에 나온 그 발언의 맥락이나, 비교연구 방법론의 전개와 부침 따위는 전혀 알지 못하고 있었다.

지금 종교학에서는 뮐러를 언급하지 않는다. 뮐러는 시대에 한참 뒤떨어진 낡은 인물로 낙인찍힌 지 오래다. 그래서 21세기에 뮐러를 인용하여 말하는 것은 본인 스스로가 현대 학문 경향을 따라가지 못하고 있음을 자백하는 꼴에 불과하다. 그러나 이 학회장에 모인 대다수 사람은 그 사실을 알지 못한다. 1870년을 현재인 줄 알고 사는 사람들에게 지금은 21세기라고 주장하는 나는 낯선 이방인일 뿐이다.

한숨을 쉬며 지켜보던 학회의 마지막 발표, 이번에도 주제는 두 종교 사상의 비교를 다루는 것이었다. 발표자는 앞선 이들과는 달리 종교학 전공자였다. 그는 나름대로 비교에 대한 종교학의 이론을 짧게 소개함으로써 비교 문제가 간단하게 취급될 수 있는 게 아님을 시사했다. 발표와 논평이 끝나고 시간이 조금 남아서 질문을 받는 시간이 있었는데, 이

제껏 보이지 않았던, 그래서 그 자리에 참석했는지조차 몰랐던 한 여성 종교학 중견 학자가 갑자기 얼굴을 불쑥 들이밀더니 '그래서 비교는 도대체 왜 하는 것이냐'고 따져 물었다. 그래! 그렇지! 바로 그거야! 발표자 역시 종교학 전공자여서 그런지 그 질문의 의미를 알고 있는 듯했다. 그는 비교에 대한 종교학의 이론을 간략히 언급하면서, 비교의 까다로움과 제반 고충에도 불구하고 비교할 수밖에 없는 자기의 입장을 실토하며 나름의 비교 목적을 말하기 시작했다.

이제 전세는 역전되었다. 두 종교학자가 주고받는 대화가 초보적인 수준이었다고 할지라도, 지식과 이해의 폭을 넓히기 위해 비교한다는 인식은 막스 뮐러 시대의 낡은 접근방식에서 탈피하지 못하고 있다는 것, 비교의 목적과 방법에 대한 치열한 고민과 성찰을 해야만 비교를 학문으로 삼을 수 있다는 것을 잘 보여준 그들의 대화는, 그것을 알아들은 다른 사람들에게 신선한 충격을 주었으리라! 만약 그 대화의 의미를 모르는 사람이라면, 그는 아직 1870년대의 사고관을 가지고 지금 21세기를 살고 있다.

이 책의 기본적인 문제의식은 바로 이것이다. 여기에 실린 글들도 조너선 스미스가 말한 것처럼, 차이를 찾기 위한 비교 작업을 시도하고 있다.

비교를 위한 사례로 이 책이 주목한 것은 한국의 종교들 가운데 하나인 대순진리회다. 구체적으로 이 책은, 비교의 지평에서 바라본다면 대순진리회의 사상이 '차이' 때문에 다른 종교들, 다른 증산계 교단들과 동일시되어서는 안 된다는 주장을 담고 있다. 대순진리회의

사상이 최수운의 동학사상, 김일부의 정역사상, 그리고 무속 및 다른 증산계열 교단들의 사상과 어떻게 구분되는지를 설명함으로써, 대순진리회의 사상이 지닌 정체성을 드러내고자 함이 이 책의 목적이다. 비교로써 차이를 지적하는 방법으로 한국 신종교들 또는 증산계 종교들을 유사한 집단으로 기술해왔던 학계의 기존 관행을 비판하고자 했다는 뜻이다.

이 책은 총 10개의 장으로 이루어져 있다. 1장은 차이를 드러내는 비교를 강조한 조너선 스미스의 주장을 정리한 것이고, 나머지는 그러한 비교의 시선에서 대순사상을 조망한 결과물들이다. 이 모두는 2010년부터 2022년까지 학술지에 발표되었던 글들 가운데 몇 개를 추려 수정한 것이다.

1장은 「스미스와 스미스, 종교학의 대장장이들」이다. 이 원고는 『종교연구』 82-2호(2022)에 실렸던 것이나, 내용 보강으로 분량이 더 늘어났다. 주된 내용은 '종교'의 일괄기술보다 '종교들'의 개별 정체성을 강조하는 현대종교학의 흐름은 북미 종교학계의 윌프레드 캔트웰 스미스와 조너선 스미스에게서 발원한다는 것이다.

2장은 「정역사상과 대순사상 비교연구」다. 대순진리회의 사상은 김일부의 정역에서 강력한 영향을 받았다고 생각되는 경향이 있다. 한국 종교사에서 선천과 후천을 시대 구분 개념으로 사용한 최초의 인물이 김일부이고, 대순진리회도 선천과 후천을 그런 맥락에서 사용하므로, 그런 생각 자체가 잘못된 것은 아니다. 그러나 이 글은 우주론 분야에서 두 사상을 비교하면 일정한 '차이'가 드러난다는 사실을 밝혔다. 동양 종교 전통에서 우주론(본체론)이 인성론과 수행론의 배경

이 되곤 한다는 점을 고려하면, 정역 우주론이 육구연의 우주론에, 대순진리회 우주론이 주희의 우주론에 더 가깝다는 사실은 정역사상과 대순진리회 사상이 유사하면서도 어떤 지점에서는 그들 사이의 간격이 생각보다 클 수도 있다는 사실을 시사한다. 이 글은『종교연구』60호(2010)에 실렸던 것이나, 그 목차와 내용을 일부 수정하였다.

3장은「수운과 증산의 종교사상 비교연구」다. 이 글은 수운 사상과 증산 사상의 차이가 잘 드러나는 지점이 그들의 하늘관과 수행관에 있음을 주장한 것이다. 수운의 하늘관·수행관을 관통하는 핵심은 천주(Cheonju, 天主)와 이에 대한 해석을 기반으로 한 기화(氣化)이며, 증산의 하늘관·수행관을 관통하는 핵심은 상제(Sangje, 上帝)와 이에 대한 해석을 기반으로 한 덕화(德化)라는 게 이 글의 요지다. 따라서 수운과 증산이 펼쳐내는 종교사상의 스펙트럼은 각각 '초월성과 내재성이 혼재된 천주 vs. 내재성을 포괄하면서 초월성이 강조된 상제', '초월적 혹은 내재적 방법을 통한 기화 vs. 내재적 성격을 포괄하는 초월적 성격의 덕화'로 선명하게 대비시킬 수 있고, 이것을 읽어냄으로써 한국 근대에 활동한 두 종교가와 그들의 사상을 더 깊이 있게 이해할 수 있다. 이 글은『종교연구』69호(2012)에 실렸던 것을 가다듬은 것이다.

4장은「대순진리회의 개벽과 지상선경 – 무엇이 어떻게 다른가?」이다. 한국 근대종교사에서 '개벽'이라는 개념의 유행은 특징적인 현상이다. 그러나 각자 말하는 개벽의 내용은 유사하면서도 유사하지 않다. 이 글은 그 차이에 주목하고, 동학 및 정역의 개벽과 대순진리회의 개벽은 어떻게 다른지 살폈다. 아울러 대순진리회가 꿈꾸는 이상세계를 유불도의 이상세계와 비교의 지평에서 조망함으로써, 100여

년 전 한국인들 가운데 일부가 갈망했던 미래는 어떤 모습이었는지 정리하였다. 이 원고는『신종교연구』29호(2013)에 실렸던 것으로서, 이 책에서는 내용과 문장의 수정을 더 가하였다.

5장은「대순사상과 단군사상 비교연구」다. 이 글은 대순진리회의 사상과 단군의 사상에 나타나는 서사구조와 모티프를 비교함으로써 두 사상의 차이를 드러내려고 하였다. 이로써 대다수의 증산계 교단들은 증산의 사상이 단군사상을 그대로 재현한 것이라는 주장을 펼쳐왔지만, 대순진리회만큼은 교단 초창기부터 지금까지 줄곧 단군과 일정한 거리를 유지하고 있음을 확인할 수 있다.『대순사상논총』31호(2018)에 실렸던 이 원고는 잘못 기술했던 내용 일부를 수정한 것이다.

6장은「근대 한국의 신선 관념 변용 - 신선과 지상신선은 어떻게 다른가?」이다. 이 글은 동아시아의 신비 인격체인 신선이 대순진리회로 넘어오면서 어떤 변이를 일으켰는지를 살핀 것이다. 구체적으로는 신선(神仙)과 지상신선(地上神仙)의 내용이 어디에서 어떻게 차이를 일으키는지를 지적함으로써, 대순진리회가 추구하는 이상적 인격을 구체화하고자 하였다. 이 원고는『종교연구』62호(2011)에 실렸던 내용을 일부 수정한 것이다.

7장은「중국 초기 민간도교의 해원결(解冤結)과 대순진리회의 해원상생(解冤相生) 비교연구」다. 대순진리회의 해원 사상은『태평경(太平經)』에 기원을 둔다고 말하는 경우가 있지만,『태평경』과 대순진리회의 해원을 비교해보면, 그런 이해는 재고되어야 한다는 것이 그 요지다. 이로써 중국 도교와 대순진리회의 유사성을 인식하더라도 그 차이에 더 주목할 수 있어야 한다는 사실까지 강조하였다.『종교연구』

65호(2011)에 게재된 이 원고는 표현 일부를 가다듬어 이 책에 실었다.

8장은 「무속과 증산의 해원사상 비교로 본 대순사상 연구 관점의 문제-무속 해원과 증산 해원의 차이」다. 하나의 교단을 연구하고자 할 때, 그 연구자의 자세는 특정 종교에 편향되어서는 안 되며, 철저히 중립적이고 객관적이어야 한다. 이런 문제의식 속에서 이 글은 대순 진리회의 해원상생이 무속의 해원상생을 답습한 것에 지나지 않는다는 일부 학자의 주장을 정면으로 비판하였다. 『대순사상논총』 38호(2021)에 실렸던 이 원고는 제목과 표현 일부를 수정한 것이다.

9장은 「증산계 종교 일괄기술에 나타난 문제점과 개선 방향」이다. 증산계 교단들의 대표 사상은 '해원상생'이라고 알려졌지만, 그 각각의 교단들을 살펴보면 반드시 그렇게 말하기는 곤란하다는 게 이 글의 골자다. 해원이나 상생을 교리로 채택하고 있는 증산계 교단은 절반 정도에 그칠 뿐이고, 해원상생을 교리로 삼는 교단들조차 그 사상의 이해 방식은 교단의 입장에 따라 무속·단군이념 혹은 동학사상이라는 틀을 이용하는 경우와 독창성을 강조하는 경우로 나뉘고 있다. 해원상생이라고 하더라도 그 내용은 다르다는 뜻이다. 이러한 사실은 증산계 종교들에 대한 기존의 이해를 다르게 해야 함을 말해준다. 이 글은 『신종교연구』 30호(2014)에 실린 것으로서, 일부 내용을 손질하였다.

10장은 『대순종학』 창간호(2021)에 실렸던 「대순사상의 정체성과 그 연구자료 문제」다. 이 책의 결론에 해당하는 이 글은, 한국 신종교의 특정 주제를 개괄할 때 단 하나의 교단 사례를 보편화하여 기술하는 관행이 아직도 여전함을 비판한다. 심지어 증산계 종교 연구자들

가운데 일부는 A교단의 자료로써 B교단의 종교현상을 설명하려는 태도를 보이기도 한다. 이 때문에, 한국 신종교 또는 증산계 종교에 대한 기술은, 있는 그대로의 종교 현실을 제대로 반영하지 못한다는 문제점이 계속 나타난다. 혹자는 대순진리회의 독자성을 주장하는 것은 편협한 시각에 지나지 않고, 증산계 교단들을 하나로 묶어 그들의 사상을 일괄적으로 논의하는 것이야말로 진정한 학자의 올바른 자세라고 말한다. 그런 작업이 필요하다는 사실을 부정할 생각은 없다. 하지만 그런 작업이 설득력을 얻으려면 개별 종교들에 대한 꼼꼼한 분석부터 선행하지 않으면 안 된다. 이를 위해서는 자료 수집이 필수다. 물론 자료 수집은 종교학의 목표가 아니다. 그러나 자료 수집이 없다면 종교학은 단 한 걸음도 앞으로 나아갈 수 없다. 한국 신종교 또는 증산계 종교에 대한 개괄적 기술은 자료 수집과 분석을 하고, 그 하위 범주에 속하는 개별 교단들의 다양한 목소리들을 살핀 후에 그 결과물을 종합함으로써 가능할 것이다. 이 글은 이런 문제의식 속에서, 대순진리회와 다른 증산계 교단들 사이에는 차이가 있다는 사실을 지적하고, 대순진리회의 사상 즉 대순사상의 정체성을 드러내고자 하였다.

나는 원래 학술지에 논문만 꾸준히 투고할 뿐이고 굳이 그들을 추려 묶어 책으로 낼 생각까지는 하지 않았다. 인터넷이 발달한 21세기의 지금은 과거와 달리 학술지의 글들을 찾아보기가 쉬워졌으니 중복출판은 자원 낭비라고 여겼기 때문이다. 그래서 주변 사람들에게서 학술지에 냈던 글들을 모아 책으로 낼 것을 종종 요청받았지만 진지

하게 고려했던 적은 한 번도 없었다.

생각이 바뀌게 된 계기는 이 책 1장의 주인공 가운데 한 사람인 조너선 스미스를 본격적으로 공부하면서부터다. 수박 겉핥기식으로만 알고 있던 조너선 스미스를 좀 더 알고자 하는 의도에서 그가 남긴 인터뷰와 글들을 수집하고 하나씩 읽어나갔는데, 그때 그가 논문들을 모아 책으로 묶어 출판함으로써 학계에 던졌던 파장을 조금은 이해할 수 있게 되었던 덕분이다.

1년에 몇 편씩 내는 논문만으로는 연구자가 어떤 문제의식 속에서 어떤 작업을 하고 있는지 학계에 알리기가 쉽지 않다. 연구 성과들을 한 곳에 쌓아놓아야 그 연구자가 만만치 않은 시간과 노력을 투자해가며 공들인 게 무엇이었는지가 손쉽게 드러난다. 그것이 만들어내는 효과는 연구자가 자기의 작업을 묶어서 정리한다든가, 비슷한 문제의식을 지닌 동료들에게 자료를 제공함으로써 정보 검색의 수고로움을 덜어준다든가 하는 부수적인 것도 있겠지만, 그보다는 몇 편의 논문들을 하나로 합쳐서 보다 강력한 메시지를 전달하고자 함에 있다. 그래서 나도 2010년부터 10년이 넘도록 해왔던 주장들을 산만하게 흩어놓을 게 아니라, 한곳에 모음으로써 그 주장을 더 부각하고자 하는 마음이 생겨났다. 이 책은 이렇게 해서 세상에 나올 수 있었다.

이 책은 지난 10년 동안의 연구가 있었기에 가능했다. 그 작업은 한국학중앙연구원 명예교수이자 대진대학교 석좌교수인 강돈구 선생님, 아시아종교연구원 원장 윤용복 박사님, 대순종교문화연구소 소장 박상규 박사님의 도움이 없었다면 불가능했던 일이었다. 그분들의 아낌없는 지원과 격려에 감사의 마음을 전한다.

이 책이 싣고 있는 자료 기술과 분석에 미흡한 점이 있다면 그것은 전적으로 글쓴이의 잘못이다. 이에 대한 독자 제현들의 과감한 쓴소리를 겸허히 기다린다. 시간이 흘러 이 책의 내용이 이런저런 비판에 직면한다고 하더라도 기본적인 문제의식, 즉 '종교'가 아니라 '종교들'에 대해 관심을 더 가져야 한다는 사실, 증산계 '종교'보다는 증산계 '종교들'에 관심을 더 가져야 한다는 사실만큼은 살아남기를 바란다.

2023년 2월

목차

제5장

대순사상과 단군사상 비교연구   193
서사구조와 모티프 분석을 중심으로

제6장

근대 한국의 신선 관념 변용   231
신선과 지상신선은 어떻게 다른가?

스미스와 스미스, 종교학의 대장장이들

'종교'에서 '종교들'로

1. 여는 글

1-1. 왜 또 스미스인가?

조너선 스미스[1]

20세기 후반부터 지금까지 종교학(주로 비교종교 분야와 북미권 학계)에 가장 큰 영향력을 행사하고 있는 학자가 시카고대학에서 45년(1968~2013)을 일했던 조너선 스미스(Jonathan Z. Smith, 1938~2017)라는 사실을 부정할 이는 드물다. 스미스[2]는 초기 유대교·기독교 기원·지중해 지역의 고대 종교들을 주된 관심사로 삼았지만, 거기에 그치지 않고 학문의 이데올로기 문제, 자료 선택과 분류에 들어있는 정치적 문제, 특히 비교 방법 문제를 주제로 하는 논의의 장을 열어 놓았다. 그 결과 그는 현대 학계에서 학자가 자기의 작업 이유와 방법을 성찰하도록 촉구했다는 공로를 인정받는 인물이다.[3]

스미스를 거론하기 위해서는 그와 같은 시카고대학에서 일했던 루

---

1 출처: https://en.wikipedia.org/wiki/Jonathan_Z._Smith
2 조너선 스미스를 잘 아는 사람들은 그를 J. Z.(제이지)라고 부른다. J. Z.는 그에 대한 애정이 담긴 호칭이다. 그러나 그를 직접 만난 적도 없고 잘 알지도 못하는 내가 그를 J. Z.라고 부를 이유는 없다. 이 글에서 J. Z.는 스미스 혹은 조너선 스미스로 표기될 것이다.
3 Steven Ramey and Aaron Hughes, "Editorial," *Method & Theory in the Study of Religion* 31:1 (Feb. 2019), p.1.

마니아 출신의 미르체아 엘리아데(Mircea Eliade, 1907~1986)를 말해야 한다. 엘리아데는 20세기 중반 종교학의 학문적 위상을 끌어올리고 대중화를 선도하는 데 크게 이바지했다. 스미스는 그런 엘리아데를 학문적으로 조목조목 비판했고, 그 비판 내용이 지금의 종교학을 지배하는 주류 접근법들 가운데 하나가 되었다.

그의 연구 성과는 1990년대부터 국내에 알려지기 시작했고, 21세기 이후에는 몇몇 국내 종교학자들에 의해 정리되어왔다. 그 가운데 굵직한 것들만 모아보자면, 임현수(2006)·유요한(2006, 2007)·안신(2007)은 스미스의 비교연구 방법을 소개했고, 유요한(2012)은 엘리아데와 스미스의 관점 차이를 들여다보았으며, 장석만(2012)은 '종교' 개념의 변화 역사 속에 위치하는 스미스의 학문적 좌표를 분석했고, 조현범(2014)·안연희(2014)·이창익(2018)은 스미스의 학문을 꼼꼼하게 요약·비평했다.[4] 스미스의 서적을 번역해서 직접 소개하는 노고까지 마다하지 않았던 이들도 있으니, 스미스의 저서 *To Take Place: Toward*

---

4 임현수, 「조나단 스미스의 비교이론과 방법－이해와 비판」, 『종교문화비평』 10 (2006); 유요한, 「비교종교학 연구의 최근 동향－학문적 엄밀성이 요구되는 비교종교연구와 종교학」, 『종교문화연구』 8 (2006); 유요한, 「새로운 비교종교 방법론의 발전 가능성과 그 방향－조나단 스미스의 "같은 지점"의 확인을 통해」, 『종교와 문화』 13 (2007); 안신, 「조나단 스미스의 종교현상학 연구－태론과 비교론을 중심으로」, 『철학과 현상학 연구』 34 (2007); 유요한, 「거인 엘리아데의 어깨 위에서: 엘리아데 비판에 대한 엘리아데 관점의 답변」, 『종교학연구』 30 (2012); 장석만, 「'종교'를 묻는 까닭과 그 질문의 역사－그들의 물음은 우리에게 어떤 문제를 던지는가?」, 『종교문화비평』 22 (2012); 조현범, 「조나단 스미스 사용법－『종교 상상하기』와 『자리 잡기』에 대한 서평」, 『종교문화연구』 22 (2014); 안연희, 「조너선 스미스 바이러스: 종교학의 즐거운 상상 혹은 성실한 노역」, 『종교문화비평』 26 (2014); 이창익, 「종교는 결코 끝나지 않는다: 조너선 스미스의 종교 이론」, 『종교문화비평』 33 (2018).

Theory in Ritual'(1987)과 "*Imagining Religion*"(1982)을 각각 『자리 잡기』와 『종교 상상하기』로 출판했던 방원일과 장석만이 그 주인공들이다.[5]

이런 상황에서 이 글이 또다시 스미스를 거론하는 이유는 첫째, 스미스가 제기한 '종교-종교들' 문제를 부각하기 위해서다. '종교보다 종교들을 보라'는 주장은 스미스의 종교학 유산이나, 그보다 앞서 윌프레드 캔트웰 스미스(Wilfred Cantwell Smith, 1916~2000, 이 글에서는 윌프레드 스미스로 표기)의 중요한 역할이 그 앞에 있었다는 사실은 잘 알려지지 않았다. 이 글은 그 흐름을 정리함으로써 '종교보다는 종교들', '유대교보다는 유대교들', '기독교보다는 기독교들', '불교보다는 불교들', '신종교보다는 신종교들'을 먼저 살펴야 한다는 현대종교학의 연구 관점을 드러내고자 한다.

둘째 이유는 2017년 스미스가 폐암으로 사망한 이후 서구 종교학계는 그의 업적을 어떻게 정리하고 있는지를 소개하기 위함이다. 이 작업은 한국 종교학계에 스미스의 유산이 미치게 될 영향을 전망하도록 만들 수 있을 것이다.

셋째 이유는 종교에 해당하는 자료란 존재하지 않는다고 한 스미스의 주장이 비판받지만, 이 비판에 대응한 스미스의 답변은 아직 국내에서 제대로 검토된 바가 없다는 점 때문이다. 스미스의 답변은 그의 종교학 연구 업적을 선명하게 드러내는 것이어서, 이 부분의 조명이

---

5 조너선 Z. 스미스, 『자리 잡기 — 의례 내의 이론을 찾아서』, 방원일 옮김 (서울: 이학사, 2009); 조너선 Z. 스미스, 『종교 상상하기: 바빌론에서 존스타운까지』, 장석만 옮김 (파주: 청년사, 2013).

미흡했다는 사실은 한국 종교학계의 스미스 이해가 충분하지 않음을 시사한다.

1-2. 엘리아데에 대한 존경

스미스의 업적을 거론할 때 잊지 말아야 할 점은 스미스가 아버지 연배인 엘리아데와의 인연을 인생 최대의 선물로 여기고 그를 위대한 종교학자로 평생 존경했다는 사실이다.[6]

엘리아데는 시카고대학 재직 시절 33세의 젊은 스미스와 친구 같은 관계를 유지하다가 그를 부교수로 승진시켜야 한다는 추천서까지 써주었지만, 스미스는 학문적으로 그를 비판하기 시작했다. 엘리아데는 분노했고, 상심한 스미스는 시카고대학을 떠나려고 했다. 대학의 적극적인 만류로 사임하지 못했던 스미스는 여전히 엘리아데와 좋은 관계를 유지하기를 희망했다.

엘리아데 사후에도 그에 대한 스미스의 존중은 변함이 없었다. 시카고대학이 2007년 엘리아데 탄생 100주년 기념 학술회의 개최를 결정하자 스미스는 누구보다 열정적으로 그 준비에 참여하였고, 학술회의에서 쏟아지는 엘리아데 비판을 방어하고자 애썼던 것은 그 사실을 잘 보여준다.[7]

---

6 Jonathan Z. Smith, *Relating Religion: Essays in the Study of Religion* (Chicago: University of Chicago, 2004), p.13. 참조.

7 Pete Grieve, "J. Z. Smith: The College's Iconoclastic, Beloved, Chain-Smoking Dean," in Emily D. Crews and Russell T. McCutcheon, eds., *Remembering J. Z. Smith: A Career and its Consequence* (CT: Equinox Publishing Ltd, 2020),

무릇 학문이란 토론과 비판을 함으로써 발전하는 속성을 지니므로 이를 피할 수 없다. 그러나 토론과 비판이 학문 영역을 벗어나서 상대를 폄훼하는 것으로 나아가서는 안 된다. 논리에 기반한 학문적 '비판'과 감정에 기반한 인격적 '비난'은 다르다는 말이다. 스미스는 그것을 잘 알고 있었고 정확히 실천했다.

1-3. 어깨 위에 있는 것은 피그미족인가? 거인인가?

스미스의 엘리아데에 대한 자세는, 그가 자신을 '거인(엘리아데) 어깨 위의 피그미족(the pygmy, 난쟁이)[8]'으로 비유하면서 자신이 그 거인보다 더 멀리 보았다고 말할 수는 없으며, 그 거인은 자신에게 무엇을 어떻게 봐야 하는지, 배운 것을 어떻게 이해해야 하는지 가르쳐주었다고 썼던 데서 잘 나타난다.[9] '거인의 어깨 위(OTSOG: On the Shoulders of Giants)'는 뛰어난 사상가의 학술 업적에 힘입어 자신의 학문적 성취를 이룬다는 뜻이다. 엘리아데가 없었다면 비판을 통한 스미스의 발전도 없었을 것이니, 스미스에게 엘리아데는 긍정적으로든 부정적으로든 지적 원천인 셈이다.

스미스는 자신을 거인 어깨 위의 난쟁이(피그미족)로 자세를 낮추었

---

pp.119-120. p.123.

8 중앙아프리카의 열대우림 지역에 사는 부족들의 총칭으로 성인 남성의 평균 키가 130~140cm에 지나지 않는다. 아프리카의 다른 부족들은 이들을 네그릴로(Negrillo)라고 부른다.

9 Jonathan Z. Smith, "The Wobbling Pivot," *The Journal of Religion* 52:2 (April 1972), p.136.

지만, 사실 그의 모습은 다르다. 엘리아데 어깨 위에 올라선 스미스는 난쟁이가 아니라 엘리아데와 맞먹는, 어쩌면 더 큰 거인이다.

'어깨 위에 올라서 선다'는 표현이 가진 원래 의미는 기존의 업적에 머무른다는 것이 아니라, 그 업적을 토대로 더 큰 발전을 이룩한다는 것이다. 고전 물리학자 아이작 뉴턴이 그의 라이벌 로버트 훅에게 1676년에 보낸 편지에서 "내가 조금 더 멀리 보았다면 그것은 거인의 어깨 위에 서 있는 것입니다."라고 한 말이나, 12세기 신학자 솔즈베리의 존(John of Salisbury)이 라틴어로 쓴 논문 「메타로지콘(Metalogicon: 논리학변론)」(1159)에서 "우리는 거인 어깨 위에 앉아있는 난쟁이와 같다. 우리는 거인보다 더 많은 것을 보고 더 먼 것들을 본다. 그 이유는 우리가 거인보다 시력이 더 좋거나 키가 크기 때문이 아니라, 거인이 우리를 일으켜 세우고 그의 키에 우리의 키가 더해지기 때문이다."라고 했던 말은 '거인 어깨 위'의 참뜻을 잘 보여준다.[10]

스미스는 자신을 '거인 어깨 위에 올라선 피그미족'으로 비유할 때, 이 표현의 유래와 사용 실태 조사가 컬럼비아대학의 사회학자 로버트 머튼(Robert K. Merton, 1910~2003)의 저서 『거인의 어깨 위에서』(1965)[11]에 실려있다고 밝혔다.[12] 그런데 스미스가 참고했던 머튼의 1965년 당시의 저서 표지를 보면, 거인 어깨 위에 올라선 사람이 피그미족 난쟁이가 아니라 거인이다. 아래 거인과 위 거인의 눈높이는 다르다. 시력이

---

10 https://www.phrases.org.uk/meanings/268025.html (검색일 2021.11.1)

11 Robert K. Merton, *On the Shoulders of Giants: A Shandean Postscript* (New York: The Free Press, 1965). 이 서적은 출판사를 바꿔 다시 출판되었다. 원래의 1965년 판은 인터넷 아카이브(https://archive.org)에서 무료로 열람할 수 있다.

12 Jonathan Z. Smith, "The Wobbling Pivot,", p.136.

같다면, 위 거인이 더 멀리 본다. 스미스는 머튼 저서의 표지와 내용을 인지했으면서도, 자신을 엘리아데 어깨 위의 피그미족으로 비유하고 더 멀리 본 것은 아니라고 말했다. 그러나 실제 머튼 저서의 표지가 알려주는 모습은 거인의 어깨 위 인물이 피그미족 난쟁이가 아니라 또 다른 거인이며, 그렇기에 더 멀리 본다는 것이다.

1965년에 처음 출판된 로버트 머튼의 저서『거인의 어깨 위에서』표지. 이후 출판에서는 표지가 바뀌었다.

따라서 스미스는 평생 엘리아데를 존경했지만, 학문적 시선만큼은 그보다 더 높다고 자부했다고 말해야 한다. 후대 사람들이 바라보는 모습도 스미스가 보았던 바로 그 머튼 저서 표지(1965년 출판)대로, 거인 엘리아데 어깨 위에 올라선 '난쟁이 스미스'가 아니라, 거인 엘리아데 어깨 위에 올라선 '거인 스미스'였다.

2. 스미스의 유산

2-1. 스미스가 제시한 종교학의 방향

스미스가 엘리아데를 극복하는 모습은 1972년 논문「흔들리는 중심축(The Wobbling Pivot)」에서 본격적으로 보인다. 그가 여기에서 지적

했던 엘리아데의 문제점은 다음과 같다.[13]

첫째, 엘리아데는 무질서/혼돈을 사라져야 할 속(俗, the profane)이라고 부정적으로 말한다. 그러나 무질서/혼돈은 창조를 위해 필요한 개념이며, 가능성과 활력의 원천이고, 질서 및 신성함과 불가분의 관계에 있다.

둘째, 엘리아데는 세계의 중심을 우주의 수평축 혹은 수직축의 중간/교차 지점으로 규정한다. 그러나 그 규정은 너무 폭이 좁아 정확하지 않다. 예를 들어 예루살렘 성지는 엘리아데의 지적대로 수평 – 수직의 중간이지만, 동시에 시간과 역사의 중심이자 가치의 중심이기도 하다. 엘리아데는 바빌로니아의 성전 두란키(Dur-an-ki)가 상층 세계와 땅이 교차하는(천상과 지상이 연결되는) 지점이라고 하지만, 실은 천지가 창조되어 강제로 분리되었을 때 남겨진 흉터 또는 배꼽이므로 분리 지점이라고 해야 더 타당하다.

셋째, 엘리아데는 신화 패러다임을 항상 의례적으로 반복 – 재생되는 것으로 규정한다. 그러나 그와 다른 패러다임, 즉 우주의 구조가 나쁘거나 잘못된 것으로 판단하고 뒤바뀌거나 파괴되어야 한다고 보는 신화들도 존재한다. 오히려 이런 신화들이 반복 – 재생의 패러다임보다 더 본질적일 수 있다.

넷째, 엘리아데는 '고대 혹은 태고'와 '현대'의 이원론으로 우주의 역사와 구조를 전제하고 그것의 반복 – 순환을 주장한다. 그러나 그런 '위치설정 버전'의 세계관만 존재하는 것이 아니라, 반란을 꿈꾸는

---

13 *Ibid*, pp.143-148.

'유토피아 버전'의 세계관도 같이 공존하고 있다.

엘리아데 종교학의 문제점을 파악한 스미스는 종교학의 새로운 방향을 찾고자 했다. 「흔들리는 중심축」을 Ⅳ장으로 편성한 저서 『지도는 영토가 아니다(Map Is Not Territory)』(1975)[14]는 그것을 잘 보여준다. 훗날 스미스도 이 서적이 자신의 학문에서 결정적인 '전환점'이었다고 회고했다.[15]

미국 출신으로서 덴마크에서 활동하는 종교학자 아민 기어츠(Armin Geertz)도 스미스 덕분에 종교학은 포스트모던 경향을 종식하고 진정한 학문으로 성장할 수 있게 되었다고 진단하고, 스미스의 주장이 『지도는 영토가 아니다』에 잘 요약되어 있다고 말했다. 특히 그는 스미스의 업적을 두고 종교학에 '분석적 전환(analytical turn)'이 일어났던 것으로 평가했다.[16]

『지도는 영토가 아니다』를 시작으로 스미스가 차곡차곡 쌓아 올린 종교학은 2004년의 저작 『종교 관련짓기(Relating Religion)』의 1장 「칩이 다 떨어졌을 때[17]」에 정리되어 있다. 이 글에서 스미스는 학생 시절과 교수 시절을 회고한 후, 그동안 줄곧 몰두해왔던 학문 방향 및 관심

---

14 Jonathan Z. Smith, *Map Is Not Territory: Studies in the History of Religions* (Chicago: University of Chicago Press, 1975).

15 Jonathan Z. Smith, *Relating Religion: Essays in the Study of Religion,* p.41.

16 Armin W. Geertz, "Long-lost Brothers: On the Co-histories and Interactions Between the Comparative Science of Religion and the Anthropology of Religion," *Numen* 61 (March 2014), pp.259-260.

17 '칩이 다 떨어졌을 때(When the chips are down)'는 카드 도박판에서 칩이 다 떨어진 상황에서 나온 말로서, '막상 일이 닥치게 되면, 그러니까 터놓고 말해보자면, 결국 말해보면'이라는 뜻이다.

사를 몇몇 키워드로 설명했다. 그것은 '① 반전과 반란, ② 상황·불일치(부조화) 그리고 사유해보기, ③ 분류와 비교, ④ 문화·차이 그리고 사유해보기, ⑤ 재기술·번역 그리고 일반화하기'의 다섯 종류다.[18] 이것을 간추리면 다음과 같다.

첫째, 지금까지는 중심과 주변(성과 속)의 이분법으로 세계를 조망하는 엘리아데식의 제국주의적 관점이 종교학을 지배해왔다. 이것을 '위치설정 지도(locative map)'라고 부를 수 있다. 그러나 존재했던/존재하는 영토는 이 지도와 다르다. 역사와 세계가 보여주는 실제 모습은 엘리아데가 만든 단 한 종류의 지도에 모두 담기지 않는다. 현실은 중첩적이거나 더 복잡하다. 그러므로 지도와 영토가 일치하지 않는 이 불편한 상황을 덮지 말고 인정하면서, 우리는 상상력과 통찰력을 발휘하여 다양한 세계를 설명하고 이해하는 새로운 지적 모험에 나서야 한다. 인문학의 출발점이 바로 여기다.

둘째, 지금까지 종교학은 종교들 혹은 문화들 사이의 차이(difference)와 상황(situation)을 놓치고 보편적인 구조와 의미만 더듬어 찾는 엘리아데식 접근을 해왔다. 그 접근은 연구 대상들이 공통의 뿌리를 가지고 있다는 전제로 동일성만 강조하거나 유사성의 계통을 찾는 데 집중하는 호몰로지(homology) 관점이었다. 이것은 미리 만들어 놓은 지도(단일한 제국주의적 이론)와 영토(실제 현실)가 일치하지 않는 문제를 계속 만들어왔다. 그러므로 이제는 상황과 맥락을 고려하여 각각의 차이를

---

18 ① Reversal and Rebellion; Locative and Utopian, ② Situation, Incongruity, and Thought, ③ Taxonomy and Comparison, ④ Culture, Difference, and Thought, ⑤ Redescription, Translation and Generalization. Jonathan Z. Smith, *Relating Religion: Essays in the Study of Religion,* pp.14-32.

찾아내야 한다. 유사성이 발견된다고 하더라도, 그것은 기능적인 측면을 보여주는 것일 뿐이며 근원과 뿌리는 다르다고 인식해야 한다. 이것이 바로 아날로지(analogy) 관점의 비교다. 그리고 비교는 'x는 y를 닮았다'는 이항의 형태가 아니라, 'x는 …에 대하여 z보다 y를 더 닮았다' 또는 '…에 대하여 w가 z를 닮은 것보다는 x가 y를 더 닮았다'는 삼항 이상의 형태로 구성되어야 한다.[19]

셋째, 스미스는 상황과 맥락을 고려하여 차이를 찾는 비교 작업이, 비교 그 자체로 끝이 되어서는 안 된다고 말한다. 비교는 비교 작업으로써 기존 개념과 범주의 교정까지 나아갈 수 있어야 한다는 게 그의 주장이다. 그러니까 비교 작업은 ① 있는 현상을 기술하기(description), ② 기술된 것들을 비교하기(comparison), ③ 비교로써 발견된 사실을 피드백하여 기존의 기술을 다시 기술하기(redescription), ④ 그 결과는 기존 개념과 범주 교정(rectification)에 반영하기이다. 이 결과는 일반화(generalization)로 진행되어야 한다. 이때 일반적인 것(the general)은 예외를 인정하기에 보편적인 것(the universal)을 의미하지 않는다.[20] 따라서 교정 결과인 일반화는 엘리아데 방식의 제국주의적 보편화가 아니다.[21]

---

19 *Ibid,* p.23, pp.63-72, pp.93-94.

20 *Ibid,* p.369.

21 과거의 비교가 기억이나 우연히 떠오른 인상으로써 유사성을 찾는 데 치중했다고 비판한 스미스의 이 주장은 「비교에는 주술이 살고 있다(In Comparison a Magic Dwells)」에 잘 정리되어 있다. 스미스는 이 논문을 1979년 AAR(American Academy of Religion)에서 처음 선보였다고 말한다. 이 논문의 앞부분에 등장하는 네 가지 비교양식(민족지적·백과사전식·형태론적·진화론적) 비판은 그가 만 32세 때 *History of Religions* (Volume 11 Number 1, 1971: 67-90)에 발표한 논문 「조금씩 더하면 큰 무더기가 될 것이다(*Adde Parvum Parvo Magnus Acervus Erit*)」에 이미 나와 있다. 이 논문은 그의 저서 *Map Is Not*

스미스가 동일성 또는 유사성보다 맥락과 상황에 따른 '차이'에 집중하라고 했던 것은 웬디 도니거(Wendy Doniger) 및 윌리엄 페이든(William E. Paden)의 입장과 다르다. 도니거는 차이에 주안점을 둔 스미스에 비해 동일성과 차이 사이에서 균형 잡기를 강조했다. 도니거에 의하면, 처음 서구권(특히 유럽) 종교학이 비교연구에서 동일성이나 보편성을 강조하게 되었던 이유는, 세계 각 지역의 종교 전통들이 기독교와 '같다'는 사실을 확인하게 되면, 그들을 기독교인이 아니라는 이유로 더 이상 미워하거나 죽이지 않게 될 것이라고 여겼기 때문이다. 이런 맥락에서 도니거는 포스트모더니스트 및 탈식민주의자들의 공격 위험성에도 불구하고 비교 대상들의 동일성 찾기를 지금도 포기해서는 안 된다고 보고, 차이만 강조하고 동일성의 가정을 포기한다면 서로를 이해할 수 있는 영역이 사라진다고 경고한다.[22] 페이든도 비교가 차이를 드러내는 작업이기는 하지만 유사성을 인식할 수 있어야 상대의 의례나 행동들을 이해할 수 있는 지점이 확보되므로, 결국 비교는 유사점과 차이점을 모두 드러낼 수 있어야 한다고 말한다.[23]

Territory: Studies in the History of Religions의 11장에도 실렸다. 「비교에는 주술이 살고 있다」는 그의 저서 Imagining Religion(1982)에 편집되었으며, 이 논문의 한글 번역본은 조너선 Z. 스미스, 『종교 상상하기: 바빌론에서 존스타운까지』, 장석만 옮김 (파주: 청년사, 2013), pp.69-103을 참고할 수 있다.

22 Wendy Doniger, "Post-modern and -colonial -structural Comparisons," in Kimberley C. Patton and Benjamin C. Ray, eds., *A Magic Still Dwells: Comparative Religion in the Postmodern Age* (Calif.: University of California Press, 2000), pp.64-66.

23 William E. Paden, "Elements of a New Comparativism," in Kimberley C. Patton and Benjamin C. Ray, eds., *A Magic Still Dwells: Comparative Religion in the Postmodern Age* (Calif.: University of California Press, 2000), pp. 184-186.

도니거와 페이든이 비교를 사용하여 차이만이 아니라 유사점까지 더 지적할 수 있어야 한다고 했던 것은, 유사점이 서로를 향한 이해를 보증한다고 여겼기 때문이다. 스미스는 1996년 미국종교학회(AAR)의 연례 회의에서 이들의 주장과 관련한 의견을 내어놓았다. 그는 과거의 비교종교 연구가 차이를 희생시키고 유사성을 강조한 끝에 실패했음을 상기시킨 후, 학자가 비교작업에서 유사점을 지적할 때 나타나는 위험성을 경고하면서, 유사성 집착은 결국 바이블과 그리스－로마 문화를 담은 서구 기독교적 담론에서 벗어나지 않겠다는 태도를 보이는 것이라고 우려했다.[24] 그러나 그도 비교의 끝이 일반화에 있다고 말했으므로, 도니거와 페이든의 관점 즉 비교를 활용한 서로의 이해를 포기한 것은 아니다. 단지 스미스는 비교에서 차이를 우선시해야 한다고 말했던 것뿐이다.

종교를 향한 '고유한(sui generis)' 접근을 강조했던 엘리아데 종교학을 반대한 스미스는, 자신의 이러한 관점들을 연구에 적용하려는 종교학자는 가혹할 정도로 자의식적(self-conscious)이어야 한다고 강조했다. 한 종교현상을 연구할 때 왜 '저것'이 아니라 '이것'을 사례로 삼았는지 명확하게 밝힐 수 있어야 한다고 말한 것은 그 때문이다. 또한 선택한 1차 자료의 해석 역사와 전통을 철저하게 파악하고, 그것으로써 특정한 패러다임이나 핵심적인 문제를 밝히고 다른 사례의 응용까지 나아갈 것을 강조했다.[25]

---

24 Jonathan Z. Smith, "The "End" of Comparison: Redescription and Rectification," in Kimberley C. Patton and Benjamin C. Ray, eds., *A Magic Still Dwells: Comparative Religion in the Postmodern Age* (Calif.: University of California Press, 2000), pp.237-238.

2-2. 릴리지온(종교)에 해당하는 자료는 존재하지 않는다

2-2-(1) 『종교 상상하기』(1982) 서문에서

앞에서 정리한 스미스의 주장은 다음 그의 서술에서도 찾을 수 있다.

> "서구인이 '릴리지온(religion-종교)'을 상상해 온 것은 지난 몇 세기에
> 지나지 않는다. '릴리지온(종교)'을 연구하는 사람이라면 누구나 바로
> 이런 이차적인 영역, 즉 **성찰적 상상(reflective imagination)의 행위를 중심적**
> **인 관심사로 삼아야 한다.** 바꿔 말한다면 이런저런 문화에서 여러 가지 기
> 준으로 릴리지온(종교)적이라고 여겨진 인간의 경험과 표현, 현상과 자
> 료가 엄청나게 쌓여있지만, **'릴리지온(종교)' 그 자체에 해당하는 자료는 존**
> **재하지 않는다. '릴리지온(종교)'은 단지 학자들의 연구에서 만들어진 것일 뿐**
> **이다. 학자는 비교와 일반화라고 하는 상상의 행위를 하면서 자기의 분석적 목**
> **적을 이루기 위해 '릴리지온(종교)'을 창조한다. '릴리지온(종교)'은 학문의 세**
> **계를 떠나 독자적으로 존재하지 못한다.**"[26]

『종교 상상하기』(1982) 서문에 실린 이 문장은 스미스가 쓴 글 가운
데 가장 유명하고, 그래서 가장 많이 인용된 것이기도 하다. 이에 의하
면, 학문의 세계 속에서 학자는 종교적으로 보이는 이런저런 자료를
끌어모아 비교를 하든 일반화를 하든 나름의 분석적 연구를 진행한
다. 이때 학자의 머릿속에서 상상으로 만들어지는 게 '릴리지온(종교)'

---

25 조너선 Z. 스미스, 위의 책, pp.22-23.

26 같은 책, p.22.

이다. 이 말은 '릴리지온'이라고 하는 용어의 개념과 범주가 태곳적 인간의 삶으로부터 지금까지 줄곧 존재해왔던 확고부동의 단일한 것이 아니라, 그때그때 임의로 정해지는 것일 뿐임을 의미한다.

스미스는 이 문장으로, 서구 종교학자들이 기독교에 기반하여 상상했던 '릴리지온'이 비서구의 인간과 공동체에 폭력적인 영향을 끼쳤다는 문제의식을 표출하고 있다.[27] 그러니까 '릴리지온' 개념이 서구 기독교의 토양 속에서 형성된 것으로서 기독교 세계관을 전제한 용어인데, 학자들이 그것을 간과하고 '릴리지온'의 틀에 세계 각 지역의 다양한 종교현상을 담아내려고 시도한다면, 기독교와 유사한 모습의 종교는 정당한 종교로, 그렇지 않은 종교는 미개한 자들의 천한 문화로 취급받게 된다는 것이다.

스미스에 따르면, 엘리아데류의 위치설정 지도는 역사적으로 존재했던/존재하는 실제 영토를 담아내지 못한다. 지도와 영토의 불일치 상황 속에서 종교학자는 하나의 관점(서구 기독교 배경의 릴리지온 개념과 범주) 안에 모든 종교현상을 구겨 넣어 설명하려는 제국주의적이고 폭력적인 시선을 버리고, 상상력과 통찰력을 발휘하여 맥락과 상황 속에서 비교로써 각 종교 전통들의 차이를 발견할 수 있어야 한다. 그러므로 종교학자는 고정된 단 하나의 릴리지온 개념을 고집해서는 안 되며, 자신이 릴리지온을 어떻게 정의하고 표현하는지에 따라서 연구 대상에게 심각한 영향을 미칠 수 있음을 항시 염두에 두어야 한다. 이

---

27 Hugh B. Urban, "The Poetics and Politics of Comparison: From Revolutionary Suicide to Mass Murder," *Remembering J. Z. Smith: A Career and its Consequence*, pp.19-20.

런 성찰적 상상(비교와 일반화)의 자의식을 가진 종교학자에게 릴리지온은 학문의 세계, 머릿속 상상의 세계에서만 존재하는 이차적 개념일 뿐이다.

릴리지온의 개념과 한계를 철저히 주의하라는 스미스의 생각은 타당하다. 예를 들자면, 16~17세기 유럽에서는 로마 가톨릭의 타락을 쇄신하라고 요구하는 대규모의 개혁운동이 일어났다. 한국에서는 이 사건을 '종교개혁'으로 부른다. 그러나 실제 역사를 보면 개혁의 대상은 종교 즉 릴리지온이 아니었다. 우리가 흔히 릴리지온(종교) 범주 안에 있는 것으로 판단하는 불교, 힌두교, 이슬람, 유대교, 도교, 일본 신도 등이 이때 모두 한꺼번에 개혁이 이루어졌던 게 아니기 때문이다. 16세기 이후 유럽에서 일어난 사건은 면죄부 판매 등으로 타락의 끝을 보여주던 가톨릭이 그 개혁 대상이었으므로, '종교개혁'으로 불리면 안 된다. 이 사건의 영어 표현도 '종교의 개혁(Reformation of Religion)'이 아니라 그냥 '개혁(Reformation)'이나 '개신교 개혁(Protestant Reformation)', '유럽의 개혁(European Reformation)'이다. '개신교 개혁'이나 '유럽 개혁'을 '종교개혁'으로 번역한 것은 일본이고, 대개의 학술 용어가 그렇듯 한국도 이 용어를 그대로 수입해서 사용하고 있다.

이 번역은 16~17세기 유럽의 개혁운동이 '종교'를 개혁한 것이며, 그렇기에 이 개혁의 주체(개신교)이자 대상(가톨릭)인 기독교야말로 '종교'라고 부를 수 있다고 한 점에서, '릴리지온=종교=기독교'라는 공식을 사람들에게 은연중에 말하고 있다. 결국 이것은 기독교만이 참된 릴리지온(종교)이며, 16~17세기 개혁과 무관했던(개혁에 참여하지 않았던) 불교, 힌두교, 이슬람, 도교 등은 이 참된 범주에 들지 못한다는 의

미를 내포한다. 이 지점에서 기독교를 전제한 릴리지온(종교) 개념을 버리라는 스미스의 문제 제기가 어떻게 설득력을 얻는지 확인할 수 있다.

2-2-(2) 릴리지온(종교)이 상상에 불과하다고? 여기에 해당하는 자료가 없다고?

릴리지온 개념을 주제로 한 스미스의 문제 제기는 대다수 종교학자에게 공감을 얻는다. 하지만 이 문제 제기 끝에 그가 덧붙였던 기술, 즉 '릴리지온(종교)'은 학자의 머릿속에 존재하는 상상의 산물이라든지, 학문 세계에서만 존재한다는 주장은 과격한 것으로 여겨져 비판의 대상이 되기도 한다.

제페 젠슨(Jeppe S. Jensen)에 의하면 릴리지온이 비록 상상되는 것이라고 할지라도, 일반적인 합의에 근거해 종교적인 것으로 분류되는 인간의 관행이 존재하고 있으므로, 결국 '릴리지온'은 상상을 넘어 실존하는 것이다. 만약 '릴리지온'이 상상의 산물에 불과하면, 종교학자는 '존재하지 않는 존재'를 연구하려고 한다는 의심을 받게 될 뿐이다.[28]

스탠리 스토월스(Stanley K. Stowers)도 특정 종교 집단(기독교)의 관점이 반영된 '릴리지온' 개념을 하나의 규범으로 정당화하면 안 된다는 스미스의 주장에는 동의하지만, 종교가 학자의 학문 세계에만 존재한다는 그의 말만큼은 오독의 위험이 크다고 보고, 이를 극복하기 위해서는 '릴리지온'이 실제 존재한다는 사실을 존재론적 측면에서 강

---

28 Jeppe S. Jensen, "On How Making Differences Makes a Difference," *Introducing Religion: Essays in Honor of Jonathan Z. Smith,* p.148.

조할 필요가 있다고 본다.[29]

데릭 피터슨(Derek R. Peterson), 대런 월호프(Darren R. Walhof), 리처드 킹(Richard King)도 유사한 입장이다. 그들의 공통되는 목소리는 릴리지온을 연구 목적에서만 존재하는 것으로 취급하여 종교학자 개인의 머릿속 상상의 산물로 가정한다면, 릴리지온은 종교학자의 사적인 전유물로 전락하게 될 뿐이며, 그것이 사회적으로 실제로 만들어지는 개념임을 드러낼 수 없다는 것이다.[30]

최정화도 종교사(history of religions)의 관점에 서서 이 문제를 다루었다. 그가 비판적 실재론과 독일의 종교학자 후베르트 자이베르트(Hubert Seiwert)의 주장을 원용하면서 펼친 논의의 결론만 요약하자면 이러하다: '종교가 상상의 산물이며 종교에 해당하는 자료가 존재하지 않는다는 스미스의 발언과 이에 동조하는 비판적 종교(Critical Religion) 이론가들을 받아들일 수 없다. 그들이 종교 담론의 이데올로기적 성격과 종교 개념의 보편성을 비판한 것만큼은 유익하다. 그러나 종교를 상상의 산물이라고 하면서도, 상상 속이 아닌 역사 속에서 실존하는 종교를 연구하는 행위는 자기 모순적이다. 종교에 해당하는 자료는 분명히 존재한다. 종교도 분석적·묘사적 차원에서 여전히 유효한 개념이다. 이런 접근법이라야 실증적 종교학이 가능하다.'[31]

---

29 Stanley Stowers, "The Ontology of Religion," *Introducing Religion: Essays in Honor of Jonathan Z. Smith,* pp.434-435.

30 장석만, 「'종교'를 묻는 까닭과 그 질문의 역사」, 『종교문화비평』 22 (2012), pp.21-23 참조.

31 최정화, 「'종교'에 해당하는 자료는 존재하지 않는가? — 종교사(history of religions)와 비판적 실재론(Critical Realism)적 접근」, 『종교문화비평』 40 (2021), pp.145-147, pp.159-161, pp.167-169.

2-2-(3) 스미스의 말에 담긴 의도

정작 스미스는 자신을 향한 이 비판들이 '낯설어' 이해할 수 없다고 여긴다. 2012년 시카고대학 근처의 자택[32]에서 가졌던 인터뷰에서 그가 한 말을 직접 들어보자.

"그 문장이 인용될 때마다 동전 한 푼씩이라도 받았더라면 나는 40년 전에 은퇴할 수 있었을 것이다. 그러나 그 문장이 인용되는 방식은 때때로 나에게 낯설다고 말해야만 하겠다! 나는 이 용어(릴리지온)를 폐기해야 마땅하다고 말한 게 아니다. 예를 들자면 그렇다. 내가 이 문장을 쓸 때, 나는 이 문장에 그렇게 특별한 의미를 부여하지 않았다. 나는 이 문장이 자명하다고(self-evident) 여겼고, 그래서 그냥 썼다.

내가 이 문장을 학부생들에게 가르친 적이 있었는지는 잘 모르겠다. 대신에, 나는 학부생들에게 수업 첫날 써보라고 시키는 정의들 (definitions)의 맥락에서 그것(그 문장의 의미)에 접근한다. 수업 코스가 시작되는 바로 그때, 나는 학생들에게 종교가 무엇인지, 종교학은 무엇인지 말해보라고 하는 짧은 글을 쓰도록 요구한다. 내가 바깥에서 담배를 피웠다가 돌아오면 학생들은 쓰기를 마쳐야 한다. 나는 그들이 쓴 정의들을 모은다. 그리고는 우리가 해야만 하는 일이 정의를 정의하는 것 (what we have to do is define definition)이라고 말한다. 종교와 같은 일반명사들이 많은데, 정의를 내리는 문제는 일반성과 특수성에 있다고 말해

---

32 1893년 시카고 만국박람회를 위해 지어졌던 건물이라고 한다. Russell T. McCutcheon, "Introduction: Remembering J. Z. Smith (1938~2017)," *Remembering J. Z. Smith: A Career and its Consequence*, p.2.

준다. 종교는 매우 느슨한 용어이지만, 우리에게는 매우 느슨한 용어가 많이 있다.

　수업 마지막 날, 대개 누군가는 종교라는 단어를 주제로 한 이해가 이번 학기에 읽은 모든 내용을 수용할 만큼 충분히 탄력적인지, 즉 내가 학생들 생각에는 종교가 아닌 것도 읽도록 요구했었는지를 물어본다. 그리고 나는 수업 초기에는, 정의를 논의할 때, 단어를 정의하는 것이 그와는 다른 단어에 대해서 하는 일이라고 항상 학생들에게 주지시킨다. 정의는 사물을 묘사하는 것이 아니다.”[33]

　스미스는 릴리지온이 상상의 산물인지 아닌지, 릴리지온에 해당하는 자료가 있는지 없는지 따지는 데 아무런 관심이 없다. 자신의 그 과거 발언은 너무도 명백하다고 느끼기에 부연 설명조차 할 필요가 없다고 여긴다. 그는 그저 ‘종교란 무엇인가?’, ‘종교학이란 무엇인가?’라는 정의(definition) 맥락에서 그런 발언을 했었고, 학생들에게도 그런 식으로 가르치고 있었다고 말할 뿐이다.

　릴리지온이 상상에 불과하다거나, 릴리지온에 해당하는 자료가 없다거나 하는 스미스의 발언 자체는 논란의 여지가 다분하다. 하지만 그는 릴리지온의 정의 문제를 자각하게 만드는 게 자신의 의도였을 뿐이라고 말한다. 그리고 남들은 자기의 말을 오해한다고 여긴다. 분명하게 다 말했는데 도대체 왜들 난리냐는 식이다.

33　Jonathan Z. Smith, Willi Braun and Russell T. McCutcheon, “The Devil in Mr. Smith: A Conversation with Jonathan Z. Smith (2012),” in Willi Braun and Russell T. McCutcheon, eds., *Reading J. Z. Smith: Interviews and Essay* (New York: Oxford University, 2018), p.71.

스미스를 변호하자면, 『종교 상상하기』 서문에서 스미스가 종교를 무작정 상상하라고는 말하지 않았던 것은 사실이다. 그는 종교를 상상하라고 했지만, 그것은 종교학자의 연구 대상인 종교를 허구의 것, 존재하지 않는 것으로 여기고, 그것을 머릿속에서나 책상 위에서 상상해가면서 그려 나가라는 말이 아니었다. 그의 표현대로라면, 그가 말한 상상이라는 것은 ① 성찰하는 행위이며 ② 비교와 일반화를 하는 행위였다. 그러니까 상상은 상상이되, 그 상상은 허구를 추정하거나 지어내는 게 아니라 성찰하고 비교하고 일반화하는 행위다! 스미스가 자신은 말을 틀림없이 '분명하게' 했는데 왜 오해들을 하느냐는 태도를 보이는 것은, 자신을 비판하는 학자들이 '상상'이라는 단어에 현혹되어 자신의 참뜻을 읽지 못한 탓으로 생각하기 때문이다.

필자가 보기에는 스미스의 적반하장인 듯한 태도도 이해되고, 비판 학자들의 말도 이해된다. 스미스 입장으로서는 오해를 줄 우려가 있는 '상상'이라는 단어를 피했어야 했다. '종교 상상하기!', 이 얼마나 멋진 표현인가? 그러나 거장(巨匠)이나 대가(大家)처럼 보이게 하는 이런 멋들어진 말을 사용함으로써 불필요한 오해와 분란을 일으키기보다는, 투박하고 거친 표현일지라도 뜻이 분명하게 전달되도록 하는 게 더 나았을 것이다. 어쨌든 이 문제 때문에, 러셀 맥커천(Russell T. McCutcheon)과 같은 스미스 열혈지지자들은, 스미스의 과거 발언이 논란이 되는 이유가 스미스를 오해했기 때문이라고 둘러대기 바쁘다. 그리고 스미스의 발언은 종교학자들이 릴리지온이라는 용어를 다룰 때 그 용어에 있는 개념과 범주 문제를 충분히 인지하고 있어야 한다는 자의식을 일깨우고자 한 것이었을 뿐이라는 변명을,[34] 논란이 일어날 때마다

일일이 달아줄 수밖에 없게 되었다.

2-2-(4) 「종교, 종교들, 종교적인」

릴리지온 문제를 다룬 스미스의 생각을 집약한 글이 「종교, 종교들, 종교적인」(1998)이다. 스미스는 이 논문에서 릴리지온의 어원과 개념사를 먼저 정리했다. 이어서 신세계 탐험과 개신교 개혁(Protestant Reformation)으로 인하여 단 하나의 기독교 세계관으로는 설명할 수 없는 차이를 보이는 자료들이 폭증했던 사실, 이 때문에 단수형의 '릴리지온(종교)'이 아닌 복수형의 '릴리지온즈(종교들)' 개념이 등장했다는 사실, 더 나아가 고대 종교가 '릴리지온즈'에도 속하지 않는 원시적이고 미신적인 것으로 여기는 폭력적 시선을 극복하기 위해 '릴리져스(the religious)' 개념이 추가되었다는 사실을 차례로 보였다.

'종교→종교들→종교적인 것'으로 점점 그 릴리지온 범주가 확장을 거듭해 온 역사적 현실은, 릴리지온의 정의가 50개를 넘어가는 복잡한 상황으로 이어졌다. 따라서 학자가 볼 때 릴리지온은 개념과 범주가 고정되지도 통일되지도 못하므로 학문 도구로서 쓸모가 없다. 그러나 학자는 릴리지온 용어를 포기할 수 없다. 어쨌든 릴리지온이라는 용어가 있어야 학문 토론이 가능하기 때문이다.[35] 스미스는 논의를 이렇게 끌고 나가면서, 결국 학자는 릴리지온이라는 용어의 단

---

34 Willi Braun and Russell T. McCutcheon, "Introduction," *Reading J. Z. Smith: Interviews and Essay,* pp.ⅷ-ⅸ.

35 Jonathan Z. Smith, "Religion, Religions, Religious," in Mark C. Taylor, eds., *Critical Terms for Religious Studies* (Chicago: The University of Chicago Press, 1998), pp.281-282.

하나의(주로 기독교적인) 개념과 범주에 얽매여서는 안 되며, 그때그때 자신의 편의에 따라 릴리지온 개념과 범주를 정해 사용하면 된다는 결론을 내렸다.[36]

이 논문은 많은 종교학자에 의해 환영받았다. 알라바마대학의 마이클 알트만(Michael J. Altman)은 이 논문을 스미스의 저작 가운데 최고로 평가하고, 완전히 누더기가 될 정도로 이 논문을 읽고 또 읽었다고 말한다. 그는 그 누구도 자기에게 가르쳐주지 않았던 종교학의 기본 규칙과 접근 방법을 이 논문이 말하고 있다는 데에서 충격을 받았다고 고백했다.[37]

맥커천에 의하면, 마크 테일러(Mark C. Taylor)가 편집한 『종교학의 중요 용어들』에 한 꼭지로 실린 스미스의 이 논문은 그 책의 다른 어떤 글보다도 더 많이 읽히고 있으며, 수업 시간에 사용되는 빈도도 매우 높다고 한다.[38] 실제로 스미스의 이 논문은 오늘날 미국의 대학 또는 대학원의 교재로 많이 활용되고 있다.[39]

사족이지만, 이 이야기가 왜 중요한지 사례를 하나 들어보겠다. 최근 나는 몇몇 인문학 교수들이 모인 자리에서 공개 강의를 한 적이 있

---

36 *Ibid,* pp.269-284.

37 Michael J. Altman. ""Religion, Religions, Religious" in America: Toward a Smithian Account of "Evangelicalism"," *Method & Theory in the Study of Religion* 31:1 (Feb. 2019), p.72.

38 Russell T. McCutcheon, "Introduction: Remembering J. Z. Smith (1938~ 2017)," p.9.

39 실제 사례는 다음을 참조할 수 있다. Tenzan Eaghll, "The Positive Genealogy of J. Z. Smith," *Remembering J. Z. Smith: A Career and its Consequence,* pp.133-138.

었다. 강의 끝에 한 교수는 내가 종교학 공부를 한다는 이유로, 강의 주제와는 상관이 없는 질문 하나를 던졌다. 성리학은 종교인가 아닌가 하는 게 그 문제였다. 유학에서 해결되지 못하고 있는 논쟁적인 주제를 어떻게 생각하는지 그 의견을 들어보고 싶은 듯했다.

나는 그 자리에서 종교학은 옛날에 이 문제를 이미 해결했지만, 다른 인문학자들에게 그 사실이 잘 알려지지 않았다고 말해주었다. 성리학이 '종교'인지 아닌지 물을 때, 먼저 우리가 주목해야 할 부분은 성리학이 아니라 '종교'다. '종교'가 뭔지, 그 기준이 뭔지 알아야 성리학이 '종교'인지 아닌지 따질 수 있지 않으냐 말이다.

'종교'라는 단어는 원래 우리의 전통문화에 없던 것이고, 개항 이후 일본을 거쳐 유입된 서구의 개념이었다. 너도나도 다 쓰기 시작한 '종교'라는 단어의 모델은 기독교였다는 뜻이다. 개항과 함께 들어온 기독교 선교사들이 구축한 문명화 담론에 따라 기독교는 문명의 '종교'로 알려졌고, 전통적인 신앙체계들은 문명의 대척점에 선 야만으로 폄훼되었다. 이들이 야만의 오명을 벗기 위해서는 '종교'가 되어야 했다. 요아킴 바흐가 말한 대로 종교가 되기 위해서는 체계화된 경전과 교리(지적 표현), 신앙을 담은 종교의례(행동적 표현), 신도 조직 같은 공동체(사회적 표현)를 가져야 했다. 이 조건은 명백히 기독교를 모델로 한 것이다. 간단히 말해서 기독교를 닮아야 '종교'의 구성원이 될 수 있다는 뜻이다.

이런 배경을 알게 된다면 '성리학은 종교인지 아닌지' 물을 필요가 없다는 것을 깨닫게 된다. 그런 질문은 가치 평가적인 것으로서, '성리학은 기독교를 닮았기에 야만이 아니다'라는 사실을 인정받고 싶은

오리엔탈리즘 사고라는 비판에 직면하게 된다. 스미스를 읽은 사람이라면 현대종교학에서 '종교' 개념이 열려있음을 안다. 연구자의 편의에 따라 그때그때 '종교' 개념을 정해서 사용하면 된다는 것이다. 따라서 성리학은 '종교'가 될 수도 있고 되지 않을 수도 있다. 그것은 '종교'를 어떻게 규정하느냐에 달린 것일 뿐이다.[40]

2-3. 스미스, 그 이후

대다수 종교학자는 엘리아데를 향한 스미스의 비판과 비교종교 방법론을 포함하는 그의 새로운 종교학을 지지하는 편이다. 1978년부터 시카고대학에서 일하면서 그곳의 '엘리아데 석좌 교수' 자리를 유지하고 있는 웬디 도니거도 많은 종교학자가 포스트모더니즘과 탈식민주의 공격으로 너덜너덜해진 엘리아데식의 구조주의 형태론 학문 방법을 버렸다고 인정할 정도다.[41]

인도학 연구로 명성이 높은 데이비드 화이트(David G. White)도 스미스 지지자 가운데 한 사람이다. 그는 엘리아데의 조수로 일한 후 1988년에 시카고대학에서 종교학 박사학위를 받았다. 엘리아데와 스미스를 모두 겪어 본 그는, 포스트모더니즘의 공격에 취약한 엘리아데의 종교학이 백인 남자의 메타 내러티브(White Man's meta narrative)를 만들고 있었다고 평가절하했다. 화이트에 의하면, 포스트모더니즘은 모더니즘이 세계 각 지역의 다양한 이질적인 전통들을 '보편적인 것'이라는

---

40 강돈구, 『종교이론과 한국종교』 (서울: 박문사, 2011), pp.540-541.

41 Wendy Doniger, *op. cit.*, p.64.

기호 아래 구겨 넣음으로써 전체성을 강조하고 특수성을 존중할 수 없도록 만든다고 비판한다. 따라서 비교도 보편주의 아래 특정한 전통을 말살시키는 살육을 자행하는 행위로 간주된다. 엘리아데의 종교학은 이러한 비판을 피할 수 없으므로, 엘리아데는 프로이트·막스 뮐러만큼이나 구시대적인 인물이다. 그러나 스미스가 새로 제시한 비교 방법은 통시적·귀납적이며 동일성/유사성보다 차이에 주의를 더 기울임으로써 보편적 법칙을 얻기 위한 비교가 아니라 역사적 정보를 얻기 위한 비교가 되므로, 포스트모더니즘의 공격 대상이 아니다. 스미스 덕분에 종교학은 비교연구를 계속 수행할 수 있게 된 것이다. 화이트는 스미스의 말을 응용하여 스미스의 종교학을 지지하는 종교학자들을 '스미스의 어깨 위에 올라선(OTSO-JZS: On the venerable Shoulder of Jonathan Z. Smith)', 그렇지 않은 종교학자들을 '스미스의 어깨 위에 오르지 않은(NOTSO-JZS: Not On the Shoulder of Jonathan Z. Smith)'으로 구분하여 불렀다.[42]

엘리아데 방식의 종교학을 고집하는 사람이 여전히 있지만, 20세기 후반부터 종교학(특히 비교종교 분야)의 주류는 스미스의 접근 방법이라고 보는 데 큰 이견이 없을 것이다. 현재 스미스의 뒤를 잇는 학술 움직임도 활발하다. 스미스가 폐암으로 2017년 12월에 사망한 후 약 1년 뒤 그를 추모하는 학술회의가 미국 콜로라도의 덴버에서 열렸고,[43] 이

---

42 David G. White, "The Scholar as Mythographer: Comparative Indo-European Myth and Postmodern Concerns," in Kimberley C. Patton and Benjamin C. Ray, eds., *A Magic Still Dwells: Comparative Religion in the Postmodern Age* (Calif.: University of California Press, 2000), pp.47-48, pp.50-53.

43 미국 종교학회(AAR: the American Academy of Religion), 성서문학협회(SBL:

때의 발표문은『조너선 스미스를 추억하며(Remembering J. Z. Smith: A Career and its Consequence)』(2020)로 묶여 출판되었다.[44] 미국종교학회(AAR)는 스미스에게 헌정하는 특집 논문 7개를 모아 2019년 저널에 실었다.[45] 이 밖에 여러 출판물을 언급할 수 있는데 몇 가지만 들자면, 생전에 출판되었던『주술은 여전히 산다: 포스트모던 시대의 종교학』(2000)[46] 및『종교 소개하기: 조너선 스미스에게 경의를 표하는 에세이들』(2008)[47]과 더불어, 그의 사후 출판된『조너선 스미스 읽기』(2018),[48] 샘 길(Sam Gill)의『조너선 스미스에 기반한 올바른 종교학』(2020),[49] 크리스토퍼 레리히(Christopher Lehrich)의『종교에 관한 조너선 스미스(Jonathan Z. Smith on Religion)』(2021)[50] 등이 있다.

스미스를 향한 긍정적 평가만 존재하는 건 아니다. 스미스는 계몽주의적 합리성에 기반하여 종교현상을 설명하는 자세를 유지한 탓에

---

the Society of Biblical Literature), 북미종교학회(NAASR: the North American Association for the Study of Religion)에서 참여하였다.

44 Emily D. Crews and Russell T. McCutcheon, *Remembering J. Z. Smith: A Career and its Consequence* (CT: Equinox Publishing Ltd, 2020).

45 미국종교학회 저널 *JAAR*의 Volume 87 Issue 1 (March 2019)에 실렸다. https://academic.oup.com/jaar/issue/87/1.

46 Kimberley C. Patton and Benjamin C. Ray, eds. *A Magic Still Dwells: Comparative Religion in the Postmodern Age* (Calif.: University of California Press, 2000).

47 Kimberley C. Patton and Benjamin C. Ray, eds. *Introducing Religion: Essays in Honor of Jonathan Z. Smith* (Oakville: Equinox Pub., 2008).

48 Willi Braun and Russell T. McCutcheon, *Reading J. Z. Smith: Interviews and Essay* (New York: Oxford University, 2018).

49 Sam D. Gill, *The Proper Study of Religion: Building on Jonathan Z. Smith* (New York: Oxford University Press, 2020).

50 Christopher I. Lehrich, *Jonathan Z. Smith on Religion* (New York: Routledge, 2021).

인간의 종교적 감정을 빠뜨리는 한계를 지니고 있었고, 그로 인해 1978년 인민사원 신도들의 존스타운 집단 죽음 사건을 종교적 자살로만 묘사하는 실수를 범했다는 비판이 있다.[51] 그의 글이 과장이 심하다거나, 모호하고 복잡하여 본의를 파악하기가 쉽지 않아 잘못 읽혀 인용된다거나, 영어권 독자들에게도 이해되지 않는 라틴어 표기를 선호한다는 이유로 본받아서는 안 된다거나 하는 비판도 있다. 그의 글은 세심한 주의를 기울여 작성된 듯 보이지만, 꼼꼼하게 살펴보면 인용 오류와 실수가 발견된다는 비판까지 있다.[52]

그래도 스미스가 지적인 설명 능력, 방법론적 엄격함, 학자의 자의식적 태도라는 '동방박사의 선물'을 후배 종교학자들에게 주고 간 것은 인정되며,[53] 그의 종교학을 주제 삼아 이어지는 많은 토론과 비판은 종교학의 발전으로 이어질 것으로 전망된다. 텍사스대학의 올리버 프리베르거(Oliver Freiberger)가 스미스 이후의 종교학이 나아갈 방향을 다음과 같이 말한 것은 꽤 적절해 보인다.

"듣자 하니, 교수들은 학생들이 작성 중인 논문을 이론적으로 '흥미롭게 만들려면' 스미스의 글들 가운데 일부를 참고문헌에 포함해야만

---

51 Hugh B. Urban, *op. cit.,* pp.23-24.

52 Oliver Freiberger, "J. Z. Smith on Comparison: Insights and Appropriations," *Remembering J. Z. Smith: A Career and its Consequence,* pp.47-48; Kurtis R. Schaeffer, "Citing Smith," *Remembering J. Z. Smith: A Career and its Consequence,* pp.38-43 참고.

53 Kimberley C. Patton, "The Magus: J. Z. Smith and "the Absolute Wonder of the Human Imagination"," *Remembering J. Z. Smith: A Career and its Consequence,* p.33.

한다고 말한다. 이 분야에 알려진 스미스의 탁월한 명성을 고려할 뿐이고 그의 글이 (학생들이 쓰고 있는) 논문을 얼마나 정확하게 뒷받침하는지는 중요하게 여기지 않는다. 스미스의 작업을 그다지 좋아하지 않는 사람들조차도 그를 인용하는 게 좋아 보인다는 걸 안다. 그것은 마치 바이블을 인용하는 것과 같다. 윌리 브론(Willi Braun)과 맥커천이 관찰한 바를 돌이켜보면, 몇몇 사람들에게 스미스의 작업은 표준적인(canonical) 것 그 이상으로 받아들여지고 있는 게 사실이다.

나는 그런 시성화(canonization)가 무례하고 위험하다고 본다. 무례하다고 하는 이유는, 이 자리에서 나는 스미스의 개신교적 편향을 밝힐 수도 있지만, 그의 작업 내용을 향한 비판적 토론을 불가능하게 만들기 때문이다. 위험하다고 하는 이유는 굳어진 표준 학문은 정상적이지 않은 아젠다를 합법화하는 데 쉽사리 (잘못) 사용될 수 있기 때문이다. … 학문 분야는 자기 확인을 위해 영웅과 악당을 필요로 할 수도 있다. 그러나 스미스의 작업에 적절하게 참여하기 위해서는 모든 형태의 영웅 숭배에 저항하고, 그 대신 우리가 다른 학자를 비판적으로 읽는 것처럼 스미스를 읽어야만 한다."[54]

"조너선 스미스의 작업에는 동의할 수 없거나 짜증 나는 부분도 있고, 통찰력이 뛰어나 우리의 학문 분야에서 중요하게 고려되어야 하는 부분도 있다. 스미스를 학자로 기억한다는 것은 그의 작업을 성스러운 혹은 표준적인 것으로 받아들이면서 하나의 챕터에 좌우명이 필요할 때마다

54 Oliver Freiberger, *op. cit.,* p.47.

기억에 남는 문장을 단순히 인용하는 일을 의미해서는 안 된다. … 우리
는 스미스의 접근방식과 일치하지 않는 아젠다들에 그의 작업을 인용해
서는 안 된다. 이 중요한 사상가의 유산을 존중하는 가장 좋은 방법은 그
의 주장에 참여하고, 그의 단점을 비판하고, 연관되는 통찰력을 받아들
이고, 그것들을 더욱 발전시키는 것이다. 스미스는 우리에게 비교의 문
제에 대해서, 그리고 종교학에서 비교의 근본적인 기능에 대해서 중요
한 성찰을 남겨주었다. 책임 있고 생산적인 비교 방법론을 개발하고 다
듬는 것은 우리에게 달려 있다."[55]

3. 스미스가 스미스에게서 찾아낸 것

엘리아데 비판은 조너선 스미스 혼자만 했던 것이 아니다. 그러나
엘리아데의 문제점을 조목조목 따지고 새로운 방향을 제시함으로써,
종교학이 포스트모더니즘과 탈식민주의 파도를 넘어갈 수 있는 항로
를 개척한 사람은 단연코 스미스다.

스미스의 이 업적이 가능했던 이유는 그 자신의 타고난 자질 덕분
이겠으나, 생물학(특히 agrostology[草本學])에 대한 상당한 식견과 더불어
그가 학문적 통찰력을 형성하도록 도운 전대 사상가들의 영향도 무시
할 수 없다. 스미스의 인터뷰(2010년)에 따르면 그들은 언어와 신화에
관심을 가지게 해준 에른스트 카시러(Ernst Cassirer, 1874~1945)를 비롯하

---

55 *Ibid,* p.53.

여 프레이저, 뒤르껭 등의 신칸트주의 사상가들, 그리고 구조주의로 유명한 프랑스 인류학자 레비-스트로스였다.[56]

이 밖에도 잘 알려지지는 않았지만, 그에게 강력한 영향을 미친 종교학자가 한 명 더 있다. 그는 바로 조너선 스미스와 성이 같고 나이는 스물두 살이 더 많은 월프레드 스미스였다. 위치설정의 지도에 해당하는 단 하나의 '릴리지온'이 모든 종교현상(실제 존재하는 영토)을 담지 못한다는, 그러므로 획일적 '릴리지온' 대신 다양한 '릴리지온즈'를 볼 수 있어야 한다는 주장은 조너선 스미스가 남긴 지적 유산들 가운데 핵심에 속하는 것이다. 조너선 스미스의 이 통찰 뒤에는 월프레드 스미스의 짙은 그림자가 드리워져 있다.

조너선 스미스는 1992년의 논문 「바이블들과 역사(Scriptures and Histories)」에서 직접 이 사실을 밝혔다.[57] 물론, 조너선 스미스는 2010년 인터뷰에서 자신에게 영향을 미친 인물 가운데 한 명으로 월프레드 스미스를 언급하지도 않았고, 심지어 2008년 인터뷰에서는 약간 신랄한 어조로 월프레드 스미스를 비판하기도 했다.[58] 그러나 「바이

---

56 Jonathan Z. Smith, Willi Braun and Russell T. McCutcheon, "*Asdiwal: Revue genevoise d'anthropologie et d'histoire des religions:* Interview with Jonathan Z. Smith (2010)," *Reading J. Z. Smith: Interviews and Essay,* p.48.

57 *Method and Theory in the Study of Religion* (Volume 4 Issue 1-2, 1992: 98-105)에 실렸던 'Scriptures and Histories'가 그 논문이다. 이 글은 *On Teaching* 3장에도 보인다. Jonathan Z. Smith, *On Teaching Religion: Essays by Jonathan Z. Smith* (New York: Oxford University Press. 2013), pp.28-36.

58 조너선 스미스가 과격한 어조로 비판했던 이유는, 월프레드 스미스가 종교학자에 의한 이슬람 연구 성과는 무슬림의 동의를 받아야 한다고 주장했기 때문이었다. 조너선 스미스는 하버드대학에 있는 월프레드 스미스가 돈이 아주 많아 전 세계 무슬림들에게 일일이 국제전화를 걸어 한 문장 한 문장 따져 묻고 자기의 연구 결과에 동의를 구할 수도 있겠지만, 도대체 누구에게 전화를

블들과 역사」에서 조너선 스미스는 다음과 같은 윌프레드 스미스의 저작물 두 개로부터 결코 적다고 할 수 없는 영향을 받았다고 실토하고 있다.

3-1. 『종교 개념의 의미와 폐기』

첫 번째 저작은 윌프레드 스미스의 대표작『종교 개념의 의미와 폐기(The Meaning and End of Religion)』(1962)[59]다. 조너선 스미스는 자신이 윌프레드 스미스와 '스미스'라는 성만 같을 뿐 비슷한 것은 별로 없다고 둘러대면서도, 실은 윌프레드 스미스가 자신에게 거의 30년 동안 많은 자극을 준 인물이었다고 실토한다. 특히 시카고대학에 부임하기 전 1965~66년에 다트머스대학 종교학과에서 학생들을 처음으로 가르치기 시작했을 때[60] 사용한 최초의 교재가 윌프레드 스미스의 문제작『종교 개념의 의미와 폐기』이었음을 밝히고, 그 저서에서 보여준 릴리지온의 역사적 연구를 높이 평가하면서, 용어의 개념과 의미의

걸 것이냐고 따졌다. 그러니까 이런 짓은 완전히 미친 짓이라는 뜻이다. Jonathan Z. Smith, Willi Braun and Russell T. McCutcheon, "The Chicago Maroon: Interview with Jonathan Z. Smith (2008)," *Reading J. Z. Smith: Interviews and Essay,* p.12.

59 길희성은 1991년에 이 서적을『종교의 의미와 목적』이라는 제목으로 번역하여 한국에 출판하였다.

60 대학 강사로 첫 취직은 1965~66년 다트머스대학 종교학과에서 휴직 중인 교직원을 대체한 것이다. 곧바로 1966년에 캘리포니아대학 산타바바라 캠퍼스 종교학과 교수로 자리를 옮겼다가 1968~69년에는 시카고대학에 정착하였다. Jonathan Z. Smith, *Relating Religion: Essays in the Study of Religion,* pp.9-10.

역사를 추적하는 윌프레드 스미스의 이런 학문 방법론을 자신의 강의에 꾸준히 활용해왔노라고 자백한다.[61]

윌프레드 스미스는 이 저서에서 학자들이 각종 용어와 개념을 제대로 사용하고 있는지 비판적으로 점검할 것을 제안하고 학자들이 '릴리지온' 개념을 세계 각각의 종교 전통에 무차별 적용하다 보니 그들을 하나의 사물로 생각하여 어떤 객관적인 체계적 질서를 갖춘 것으로 오해하게 되었다고 비판했다. 윌프레드 스미스는 이것을 릴리지온 개념의 물상화(物象化, reification) 과정으로 설명하면서,[62] 릴리지온(종교)이나 릴리지온즈(종교들)라는 용어를 폐기하고 그 대신 '축적적 전통(cumulative tradition: 종교건축물, 경전, 교리 등 외적인 측면)'과 '신앙(faith: 내적인 경건함)'이라는 두 가지 용어로 세계 각 지역의 고전적 전통들을 설명할 것을 주장했다.[63]

그의 파격적인 제안은 받아들여지지 않았다. 그러나 릴리지온의 개념과 범주에 문제가 있다는 인식만큼은 상당한 공감을 얻었다. 이후 릴리지온 개념을 비판하는 학문적 흐름은 조너선 스미스를 비롯하여 러셀 맥커천, 티모시 피츠제럴드(Timothy Fitzgerald), 케빈 쉴브라크(Kevin Schilbrack), 탈랄 아사드(Talal Asad), 다니엘 뒤비쏭(Daniel Dubuisson), 발라강가다라(S. N. Balagangadhara, aka Balu), 아빈드-팔 만다이어(Arvind-Pal S. Mandair), 미셸 데스플랑(Michel Despland), 아리 몰렌딕(Arie L. Molendijk) 등

---

61 Jonathan Z. Smith, *On Teaching Religion: Essays by Jonathan Z. Smith*, pp.28-29.
62 윌프레드 캔트웰 스미스, 『종교의 의미와 목적』 길희성 옮김 (경북: 분도출판사, 1991), p.83.
63 같은 책, pp.104-104, p.212, p.230.

여러 학자에 의해 이어졌다. 이 흐름에 반대하는 학자들도 물론 있다. 관련 내용을 한국·일본에서 이 분야의 연구를 각각 선도하고 있는 장석만과 이소마에 준이치(磯前順一)가 꼼꼼하게 정리했기 때문에,[64] 여기에서 더 언급할 필요는 없다.

주목할 사실은 윌프레드 스미스가 릴리지온에 문제가 있다는 것을 지적했고, 조너선 스미스도 그 주장을 이어받아 자신의 학문을 전개했다는 것이다. 물론, 윌프레드 스미스는 '릴리지온'과 '릴리지온즈' 용어를 폐기하자고 주장했지만 조너선 스미스는 그러지 않았다. 앞서 말한 대로 '릴리지온'이라는 용어가 있어야 학문적 토론이 가능하다는 게 그 이유였다. '릴리지온' 용어를 사용하더라도 거기에 일정한 한계 또는 문제가 있다는 것을 잘 인식하고 상황에 따라 그 경계와 범주를 유연하게 수정하면 된다는 것이 조너선 스미스의 입장이었음은 전술한 바와 같다.

약간의 차이에도 불구하고 조너선 스미스의 릴리지온 문제의식이 윌프레드 스미스의 그것을 이어받은 것이라는 사실은 변하지 않는다. 나아가 릴리지온 개념 문제를 풀어나간 윌프레드 스미스의 방법론이 조너선 스미스에게 끼친 영향은 막대하다.

3-2. 「종교학과 바이블 연구」

윌프레드 스미스가 조너선 스미스에게 영감을 던져준 두 번째 글은

---

64 장석만, 앞의 글, pp.18-38; 이소마에 준이치, 『근대 일본의 종교 담론과 계보: 종교·국가·신도』, 제점숙 옮김 (서울: 논형, 2016), pp.41-75.

「종교학과 바이블 연구」(1971)였다. 10쪽에 불과한 짧은 논문이지만, 조너선 스미스는 바로 이 글이 자신에게 결정적인 영향을 준 '선생'이었다고 털어놓았다.[65]

월프레드 스미스는 이 논문의 서두에서 자기의 주 전공 이슬람을 연구할 때는, 꾸란을 단 하나의 고정된 경전으로 보지 않고 꾸란이 7세기·8세기·12세기·17세기·20세기마다 달랐던 경전이라는 사실을 고려하여 시대별로 꾸란이 어떤 내용을 가지고 존재했는지, 그래서 어떻게 지금 형태의 경전으로 만들어지게 되었는지 그 형성과정을 살피곤 하며, 또한 꾸란이 다양한 시대와 지역에 살았던/살고있는 무슬림들에게 어떤 영향을 미쳤는지/미치는지를 연구한다고 말한다.[66] 그러므로 기독교의 바이블 연구 역시 이슬람 연구와 마찬가지로, 경전의 형성과정과 신도에게 끼치는 영향을 동시에 살피는 것이 되어야 한다고 강조한다. 즉 바이블을 단순한 고대 문서의 묶음 또는 1세기와 2세기의 작품으로 한정해서 봐서는 안 되며 3세기·12세기·19세기·현대에 각각 다른 모습으로 존재했었음을 직시하고, 지난 오랜 역사를 거쳐오면서 바이블이라는 문서가 어떤 구성요소를 담아왔는지 그래서 어떤 종류의 문서들을 토대로 지금의 바이블이 만들어졌는지를 파악할 수 있어야 하며, 또한 바이블을 신도들에게 특정한 영향을 미쳐왔던 행위자(agent)로 인식하여 바이블이 각 시대에 어떤 역할을 담당했

---

65 "For myself, as a teacher, this short piece has had the most decisive effect." Jonathan Z. Smith, *On Teaching Religion: Essays by Jonathan Z. Smith*, p.30.

66 Wilfred C. Smith. "The Study of Religion and the Study of the Bible," *Journal of the American Academy of Religion* 39:2 (June 1971), pp.133-134.

는지를 물을 수 있어야 한다는 것이 윌프레드 스미스의 제안이었다.[67]

조너선 스미스는 윌프레드 스미스가 '교회들'·'바이블들' 대신 '교회'·'바이블'이라는 단수형의 단어를 사용함으로써 자신의 주장을 잘못 표현한 데 대해서는 약간 비판적이다. 그러나 그는 이 글이 기독교 바이블 연구의 코페르니쿠스적 혁명에 해당한다고 추켜세웠다.[68] 조너선 스미스는 기독교의 '교회'와 '바이블'이 단수 형태로 존재했던 적이 없으며, 복수 형태의 '교회들'과 '바이블들'로 존재했었다는 윌프레드 스미스의 관찰이 역사적 사실임을 인정했다. 그러니까 다양한 계열의 교회들과 다양한 종류의 바이블들이 존재해왔을 뿐이며, 한 종류로 단일하게 설명되는 교회는 실존한 적이 없었고, 기독교 공동체마다 다양한 종류의 바이블들을 지녀왔다는 말이다.[69] 따라서 현재 시점에 존재하는 단 한 종류의 기독교 '교회'와 '바이블'이 과거 이천 년 동안에 변하지 않고 그대로 이어져 내려왔던 것으로 전제하고, 그것을 토대로 과거의 많은 '교회들'과 '바이블들'을 하나로 묶어 소급하여 설명하는 것은 많은 오류를 낳을 수밖에 없다. 획일화되고 고정적인 '기독교'·'교회'·'바이블'을 보지 말고 다양한 종류의 유동적인 '기독교들'·'교회들'·'바이블들'을 볼 수 있어야 한다는 뜻이다.

조너선 스미스는 1978년에 발표한 논문 「담장과 이웃: 초기 유대교

---

67 *Ibid*, p.136; 윌프레드 스미스는 이 논문에서 자신이 던지는 제안에 대한 답변을 따로 하지 않았다. 그는 논문 결론 부분에서 이 답변을 아는 사람이 있다면 당장 찾아가 강의를 듣고 싶다고 썼다. *Ibid*, pp.139-140.

68 Jonathan Z. Smith, *On Teaching Religion: Essays by Jonathan Z. Smith*, pp.30-31.

69 *Ibid*, pp.31-32.

에 관한 몇 가지 윤곽」에서 이 입장을 선명하게 확인시켜준다. 그는 이 논문에서 유대교를 연구할 때 유대교를 단일한 본질로 환원하려는 유혹을 버리고 다원적인 분류를 시도해야 한다고 주장한다. 같은 유대인들이라고 하더라도 할례를 하는 이들도 있고, 하지 않는 이들도 있기 때문에, 이들을 획일화하여 기술하면 안 된다는 것이다. 또 역사적으로나 지역적으로 매우 다양한 형태의 유대교 모습들이 있었으므로, 단 하나의 '유대교' 표준을 세우지 말고 역사적으로 유동하는 다수의 '유대교들'을 봐야 한다고 말한다. 그렇지 않고 유대교라는 단일 관점으로 모든 것을 획일화한다면 그것은 존재하지도 않는 동일성을 찾으려는 배타적인 시도로서 연구 대상을 왜곡시키는 결과를 낳는다고 한다.[70]

조너선 스미스의 이 주장은 앞서 언급한 대로 위치설정 지도에 해당하는 오직 하나의 전통을 전제하고 거기에 모든 종교현상을 맞추어 설명하려고 해서는 안 된다는 것, 지도와 실제 영토는 다름을 인식해야 한다는 것, 단수형의 릴리지온 대신 다양한 릴리지온즈들을 봐야 한다는 것에 해당한다. 윌프레드 스미스의 「종교학과 바이블 연구」가 직접 이 주장을 담은 것은 아니나, 조너선 스미스는 바로 그 짧은 글에서 영감을 얻어 자기만의 생각 확립에 상당한 도움을 받을 수 있었다.

정리하자면, 현대종교학에서 엘리아데와 결별한 조너선 스미스가 윌프레드 스미스에게서 힌트를 얻어 쌓아 올린 지적 유산은 하나의

---

70 조너선 Z. 스미스, 앞의 책, pp.46-67; 이 주장을 담은 그의 논문 「담장과 이웃: 초기 유대교에 관한 몇 가지 윤곽」은 *Approaches to Ancient Judaism: Theory and Practice* (Missoula, Mont.: Published by Scholars Press for Brown University, 1978)에 실렸던 글이다.

고정 잣대로 모든 연구 대상을 재단하려는 과욕을 버리라는 것, 그 대신 각각의 다양성과 차이에 집중하라는 것, 그것이 역사적으로 실재하는 현상을 조명할 수 있는 학자의 자세라는 것이다. 이 관점으로 바라본다면, 다양성을 무시한 채 하나의 단일한 이론·지도·유형 안에 모든 것을 가두어 보편화하고 그것을 규범화까지 하려는 연구자의 시도는 연구 대상에게 폭력을 가하는 행위로 조망된다. 이때 연구자가 말하는 연구 대상은 있는 그대로의 실체가 아니라, 일그러진 거울에 비친 삐뚤어진 허상으로 전락하고 만다.

4. 종교학의 대장장이들

4-1. 강돈구 종교학

하나의 정의나 범주에 모든 것을 구겨 넣는 거대 담론에 반대하고 현상 하나하나의 고유한 특징을 규명하고자 하는 종교학의 흐름은 한국에도 있다. 그 흐름을 만든 주인공 가운데 한 명은 강돈구다. 물론 그의 학문 출발 지점이나 문제의식은 스미스들과 같지 않으며, 비교에서 차이를 강조한 조너선 스미스의 방법론도 주장하지 않았다. 그럼에도 불구하고 그는 스미스들과 다른 맥락에서, 한국 종교연구 풍토를 비판하고 그 대안으로 '종교'보다는 '종교들'에 주목해야 한다는 주장을 펼쳤다는 점에서 주목되어야 하는 인물이다.

4-1-(1) 종교학자와 종교학의 정체성 문제

강돈구의 종교학은 신종교와 민족주의 분야만이 아니라, 의례·심리·신화를 포함하는 종교이론과 개념, 종교정책, 종교 대화와 공존, 사회변동 속 종교, 개별 교단 분석 등 다양한 주제를 아우르므로, 짧은 지면에 이 모두를 정리한다는 건 가능하지 않다. 이 글은 그의 종교학 유산들 가운데 이 글의 주제와 관련되는 부분('종교'보다 '종교들')만 추출하여 요약하고자 한다.

그의 초기 관심은 종교학자와 종교학의 정체성 문제였다.[71] 이 때문에 강돈구는 평생 자신이 종교학자라는 사실, 종교학을 한다는 사실을 계속 강조한다. 종교학자로서 당연한 말이라고 넘길 수 있겠지만, 지금도 몇몇 종교학 전공자들이 종교학이나 종교현상보다 그 주변(대중문화, 역사, 생태 등)에 더 집중하는 경향을 보인다는 점에서는 유효하고 중요한 인식이기도 하다.

그는 대개의 한국 종교학자들이 종교적 현상보다 문화에 천착하거나 서구의 종교이론을 번역해서 소개하고 그것을 따라가거나 하는 데 비해서, 종교학자로서의 소임과 정체성을 잃지 않고 서구 종교이론들의 추이를 분석하여 그것을 한국종교의 현실에 맞게 구체화하고자 노력해왔다. 다시 말하자면 종교학의 관심은 기본적으로 '종교적인 것'이어야 한다는 전제 아래, 서구 종교학의 보편적인 연구 주제들이 한국의 종교 상황에 안착하지 못하고 있는 현실을 극복하기 위해서는, 먼저 한국의 특징적인 종교현상과 구체적인 종교 자료부터 발굴 또는

---

71 강돈구, 앞의 책, pp.642-646 참조.

정리해야 한다는 생각을 확고히 하고, 그것을 줄곧 실천했다.[72] 그의
이러한 자세는 한국 종교학의 발자취를 세 개의 시기로 구분하고, 그
각각의 특징과 과제를 정리하였던 데서 살필 수 있다.

강돈구의 분류에 의하면 제1기 한국 종교학은 해방 후부터 1960년
대까지이다. 이 시기 일제강점기 일본 종교학의 영향을 이어간 한국
종교학은 기독교 신학에서 탈피하는 과정에 있었다. 서구 학계는 이
작업에 100년이라는 시간을 투자했으나, 한국 학계는 상대적으로 짧
은 20~30년의 시간만으로 나름의 성공을 거두었다. 장병길의 선구적
인 노력이 그것을 가능하게 했는데, 특히 장병길은 사료를 찾고 현지
관찰을 하여 자료를 수집하였고, 그것을 토대로 서구 종교이론을 한
국의 종교적 현실에 적용하고자 했다.[73]

강돈구는 제2기 한국 종교학을 1970년대에서 1980년대 사이로 규
정한다. 이 시기에는 엘리아데와 윌프레드 스미스의 직접적인 영향
아래, 기독교 신학에서 탈피한 연구들이 다양하게 쏟아졌다. 그러나
두 가지 측면에서 문제를 노출했는데, 하나는 한국 종교학이 방법론
적 불확실성에 고민하면서, 인접 학문과 유리된 독자성을 추구하고,
'종교'의 목적과 '종교학'의 목적을 혼동하는 등 정체성 문제로 혼란
을 겪었다는 것이다. 다른 하나는 제1기와는 달리 제2기에서는 한국
의 종교 현실보다 세속화, 종교다원주의, 종교간 대화 등과 같이 서구
의 기독교적 종교 현실에 뿌리를 둔 문제의식을 보이는 연구들이 많
았다는 것이다.[74]

---

72 같은 책, p.535.
73 같은 책, pp.51-54.

강돈구는 1990년대 이후부터인 제3기 한국 종교학이 제2기에서 보였던 문제들을 극복해야 하는 과제를 안았다고 본다. 그것은 첫째, 그가 한국 종교학의 정체성 문제 극복을 위해 제안한 것으로 내용은 다음과 같다: '인간의 의식 속에 어떤 선험적인 무엇이 존재한다는 엘리아데류의 흐름에서 벗어나 구체적이고 실증적인 주장을 하기 위해서는 종교학이 경험과학이라는 사실에 조명이 맞추어져야 한다. 종교학은 하나의 학문 분과(a discipline)라기보다는 Religious Studies라는 일반적인 종교학 영어 표현이 알려주는 대로 연구 분야(field of studies)의 성격을 가진다는 사실이 강조되어야 한다. 종교학자는 종교현상을 어떻게 연구할 수 있는가 하는 방법론 고민보다 종교학은 무엇을 할 수 있는 학문인지를 더 고민해야 한다.'[75]

이 지점에서 강돈구가 포석정 연구 사례로 종교학의 역할을 일깨웠다는 사실을 돌이켜볼 만하다. 포석정 사건, 그러니까 927년에 견훤이 신라 서라벌을 기습 침입해 포석정에 있던 경애왕을 죽였던 사건을 두고, 『삼국유사』는 경애왕이 포석정에서 유상곡수(流觴曲水)하며 방탕하게 놀다가 백제군에게 잡혀 죽었다고 기록했고,[76] 역사학계는 이 기록을 바탕으로 한국 역사의 한 페이지를 썼다. 그러나 강돈구는 종교학의 성지(聖地)와 의례 관점에서 보면, 당시 경애왕이 포석정에서 곡수연(曲水宴)을 베풀고 방탕하게 놀았던 것이 아니라, '성지 포석정'에서 호국을 위한 '팔관회 의례'를 열다가 참변을 당했다는 사실

---

74 같은 책, pp.54-66.
75 같은 책, pp.66-70.
76 『三國遺事』卷二 紀異 金傅大王編, 後百濟甄萱編.

이 드러난다는 것을 처음으로 밝혔다.[77] 필자는 어느 역사학자와 함께 강돈구의 이 연구를 주제로 삼아 토론을 한 적이 있었는데, 그는 역사학자의 눈에는 절대로 보이지 않았을 사실이, 성지와 의례 이론을 잘 아는 종교학자의 눈에는 보였던 것이라고 말했다. 물론 모든 종교학자가 포석정의 역사 기록 뒤의 숨은 사실을 볼 수 있는 건 아니다. 인문학 속에서 종교학이 어떤 역할을 할 수 있는지를 보여준 강돈구의 이 연구는, 종교학이 방법론보다 역할을 먼저 고민해야 한다는 문제의식이 가져다준 결실들 가운데 하나였다.

둘째, 강돈구는 서구 종교학이 '환원주의 – 설명 – 인식론'과 '반환원주의 – 이해 – 존재론'으로 양분되어 있다고 진단하고, 각각의 특징과 장단점을 꼼꼼하게 분석하며 그 양자의 갈등을 중재하면서, 그러한 서구 현대종교학의 논쟁이 한국의 종교 현실에 어떻게 적용되어야 하는지 살폈다. 서구 종교학은 사회과학·기독교 신학과의 관계에서 어려움을 겪어온 데 비해서, 한국 종교학은 기독교 신학·동양철학과의 관계에서 어려움을 겪으면서 '종교화' 내지 '철학화'의 위험에 처해있으며, 이를 극복하기 위해서는 종교학의 경험과학적 성격을 강조할 필요가 있다는 것이 그의 생각이다.[78] 강돈구의 이 관점은 서구

---

77 강돈구가 성지와 의례 관점에서 제시한 근거는 포석정이 신라의 성지로서 오락 장소가 아니었다는 점, 유상곡수는 3월에 하는 놀이 행사이며 엄동설한인 11월에는 하지 않는다는 점, 11월에는 호국을 기원하는 팔관회가 열린다는 점이었다. 이러한 그의 주장은 후대 학자들에 의해 이어지고 있다. 강돈구, 앞의 책, pp.368-398; 노재현·신상섭, 「중국과 한국의 유상곡수 유배거(流盃渠) 특성에 관한 연구」, 『휴양 및 경관계획연구소 논문집』 4-2 (2010), pp.8-9; 권영오, 「후백제군의 포석정 습격과 경순왕 옹립」, 『한국고대사탐구』 13 (2013), pp.184-194.

의 종교 현실에 기반한 그들의 종교이론을 무작정 따라가기만 하는 한국 종교학계의 현실을 극복하기 위해서, 현대 한국 종교학은 한국 종교의 현실에 뿌리를 둔 문제의식에서부터 출발할 것을 제안하는 것으로까지 이어졌다.[79]

강돈구의 종교학 유산 가운데 위 두 가지 사항을 요약하자면 이러하다: '종교학자는 종교학이 고립된 영역의 분과학문이 아니라 인접 학문과 연계하는 분야 학문으로서 구체적·실증적인 경험과학이어야 한다는 사실을 자각하고, 한국의 종교적 또는 역사적 현실을 반영한 문제의식을 개발하여 연구하되, 방법론보다 역할 고민을 먼저 해야 한다.' 이러한 그의 소신은 민족주의와 신종교라는 주제에서도 표출되었다.

4-1-(2) 민족주의와 신종교 연구

한국의 현실에 기반을 둔 민족주의를 살피기 위해, 강돈구는 한국 근대에 민족주의가 가졌던 성격과 과제를 우선 진단하고, 민족주의가 유교·불교·신종교·기독교에서 어떤 모습으로 관찰되는지 정리했다. 그 내용은 이러하다: '근대 한국의 종교들이 중화사상 극복과 한민족의 개별성 확립에 도움이 되었던 반면, 정교분리의 영향으로 민족문제보다 신앙의 문제에 더 관심을 기울임으로써 한민족 통합성 제고에는 성공적이지 못했던 측면도 일부 있었다. 일제의 통치에 대응하여 저항하거나 타협하는 반일·친일의 양상들도 다양하게 있었

---

78 강돈구, 앞의 책, pp.23-38.
79 같은 책, pp.70-72.

다.[80] 일본의 종교들은 민족주의와 영향을 주고받았으나 한국의 경우는 그렇지 못했다. 앞으로 한국의 종교들은 한국의 민족주의와 관계를 맺을 필요가 있다.'[81]

실증적이고 구체적인 경험과학으로서의 종교학 성격을 강조해야 한다는 그의 문제의식은 신종교 연구에서 빛을 발했다. 그는 기존 신종교 연구를 용어 사용 문제, 분류 문제, 특징 문제, 발생 원인으로 나누어 조목조목 지적하면서, 한국 신종교 연구는 무라야마 지준(村山智順)의 연구 경향에서 벗어나지 못하고 있다고 비판했다. 내용을 간단히 정리하면 이러하다: '서구 종교학의 new religion에 해당하는 용어는 신흥종교 또는 민중종교보다 가치 중립적인 신종교가 더 옳다. 신종교는 창조나 쇄신을 추구하는 제3의 대안적 종교다. 목적이 변하면 계보 분류가 변하기 마련인데, 한국 신종교 연구는 무라야마 지준이 유사종교 탄압이라는 목적에 따라 만들어놓은 계보 분류를 비판 없이 답습하고 있다. 기존 신종교 연구는 종교혼합·선민신앙·구세주 출현·후천개벽·지상천국 등을 그 특징으로 한다고 주장하지만, 이런 주장들은 종교의 일반적인 내용에 불과할 뿐 특징은 될 수 없다. 신종교 발생 원인을 아노미 현상으로만 설명하면 아노미 이후 신종교가 존속하는 모습을 설명할 수 없다. 신종교를 무속과 같은 특정 종교의 세계관으로 파악하면 해석 오류에 빠지게 된다. 신종교에 대한 무책임한 발언은 종교의 자유를 침해하는 일이며, 이를 피하기 위해서는 1차 자료 수집이 시급하다.'[82]

---

80 강돈구, 『한국 근대종교와 민족주의』(서울: 집문당, 1992) 참조.
81 강돈구, 「동아시아의 종교와 민족주의」, 『종교연구』 22 (2001), p.28, p.33.

강돈구가 문제점을 개선하기 위해 제시한 해법의 핵심은 한국의 종교학자들이 신종교를 일반화하여 기술하려고 섣부르게 시도하기보다는, 적극적인 참여관찰로써 신종교 교단들의 1차 자료부터 제대로 확보해야 한다는 것이었다. 1차 자료 없이 2차 자료에만 근거해 논의하는 것은 잘못된 것이며, 그렇기에 보편화 내지 일반화를 위해서는 개별 교단 연구부터 진행해야 한다는 것이 그의 신종교 연구 방향이었다.[83] 출발 지점이나 문제의식은 달랐지만, 그의 이런 주장은 '종교'보다 '종교들'을 봐야 한다는 스미스들의 주장과 유사한 모습을 하고 있었다.

이에 따라 강돈구는 개별 교단 자료들을 민족지(民族誌, ethnography)에 대비되는 종교지(宗教誌, religiography)로 규정하고, 참여관찰로써 만드는 종교지 작성이 한국 종교학계의 시급한 당면 과제임을 주장하였다.[84] 그는 최근의 글에서도 한국에는 종교가 불교나 개신교, 신종교 형태가 아니라 태고종, 조계종, 천태종, 장로교, 감리교, 보천교, 대순진리회와 같은 각각의 교단으로 존재해왔음을 지적했다. 그리고 불교나 개신교, 신종교를 총체적으로 기술해왔던 대개의 연구는 특정 교단을 중심으로 삼은 내용에 불과하고 현실을 반영해내지 못한다고 비판했다.[85] 다시 말해서 불교 대신 불교들, 개신교 대신 개신교들, 신

---

82 강돈구, 『종교이론과 한국종교』, pp.540-580.
83 강돈구가 신종교 연구에 도달하기까지의 여정에 대해서는 다음의 자서전적 성격의 글을 참고할 수 있다. 같은 책, pp.642-654.
84 같은 책, p.671.
85 강돈구, 「한국 신종교 교단 연구의 동향과 과제」, 강돈구 외 지음, 『한국 종교 교단 연구XII』 (성남: 한국학중앙연구원 출판부, 2020), p.128, pp.132-134.

종교 대신 신종교들을 '먼저' 살피지 않으면, 불교·개신교·신종교를
말할 수 없다는 것이 그의 한결같은 생각이었다.

당연한 말이지만 종교지 구축은 자료 수집인 만큼, 그 자체가 종교
학의 목표인 것은 아니다. 그러나 수집된 1차 자료 없이 왜곡의 가능
성을 가지는 2차 자료에만 의지한다는 것은 종교학도의 바람직한 자
세가 결단코 아니다. 강돈구는 이런 문제의식을 바탕으로 2007년부
터 현재까지 몇몇 연구자들과 함께 개별 교단 연구에 주력하여 그 결
과물을 한국학중앙연구원의『한국 종교교단 연구』시리즈로 발간해
오고 있다.[86]

2016년에는 1994년 이후부터 개별 교단들을 정리해왔던 논문들을
별도로 모아『어느 종교학자가 본 한국의 종교교단』을 출판했다.[87] 이
서적의 표지에 붙은 '종교교단에 속해있는 분들이 우리와 다른 분들
이 아니고 그야말로 우리와 똑같은 분들이라는 생각을 지녔으면 합니
다'라는 문구는, 개별 교단들에 대한 이해로 그들이 가진 정체성과 삶
을 인정하고 그들 역시 우리 이웃임을 자각하자는 평소의 소신[88]을 잘
보여주고 있다.

인류학에도 종교를 획일적으로 기술하려는 사회학자들의 시도에
반대하고 특정한 유형의 종교나 특정 민족의 종교 또는 그 사고와 실
천의 문제에 국한하여 연구해야 한다고 보는 에반스-프리차드(Edward

---

86 『한국 종교교단 연구』(성남: 한국학중앙연구원) 시리즈는 2007년부터 2021년
   까지 총 12차례 발간되었다.
87 강돈구,『어느 종교학자가 본 한국의 종교교단』(서울: 박문사, 2016).
88 강돈구의 신종교에 대한 기본적인 입장은 다음을 참조할 수 있다. 강돈구,『종
   교이론과 한국종교』, pp.136-138.

E. Evans-Pritchard, 1902~1973)의 시선이 있었다.[89] 강돈구의 이런 연구 자세도 인류학의 그런 경향 가운데 하나 정도로 이해할 수도 있다. 그러나 강돈구는 개별 종교 전통 연구에 집중해야 한다는 이론 천착에 그치는 게 아니라, 섣부른 일반화라는 학문적 오류를 비판하면서 실제 참여관찰로써 한국종교 전통들의 자료들을 모으고 정리하는 연구 성과들을 축적해오고 있다는 데에서 돋보인다.

이러한 강돈구의 종교학은 획일화된 릴리지온보다 상황·맥락·차이에 주목하여 릴리지온즈를 관찰해야 한다고 주장하고, 실제로 지중해와 서아시아를 중심으로 한 서구 문명을 대상으로 관찰까지 실천했던 조너선 스미스의 종교학과 상당히 닮았다. 그렇다면 강돈구는 윌프레드 스미스에게서 발원한 조너선 스미스식 현대종교학의 분석적 방법론을 받아들이고 그것을 한국의 종교 현실에 응용하여 나름 풀어나갔던 것인가?

강돈구의 저작물에는 조너선 스미스 관련 언급이 거의 발견되지 않는다.[90] 강돈구가 조너선 스미스에게서 영향을 받은 건 아니라는 뜻이다. 그는 평소 주변 사람들에게 자신의 학문 출발점이 사회의 편견에도 불구하고 소수 종교에 인생을 걸고 사는 사람들을 이해하고자 함에 있다고 누차 밝혀왔다. 따라서 강돈구는 윌프레드 스미스에서

---

89 Evans E. Evans-Pritchard, "Religion," in *The Institutions of Primitive Society: A Series of Broadcast Talks,* by Evans E. Evans-Pritchard and others (Glenco: The Free Press, 1959), p.6.

90 강돈구는 윌프레드 스미스의 작업에서도 거의 영향을 받지 않았다. 그의 저작물에 등장하는 윌프레드 스미스 모습은 다음을 참고하라. 강돈구, 『종교이론과 한국종교』, pp.60-62, p.159.

조녀선 스미스로 이어지는 '릴리지온 – 릴리지온즈'의 현대종교학
지적 흐름과는 무관하게, 오롯이 그 혼자만의 힘으로 한국종교연구
현실을 비판하는 과정에서 그와 유사한 흐름을 한국에서 만들어왔던
것으로 파악될 수 있다.

4-2. 성찰: '종교'에서 '종교들'로, '신종교'에서 '신종교들'로

현재 시점에서, 종교학은 엘리아데의 그림자에서 벗어나 스미스의
영향 아래 놓여있다. 그 영향을 한 단어로 말하자면 '성찰'일 것이다.
연구자는 자기가 연구를 왜 하는지, 어떻게 해야 하는지, 자료를 어떻
게 선택하고 분류할 것인지 끊임없이 되돌아봐야 한다는 말이다. 동
질성을 찾는 비교와 기독교적 개념에 입각한 섣부른 보편화라는 학문
적 이데올로기는 이제 비판의 대상이다. 현대의 종교학 연구자는 단
하나의 개념 안에 모든 현상을 구겨 넣어서는 안 된다는 것, 그리고 각
연구 대상의 특징을 드러내고 그들을 정의하려고 한다면 차이를 찾는
비교를 해야 한다는 것을 요구받게 되었다.

그러나 아직 한국 종교학계는 이러한 현대종교학의 접근법을 제대
로 정착시키지 못하고 있다. 개별 종교나 교단을 말하면 호교론자 또
는 교단 내부 연구자에 불과하다는 인식은 여전한 실정이다. 전체 맥
락에서 종교를 말할 수 있어야 학자의 올바른 태도를 가진 것이라는
생각은 신종교 연구 풍토에서 그대로 드러난다. '한국 신종교의 ○○'
또는 '증산계 신종교의 ○○'라는 제목을 단 연구들은 대개 그런 관점
에 입각한 것들이다. 우리는 이러한 연구 태도가 각 종교와 교단들의

독자성과 고유성을 훼손하는 게 아닌지 '성찰'할 수 있어야 한다.

필자는 기독교적인 종교 개념과 거기에 모든 종교와 종교현상들을 집어넣는 관행을 비판하고, 개별 종교들을 살펴야 한다는 이러한 흐름을 '스미스'라는 단어로 표현하면 어떨까 제안한다. 서구 영미권에서 가장 흔한 성씨인 스미스(Smith)는 대장장이라는 뜻의 '스미스(smith)'다. 스미스 종교학자는 '종교'와 '종교들'을 구분하고, '종교들'을 하나씩 가마에 넣어 달구고 두드려 각각의 완성 작품을 뽑아내 대중에게 선보이고, 그것을 바라보며 흡족한 미소를 띠고 땀을 훔치는 건강한 대장장이의 모습을 하고 있다. 캐나다(또는 하버드대학)[91]에는 꾸란-꾸란들과 바이블-바이블들 개념의 기초를 닦은 윌프레드 캔트웰 '대장장이'(W. C. 'smith')가 있었다면, 미국(시카고대학)에는 차이를 강조하는 유대교-유대교들, 교회-교회들 개념을 공고히 하면서 '종교'보다 '종교들'을 주목하라고 한 조너선 지텔 '대장장이'(J. Z. 'smith')가 있었다. 한국에는 두 스미스와 출발점도 문제의식도 달랐지만, 전혀 다른 맥락에서 스미스들과 같이 기독교와 기독교 교단들, 불교와 불교 교단들, 신종교와 신종교 교단들의 구분을 강조한 강돈구 '대장장이'(K. D. 'smith'[92])가 있었다.

이제, 종교학의 이 대장장이들이 망치질해서 만들어 놓은 튼실한 발판을 따라서, 단수형이 아닌 복수형의 다양한 모습을 살피는 전망대에 올라가 보자. 그리고 앞에 놓인 망원경에 눈을 대고 이리저리 돌

---

91 주지하듯이 윌프레드 스미스는 캐나다 출신이나 미국의 하버드대학에서도 활동하였다.
92 K. D. 'smith'보다 D. K. 'smith' 표기가 더 맞을 수 있다. 그러나 '돈구 강'보다는 '강돈구'가 더 친숙하므로 필자는 K. D. 'smith' 표기를 고집한다.

려가며, 한국 근대에 출현한 종교'들'을 찬찬히 조망하자.

물론 독자가 들고 있는 이 책은 한국 근대에 출현한 모든 종교를 다 둘러보자는 것이 아니다. 단지, 대순진리회를 중심에 놓고 그 옆에 김일부의 정역, 최수운의 동학, 다른 증산계 교단들, 그리고 무속을 하나씩 가져다 와서 초점을 맞춰 들여다보는 방식을 취한다. 다음 장에서 김일부의 정역이 그 첫 조망 대상으로 기다리고 있다.

제2장

정역사상과 대순사상 비교연구

우주론을 중심으로

1. 여는 글

19세기 후반에 등장한 김일부(金一夫, 1826~1898)의 저작 『정역(正易)』은 그 이후 출현한 한국 신종교들에 만만치 않은 영향을 끼쳤다고 평가받는다.[1] 증산계 교단들도 『정역』에게 일정한 영향을 받았다. 하지만 그 내용에서는 차이를 보인다는 점도 지적되고 있다. 관련 연구로는 강돈구의 업적이 돋보인다. 그는 『정역』과 증산계 교단들이 주장하는 후천개벽이 대동소이한 편이지만, 그 동인(動因) 및 전개에서는 일정한 차이를 보인다고 지적했다. 그 내용은 다음 절에서 소개할 것이다.

이 글은 강돈구의 연구 외에도, 『정역』과 증산계 교단들의 우주론에서 발견되는 상이성(相異性)에도 주목할 필요가 있다고 본다. 한 종교의 사상에서 우주론은 신관(神觀)·인성론 등의 주요 근거가 된다. 그 때문에 우주론 연구는 그 종교의 심층적 이해를 가능하게 해주면서 동시에 사상 연원(淵源)을 확인하는 작업으로도 일정한 가치를 지닌다. 따라서 『정역』과 증산계 교단들의 우주론 비교연구는 각각 일부와 증산의 사상을 근간으로 하는 일부계 교단들과 증산계 교단들의 차이를 더욱 분명히 드러낼 수 있는 방법론이 될 수 있다. 이 연구는 이 주제에 대한 첫 접근이라는 점에서 그 의미가 있다.

글을 시작하기 전에, 이 글은 증산계 교단들 가운데 대순진리회를 선정하여 그들의 관점에서 증산의 사상을 서술하고자 한다. 증산계

---

1 『정역』, 『정감록』, 미륵신앙, 천년왕국적 종말론은 한국 신종교에 영향을 끼친 대표적인 역사 이해들이다. 강돈구, 「한국 신종교의 역사관」, 강돈구 외, 『현대 한국종교의 역사 이해』(성남: 한국정신문화연구원, 1997), p.268.

교단들은 한때 100개가 넘었으나[2] 현재는 대순진리회, 증산도, 증산교본부, 증산법종교 등 일부 교단들만 활동을 이어가고 있다. 이 교단들의 우주론이 하나로 통일되어 있다고는 단정할 수 없다. 이 글이 대순진리회 교단의 경우에 한정하려는 이유다. 대순진리회의 사상은 간단하게 줄여서 대순사상으로 부를 수 있다.

2. 정역사상과 대순사상: 출현과 대비

2-1. 두 사상의 출현

정역사상과 대순사상을 비교의 지평에 올려두기 전에, 두 사상의 이해를 위하여 이들의 등장 과정부터 간단하게 정리해보자.

2-1-(1) 정역사상의 등장

일부의 스승은 당대의 석학이자 이인(異人)이었던 연담(蓮潭) 이수증(李守曾=李運圭, 1808?~?)이었다. 일부는 36세의 나이에 그의 제자가 되어 학문을 닦았다. 하루는 연담이 일부를 불러 이렇게 말했다. "그대는 쇠하여 가는 공자의 도를 이어 장차 크게 천시(天時)를 받들 것이니 이런 장할 데가 있나. 이제까지 '너'라 하고 '해라'고 했으나, 이제부터는 '자네'라고 부르고 '하소'라고 할 터이니 그리 알고, 예서(禮書)만 너

---

2 김홍철·류병덕·양은용, 『한국신종교실태조사보고서』 (익산: 원광대학교 종교문제연구소, 1997), p.152.

무 볼 것이 아니라『서전(書傳)』을 많이 읽으소. 그러면 후일 크게 깨닫는 바가 있어 책을 한 권 짓게 될 것이니 그때 이 글 한 수만 넣어주소.” 그리고는 '맑음을 보는 데는 물 만한 것이 없고[觀淡莫如水], 덕을 좋아하면 인을 행함이 마땅하니라[好德宜行仁]. 그림자는 천심월에서 일어나거늘[影動天心月], 그대에게 권하노니 이 진리를 찾아보라[勸君尋此眞]'는 글을 전하고 홀연히 행방을 감추었다.[3]

일부는 스승의 당부대로『서전』을 탐독했고, 송주(誦呪)와 춤의 수련법인 영가무도(詠歌舞蹈) 수행에도 힘썼다. 54세가 되던 1879년, 일부는 스승 연담이 전해준 글귀의 뜻을 문득 깨닫게 되었고, 얼마 뒤에 이상한 괘들이 눈에 어른거리는 신비체험을 하게 된다. 몇 년간 이런 현상이 계속되자 일부는 1881년에 그 괘들을 그려 '정역'이라 이름하고, 「대역서(大易序)」를 썼다. 일설에는 그때 공자가 나타나 “내가 일찍이 하고자 하였으나 이루지 못했던 것을 그대가 이루었으니 이런 장할 데가 있나!”라고 격려했다고 전한다.[4]

계속해서 일부는 이 괘들의 형상에 대한 나름의 해석을 풀어나갔으니, 1884년에는 「십오일언(十五一言)」에서부터 「무위시(无位詩)」까지를 썼다. 이때 스승이 전했던 글귀를 「선후천주회도수(先后天周回度數)」편에 넣었다. 1885년에는 「정역시(正易詩)」와 「포도시(布圖詩)」에서 시작하여『정역』의 나머지 부분을 작성하였다.[5] 이로써 일부의 나이 60세에

---

3 이정호,『정역연구』(서울: 국제대학 출판부, 1983), pp.200-201.

4 같은 책, p.203.

5 『정역』은 다음의 순서대로 엮어져 있다:「十五一言」,「金火一頌」,「金火二頌」,「金火三頌」,「金火四頌」,「金火五頌」,「一歲周天律呂度數」,「化无上帝言」,「化无上帝重言」,「化翁親視監化事」,「无極體位度數」,「皇極體位度數」,「月

5년간의 진통 끝에 정역의 해설서인『정역』이 세상에 나오게 되었다.

일부의 명성은 주변에 전해졌고, 많은 문인(文人)이 그의 제자가 되기 위해 모여들었다. 1894년 동학농민운동이 일어나자 일부는 혼란을 피해 계룡산의 한 줄기인 향적산(香積山=國師峰)에 은거하였다. 이때 그를 따라 입산한 제자는 36명이었다.[6] 훗날 이 추종자들이 만든 교단들은 영가무도교(詠歌舞蹈敎), 대종교(大宗敎), 윷판교, 중앙대종교(中央大倧敎), 정리학회(正理學會), 정역사상연구회, 천일교(天一敎) 등으로 나타났다. 현재는 학술 활동에 치중하는 정역사상연구회를 중심으로 대종교, 영가무도교 정도만 명맥을 이어가고 있는데, 그 숫자는 다 합쳐도 100명 정도에 불과하다.[7] 이 교단들 가운데 교리 체계가 전해지는 곳은 몇 곳에 불과하지만, 그 내용은 대체로 후천에는 365¼일이었던 1년이 360일로 바뀐다는 것, 인간이 새로운 존재로 탈바꿈한다는 것으로 요약되고, 이것이『정역』을 토대로 한 정역사상을 구성한다. 이 부분은 다음 절에서 다룰 것이다.

極體位度數」,「日極體位度數」,「上元丑會干支圖」,「二十八宿運氣圖」,「亢角二宿尊空詩」,「九九吟」,「十五歌」,「先后天正閏度數」,「先后天周回度數」,「立道詩」,「无位詩」,「正易詩」,「布圖詩」,「金火正易圖」,「十一一言」,「洛書九宮生成數」,「三五錯綜三元數」,「河圖八卦生成數」,「九二錯綜五元數」,「十一歸體詩」,「雷風正位用政數」,「四正七宿用中數」,「十一吟」. 이어서 부록으로 다음이 순차적으로 붙어 있다.「河圖」,「洛書」,「伏羲八卦圖」,「文王八卦圖」,「正易八卦圖」,「十干原度數」,「十二月 二十四節氣候度數」.

6 이정호, 앞의 책, pp.220-221.

7 1994년에 설립된 정역사상연구회는 단순한 학회가 아니고 정기적으로 향례(享禮)를 지내는 등 일정한 신앙적 성격을 가지고 있다고 한다. 회원 수는 약 50여 명이다. 대종교는 하상역(河相易)이 1909년에 창설한 것으로 현재 30명 정도의 신도들이 있다. 영가무도교는 1960년에 만들어졌고 현재는 거의 멸실 상태이다. 김홍철·류병덕·양은용, 앞의 책, pp.138-150 참조.

2-1-(2) 대순사상의 등장

일부가 향적산에 은거해 있을 때인 1897년, 증산은 천지공사를 하기 위한 사전 작업으로서 인심(人心)과 속정(俗情)을 살펴보기 위해 전국 주유를 시작하였다. 이때 그의 첫 발걸음은 일부를 만나는 것이었다.

스승을 따로 두지 않았던 증산은 당시 27세로서 본격적인 종교 활동을 시작하기 이전의 혈혈단신 청년이었고, 일부는 여러 제자를 거느리고 있던 72세의 노인이었다. 이들이 만나서 어떤 대화를 나누었는지는 알려지지 않는다. 그러나 이 일로 보아 증산이 일부의 사상을 알고 있었음은 분명하다. 증산은 훗날 천지공사를 할 때, 『정역』의 '기는 동북에서 굳게 지키고[氣東北而固守], 리는 서남에서 서로 오간다[理西南而交通]'[8]라는 글귀와 '천지는 일월이 아니면 빈 껍데기요[天地匪日月空殼] 일월은 지극한 덕이 있는 사람이 아니면 헛된 그림자다[日月匪至人虛影]'[9]라는 문구를 가져다 썼다.[10] 심지어 일부를 청나라의 명부(冥府)를 담당하도록 임명했다고까지 말했다.[11]

전국 주유를 마친 증산은 1900년에 고향인 정읍 객망리에 돌아와 있다가, 다음 해인 1901년 모악산의 고찰 대원사(大院寺)에서 천지대도를 열고 이로부터 세상을 개벽시킨다고 하는 천지공사를 시작하였다. 9년 동안 이어진 이 활동의 키워드는 해원(解冤)이라고 할 수 있다.

---

8 『正易』, 「金火二頌」.

9 『正易』, 「一歲周天律呂度數」.

10 대순진리회 교무부, 『전경』 13판 (여주: 대순진리회 출판부, 2010), 공사 3장 28절, 교운 1장 30절, 예시 21절; 증산은 '天地匪日月空殼 日月匪至人虛影'을 '天地無日月空殼 日月無知人虛影'으로 바꾸어 인용했다. 뜻이 유사하다고 하더라도, '지인(至人: 덕이 높은 사람)'이 '지인(知人: 아는 사람)'으로 바뀜은 주목된다.

11 같은 책, 공사 1장 7절.

이 기간에 김형렬과 차경석을 비롯한 여러 추종자[從徒]가 그를 따랐다. 증산은 1909년 6월에 갑자기 세상을 떠났다. 이때 그는 후계자를 정확히 알려주지 않았다. 이것은 여러 교단이 정통성을 주장하며 계속 나타나는 원인이 되었다. 이 증산계 교단들은 설립자 각각의 관점에 따라 증산을 이해하고 설명했다. 이들 사이에 차이가 나타나는 것은 당연했다.

　대순진리회는 증산계 교단들 가운데 하나다. 그 전신(前身)은 태극도, 그 전전신(前前身)은 무극도였다. 무극도를 창도한 사람은 조정산(趙鼎山, 1895~1958)이다. 정산은 1909년에 일제의 억압을 피해서 만주로 망명하여 입산수도하던 중, 1917년 2월에 증산에게서 종통 계승의 계시를 받는 신비체험을 하고, 그해 4월 귀국하여 1925년에 무극도를 창도하였다. 무극도는 일제의 핍박으로 강제 해산당하였고, 정산은 1948년에 무극도를 부활하며 1950년 무렵에 이름을 태극도로 바꾸었다. 1958년 정산은 모든 수도 체계를 완성하고 증산의 사상을 체계화하였으니, 이로써 대순사상의 정립이 이루어졌다. 정산은 세상을 떠나면서 박우당(朴牛堂, 1917~1996)에게 자신의 뒤를 잇도록 했고, 우당은 1969년에 교단의 조직을 개편하여 대순진리회를 창설하였다. 이로부터 대순사상은 조금씩 세상에 알려지기 시작했다.

2-2. 두 사상의 대비

　정역사상과 대순사상은 성리학이 쇠퇴하고 기존의 질서와 가치가 무너지면서 서구의 종교와 문화가 밀려들어 근대화가 시작되던 시기

에 출현하여 한국인들에게 새로운 패러다임을 제공해 준 사상들이다.

이 사상들의 관련자들, 그러니까 일부와 그의 제자들, 그리고 증산과 정산·우당에 이르기까지 창시자 내지는 계승자들은 모두 몰락한 양반 또는 평민 출신으로 사회의 기득권층이 아니었으며, 이들을 좇은 사람들도 엘리트들보다는 일반 백성이었다는 데에 공통점이 있다. 정역사상과 대순사상이 후천개벽을 말하고 있다는 점, 또 정역사상이 억음존양(抑陰尊陽)을 반대하고 조양율음(調陽律陰)을 추구하며 대순사상도 음양합덕(陰陽合德)을 말한다는 점에서도[12] 표면적으로는 유사한 모습을 보인다.

2-2-(1) 후천개벽의 동인과 전개에 나타나는 차이

두 사상 사이에서 발견되는 차이에 대해서는 강돈구가 이미 지적한 바 있다. 그에 의하면 첫째, 『정역』은 우주의 변혁이 시간이 지나면 자연히 이루어진다고 주장하지만, 증산계 교단들은 그들이 우주의 주재자로 신앙하는 강증산(姜甑山, 1871~1909)에 의해 변혁이 이루어진다고 주장한다. 둘째, 『정역』은 선·후천 교체기에 특정의 재난이 있을 것으로 보지 않지만, 증산계 교단들은 병겁(病劫)이라는 인류 최대의 재난이 있을 것이라고 본다. 셋째, 증산계 교단들은 한국이 후천에서 종주국이 된다고 주장하면서 한국과 한민족의 세계사적 긍지와 사명의식을 강조하고 있지만, 『정역』은 그런 주장을 하지 않는다.[13]

---

12 『正易』, 「一歲周天律呂度數」; 『전경』, 교운 2장 32절.
13 강돈구, 「정역의 종교사적 이해」, 장병길 교수 은퇴 기념 논총간행위원회(편), 『한국종교의 이해』 (서울: 집문당, 1985), pp.305-306.

반대 의견도 물론 있다. 금장태는『정역』에 상제를 통한 새로운 세계 질서 창조 이야기가 들어있다고 본다.[14] 그러나 증산이 상제의 신분으로서 천지공사(天地公事)를 시행하여 후천을 자신이 직접 연다고 [개벽] 공언했던 것과 비교하면,『정역』에서 드러나는 상제의 후천개벽 역할은 그야말로 미미한 수준이다. 류병덕은 후천의 태동이 한반도에서부터 시작하며 한반도가 후천의 중심이 된다고 주장함으로써 민족적 긍지를 되찾으려 했다는 사실이『정역』에 들어있다고 말한다.[15] 하지만『정역』에는 류병덕이 말한 내용이 직접적으로 기술되어 있지 않다.『정역』이 일부의 저작인 만큼 후천의 역(易)인 정역이 한국에서 출현했던 것은 인정되나, 일부 자신은 한국이 후천의 중심이 될 것으로 주장하지 않았다. 이와 달리 증산은 한국이 좌상(座上)에서 득천하(得天下)한 상등국(上等國)으로서 세계의 중심이 될 것이라고 분명하게 공언했다.[16] 그렇다면 강돈구의 주장과 같이, 증산계 교단들은『정역』의 영향을 일정하게 받았고 유사한 모습도 보여주지만, 후천개벽의 내용 즉 동인과 전개에 이르러서는 분명한 차이를 보인다고 말할 수 있다.

2-2-(2) 24절후에 대한 관점의 차이

역법(曆法)에 주목한 홍범초의 연구도 거론할 수 있다. 그는『정역』

---

14 금장태,『한국 현대의 유교문화』(서울: 서울대학교출판부, 2002), pp.69-70.
15 류병덕,「개화기·일제시의 민중종교 사상」,『원불교사상과종교문화』6 (1982), p.204.
16『전경』, 예시 28·29절.

이 후천에는 현재의 달력[1년 365¼일]이 아닌 새로운 달력[1년 360일]을 쓴다고 했지만, 증산은 후천에 새로운 달력이 아니라 현재의 달력을 그대로 쓴다고 말했던 것에 차이가 있다고 주장했다.[17] 대순진리회의 경전[『典經』]이나 증산교본부의 경전[『大巡典經』]에는 증산이 이런 말을 했다는 기록이 없기에, 사실관계 확인이 되지 않는 이 논의를 검토할 수 없다.

홍범초는 『정역』이 동지·소한 등 24절후의 명칭을 모두 버리고 그 대신 원화(元和)·중화(中化) 등의 이름으로 바꾸어 부르지만, 증산은 절후문(節候文)을 귀하게 여겨 24절후 명칭 그대로를 중시했다는 사실까지 더 지적했다.[18] 대순진리회를 비롯한 대다수 증산계 교단들은 24절후의 명칭을 주문으로 사용하는 데다가, 증산이 24절후 이름 자체를 중요하게 여겼다는 사실을 인정하는 편이므로, 홍범초의 이 관찰은 살펴볼 필요가 있다.

『정역』이 24절후의 명칭을 원화(元和, 경칩)·중화(中化, 춘분) 등으로 바꾼 것은[19] 24절후를 기(氣)의 움직임으로 이해하고자 한 결과로 보인다. 24절후는 흔히 24절기(節氣)로 불리지만, 사실 24절후는 24기(氣)로 불러야 정확한 표현이다. 양력 월 상순(3~8일 사이)에는 1개의 절기(節氣)가 들고, 양력 월 하순(18~23일 사이)에는 1개의 중기(中氣)가 드는데

---

17 홍범초, 「증산사상에서 易을 어떻게 볼 것인가」, 『신종교 연구』 5 (2001), p.89.
18 같은 글, p.88.
19 『정역』은 24절후의 명칭을 元和[경칩], 中化[춘분], 大和[청명], 布化[곡우], 雷和[입하], 風化[소만], 立和[망종], 行化[하지], 建和[소서], 普化[대서], 淸和[입추], 平化[처서], 成和[백로], 入化[추분], 咸和[한로], 亨化[상강], 正和[입동], 明化[소설], 至和[대설], 貞化[동지], 太和[소한], 體化[대한], 仁和[입춘], 性化[우수]로 바꾸어 사용한다. 『正易』, 「二十四節氣候度數」.

(1節氣와 1中氣가 1節月이다), 1년이면 각각 12개의 절기와 12개의 중기가 있게 된다. 이 둘을 합쳐서 24기, 곧 24절후라고 한다.[20] 『정역』은 24절후를 12개의 절기와 12개의 중기가 각각 때에 따라 자리를 잡는 과정으로 묘사했으니, 이것이 곧 기의 화(和)함과 화(化)함이었다. 화(和)는 조화(調和)로, 화(化)는 조화(造化)로 이해될 수 있다. 추정하자면 정역사상은 후천이 365¼일에서 360일로 바뀐다는 입장이므로, 계절의 변화 역시 필연적이라고 보고 선천의 24절후를 다른 방식으로 표기하고자 했던 것 같다. 그러니까 『정역』이 24절후 명칭을 '화(和)'와 '화(化)'로 바꾸어 표기한 이유는, 후천의 24절후가 선천의 24절후와 다르다는 사실을 의도하면서, 24절후의 성립 원리인 기의 변화와 정착 과정을 드러내기 위함이었다는 것이다.

증산은 24절후의 이름을 그대로 사용하였다. 그 특징은 각각의 24절후를 담당하는 신명이 있다고 한 데 있다. 이를테면 대순진리회가 사용하는 주문들 가운데 이십사절주(二十四節呪)에 의하면, 동지는 장손무기(長孫無忌), 소한은 효공(孝恭), 대한은 두여회(杜如晦), 입춘은 위징(魏徵)이 각각 담당하는 식이다.[21] 24절후를 담당하는 24명의 신명은 당 태종을 도와 천하를 안정시킨 공을 세운 신하들이었다[섬서성 장안현에 있었던 능연각(凌煙閣)에 초상으로 걸려 있었음]. 그러니까 정역사상이 24절

---

20 이은성, 『역법의 원리분석』 (서울: 정음사, 1985), pp.125-126.

21 二十四節呪 : 冬至 小寒 大寒 立春 雨水 驚蟄 春分 清明 穀雨 立夏 小滿 亡種 夏至 小暑 大暑 立秋 處暑 白露 秋分 寒露 霜降 立冬 小雪 大雪 長孫無忌 孝恭 杜如晦 魏徵 房玄齡 高士廉 蔚遲敬德 李靖 蕭瑀 段志賢 劉弘基 屈突通 殷開山 柴紹 長孫順德 張亮 候君集 張公謹 程知節 虞世南 劉政會 唐儉 李世勣 秦叔寶 諸大神將 所率諸將 一般兵營 唵唵喼喼 如律令. 대순진리회, 『주문』 (서울: 대순진리회 수도부, 1972), p.6.

후를 기의 변화 원리에 중점을 두고 이해하는 것이라면, 대순사상은 24절후를 우주의 흐름을 부분적으로 맡아 다스리는 인격적 신명에 중점을 두고 이해하는 것으로 대비해 볼 수 있다.

또 하나의 차이가 있다. 동지가 양이 시작하는 지점[一陽始生]이기 때문에 전통적으로 동아시아에서는 동지를 역(曆) 계산의 시작점으로 삼아 24절후의 첫머리로 이해해왔다.[22] 대순사상도 동지를 24절후의 시작으로 삼지만,[23] 정역사상은 24절후의 처음을 원화(元和), 즉 경칩으로 시작한다. 정역사상은 동지를 기의 '정화(貞化)', 하지를 기의 '행화(行化)'로 부른다. '정(貞)'과 '행(行)'을 대비해보면 정은 고요함을, 행은 움직임을 나타내는 것으로 이해할 수 있다. 그러니까 정역사상은 기가 고요하게 머무는 상태를 동지로, 기가 활발하게 다니는 상태를 하지로 묘사한 것이다. 그러한 기가 1년을 이루기 위해 출발하는 지점은 묘월(卯月) 상순에 드는 경칩이며,[24] 시중(時中)에 맞게 자리를 잡는 지점은 중화(中化=춘분)라는 게 정역사상의 관점이다.

정리하자면, 정역사상은 24절후가 후천에는 변한다고 보고 그 변화 원리인 기의 운행에 초점을 두어 명칭을 바꾸었으며, 음양보다는 기의 흐름을 중시하여 24절후의 시작을 경칩으로 삼는 세계관을 보였다. 반면에 대순사상은 24절후에는 각각 담당하는 신명이 있음을 설명하고, 음양의 변화를 중시하여 24절후의 시작을 동지로 삼는 세

---

22 이은성, 앞의 책, pp.15-17.

23 대순종교문화연구소 편집, 『훈시』(미발행), 계유(1993)년 1월 6일(양력 1993. 1.28); 차선근·박용철, 「기문둔갑, 그리고 강증산의 종교적 세계」, 『종교연구』 77-3 (2017), pp.202-204 참조.

24 "卯月初三日乙酉 酉正一刻 十一分 元和." 『正易』, 「二十四節氣候度數」.

계관을 보였다. 정역사상이 24절후를 기(氣)의 원리로 이해한 것이라면, 대순사상은 24절후를 음양의 원리와 더불어 인격적 특성을 갖춘 신명의 주관을 받는 것으로까지 이해한 것이라 할 수 있다.

2-2-(3) 또 다른 차이들

이상과 같이 정역사상과 대순사상은 미래의 후천을 대망(大望)한다는 점에서는 유사하지만, 후천개벽의 전개 과정과 성격, 그리고 24절후라고 하는 천지의 변화를 다르게 이해하고 있다고 할 수 있다. 이 밖에 더 지적할 수 있는 차이는 다음과 같다.

첫째, 정역사상은 형이상학적인 역법(曆法) 원리가 주류를 이루고 뚜렷한 실천 윤리를 가지고 있지 않지만, 대순사상은 구체적인 실천 윤리를 내포하고 있다는 것이다. 대순사상의 윤리들 가운데 대표적인 것으로는 각 다섯 항목씩의 훈회(訓誨)와 수칙(守則)을 들 수 있다.[25]

둘째, 일부는『정역』이 유학의 정통성을 잇는 것이라고 자부했고,[26] 증산은 유불선 삼교 교의를 모두 인정했다는 것이다. 증산은 유(儒)에

---

25 훈회(訓誨): 一. 마음을 속이지 말라, 二. 언덕(言德)을 잘 가지라, 三. 척(慼)을 짓지 말라, 四. 은혜를 저버리지 말라, 五. 남을 잘되게 하라.
수칙(守則): 一. 국법을 준수하며 사회도덕을 준행하여 국리민복에 기여하여야 함, 二. 삼강오륜은 음양합덕·만유조화(萬有造化) 차제(次第) 도덕의 근원이라, 부모에게 효도하고, 나라에 충성하며, 부부 화목하여 평화로운 가정을 이룰 것이며, 존장(尊丈)을 경례(敬禮)로써 섬기고 수하를 애휼 지도하고, 친우 간에 신의로써 할 것, 三. 무자기(無自欺)는 도인의 옥조(玉條)니, 양심을 속임과 혹세무민하는 언행과 비리괴려(非理乖戾)를 엄금함, 四. 언동(言動)으로써 남의 척(慼)을 짓지 말며, 후의로써 남의 호감을 얻을 것이요, 남이 나의 덕을 모름을 괘의치 말 것, 五. 일상 자신을 반성하여 과부족이 없는가를 살펴 고쳐 나갈 것. 대순진리회 교무부,『대순진리회요람』(서울: 대순진리회 교무부, 1969), pp.18-21.
26 강돈구,「정역의 종교사적 이해」, p.314 참조.

대해서는 부유(腐儒)라 하여 부정적인 모습을 보이기도 했고, 관왕(冠旺)이라는 표현을 사용하여 자신의 사상이 유불도를 뛰어넘는 경지라고 말하기도 했다.[27] 다시 말해서 일부가 설정한 정역사상의 정체성은 유학의 연장선에 놓인 것이었고, 증산 그리고 정산—우당으로 이어지는 대순사상의 정체성은 삼교 통합 또는 그 우위의 경지에 있는 것으로서 유교의 연장선에 있는 것은 아니었다.

3. 정역사상과 대순사상의 우주론 비교

정역사상과 대순사상은 우주론으로 비교될 때 또 다른 차이를 드러낸다. 기본적으로 정역사상의 우주론은 철학적이고 대순사상의 우주론은 종교적이라는 점에 차이가 있으며, 또한 각 우주론을 이루는 사상 연원도, 그 내용도 서로 다르다. 이 점 만으로도 두 사상은 표면적으로는 유사하게 보이지만, 그 내용은 차이가 있음을 확인할 수 있을 것이다.

3-1. 정역사상의 우주론

3-1-(1) 홍범구주의 황극

『정역』을 단적으로 요약하면 음양의 조화를 의미하는 지천태(地天泰)를 상징으로 삼으면서, 무극(無極)·태극(太極)·황극(皇極)으로 전개되

---

27 『전경』, 교운 1장 6·66절.

는 우주론 속에서 윤달이 없는 1년 360일의 새 시대가 열린다고 보고, 그 시대를 억음존양(抑陰尊陽)의 시대가 아닌 조양율음(調陽律陰)의 특성을 갖는다고 주장하는 것이다.

『정역』의 우주론에서 눈에 띄는 부분은 황극이다. 주나라 무왕이 은나라를 무너뜨린 뒤, 망국 은나라의 유신(遺臣)인 기자(箕子)를 찾아가 그에게 나라를 다스리는 도에 대해 들은 내용이 홍범구주(洪範九疇)였고, 황극은 그것의 중심 개념이었다.

> "제[箕子]가 듣기엔 옛날 곤(鯀)이 홍수를 막으려다 오히려 그 오행만 어지럽혔으므로, 상제께서 크게 노하시어 아홉 가지의 큰 법도[홍범구주]를 주지 않으셨다고 합니다. 그래서 그 법도가 사라지게 되었습니다. 곤은 극형을 당하였고 뒤이어 우(禹)가 일어나니, 하늘은 우에게 홍범구주를 가르쳐 줌으로써 법도가 베풀어지게 하였습니다. 홍범구주의 첫째는 오행(五行: 水·火·木·金·土)이요, 둘째는 오사(五事: 태도·말·보기·듣기·생각)를 공경하여 행함이요, 셋째는 팔정(八政: 식량·경제·제사·토목·교육·치안·외교·군대)을 힘써 행함이요, 넷째는 오기(五紀: 년·월·태양·별·역법)를 조화시키는 것이요, 다섯째는 세움을 황극(皇極: 임금의 바른 다스림)으로써 함이요, 여섯째는 삼덕(三德: 正直·剛克·柔克)을 다스려 쓰는 것이요, 일곱째는 점을 쳐서 의문을 풀어 밝히는 것이요, 여덟째는 여러 징후를 고려하여 쓰는 것이요, 아홉째는 오복(五福: 壽·富·康寧·攸好德·考終命)을 기르고 여섯 가지 곤액[六極: 短折·疾·憂·貧·惡·弱]을 누르며 쓰는 것입니다."[28]

28 "我聞 在昔鯀 陻洪水 汩陳其五行 帝乃震怒 不畀洪範九疇 彝倫攸斁. 鯀則殛死 禹乃嗣興 天乃錫禹洪範九疇 彝倫攸叙. 初一 曰五行. 次二 曰敬用五事. 次

홍범구주는 자연과 인간의 질서를 정치 규범으로 삼은 것으로서, 그 아홉 가지 항목의 중심 다섯 번째에는 황극이 있다. 채침(蔡沈, 1176~1230)은 역대『서경』의 주석서 중에서 가장 뛰어나다는 평을 받는『서전(書傳)』을 저술하여, 5를 가운데 놓고 1·2·3·4를 생수(生數), 6·7·8·9를 성수(成數)로 하여 홍범구주의 구조를 설명하면서 황극의 의미를 밝혔다. 즉 홍범구주의 첫 번째 항목부터 네 번째 항목을 하나로 묶은 후에 ① 오행으로 근본을 삼고, ② 공경함을 오사(五事)로 하고, ③ 후하게 함을 팔정(八政)으로 하고, ④ 합함을 오기(五紀)로써 하는 것은 황극이 세워짐을 말하는 것이라고 해설했다. 또한 홍범구주의 여섯 번째 항목부터 아홉 번째 항목을 하나로 묶은 후에 ⑥ 다스림을 삼덕(三德)으로써 하고, ⑦ 밝힘을 계의(稽疑)로써 하고, ⑧ 징험을 서징(庶徵)으로써 하고, ⑨ 권면(勸勉)과 징계를 오복과 육덕으로써 하는 것은 황극이 행해지는 바라고 주석하였다.[29]

이밖에 홍범구주는 다섯 번째의 황극을 중심으로 첫 번째·네 번째·일곱 번째·여덟 번째 항목[五行, 五紀, 稽疑, 庶徵]은 천도(天道)를 말하고, 두 번째·세 번째·여섯 번째·아홉 번째 항목[五事, 八政, 三德, 五福·六極]은 인도(人道)를 말한다는 견해도 있다. 다시 말해 홍범구주는 황극을 중심으로 천도(天道)와 인도(人道)를 설명하고 있다는 것이다.[30]

공영달(孔穎達, 574~648)은 황극의 황(皇)은 대(大), 극(極)은 중(中)이라 하

三日農用八政. 次四日協用五紀. 次五日建用皇極. 次六日乂用三德. 次七日明用稽疑. 次八日念用庶徵. 次九日嚮用五福威用六極."『書經』,「洪範」.

29 "本之以五行敬之以五事厚之以八政協之以五紀皇極之所以建也. 乂之以三德明之以稽疑驗之以庶徵勸懲之以福極皇極之所以行也."『書經集傳』,「洪範」.

30 양재학,「서경 홍범사상의 고찰」(충남대학교 석사학위 논문, 1986), pp.15-16.

여 황극을 대중(大中)으로 이해하였다. 황극은 어느 한 편에 치우치지 않고 공정한 중용(中庸)의 도라는 의미이다. 주자는 이 해석을 반대하여 황(皇)을 임금 군(君)으로, 극(極)은 지극한 표준[기준]이라고 주장했다. 다시 말해서 주자는 황극이 '중용의 도'가 아니라 '임금이 지켜야 할 표준'이라고 말했던 것이다. 그 이유는 '중용'이 관대함을 나타낼 뿐 정작 임금이 정치를 할 때 지켜야 할 규범을 제대로 나타내주지 못한다고 보았기 때문이다. 이 규범은 임금이 스스로가 정하는 것이 아니라 오직 하늘에서 정하여 준 것이라고 한다.[31] 공영달이나 주자의 주장에 다소 차이가 있지만, 대체로 황극은 임금이 요순 이래로 내려오는 성인(聖人)의 심법을 가지고 백성을 위하여 지극한 정치를 펼치는 개념으로 이해되어왔다.

3-1-(2) 황극우주론

일부는 이러한 황극 개념에 우주의 본체를 설명하는 개념인 무극과 태극을 결합하여 자신의 우주론을 완성했다.

먼저 그는 무극이 십(十)이며 체(體), 태극은 일(一)이며 용(用), 무극인 십(十)과 태극인 일(一)을 합하면 토(土)가 되니[十+一=土] 이것이 바로 체와 용을 합한 중앙 오황극(五皇極)이라고 했다.[32] 오황극은 홍범에서 말한 황극을 뛰어넘는 것으로서, 무극과 태극의 중앙자리이자 무극·태극을 집약하고 통일시키는 새로운 존재라고 한다.[33]

---

31 조남호, 「주희의 태극 황극론 연구」, 『시대와 철학』 18-1 (2007), pp.147-154.
32 擧便无極十 十便是太極一 一无十无體 十无一无用 合土 居中五皇極. 『正易』, 「十五一言」.
33 금장태, 앞의 책, p.74.

또한 정역사상은 하도(河圖)의 중심이 십무극(十無極)이고, 낙서(洛書)의 중심이 오황극(五皇極)이며, 정역의 중심은 십무극과 오황극을 혼용하는 일태극(一太極)으로 본다. 다시 말해『정역』이 제시하는 우주의 중심이란 무극·태극·황극을 종합하는 최고의 중심이라는 것이다.[34] 정역사상은 십무극을 하늘, 오황극을 땅, 일태극을 사람이라고도 규정한다. 즉 천지인 삼재(三才)를 무극·황극·태극의 삼극(三極)으로 설명하는 것이다.[35] 그러면서 무극과 황극, 태극의 합일을 주장하여 인간과 천지 우주의 일치를 강조한다.[36]

이 의미는 인간이 원래 태극의 존재였으나 이제 일태극에서 오황극으로 일대 전환을 한다는 것이다. 그러니까 인간은 십무극에서 분화되어 나온 존재인 일태극이었으나, 이제는 성장하여 오황극으로 진입한다는 것이다.[37] 선천의 황극이 오직 임금에게만 해당되는 특수한 자리였다면 후천의 황극은 사람이면 누구나 그 완성을 기하여 진출할 수 있다는 뜻이니, 선천의 임금은 특정인이었지만 후천에는 인간이 높아져 누구나 임금이 될 수 있다는 의미이기도 하다.[38] 그러나 정역사상에는 인간이 오황극으로 진입하여 완성을 기할 수 있는 구체적인 방법과 원리에 대한 설명이 없다.

정리하자면, 정역사상은 기본적으로 '무극과 태극은 서로 다르다'는 사실을 전제로 한다. 우주의 운동이란 무극에서 태극이 나오고, 그

---

34 같은 책, p.73.
35 이정호, 앞의 책, p.169.
36 강돈구, 「정역의 종교사적 이해」, p.319.
37 이정호, 앞의 책, p.176.
38 이정호, 『정역』(서울: 아세아문화사, 1988), p.116.

태극에서 음양이 분화되어 만물로의 분열이 일어나는 것이다. 그 분열이 극점에 이르면 다시 통일 운동으로 돌아간다. 그랬다가 다시 분열 운동을 계속하고 또 통일 운동으로 돌아간다. 이처럼 분열과 통일 운동의 순환을 가능하게 만드는 존재는 황극이다.[39] 다시 말해서 무극과 태극은 다르다는 전제하에, 이들은 황극에 의해서 하나로 통일 집약될 수 있는 개념으로 설정되는 것이다.[40] 정역사상의 우주론을 구성하는 개념인 무극·태극·황극 중에서 중심이 되는 것은 황극이기 때문에, 이 우주론은 '황극 우주론'이라 부를 수 있다.

홍범구주 정치사상의 하나였던 황극이 일부에 의해 우주론으로 채용되었다는 사실은 특기할 만하다. 원시 유학에는 두 가지의 세계관 전통이 있었는데, 하나는 음양으로 세계를 설명하는 주역 계통이었고, 또 하나는 오행으로 세계를 설명하는 홍범 계통이었다.[41] 음양론과 오행론이 각각 독립된 개념으로 이해되어 오다가 하나의 개념으로 결합하여 음양오행론이 된 데에는 전국시대 추연(鄒衍, B.C.E.324~B.C.E.250)과 한나라 동중서(董仲舒, B.C.E.179~B.C.E.104)의 공이 컸다. 동양 사상사에서 주역과 홍범의 우주론이 하나로 통합되었던 때가 이 무렵부터이다.

기본적으로 홍범이 정치론을 위주로 하는 사상체계라면 주역은 우주론을 위주로 하는 사상체계였다. 홍범 정치론의 핵심은 황극이고,

---

39 한동석, 『우주 변화의 원리』(서울: 대원출판, 2001), pp.45-47, pp.382-386.
40 김만산, 「역학상 용어의 개념 정의에 관한 연구(Ⅰ)」, 『동양철학연구』17 (1997), p.259.
41 방동미, 『원시 유가 도가 철학』, 남상호 옮김 (서울: 서광사, 1999), p.84.

주역 우주론의 핵심은 음양의 본원(本源)인 태극이다. 홍범과 주역의 우주론이 하나로 통합되기는 하였지만, 태극과 황극은 아직 어떤 공통 접점에서 구체적으로 논해진 적이 없었다. 사실 주역이 우주론을 위주로 한다고는 하지만 지리와 정치를 포함하는 인사(人事)에 다양하게 응용되어왔으므로 정치론인 황극 개념과 더불어 논해질 여지가 있었다. 이것을 최초로 시도한 인물이 일부였고, 바로 여기에 황극 우주론의 의의가 있다.

3-2. 대순사상의 우주론

3-2-(1) 대순, 그리고 무극과 태극

정산은 1925년 전북 구태인에서 무극도(無極道)라는 교단을 창도할 때 다음과 같은 취지서를 내었다.

> 도는 하늘이 명하여 사람이 행하는 것이고 하늘에 무극대도(无極大道)
> 가 있어 무극(无極)의 이치로써 사람을 화생(化生)한다. … 대개 도는 이치
> 이고 이치는 무극이요, 무극은 하늘이다. … 무극은 하늘의 무극한 이치
> 이며 하늘은 이치를 사람에게 주고 사람은 도를 하늘로부터 받는다.[42]

무극도가 일제에 의해 강제 해산당하자, 정산은 해방 후인 1948년 부산에 다시 도 본부를 설치하고 도인들이 종교 활동을 이어가도록

---

42 村山智順,『朝鮮の類似宗教』(京城: 朝鮮總督府, 1935), pp.336-337.

만들었다. 1950년에는 교단의 이름을 태극도(太極道)로 바꾸고 다시 다음과 같은 취지서를 공포했다.

> 우주가 우주로 되는 본연의 법칙은 곧 그 신비의 묘함이 태극에 있으니, 이밖에는 더 이상의 극진함이 없도다. 그러한 이유로 태극이라고 하는 것이며, 유일무이한 까닭으로 태극이라 하는 것이다. 오직 이 태극이야 말로 지극한 이치가 실리는 바이고, 지극한 기운이 일어나는 바이며, 지극한 도가 스스로 나오는 곳이라.[43]

현재 취지서가 전해지는 문헌은 정산이 1956년에 우당에게 발행하도록 한 『태극도통감(太極道通鑑)』이다. 이 문헌의 발행인은 '도인 대표 박경호(朴景浩)'로 되어 있는데 박경호는 우당의 원명(原名)이다.

이상 언급한 무극도와 태극도의 취지서를 비교해보면, 우주의 본원을 무극도는 무극으로, 태극도는 태극으로 각각 표현하고 있다. 대순사상에서 무극과 태극은 우주의 같은 본원에 대한 다른 이름에 불과하므로, 무극과 태극은 같고, 무극도 교단과 태극도 교단도 같은 것이다.[44]

1958년 정산은 세상을 떠나면서 우당에게 종통을 물려주고 태극도

---

43 "宇宙之爲宇宙는 元有本然法則而其神秘之妙 在乎太極이니 外此無極故로 曰 太極也이요 唯一無二故로 曰太極也라 惟是太極也는 至理之所以載也요 至氣之所由行也며 至道之所自出也라." 태극도 본부, 『태극도통감』 (부산: 태극도 본부, 1956), p.2.

44 차선근, 「대순진리회의 변천 과정과 무극 태극의 관계」, 『상생의 길』 4 (2016), pp.8-48 참조.

를 이끌도록 지시했다. 그러나 태극도의 일부 신도들이 우당에게 불만을 품고 고소하는 등 서로 불편한 관계 속에 있다가, 우당은 1968년 부산 태극도장을 떠나 1969년 서울에서 교단의 조직을 개편하고 대순진리회를 창설하였다. 그때 우당이 밝힌 대순진리회 창설 유래문은 다음과 같이 시작한다.

> 대순(大巡)이 원(圓)이며 원(圓)이 무극(無極)이고 무극(無極)이 태극(太極)이라. 우주(宇宙)가 우주(宇宙)된 본연법칙(本然法則)은 그 신비(神秘)의 묘(妙)함이 태극(太極)에 재(在)한 바 태극(太極)은 외차무극(外此無極)하고 유일무이(唯一無二)한 진리(眞理)인 것이다. 따라서 이 태극(太極)이야말로 지리(至理)의 소이재(所以載)요, 지기(至氣)의 소유행(所由行)이며 지도(至道)의 소자출(所自出)이라.[45]

이 글을 보면 태극도 취지서와 내용이 같고, 앞부분에 '대순(大巡)이 원(圓)이며 원(圓)이 무극(無極)이고 무극(無極)이 태극(太極)이라'라는 부분이 추가되어 있다. 이것은 대순사상의 우주론을 나타내는 것인데, 우당은 다음과 같이 설명하고 있다.

> "대순은 둥근 것이다. 끝이 없고 막힘이 없다. 무극 태극이라 한다. 무극이 대순이요, 대순이 무극이다. 무극에서 태극이 나온 것이 아니고, 무극이 태극이고 태극이 무극이다. 태극은 극이 없이 크다는 뜻이며 대순

---

45 이 글은 현재 대순진리회 여주본부도장의 포정문(布正門) 옆 벽면에 새겨져 있다.

을 의미한다. 우주의 모든 천지 일월 삼라만상의 진리가 태극, 즉 대순에 실려 있다. 그 안에서 조화가 이루어지는 것이다.'[46]

대순(大巡)은 '크게[大] 순찰한다[巡]'는 의미로서, 상제[증산]의 삼계대순(三界大巡) 개벽공사(開闢公事)의 뜻을 담고 있는 말이다.[47] 상제가 삼계를 모두 살핀 진리가 대순진리이며, 대순은 원으로 형상 지을 수 있고, 원은 그 형태가 극(極)이 없는 모양이므로 무극이라 한다면, 이때의 무극은 우주의 본원이라는 개념보다는 끝이나 한계가 없다는 의미로서 원을 설명하는 개념으로 볼 수도 있다. 실제로 대순진리회 창설 유래문에 나오는 '외차무극(外此無極)'은 '이[此] 바깥[此]으로는 더 이상의 극진함[極]이 없다[無]'는 뜻으로, 여기에서의 무극(無極)은 우주의 본원인 무극이 아니라 끝이나 한계가 없다는 의미로 사용되고 있다.

그러나 우당은 대순의 진리가 무궁무진하여 한이 없고 헤아릴 수 없는 것이기 때문에 극이 없는 무극이며 무한히 큰 태극이라고 하면서, 무극에서 태극이 나온 것이 아니라 무극과 태극은 같은 말이라고 가르쳤다. 즉 우당은 우주의 본원을 대순으로 설명하면서, 그 대순을 무극·태극과 연결한 것이다. 정산이 무극도 취지서에서는 우주의 본원을 무극으로, 태극도 취지서에서는 태극으로 밝혔다는 점을 상기하면, 결국 우당이 설한 우주론은 정산의 사상을 그대로 계승한 것이라고 해야 한다.

---

46 대순종교문화연구소 편집, 『훈시』(미발행), 경오(1990)년 11월 18일(양력 1991. 1.3).
47 『대순진리회요람』, pp.5-6.

정산이 1956년에 발행토록 한『태극도통감』에는 다음과 같은 내용도 있다.

> 도를 일러서 도라고 하는 것은, 정(定)하면 무극이요 움직이면 태극이니, 태극은 양의를 낳고, 양의는 사상을, 사상은 팔괘를 낳는다. 태극의 이치가 낳고 살리는 법은 다함이 없고 한량이 없으니, 변하고 통하며 조화하는 공덕을 가히 측량할 수 없도다. 오직 우리 구천응원뇌성보화천존상제께서는 태극을 관령 주재하는 천존[九天應元雷聲普化天尊上帝 管領主宰 太極之天尊]이시라.[48]

다시 말해 무극인 태극에서 양의(兩儀)가, 양의에서 사상(四象)이, 사상에서 팔괘가 나와서 만물이 생성된다는 것이다. 이 우주론은 '역에는 태극이 있으니, 이것이 양의를 낳고, 양의가 사상을 낳고, 사상이 팔괘를 낳는다[易有太極, 是生兩儀, 兩儀生四象, 四象生八卦]'[49]라고 한『주역』의 우주론과 같게 보인다.

정리하자면, 대순사상의 우주론은 '상제가 대순하여 삼계를 개벽한 진리'라는 의미를 함축하고 있는 '대순'에서부터 시작하여 무극과 태극으로 나아간다. 무극과 태극은 같은 것이며, 무극 즉 태극은 우주 만물이 생성·전개되는 시원(始原)·근원이면서, 동시에 우주 만물이 생

---

48 "道之謂道也者는 定而无極하고 動而太極하야 太極이 生兩儀하고 兩儀生四象하고 四象生八卦하나니 太極之理生生之數는 無盡無量하야 變通造化功德을 不可思議일새 惟我 九天應元雷聲普化天尊上帝 管領主宰 太極之天尊이시라."『태극도통감』, p.5.

49 『周易』,「繫辭上」.

성되고 순환하는 원리라는 뜻까지도 모두 포함하는 개념으로 설정된다. 태극에서 음양이 나오고 오행이 발현되어 만물은 생성·소멸을 반복한다. 따라서 대순사상의 우주론은『주역』의 우주론, 그리고 태극에서 음양과 오행이 나와서 만물을 생한다고 하는 주렴계(周濂溪, 1017~1073)의 신유학 우주론과 일면 같은 구조를 갖는 것처럼 보인다.

3-2-(2) 대순사상 우주론 속의 최고신

대순사상의 우주론과 주역/신유학의 우주론에서 우주의 본체가 태극이고 음양이라고 한다면, 태극과 음양이 어떻게 오행을 구성하고 만물을 생성하는지에 대한 설명이 뒤따라야 한다. 바로 여기에서 주역/신유학의 우주론과 대순사상의 우주론이 차이를 보인다.

신유학은 이기론(理氣論)으로써, 다시 말해 태극을 리(理)로, 음양을 기(氣)로 대체하여 주리(主理) 혹은 주기(主氣)의 관점으로써 우주의 분화를 해명한다. 주자와 이퇴계 등은 주리설, 장횡거와 서화담 등은 주기설의 대표적인 이론가이다. 송나라 이후 유학자들은 철학적 사변의 영역에서 이기(理氣) 우주론을 탐구하였고, 그 결과를 바탕으로 인간의 심성(心性)을 규명하고자 노력하였음은 주지된 사실이다.[50]

이에 비해서 대순사상은 우주의 본체와 최고신의 본질을 같은 지평에 놓고 본다. 즉 무극을 우주의 본원으로 두고 그것을 주재하는 최고신을 '무극신(無極神)'으로 설정한 뒤, 그 무극신의 조화(造化)로써 우주를 설명한다. 무극신이 최고신으로서 가지는 성격과 특징은 '구천응

---

50 윤사순,「동양 본체론의 의의」, 한국동양철학회(편),『동양철학의 본체론과 인성론』, (서울: 연세대학교 출판부, 1996), pp.150-166.

원뇌성보화천존상제(九天應元雷聲普化天尊上帝)', '구천대원조화주신(九天大元造化主神)' 등 대순사상에서 나타나는 최고신의 여러 명칭에서 유추할 수 있다.[51]

구천응원뇌성보화천존상제는 가장 높은 하늘인 구천에서 절대자가 음양의 결합인 뇌성(雷聲)으로써 하늘과 땅의 기를 오르내리게 하여 만물을 생성·변화·지배·자양한다는 의미를 담은 존칭이다.[52] 이 존칭은 최고신의 위상과 권능에 대한 설명을 포함하고 있다. 구천대원조화주신은 최고신이 생장염장(生長斂藏)의 사의(四義)를 사용하여 무위이화(無爲而化)의 조화(造化)로써 만물을 다스린다는 의미를 담은 존칭으로 최고신과 만물의 관계를 설명한다.[53] 이것이 대순사상에서 나타나는 최고신·무극신의 관념이다. 그런데 무극신이나 구천대원조화주신이라는 용어는 중국 도교의 원시천존(元始天尊)을 연상시키기에 충분하다. 정산은 무극도를 이끌던 때에 최고신을 구천상세군(九天上世君), 옥청진왕(玉淸眞王)이라고도 표현한 적이 있는데,[54] 옥청진왕이야말로 원시천존과의 관련성을 나타내는 용어라 하지 않을 수 없다.

이처럼 대순사상은 이기론과 같은 철학적 차원 대신, 신의 권능과 통치라고 하는 신앙적 차원에서 우주의 변화를 설명하고 있다. 다시 말해서 무극·태극을 주재하는 최고신이 생장염장이라는 우주의 법

---

51 차선근, 「대순진리회 상제관 연구 서설 (Ⅰ) – 최고신에 대한 표현들과 그 의미들을 중심으로」, 『대순사상논총』 21 (2013) 참조.
52 『대순진리회요람』, p.7.
53 『전경』, 교법 3장 27절; 대순진리회 교무부, 『대순지침』 (서울: 대순진리회 교무부), p.50.
54 『전경』, 교운 2장 42절의 '九靈三精呪' 참조.

칙을 주관하며, 음양의 결합인 뇌성으로써 오행과 만물을 생성·변화·발전시켜 나간다는 것이다. 전술한 대로, 정산은『태극도통감』에서 구천상제를 '태극을 관령 주재하는 천존[惟我 九天應元雷聲普化天尊上帝 管領主宰太極之天尊]'이라 하였으니 태극의 주체는 구천상제이다. 태극은 무극과 같으므로 '태극의 천존'은 '무극의 천존'으로 표현할 수도 있다. 무극의 천존은 무극신이며, 무극의 주체도 구천상제다. 무극은 대순이기도 하므로, 대순의 주체도 구천상제다. 대순진리회의 종교적 세계 속에서, 무극신과 태극의 천존과 구천상제는 같은 존재로 그려진다.

3-3. 우주론 비교

3-3-(1) 우주론과 최고신

정역사상의 '우주론 분야'에서만큼은 최고신 관념이 잘 나타나지 않는다. 대순사상의 우주론에서는 무극을 주재하는 무극신에서 최고신 관념이 나타난다. 정역사상의 우주론이 철학적 색채가 짙다면, 대순사상의 우주론은 종교적 색채가 짙다고 할 수 있다. 이 말은 정역사상의 우주론이 종교적이지 않고 대순사상의 우주론이 철학적이지 않다는 뜻이 아니다. 어디까지나 상대적인 차이를 말하는 것이다.

『정역』을 저술한 일부가 신비체험을 직접 겪었던 적이 있었고, 최고신의 존재까지 인정하고 있었음에도, 그의 사상이 철학적 영역에 치우쳐있다는 사실은 자못 흥미롭다. 그는 평상시 영가무도를 열심히 수련하는 사람이었는데, 그 열성이 얼마나 컸던지 마을 사람들은 그

가 미쳤다고 생각하여 귀신을 쫓아낸다며 『옥추경』을 읽어댈 정도였다. 집안에서는 가문 망신이라 하여 광산 김씨 족보에서 그의 이름을 지워버리기까지 했다.[55] 영가무도로 종교 경험이 많았던 그는 신비체험 과정에서 자기에게 정역의 괘를 보여준 장본인이 화무상제(化无上帝) 혹은 화옹(化翁), 화화옹(化化翁), 화무옹(化无翁)이라고 믿었다. 『정역』「화무상제언(化无上帝言)」편에 '한 하늘을 널리 화하시는 화옹의 마음이[普化一天化翁]'라는 구절은 일부가 최고신의 존재를 인지하고 있었음을 나타내준다.[56]

그러나 그가 『정역』에서 언급한 최고신의 역할은 '하늘을 화하는 것'과 '가르침을 주는 것'[57]이라는 두 가지뿐이었다. 분명 일부는 신비체험도 해 봤고, 최고신의 존재도 인식하고 있었다. 하지만 그는 황극 우주론과 연관된 최고신의 성격이라든가 개벽을 위한 구체적인 역할이라든가 하는 문제에 대해서는 별 언급을 하지 않았다. 따라서 무극·태극·황극의 작용으로 전개되는 정역사상의 황극 우주론은 철학적 성격이 짙다고 평가할 수 있다.[58] 대순사상의 우주론이 상대적으로 신앙적 성격을 더 부각한다는 점을 고려하면, 두 사상이 유사한 모습을 보인다고 하더라도 그들의 정체성마저 같다고 볼 수는 없다.

---

55 이정호, 『정역연구』, p.197.

56 금장태, 앞의 책, p.69.

57 "丁寧我化化翁 必親施敎." 『正易』, 「九九吟」.

58 정역사상의 대표적 연구자 가운데 한 사람인 이현중도 『정역』이 종교적 교리를 담고 있는 종교 서적이 아니라 역도(易道)를 천명한 철학 서적일 뿐이라는 주장을 펼친다. 이현중, 「'정역'의 한국 사상사적 위상」, 『범한철학』 20 (1999), p.248.

3-3-(2) 무극·태극의 사상 연원

정역사상과 대순사상에서 그들의 우주론을 구성하는 키워드는 무극·태극이다. 그러나 이 두 사상에 등장하는 무극과 태극의 개념은 일치하지 않는다. 간단히 말해서, 정역사상은 무극에서 태극이 나온 것으로 규정하고, 대순사상은 무극과 태극을 같은 것으로 규정한다.

무극과 태극의 선후(先後) 문제는 주자와 육상산(陸象山, 1139~1192)에 의해 촉발된 무극 태극 논쟁이다. 아직껏 해결되지 못한 오래된 이 논쟁의 주제는 첫째로 과연 주렴계가『태극도설』의 저자가 맞는가?, 둘째로『태극도설』의 첫머리에 등장하는 '무극이태극(無極而太極)'에서 무극이라는 표현은 필요한가?, 셋째로 무극 태극에서 극(極)은 중(中)의 의미인가? 아니면 지극(至極)의 의미인가?, 넷째 무극에서 태극이 나왔는가? 아닌가? 하는 것이었다.[59]

이 가운데 넷째 논쟁을 살펴보면, 육상산은 무극이라는 말이 원래 도가의 용어일 뿐 유가에는 없는 용어라는 점을 들면서, '무극이태극(無極而太極: 무극은 태극)'을 '자무극이위태극(自無極而爲太極: 무극에서부터 태극이 이루어짐)'으로 해석해야 한다고 주장하였다. 이에 반해 주자는 도가 철학에서는 유(有)와 무(無)를 둘로 나누어 보지만 주렴계는 하나로 보고 있으므로, 따라서 태극과 무극은 둘이 아니라 하나이며, '무극이태극'의 무극은 우주의 본체를 가리키는 용어가 아니라 '무궁(無窮)'이라고 하는 개념으로 이해해야 한다고 반박하였다. 즉 '무극이태극'을 '무궁무진한 태극'으로 해석하여 '무극'은 태극을 수식하는 하나의

---

59 진래,『주희의 철학』, 이종란 외 옮김 (서울: 예문서원, 2002), pp.484-492.

형용사 차원으로만 이해해야 한다는 것이었다.[60] 주자와 육상산은 서로 입장을 굽히지 않았고, 이후 주자 신봉 학자들과 육상산 신봉 학자들 사이에서도 이 논쟁은 지속되었다. 조선에서는 1517년~1518년 사이에 이언적(李彦迪)과 조한보(曹漢輔)가 무극 태극 논쟁을 벌인 일은 유명한데, 대체로 우리나라에서는 조선 중기 이후 주자 성리학이 주류였으므로 무극과 태극을 같은 것으로 보는 견해가 우세하였다.

이런 맥락에서 살펴보면 정역사상은 육상산 학파의 입장을, 대순사상은 주자 학파의 입장을 따르고 있음을 알 수 있다. 따라서 정역사상과 대순사상은 무극 태극 문제에 관한 한, 그 사상적 연원이 같지 않다고 결론지을 수 있다.

3-3-(3) 황극에 대한 관점

앞서 살핀 대로 정역사상 우주론의 중심은 황극이다. 무극에서 태극이 나오고 태극에서 만물이 나오는 순서에 따라 우주는 분열과 통일의 순환 운동을 하는데, 이 운동을 가능하게 해주면서 무극과 태극을 하나로 모아주는 존재가 황극인 까닭이다.

이와 달리 대순사상에서 무극과 태극은 같은 개념이기 때문에, 무극과 태극을 하나로 통일시킬 필요가 없다. 무극과 태극은 스스로 운동한다기보다는, 최고신인 무극신 또는 태극의 천존인 상제에 의해 생장염장의 원리에 따르는 만물 생성·소멸의 순환 운동을 이끈다. 여기에는 황극이라는 존재도 그 역할도 등장하지 않는다. 간단히 말해

---

60 김교빈, 「'태극'을 둘러싼 주자학적 이해와 비주자학적 이해의 대립」, 한국철학사상연구회(편), 『논쟁으로 보는 한국철학』 (서울: 예문서원, 2003), pp.114-116.

서, 정역사상 우주론은 황극이 중심이고, 대순사상 우주론의 중심은 상제/최고신이며 황극은 존재하지 않는다는 것이다.

물론, 대순사상에도 황극이 있다. 그러나 그것은 우주론을 구성하는 요소가 아니라, 임금 혹은 임금의 바른 다스림을 의미하는 홍범구주의 황극을 의미한다.

> 상제께서 "선천에서 삼상(三相)의 탓으로 음양이 고르지 못하다."고 하시면서 '거주성명 서신사명 좌상 우상 팔판 십이백 현감 현령 황극 후비소(居住姓名西神司命 左相右相八判十二伯 縣監縣令皇極後妃所)'라 써서 광찬에게 "약방의 문지방에 맞추어 보라."고 이르시니라.[61]

위 인용문의 증산이 쓴 글귀에서 좌상과 우상은 좌의정과 우의정, 팔판은 중앙 행정직인 8명의 장관, 십이백은 지방 행정을 총책임지는 12명의 지방관, 현감과 현령은 고을 우두머리들, 후비(后妃)는 왕비를 의미한다. 이들과 같은 자리에 있는 황극은 당연히 임금의 상징이다.

특이한 점은 대순사상에서 황극은 임금의 상징인 동시에 '황극신'이라는 신적 존재이기도 하다는 것이다.

> (가) 상제께서 어느 날 고부 와룡리에 이르사 종도들에게 "이제 혼란한 세상을 바르려면 황극신(皇極神)을 옮겨와야 한다."고 말씀하셨도다. "황극신은 청국(淸國) 광서제(光緒帝)에게 응기하여 있다." 하시며 "황극

---

61 『전경』, 공사 2장 20절.

신이 이 땅으로 옮겨 오게 될 인연은 송우암(宋尤庵)이 만동묘(萬東廟)를 세움으로부터 시작되었느니라." 하시고 밤마다 시천주(侍天呪)를 종도들에게 염송케 하사 친히 음조를 부르시며 "이 소리가 운상(運喪)하는 소리와 같도다." 하시고 "운상하는 소리를 어로(御路)라 하나니 어로는 곧 군왕의 길이로다. 이제 황극신이 옮겨져 왔느니라."고 하셨도다. 이때에 광서제가 붕어하였도다.[62]

(나) 갑오년 三月에 도주께서 안상익(安商翊) 외 네 명을 대동하고 청천에 가셔서 황극신(皇極神)이 봉안되어 있는 만동묘 유지(遺趾)를 두루 살펴보고 돌아오셨는데 돌아서실 때에 비가 내리기 시작하더니 밤중에 폭풍과 뇌성벽력이 크게 일어 산악이 무너지는 듯하니라.[63]

이 인용문들에서, 황극신이 만동묘로 옮겨오기 전까지 천자국이었던 청나라의 황제에게 응기해 있다는 그 전후 문맥으로 보아, 황극신은 만민을 다스리는 제왕의 일을 하는 신명으로 해석할 수 있다. 대순사상에서 황극신은 천자의 나라에 있는 신명이며, 증산의 천지공사에 따라 황극신이 한국에 오게 됨으로써 한국이 상등국으로 올라서게 되는 것으로 설명된다. 증산이 이런 주장을 한 이유는, 중화사상을 탈피하기 위해서 혹은 한국 중심의 낙관적인 미래관을 펼쳐 보이기 위해서가 아니라, 어디까지나 한국을 해원 시키기 위함이었다.[64]

---

62 같은 책, 공사 3장 22절.
63 같은 책, 교운 2장 50절.
64 차선근, 「강증산의 대외 인식」, 『동ASIA종교문화연구』 2 (2010) 참조.

(가)의 내용을 보면, 황극신은 인간에게 응기하여 있었다가 인간이 아닌 만동묘라는 특정한 장소로 옮기는 것으로 설명되고 있다. 이로 볼 때 대순진리회가 구축한 종교적 세계 속에서 존재하는 황극신은 원래 천자라는 한 인간에게 붙어 그 기능을 발휘하는 존재였으나, 증산의 천지공사에 의해 최고신의 명령에 따라 움직이는 신명으로 그 성격을 바꾸고 있다. 최고신은 무극신이므로, 황극신이 무극신의 명령을 받아 움직임은 당연하다. 이로 볼 때, 정역사상이 황극을 무극과 태극의 운동을 주재하는 상위 개념으로 설정하고 있다면, 대순사상은 신의 위계에서 황극신을 무극신의 하위 개념으로 설정하고 있다는 데에서 하나의 차이를 살필 수 있다.

4. 닫는 글

지금까지의 논의를 정리하자면, 첫째 정역사상의 우주론은 철학 성격이 강한 우주론이고 대순사상의 우주론은 신앙 성격이 강한 우주론이라는 것, 둘째 정역사상의 우주론은 무극에서 태극이 나왔다는 육상산 학파의 우주론에, 대순사상의 우주론은 무극과 태극이 같다는 주자학파의 우주론에 그 사상적 연원을 두고 있다는 것, 셋째 정역사상은 홍범구주의 황극을 우주론에 포함하지만 대순사상은 황극을 우주론에 포함하지 않는다는 것으로 요약할 수 있다. 여기에서 정역사상의 황극이 무극과 태극을 통일시키는 존재로서 무극과 태극의 상위 개념으로 설정된다면, 대순사상에서는 황극의 신이 최고신인 무극

의 신에게서 명령과 통제를 받는 것으로 서열화된다.

이처럼 정역사상 우주론과 대순사상 우주론 사이에는 일정한 차이가 발견된다. 이 점은 글의 서두에 언급한 대로, 두 사상이 표면적으로는 유사하게 보인다고 할지라도, 그 내용에서는 일정한 차이가 있음을 보여주는 또 다른 증거가 될 수 있을 것이다.

특히 우주론과 최고신의 연결 문제는 일부계 교단들을 이해하는 하나의 단서가 될 것으로 보인다. 현재 일부계 교단들의 활동은 상당히 축소되어 있고, 그나마 학술 활동을 중심으로 명맥을 이어가고 있다. 이 교단들이 뻗어나가지 못한 이유로는『정역』자체가 상수학에 치중되어 보편적인 언어와 사유 논리로 정립되어 있지 못하다거나,[65] 종교 생활을 가능하게 하는 윤리설을 빠뜨리고 있다는 점[66] 등이 거론된다. 다시 말해서『정역』은 구체적이고 뚜렷한 체계와 실천철학이 부재하기 때문에 일부계 교단들이 정체될 수밖에 없었다는 것이다.[67] 이런 사실들 외에 이 글이 지적했듯이, 정역사상에 그 나름의 종교성이 깃들어있기는 하지만,[68] 정역사상의 기반이 되는 우주론에 최고신의 역

---

65 금장태, 앞의 책, p.90.

66 김필수, 「"정역사상의 근본 문제와 선후천변화원리에 관한 고찰"에 대한 논평」,『종교교육학연구』7 (1998), p.31.

67 강돈구, 「정역의 종교사적 이해」, pp.319-320.

68 금장태는 정역사상에 종교적 성격이 매우 뚜렷하다고 주장한다. 그 이유는 첫째 상제와 감통(感通)하는 신비적 체험을 강하게 지니고 있다는 것, 둘째 새로운 역사의 변혁 계기와 사회질서의 근원적 변혁원리를 제시함으로써 새로운 세계관에 대한 신념을 끌어내고 있다는 것, 셋째 그 자신이 새로운 변혁 질서를 밝히는 역할을 담당함으로써 새로운 이상적 세계관을 통해 대중의 구원을 추구하고 있다는 것, 넷째 새로운 세계 질서의 신비적 경험을 수양 방법적 실천 행위로 표출시킨 영가무도의 의례 체계를 그 핵심에 내포하고 있다는 것 때문이다. 금장태, 앞의 책, pp.66-67.

할이 빠져있고 철학적인 특성이 더 우세하게 나타난다는 점도 일부계 교단 정체의 한 이유가 될 수 있으리라 본다. 다시 말해서 『정역』을 중심으로 하는 공동체들이 일반 백성보다 연구자 중심의 엘리트들에 의해 지속되는 데 비해서, 『정역』을 사상적으로 흡수하면서도 최고신에 대한 숭배를 강조하여 종교성을 더 강하게 증폭시킨 교단들(대순진리회도 그 가운데 하나다)은 보통의 한국인들에게 더 폭넓게 다가설 수 있지 않았나 하는 것이다.

제3장

수운과 증산의 종교사상 비교연구

하늘관과 수행관을 중심으로

1. 여는 글

1-1. 문제 제기

한국 신종교의 탄생과 발전은 한국 종교사의 서술에서 빼놓을 수 없는 항목이다. 그런데 그 서술 방식은 수운·일부·증산·소태산 등에 대한 개별 기술을 하면서도, 결국에는 그들에게서 나타나는 종교혼합·후천개벽·선민사상·무속신앙·정감록 신앙 등의 공통점들을 추려내는 방식을 취하곤 한다. 이러한 공통점들은 한국 신종교들만이 가진 특징이 아니며,[1] 그 내용도 같은 게 아니라는 데에 문제가 있다.

신종교들의 유사성만 들여다보고자 하는 접근은 연구 대상인 신종교들을 하나의 단일한 유형으로 몰아넣고, 그 각각의 사상들이 갖는 고유성을 무시하게 될 위험이 크다. 종교현상의 차이를 부각하여 다원적 종교문화의 이해를 강조하는 현대종교학의 관점에서 보면, 이러한 신종교 기술 방식은 각각의 특징을 드러내는 데에는 한계를 가질 수밖에 없다.

필자는 이런 문제의식에서 「정역사상과 대순사상의 비교연구」(2010, 2장)를 발표한 적이 있다.[2] 그 글에서 필자는 정역사상과 대순사상이 외형적으로 유사한 듯하지만, 뚜렷이 구분되는 지점도 있음을 지적하였다. 이러한 흐름의 연구 후속으로 이 글에서는, 수운과 증산

---

1 강돈구, 「신종교연구서설」, 『종교학연구』 6 (1987), p.207.
2 차선근, 「정역사상과 대순사상의 비교연구−우주론을 중심으로」, 『종교연구』 60 (2010), pp.35-59.

의 종교사상 역시 서로 구분되는 각자 나름의 특징과 고유성을 지니고 있음을 상호 비교로써 살펴보고자 한다.

수운과 증산의 종교사상을 동시에 주목한 대표적인 연구자로는 김탁을 꼽을 수 있다. 그는『한국 종교사에서의 동학과 증산교의 만남』(2000)에서, 증산이 수운의 가르침을 담은『동경대전』과『용담유사』및 동학의 주요 개념들을 사용한 사례들을 꼼꼼히 살펴 정리하였다.[3] 그러면서 동학 신도들은 증산교를 동학의 아류 정도로 인식하고 있고, 증산교 신도들은 동학을 완성한 진정한 진리가 증산교라고 보고 있다는 갈등 관계를 지적했다.[4]

김탁의 연구는 수운과 증산의 교집합을 관심 삼고 체계적으로 자료를 정리하였다는 데에서 일정한 의의를 찾을 수 있다. 하지만 그는 수운과 증산의 종교사상이 어떠한 고유 색깔로 서로의 영역에서 빛을 내며 차별화되고 있는지는 구체적으로 언급하지 않았다. 이제 수운과 증산에 대한 보다 심화한 이해를 위해서, 나아가 한국 신종교사의 체계적인 서술을 위해서, 이들의 고유성을 드러내는 시도가 요청되며 그간의 선행 연구를 발판 삼아 진전된 비교연구가 필수적인 시점이라 하겠다.

목적 달성을 위해 필자는 수운과 증산의 하늘관 그리고 그들이 제시했던 수행관에 주목한다. 왜냐하면 수운과 증산의 가르침에서 극명하게 차이를 드러내는 부분 가운데 하나가 바로 이 지점이라고 보기 때문이다.

---

3 김탁,『한국 종교사에서 동학과 증산교의 만남』(서울: 한누리미디어, 2000).
4 같은 책, p.11.

1-2. 선행 연구의 문제점과 새로운 시각 창출

1-2-(1) 신비적 인격천? 권화적 인격천?

수운의 하늘을 '신비적 인격천'으로, 증산의 하늘을 '권화적(權化的) 인격천'으로 대비시키는 연구가 있다.[5] 그러나 본문에서 언급하겠지만, 수운의 하늘은 인격천에만 한정되지 않는다. 수운의 신비경험에 방점을 찍고 초월적 하늘만 강조한 '신비적 인격천'이라는 표현은 수운의 하늘을 모두 드러내었다고 볼 수 없다는 말이다.

증산의 상제를 권화적 인격천이라고 표현한 것도 옳지 않다. 인도에서 유래한 권화(權化, avatāra)사상은 신이 환력(幻力, māyā)으로 인간계에 자기의 몸을 드러내는 것을 말한다. 『법화경』에 담긴 권화사상이 그 사례 가운데 하나인데, 여기에서 관세음보살은 중생을 구제하기 위하여 그때그때 각 상황에 따라 32응신(應身)으로 그 모습을 드러내고 있다.[6] 권화사상에 의하면, 역사적 인간으로서의 여러 성현(聖賢)은 근원적으로 동일한 절대자의 다양한 화현(化顯)이라고 한다.[7] 이처럼 권화사상은 신이 중생을 제도하기 위한 목적으로 바로 그 자리에서 직접 몸을 나투는 것을 의미한다.

그렇다면 권화사상은 증산의 일생을 표현하는 용어로 적당하지 않다. 구체적으로 첫째, 관화사상은 증산의 경우처럼 인간의 몸으로 출

---

5 이경원, 『한국의 종교사상』 (서울: 문사철, 2010), pp.425-441.

6 윤기봉, 「불교 권화사상의 한국적 전개와 대순사상 연구」 (동국대학교 박사학위 논문, 1994), pp.16-20.

7 최동희·이경원, 『대순진리의 신앙과 목적』 (포천: 대순사상학술원, 2000), p. 161.

생하여 성장하고 일정한 기간 인간의 삶을 살다가는 모습을 나타내기에 적합한 용어가 아니기 때문이다. 둘째, 권화사상은 절대자가 다양한 모습으로 '여러 차례' 인간 세상에 등장하는 상황을 설명하지만, 증산의 경우는 인간계 다스림에 관여하지 않고 있던 최고신[九天大元造化主神]이 신명들의 하소연을 듣고 세상 구제를 위해 '단 한 차례만' 인간 세상에 등장하는 것이기 때문이다.[8] 상제인 증산의 인신(人身) 강세는 권화사상과 다른 맥락에 있다. 따라서 필자는 선행 연구들과는 달리, 수운과 증산의 하늘을 '초월성과 내재성이 혼재된 ㅎᄂᆞᆯ님 vs 내재성을 포괄하면서 초월성이 강조된 상제'로 대비시켜 보는 것이 각각의 종교사상을 더 정확하게 이해할 수 있다고 주장한다.

1-2-(2) 수운과 증산의 하늘관: 기화(氣化) vs. 덕화(德化)

중국 도교는 원기(元氣)와의 합일이나 수화(水火) 음양이기(陰陽二氣) 단련을 수행론의 주요 내용으로 삼는다. 송대 성리학은 도덕 이념의 근거를 우주론에서 찾는다. 이처럼 대개 동아시아에서는 우주론 또는 하늘관이 수행관의 중요한 배경이나 근거로 작용했다. 수운과 증산의 경우도 마찬가지로서, 이들의 수행관은 각각의 하늘관에 강력한 영향을 받고 있다.

수운의 하늘관은 한국 종교사에서 찾아보기 힘든 '돌출'이다. 한국 종교사에서 관찰되는 전통적인 하늘관은 초월적·인격적인 주재천(主宰天)과 내재적·철학적인 이법천(理法天) 양자를 포괄하는 것이었

---

8 대순진리회 교무부, 『전경』 13판 (여주: 대순진리회 출판부, 2010), 교운 1장 9절 참조.

다. 하지만 그 드러남은 균형 잡힌 모습이 아니라 새로 유입되는 문화나 종교에 따라 어느 한 측면이 더 강조되거나 덜 강조되는 것이었다. 예를 들면 불교가 번성하던 통일신라와 고려에서는 주재천이 더 강조되었고, 성리학이 번성하던 조선에서는 이법천이 더 강조되었던 식이다.[9]

그러다가 조선 후기의 수운에 이르면, 하늘관은 주재천과 이법천이 동시에 표현되기 시작한다. 수운의 종교사상은 'ᄒᆞᄂᆞᆯ님[천주] 모심'인 시천주(侍天主)에서 시작된다. 시천주는 지극한 기운인 지기(至氣)와 화합하여 일체가 되는 경지인 '기화(氣化)'에 이르러 완성된다. 수운은 모심의 대상인 천주의 성격을 초월적이기도 하고 내재적이기도 하다고 설명하였다.[10] 이에 따라 기화에 도달하기 위한 수행 역시 초월적 또는 내재적인 성향을 동시에 지니게 되었다. 초월성과 내재성 어느 한쪽으로 쉽게 기울지 않는 팽팽한 긴장감은 혼란을 초래하면서도 수운의 종교사상을 복합적으로 보이게 했다. 이러한 복합성은 그의 종교사상에 드러나는 뚜렷한 특징 가운데 하나였다.

수운에 뒤이은 증산에게서는 하늘관이 주재천 쪽으로 무게 추가 확실히 기울고 있다. 증산의 종교 활동과 종교사상 가운데 핵심적인 내용으로 생각되는 것이 각각 천지공사와 해원상생이다. 천지공사는 만물을 주재하는 상제의 권능이 있어야 가능한 것이요, 해원상생 역시 인간의 적극적 실천을 위주로 하는 것이면서도 궁극적으로는 후천 개벽을 설계하고 실현하고자 하는 상제의 의지가 전제되어있어야만

---

9 김승혜, 「한국인의 하느님 관념」, 『종교신학연구』 8 (1995), p.121.

10 이혁배, 「천도교의 신관에 관한 연구」, 『종교학연구』 7 (1988), p.4.

실제 성사가 가능한 것이다.[11] 이것은 증산에게 있어서 하늘이 주재천이라는 사실을 시사한다. 그 주재천은 곧 증산 자신이다. 그의 종교사상은 '증산이 상제'라는 종교적 믿음을 전제한다. 증산을 지칭하는 표현 가운데 하나인 무극신(無極神)이나 관령주재태극지천존(管領主宰太極之天尊)이라는 용어 역시 증산이 이법천의 최고봉인 무극 또는 태극을 통솔하는 주재천이라는 것을 잘 보여준다(2장 pp.99-100 참조). 이러한 하늘관 위에 성립된 증산의 수행관은 개인적인 노력을 기본으로 하면서도 종국에는 증산[상제]에게 의탁하면서 그가 베푸는 덕을 입는 것, 즉 '덕화(德化)'를 추구하는 것으로 전개된다.

이러한 내용을 살피기 위하여 2절과 3절에서 수운과 증산의 하늘관·수행관에 ᄒᆞ늘님과 상제, 기화와 덕화가 각각 어떻게 내포되어 있는지를 기술할 것이다. 이를 토대로 하여 수운과 증산의 종교사상을 비교하고, 이로써 그 각각의 고유성을 음미해 보고자 한다.

---

11 진정한 해원상생을 위해서는 무엇보다 상극의 지배라는 천지의 도수가 바뀌어야만 한다. 또 우주적 차원에서 신명·인간·동물 등이 모두 해원을 할 수 있는 제도적 장치도 마련되어야 한다. 상제의 의지와 설계가 없다면 이런 일은 불가능하다(7장 pp.304-305 참조).

2. 수운과 ᄒᆞᄂᆞᆯ님, 그리고 기화(氣化)

2-1. 수운과 ᄒᆞᄂᆞᆯ님

2-1-(1) 수운의 하늘 경험

수운은 금강산에서 왔다는 모 승려에게서 책 한 권[乙卯天書]을 얻은 뒤로부터 유학을 바탕으로 한 사색에서 벗어나 직접 하늘에 기도하는 방법으로 구도 방향을 바꾸었다. 그 결과 1860년 4월 5일 용담정에서 극적인 신비경험을 하게 되니, 이것이 한국 종교사의 한 획을 그은 그의 하늘 경험이다.

당시 수운은 마음이 섬뜩해지고 몸이 떨리는 가운데 허공에서 "두려워 말라. 두려워 말라. 세상 사람들이 나를 상제라 하거늘 너는 상제를 알지 못하느냐? … 나 역시 공이 없으므로 너를 세상에 내어 이 법을 사람들에게 가르치려 하니 의심하지 말고 의심하지 마라."[12]는 말을 들었으며, '상제'라고 하는 신적 존재에게 이런저런 시험을 거친 뒤 1년 이상 계속해서 가르침을 받았다고 한다.[13] '상제'는 수운이 직접 한 말이 아니라, 그 신적 존재가 자기를 밝히면서 한 말이다[世人謂我上帝]. 수운은 'ᄒᆞᄂᆞᆯ님'과 '천주'라는 두 용어로 자신의 하늘을 표현했다.[14]

수운의 종교사상을 읽어내기 위한 첫 여정은 그의 하늘관, 즉 그가

---

12 "日勿懼勿恐世人謂我上帝汝不知上帝耶. … 日余亦無功故生汝世間教人此法勿疑勿疑." 『동경대전』, 「포덕문」.

13 윤석산, 『초기 동학의 역사』(서울: 신서원, 2000), pp.33-39.

14 표영삼, 『동학(Ⅰ)－수운의 삶과 생각』(서울: 통나무, 2004), pp.110-111.

자신의 하늘 경험을 어떻게 풀어내었는지 들여다보는 것이다. 먼저 그가 자신에게 목소리를 들려준 존재인 상제를 어떤 관점에서 파악했는지부터 살펴보자.

2-1-(2) 내재적 하늘? 초월적 하늘?

우선 수운은 서학의 데우스(deus) 개념으로 하늘을 이해하고 자신의 하늘 경험을 표현했다고 보는 견해가 있다. 이런 주장은 그의 활동 당시뿐만 아니라 현재도 여전히 존재한다.[15] 예를 들어 김종서는 수운의 신비경험이 사도 바울의 그것과 유사하다고 지적하면서, 지난 2000년 간의 전통 종교 시대에 한국인 그 누구도 이렇게 하느님을 직접 만나는 경험을 한 적이 없다는 점을 들어, 동학의 신은 기독교의 영향을 받았다고 단정하였다. 그러면서 수운이 동양의 자기 성찰 방법인 내면적 수행 속에서 한국의 전통적인 하느님 신앙을 토대로 기독교의 신 개념을 소화해 내었다고 주장했다.[16]

그러나 강돈구의 지적대로, 기독교의 천주는 인간의 의지와는 아무런 상관없이 자신의 의지대로 역사를 끌어가지만, 수운의 천주는 인간의 의지가 있어야만 자기의 뜻을 펼칠 수 있는 제한된 능력의 소유자로 묘사된다.[17] 수운의 천주는 기독교의 천주와 본질적인 면[권능의

---

15 김탁, 「한국 신종교에서 보는 그리스도교」, 『종교신학연구』 6 (1993), pp.191-192.

16 김종서, 「동서 종교간 충돌과 현대 한국의 역동적 신앙」, 『종교와 문화』 16 (2009), pp.28-29.

17 이러한 수운의 입장은 "개벽 후 오만 년에 네가 또한 처음이로다. 나도 또한 개벽 이후 노이무공(勞而無功)하다가, 너를 만나 성공하니 나도 성공 너도 득의(得意), 너희 집안 운수로다."라고 한 데에서 잘 드러난다. 『용담유사』, 「용담

수준]에서 차이를 보인다는 뜻이다. 게다가 수운은 "천상의 상제님이 옥경대에 계시다고 본 것처럼 말을 하니 이는 … 허무한 말이 아니겠는가?"[18]라고 말하여 서학에서 말하는 천주 관념을 비판하고 있다. 그러므로 수운은 서학의 데우스 관념을 온전히 받아들인 것 같지는 않다.

이 문제를 매듭짓기 위해, 그가 표현한 하늘을 살펴보자. 수운은 「포덕문」과 「논학문」에서 상제 즉 ᄒᆞᄂᆞᆯ님과 문답을 주고받은 정황을 자세히 서술한 바 있고, 'ᄒᆞᄂᆞᆯ님께 명복(命福)받아', 'ᄒᆞᄂᆞᆯ님께 받은 재주',[19] 'ᄒᆞᄂᆞᆯ님을 공경하면',[20] 'ᄒᆞᄂᆞᆯ님이 모르실까',[21] '해가 있고 덕이 있는 것은 천주께 달려있는 것이지 나에게 달려있는 것이 아니다'[22] 로 말함으로써 분명히 초월적 경향의 인격적 하늘을 묘사하였다. 반면에 "나[천주]의 마음이 곧 너의 마음[吾心卽汝心]", "하늘의 마음이 곧 사람의 마음[天心卽人心]",[23] "사람의 손과 발이 움직이는 것, 그것 역시 귀신[천주]이오.",[24] "분별없는 이것들아, 나를 믿고 그러하냐? 나는 도시 믿지 말고 ᄒᆞᄂᆞᆯ님만 믿어서라. 네 몸에 모셨으니 사근취원(捨近取遠)한다는 말이냐!'[25]고 말함으로써, 천주와 인간이 분리될 수 없다는 관점, 즉 내재적 경향의 비인격적 하늘 역시 드러내고 있다. 이처럼 수운

가」; 강돈구, 「한국 신종교의 역사관」, 강돈구 외, 『현대 한국종교의 역사 이해』(성남: 한국정신문화연구원, 1997), p.302 참조.

18 『용담유사』, 「도덕가」.

19 같은 책, 「안심가」.

20 같은 책, 「권학가」.

21 같은 책, 「흥비가」.

22 "有害有德 在於天主 不在於我也." 『동경대전』, 「논학문」.

23 같은 책, 「논학문」.

24 『용담유사』, 「도덕가」.

25 같은 책, 「교훈가」.

의 하늘에는 초월성과 내재성이 모두 표현된다.[26]

　연구자에 따라서 수운의 천주 성격은 초월적 혹은 내재적 경향 가운데 어느 한쪽이 더 강조된다고 평가된다.[27] 수운 이후에 등장한 양천주(養天主), 향아설위(向我設位), 인내천(人乃天) 등의 개념이 내재적 하늘관에 입각한 것이니만큼, 수운의 천주는 그 후예들에 의해 초월성보다는 내재성이 더 중요한 성격으로 인정되었다.[28] 하지만 분명히 수운의 텍스트에 따르면 그의 천주는 초월적·인격적이기도 했고 내재적·비인격적이기도 했다.[29] 그러므로 수운이 내재성을 배제하고 초

26　정혜정은 이러한 수운의 하늘관이 유불도의 혼합 산물이라고 보았으며, 김경재와 박경환은 그 하늘관을 기일원론(氣一元論)에 바탕한 범재신관(汎在神觀)으로 이해했다. 정혜정, 「동학의 한울님 이해」, 『문명연지』 2-2 (2001), p.43; 김경재, 「최수운의 신 개념」, 이현희(편), 『동학사상과 동학혁명』 (서울: 청아출판사, 1987), pp.127-128; 박경환, 「동학의 신관－주자학적 존재론의 극복을 중심으로」, 『동학학보』 2 (2000), p.184.

27　이런 상반된 입장을 가진 비교적 최근의 연구자를 한 사람씩만 소개해본다면, 최종성은 "시천주에는 최고신의 초월성뿐만 아니라 내재성도 함축되어 있지만, 내면화된 하느님에 대한 강조보다는 데우스 인두스트리우스의 현존을 믿고 위대한 하느님을 모시라는 요청이 더욱 강조되었다."라고 하여 수운의 신관에 초월적 성격이 더 강하다고 보았다. 최종성, 「동학의 신관과 인간관」, 『종교연구』 44 (2006), p.154; 반면 김용휘는 "그는 우주의 궁극적 실재이며 신령인 天主가 본래부터 사람에게 보편적으로 내재하고 있다는 '侍天主'를 깨닫게 된다."라고 하여 수운의 신관에 내재적 성격이 더 강하다고 보았다. 김용휘, 「최제우의 시천주에 나타난 천관」, 『한국사상사학』 20 (2003); 김용휘, 「동학에 나타난 도교적 요소 재검토」, 『도교문화연구』 24 (2006), pp.238-241.

28　"동학에서의 신관은 범신과 일신, 초월과 내재, 인격과 비인격의 균형 관계로 설명하는데, 수운 이후 30년간 동학을 지도한 최해월은 수운과 달리 내재성을 강조한 면이 농후하다." 이찬구, 「동학의 신관에 관한 문제」, 『종교문화연구』 4 (2002), p.133; 이 문제에 대한 동학과 천도교 사이의 논쟁은 김상일, 『수운과 화이트헤드』 (서울: 지식산업사, 2001), pp.66-88 참조.

29　윤이흠, 「동학운동의 개벽사상」, 『한국문화』 8 (1987), p.190; 김승혜, 앞의 글, p.127; 김상일, 앞의 책, pp.180-201.

월성을 극도로 강조한 서학의 데우스 개념을 받아들여 그의 하늘 경험을 풀어낸 것으로는 볼 수 없다.

초월적 성향은 이원성을, 내재적 성향은 일원성을 전제로 한다. 논리적으로 성립되지 않는 양자의 불편한 이 공존은 수운의 종교사상 전반에 혼란을 일으킨다고 여겨질 수 있다.[30] 하지만 비신앙인의 입장으로 볼 때 복합성(combination)은 어떤 오해를 불러일으킬 수도 있겠지만, 신앙인의 입장으로는 아무런 문제가 되지 않는다. 복합성은 폭넓은 응용과 적용을 가능하게 해준다는 장점으로 평가될 수도 있다. 어쨌든 이런 모습은 수운의 종교사상이 갖는 뚜렷한 특징 가운데 하나로 받아들여야 한다.

2-1-(3) 한국 종교사에 없었던 수운의 하늘관

수운의 복합적인 하늘관은 한국 종교사에서 찾아보기 힘든 '돌출'이라는 점에서 주목된다. 오랜 옛날부터 한국인의 밑바닥 의식 속에는 기원의 대상이 되는 원초적인 ᄒᆞᄂᆞ님 관념이 자리 잡고 있었다.[31] 그 ᄒᆞᄂᆞ님 관념은 초월적·인격적인 하늘관으로서 장구한 시간 동안 사라지지 않고 최근까지 끊임없이 이어졌으며,[32] 도교의 옥황상제,

---

30 이혁배, 앞의 글, p.23.

31 고구려 동맹, 예(濊) 무천, 부여 영고, 마한 시월제 등에 나타나는 치제의 대상을 살펴보면 고대의 한국인은 일월성신, 풍운뇌우, 산천악해독(山川嶽海瀆), 조상 선현을 거느리는 최고신이 있었다고 믿었다. 금장태, 「제천의례의 역사적 고찰」, 『대동문화연구』 25 (1990), p.166 참조.

32 조선말 외국인들도 한국인의 신앙은 어지럽지만, 그 바탕에는 순수한 기원과 통일성이 잠재되어 있으므로 유일신 신앙을 수용할 수 있는 기름진 바탕이 마련되어 있다고 보고 있었다. 이것은 한국인들이 초월적 하늘 관념을 여전히

불교의 제석천, 유교의 천, 기독교의 천주까지 받아들일 수 있는 문화적인 터전으로 기능하였다.[33] 한국인에게는 내재적이고 철학적인 하늘인 이법천 관념도 존재했다. 하지만 대체로 한국의 전통 하늘관은 그 드러냄에서는, 초월적 또는 내재적 어느 하나에 편중되는 방식이었고, 수운의 경우와 같이 복합적이지는 않았다. 정약용의 사례에서 보듯이 조선 후기 성리학의 천(天) 개념에 인격성이 내포된 경우도 간혹 있었지만, 어디까지나 전체적인 그림은 리(理) 중심의 이법천이었다. 이런 점을 고려하면, 수운의 하늘 경험이 한국 종교사에서 찾아볼 수 없는 특이한 것이었던 것과 마찬가지로, 그의 하늘에 대한 해석 역시 특이한 것으로 인정되어야 한다.

수운이 자신의 하늘 경험을 복합적인 관점으로 표현한 이유는, 그가 더 고차원적인 종교사상을 지향하려 했던 때문인지, 또는 고작 1년 반이라는 짧은 활동기간으로는[34] 그 자신의 사상을 통일성 있게 정립하기에 부족했던 때문인지 알 수 없다. 그가 의도하든 의도하지 않았든 간에 그의 하늘관에 이런 복합성이 드러난다는 점은 분명하다.

롤랑 바르뜨(Roland Barthes, 1915~1980)의 상호텍스터성 관점(the notion of intertextuality)에 따르면,[35] 수운의 의도가 어떠하였던 것인지에 상관

지니고 있었음을 말해준다. 장석만, 「한국 신화 담론의 등장」, 『종교문화비평』 5 (2004), p.95 참조.

33 정재식, 『전통의 연속과 변화』 (서울: 아카넷, 2004), p.96.

34 수운이 본격적으로 종교 활동을 한 기간은 1861년 6월부터 1863년 12월까지 약 1년 반 정도였다. 하지만 이 기간조차 도피 생활로 점철되어 있어서 자신의 사상을 정리하기에는 어려움을 겪어야 했다.

35 모든 텍스트는 다른 텍스트들과의 대화 속에 있으며, 텍스트의 의미는 작가

없이, 그의 텍스트가 제안하는 하늘관 즉 초월성과 내재성을 동시에 강조한 수운의 하늘관은 존중되어야 한다. 내재성과 초월성을 체계적으로 이론화하는 수운의 설명이 부족했다고 하더라도, 종교학의 관점에서는 이 자체가 하나의 종교현상으로 인정된다. 대개 궁극적 실재의 존재 양식이 역의 합일, 반대의 일치(coincidentia oppositorum)라는 점을 고려하면 이런 복합성은 이상한 것이 아니라 오히려 자연스럽기까지 하다.

2-2. 수운 수행관의 핵심, 기화

2-2-(1) 지상신선(地上神仙)

수운은 자신이 경험한 하늘을 바탕으로 다른 사람들도 하늘을 모시면 같은 하늘 경험에 도달할 수 있다는 것을 가르쳤다. 그것이 바로 하늘님인 천주를 모시라는 시천주(侍天主)였다. 바로 여기에서 수운의 수행론이 출발한다.

수운은 천주 모심 즉 시천주의 수행으로써 누구든 그가 제시한 이상적인 인간상에 도달할 수 있다고 역설했다. 그는 그 인간상을 현인, 군자, 신선, 지상신선 등으로 불렀다.[36] 수운의 인간상은 장생불사와

의 의도에서 파악될 것이 아니라 독자와 텍스트, 그리고 그 텍스트에 의해 제안된 더 큰 개념적 네트워크 사이의 관계에서 파악되어야 한다는 것. 이 개념은 롤랑 바르뜨의 제자인 줄리아 크리스티바(Julia Kristeva)가 처음 제안했다. William E. Deal and Timothy K. Beal, *Theory For Religious Studies* (London: Routledge, 2004), p.40.

36 "구미산의 쭉쭉 뻗어나간 나무들이며 그 아름다운 풍광이 곧 '군자'가 즐겁게 살 수 있는 땅이 아니겠는가.", "입도한 세상사람 그날부터 '군자'되어 무위이

은둔이 강조되는 전통 신선과는 다른 개념인 '지상(地上)의 신선'이다. 지상신선은 도덕성이 특히 강조되는 존재이며 지상천국을 이룩하고 그 구성원이 된다는 점에서 현세적인 것이 특징이다. 즉 수운은 외단 혹은 내단 수련으로써 현세 초월적인 신선이 되는 전통적인 신선 관념에서 탈피하여, 천주를 모심으로써 이 땅에 도덕을 펼쳐내는 현세 중심적인 지상신선이 되는 것을 강조하였다.[37]

2-2-(2) 수심정기(守心正氣)

수운은 지상신선이 되는 방법으로, "수심정기(守心正氣)를 해내어 인의예지(仁義禮智)를 지켜두고, 군자의 말씀을 본받아 성(誠)과 경(敬) 두 글자를 지켜내어야"[38]함과, "나의 도는 넓고 크지만 실은 간략하다. 많은 말과 의미가 필요한 것이 아니니 … 단지 성경신(誠敬信) 세 글자일 뿐"[39]임을 가르쳤다. 인의예지·성경신의 도덕 실천과 그 자신이 직접 만들었다고 자부한 특별한 수행법인 수심정기는[40] 1861년 겨울의

화될 것이니 '지상신선' 네 아니냐.", "'현인군자'들이 모여들어서", "'현인군자'가 될 것이니" 『용담유사』, 「용담가」; "현숙한 모든 '군자'들은 동귀일체를 준비해야 할 것이로다." 같은 책, 「권학가」; "도와 덕을 몰랐으니 '현인군자'가 되는 것을 어찌 알았겠는가?" 같은 책, 「도덕가」; "'군자'의 덕은 기운에 바름이 있고 마음에 정함이 있는 까닭으로 천지와 더불어 그 덕이 합하고" 『동경대전』, 「논학문」; "봄이 오고 있음을 마음으로부터 응하여 알 수 있으니 '지상신선'의 소식이 가까워지네." 같은 책, 「결」; "공을 이루는 다른 날에 '신선'의 좋은 인연[仙緣]이 있을 것이다." 같은 책, 「탄도유심급」.

37 윤석산, 「동학에 나타난 도교적 요소」, 한국도교사상연구회(편), 『도교사상의 한국적 전개』(서울: 아세아문화사, 1989), pp.335-339, p.343.

38 『용담유사』, 「도덕가」.

39 "吾道博而約 不用多言義 別無他道理 誠敬信三字." 『동경대전』, 「좌잠」.

40 "仁義禮智 先聖之所教 守心正氣 惟我之更定." 같은 책, 「수덕문」.

피난 생활 이후 수운이 최종적으로 확정한 수도 방법이었다.[41]

수운은 수심정기에 대해 이렇게 말했다.

(ㄱ) 나의 도는 무위이화이니라. 그 마음을 지키고[守其心] 그 기운을 바르게 하면[正其氣] 그 성품을 거느리게 되고[率其性] 그 가르침을 받게 되니[受其敎] 자연스러운 가운데에 화해져 나온다.[42]

(ㄴ) 천심이 곧 인심이라면 어찌하여 선과 악이 있는 것입니까? 답하기를, (하늘은) 사람에게 귀천의 구분이 있도록 명하고, 괴로움과 기쁨의 이치를 정해주느니라. 따라서 군자의 덕은 기를 바르게 하고[氣有正] 마음을 변치 않게 정하므로[心有定] 천지와 그 덕이 합하는 것이며, 소인의 덕은 기가 바르지 않고[氣不正] 마음이 흔들리므로[心有移] 천지와 운명이 어긋나게 되니, 이것이 곧 성하고 쇠하게 되는 이치가 아니겠는가?[43]

이에 의하면, 수심정기는 마음을 굳건히 지켜내고 기를 바르게 하겠다는 것이다. 인간은 ᄒᆞᄂᆞᆯ님의 신령한 영과 기운에 의해 포태가 되었으니 ᄒᆞᄂᆞᆯ님을 모셔야 하는 존재다. 그러므로 오랜 수련으로 포태의 순간에 받았던 신령한 ᄒᆞᄂᆞᆯ님의 영과 기운을 다시 회복하여 지상

---

41 임태홍, 「초기 동학교단의 부적과 주문」, 『종교연구』 42 (2006), p.173.
42 "日吾道 無爲而化矣 守其心正其氣 率其性受其敎 化出於自然之中也." 『동경대전』, 「논학문」.
43 "曰天心卽人心 則何有善惡也 曰命其人 貴賤之殊 定其人 苦樂之理 然而君子之德 氣有正而心有定 故與天地合其德 小人之德 氣不正而心有移 故與天地違其命 此非盛衰之理耶." 같은 책, 「논학문」.

신선으로 거듭 태어나야 하니, 그 방법은 인의예지의 사단을 회복하고, 회복한 인의예지를 지키며(이를 守心이라고 한다) 바르게 실천하는(이를 正氣라고 한다) 것이다.[44]

인용문 (ㄱ)이 말하는 수행관에서 솔기성(率其性: 그 성품을 거느림)은 내재적 하늘관을 전제한 표현이다. 그러나 수기교(受其敎: 그 가르침을 받음)는 초월적·인격적 하늘관을 전제한다. 또 인용문 (ㄴ)이 말하는 수행관은 천지와 덕이 합해진다는 우주와의 합일을 의미하므로[45] 내재적·비인격적 하늘관을 전제한다. 앞에서 서술했듯이 수운의 천주는 초월적이기도 하고 내재적이기도 한데, 이러한 천주 성격의 복합성이 수행관에도 그대로 투영되고 있다.

2-2-(3) 강령주문(降靈呪文)과 기화

수운의 천주 '모시기[侍]'에 대한 설명과 강령주문(降靈呪文)에서 이 사실을 다시 살펴보자.

侍者	모심이란
內有神靈	안으로 신령(神靈)이 있고
外有氣化	밖으로 기화(氣化)가 있어
一世之人 各知不移者也	온 세상 사람들이 각기 깨달아서 변하지 않는 것이다.[46]

---

44 윤석산, 「동학의 개벽사상 연구」, 『한국언어문화』 42 (2010), pp.330-341.

45 최수빈, 「중국도교의 관점에서 살펴본 동학의 사상과 수행」, 『동학학보』 20 (2010), p.341.

46 『동경대전』, 「논학문」.

내유신령(內有神靈)이란 인간에게는 누구나 몸 안에 신성한 영이 깃들어있음을 말하는 것이요, 외유기화(外有氣化)란 인간은 누구나 밖으로 우주의 지극한 기운을 받고 있다는 것이다.[47] 이것을 깨닫고자 하는 염원을 담은 글이 곧 수운의 강령주문인 지기금지원위대강(至氣今至願爲大降)이다. 지기금지원위대강이란 지극한 기운인 지기를 받아 융화일체를 이루기를 원한다는 뜻이다.[48] 지기를 받아, 지기와 일체가 되는 상태가 기화이며, 이 경지를 강조한 표현이 기화지신(氣化之神)이다.[49]

이러한 수운의 설명을 초월적 하늘 관점에서 다시 해석하면, 인간은 수도를 함으로써 자기 내부에 있는 신성한 영을 자각하고, 외부에서 천주가 가진 지극한 기운을 받음으로써 기화를 이룬다는 것이 된다. 반면에 내재적 하늘 관점에서 다시 해석하면, 인간은 자기 안에 있

---

47 "내유강화, 외유신령의 현상은 동학의 ㅎㄴ님은 초월적이거나 내재적인 일방의 ㅎㄴ님으로 고착되지 않고, 초월성은 내재적 경향으로, 내재성은 초월적 경향으로 다시 회통한다는 특징을 갖는다. 초월성은 내재성에서 완성되고, 내재성은 초월성에서 완성된다는 것을 내유강화 외유신령에서 알 수 있다." 이찬구, 앞의 글, p.158.

48 강령주문은 어떤 것입니까? 지(至)란 지극함을 말하는 것이요, 지기(至氣)란 허령창창(虛靈蒼蒼)하여 간섭하지 않음이 없고 명하지 않는 일이 없는 것이다. 따라서 형체가 있는 것 같으나 드러내기 어렵고, 들리는 것 같으나 보기는 어려우니 이 역시 혼원(渾元)의 일기(一氣)이니라. 금지(今至)란 도에 입문하여 기가 접하게 되는 것을 아는 것이요, 원위(願爲)란 청하고 비는 것이며, 대강(大降)이란 기화(氣化)를 원하는 것이니라(日降靈之文 何爲其然也 日至者 極焉之爲至 氣者 虛靈蒼蒼 無事不涉 無事不命 然而如形而難狀 如聞而難見 是亦渾元之一氣也 今至者於斯入道 知其氣接者也 願爲者 請祝之意也 大降者 氣化之願也)." 『동경대전』, 「논학문」; 윤석산, 「천도교 용어에 관한 일고찰」, 『종교연구』 31 (2003), p.231 참조.

49 이성전, 「동학의 수심정기에 대한 일고찰」, 『도교문화연구』 27 (2007), p.19.

는 천주인 신성한 영을 자각하고 외부에 있는 지극한 우주의 기운을 받아들여 기화를 이룬다는 것이 된다.

이처럼 수운의 수행관은 하늘관의 내용에 따라 그 해석이 달라진다. 그 때문에 초월적 방향과 내재적 방향이라는 두 가지 수행을 모두 가능하게 한다. 초월적인 천주를 모시기 위해서는 천주를 향한 제사와 기도에 중점을 두어야 하고, 내재적인 천주를 모시기 위해서는 자기(self)의 내면에 감추어져 있는 영성 회복과 지기(至氣)와의 합일에 중점을 두어야 하는데, 수운의 수행관은 이러한 복합성을 포괄한다는 뜻이다.

최근의 연구 경향을 보았을 때, 여기에서 한 가지 더 짚고 넘어가야만 할 것은 수운의 수행관은 중국 도교의 수행관보다 한국 선도의 수행관에 더 가까운 것으로 파악해야 한다는 사실이다. 일부 연구자들이 수운의 수심정기와 지기·기화가 중국 도교의 원기론·성명쌍수와 그 흐름을 같이 하는 것이라는 견해를 드러내지만,[50] 그러한 관점은 수운의 수행관이 갖는 복합성을 간과한 것으로 단지 내재적 하늘 관념에 입각한 수행의 측면만을 강조한 데에서 온 오류이다.

중국 도교에서 신선이 된다는 것은 우주 만물의 근원인 원기(元氣)와 합일함을 의미한다. 그 원기는 서주(西周) 이후 인격성이 탈각된 이법천의 흐름에 있는 것이다. 원기와의 합일을 위한 수련법으로 제시된 것이 성명쌍수(性命雙修)다. 성명쌍수는 오대 무렵 성립된 종려전도파(鍾呂傳道派)에서부터 뚜렷하게 중시되었고, 남송의 장백단을 거치

---

50 김낙필 외, 「한국 신선사상의 전개에 관한 연구」, 『도교문화연구』 15 (2001), p.109; 최수빈, 앞의 글 참조.

면서 내단의 근본 수련법으로 확정되었다. 이 수련법은 마음 수련을 의미하는 성공(性功)과 몸 수련을 의미하는 명공(命功)으로 이루어지는데, 전자는 명심견성(明心見性)의 공부인 정신 수양을 의미하고, 후자는 인체 내의 수화(水火) 즉 음양이기(陰陽二氣)를 단련하여 몸 안에 금단(金丹)을 형성함을 의미한다.[51] 이 수련법은 외부 세계를 향해 우주적 기와 소통하기보다는, 소우주인 인간 안에 이미 축소·내장되어있는 원기와 합일함으로써 득도하고자 하는 것이다.[52]

이에 비해 한국 선도의 수련법은 인체 내기(內氣)를 쌓아 자기의 내면에 잠들어 있는 영성을 일깨우고, '하늘에 대한 간절한 염원'을 바탕으로 우주의 외기를 받아들이고자 한다.[53] 즉 한국 선도 수련법은 내재적 하늘을 근간으로 하지만, 초월적 하늘을 배제하지 않는다. 이것은 내재적 하늘을 전제하고 초월적 하늘을 배제하는 중국 도교의 수행과는 다른 모습이다. 따라서 수운의 수행관은 중국 도교보다는 한국 선도의 수행법과 더 친화력이 있는 것으로 인정되어야 옳다.

---

51 신진식, 「내단학의 성명쌍수 사상의 현대적 의의」, 『도교문화연구』 27 (2007), p.123.

52 최수빈, 앞의 글, pp.333-348.

53 이근철, 「『삼일신고』에 나타난 한국 선도의 수행법」, 『도교문화연구』 33 (2010), p.66.

3. 증산과 상제, 그리고 덕화(德化)

3-1. 증산과 상제

3-1-(1) 증산의 천지공사

동학농민운동의 실패를 직접 옆에서 지켜본 증산은[54] 1897년부터 3년간 한반도 전역을 주유하며 민심을 관찰한 뒤, 1901년 5월 중순에 전주 모악산 기슭에 있는 대원사에서 49일간 불음불식으로 공부를 하였다.

대부분의 증산계 교단들은 이때 증산이 한 공부를, 그가 탐음진치(貪淫瞋癡)의 사종마(四種魔)를 굴복시키고 천지대도(天地大道)를 깨달은 신비경험으로 바라본다.[55] 이들의 시각과는 달리 증산계열의 최대 교단인 대순진리회는 이때의 공부를, 상제인 증산이 천지신명을 심판하고 새로운 상생대도(相生大道)를 연 것으로 이해한다.[56] 현대 한국어에서 공부는 주로 study, learn을 의미한다. 하지만 원래 공부는 어떤

---

54 증산이 태어난 객망리는 동학농민운동의 횃불이 처음 타오른 정읍 배들평[이평] 말목장터에서 남쪽으로 불과 4㎞ 떨어진 곳이었다. 덕분에 당시 24세였던 증산은 동학농민운동의 발생과 전개를 옆에서 생생하게 지켜볼 수 있었다. 그런데 그는 동학농민운동이 실패할 것을 예견하여 사람들이 이 운동에 가담하는 것을 말렸다. 『전경』, 행록 1장 23절.

55 "모든 일을 자유자재로 할 권능을 얻지 않고는 뜻을 이루지 못할 줄을 깨달으시고 드디어 전주 모악산 대원사에 들어가 도를 닦으사 칠월 오일 대우(大雨) 오룡허풍(五龍噓風)에 천지대도를 깨달으시고 탐음진치(貪淫瞋癡) 사종마(四種魔)를 극복(克服)하시니…." 이상호, 『대순전경』 6판 (김제: 동도교 증산교회 본부, 1965), p.19.

56 『전경』, 행록 2장 12절, 교운 2장 21절; 박용철, 「대원사 공부의 이해에 나타난 종통의 천부성에 대한 고찰」, 『대순회보』 68 (2007), pp.88-107 참조.

일을 이루기 위해 들이는 시간과 정력이라는 의미를 지니고 있었다.[57] 이런 맥락에서 대순진리회는 증산의 공부를 모르는 것을 익히는 행위가 아니라, 천지의 구조와 운행을 재조정하기 위해 공을 들이는 일체의 행위로 해석한다.

증산계 교단들 사이에 증산의 공부에 대한 해석에 시각차가 있기는 하지만, 증산이 이 공부 이후에 천지인 삼계의 대권을 가지고 '천지공사(天地公事)'를 시행하겠다고 선언하였다는 데에는 이견이 없다.[58] 천지공사란 증산이 1901년부터 1909년까지 9년간, 천지에 맺힌 모든 원(冤)을 풀어내고, 천지의 운행 법칙을 상극에서 상생으로 조정하며, 후천의 새로운 선경(仙境)이 펼쳐질 도수를 만들기 위한 목적으로 시행한 종교적 행위들을 총칭하는 개념이다. 옛날 한국에서는 관아의 관장(官長)이 공무를 처결하기 위해 수하 관원들을 모아 회의를 열 때 '공사(公事)를 본다'라는 말을 사용하였다.[59] 이러한 맥락에서 증산은 신명들을 모으고 종도들을 참관시키면서 천지의 구조와 운행을 재조정하는 일을 단행하였던 자신의 행위를 '천지의 공사'라고 불렀다.

당시 사람들은 그런 그의 행동을 광인(狂人)이나 하는 짓이라고 치부하며 상당히 괴이하게 여겼다.[60] 천지의 운행을 조정한다는 것은 천지를 좌우할 수 있는 권능을 지닌 천지의 주인이 아니면 할 수 없는

---

57 단국대학교 동양학연구소, 『漢韓大辭典』 4 (서울: 단국대학교 동양학연구소, 2003), p.934.
58 『전경』, 행록 2장 1·12절, 공사 1장 2절; 『대순전경』, p.19.
59 홍범초, 『증산교개설』 (서울: 창문각, 1982), p.77.
60 『전경』, 행록 3장 34절.

일이기 때문이다. 따라서 증산이 천지인 삼계의 대권을 가지고 천지 공사를 하겠다고 선언하였다는 것은, 사실상 그 스스로가 하늘의 최고신이라고 인식했음을 의미한다.

증산은 당시로서는 획기적인 시각, 즉 세계사를 아우르는 폭넓은 시각을 토대로 그 나름의 논리를 가지고 자신을 따르는 무리에게 자신이 최고신이라는 것을 다음과 같이 설명했다.

서양인 이마두(利瑪竇)가 동양에 와서 지상천국을 세우려 하였으되 오랫동안 뿌리를 박은 유교의 폐습으로 쉽사리 개혁할 수 없어 그 뜻을 이루지 못하였도다. 다만 천상과 지하의 경계를 개방하여 제각기의 지역을 굳게 지켜 서로 넘나들지 못하던 신명을 서로 왕래케 하고 그가 사후에 동양의 문명신을 거느리고 서양에 가서 문운(文運)을 열었느니라. 이로부터 지하신은 천상의 모든 묘법을 본받아 인세에 그것을 베풀었노라. 서양의 모든 문물은 천국의 모형을 본뜬 것이라. ··· 그 문명은 물질에 치우쳐서 도리어 인류의 교만을 조장하고 마침내 천리를 흔들고 자연을 정복하려는 데서 모든 죄악을 끊임없이 저질러 신도의 권위를 떨어뜨렸으므로 천도와 인사의 상도가 어겨지고 삼계가 혼란하여 도의 근원이 끊어지게 되니 원시의 모든 신성과 불과 보살이 회집하여 인류와 신명계의 이 겁액을 구천에 하소연하므로 내가 서양 대법국(大法國) 천계탑(天啓塔)에 내려와 천하를 대순(大巡)하다가 이 동토에 그쳐 모악산 금산사 삼층전 미륵금불에 이르러 三十년을 지내다가 최제우에게 제세대도를 계시하였으되 제우가 능히 유교의 전헌을 넘어 대도의 참뜻을 밝히지 못하므로 갑자[1864]년에 드디어 천명과 신교를 거두고 신미[1871]년

에 강세하였노라.[61]

그의 설명은 세 부분으로 나눌 수 있다. 첫째는 이마두 즉 마테오 리치가 사망한 후 동양의 문명신들을 데리고 서양에 가서 문명을 열었으며, 특히 물질문명의 폭발적 성장이 인류와 세상의 위기를 초래했다는 것이다. 둘째는 이 위기를 감당하지 못한 신명들이 구천의 상제[증산]에게 하소연하였고, 상제는 천하를 대순(大巡)하여 세상의 문제점을 진단하였다는 것이다. 셋째는 상제가 1860년에 수운에게 제세대도(濟世大道)를 계시하였으나 수운이 그 뜻을 제대로 펼치지 못하자 1864년에 수운에게 주었던 대도를 거두고 직접 인간의 몸[증산]으로 오게 되었다는 것이다. 이 가르침 때문에 증산의 후예들은 수운이 펼치지 못했던 '참된' 동학을 증산이 직접 펼친 것이라고 믿는다.[62]

증산의 이 이야기에서 그의 종교사상에 내재한 신정론(Theodicy)과 세계관을 읽어낼 수 있다. 이 부분은 이 글의 논의 범위를 현저히 벗어나므로 여기에서는 다루지 않는다. 다만 여기에서는 이 글의 주제와 관련이 있는 부분, 즉 최고신이 소위 '숨어있는 신'으로 있다가 역사의 전면에 등장하고 있다는 점만 지적해 둔다. 상기 인용문에 따르면, 원래 구천에 거하는 최고신은 삼라만상의 일에 관여하지 않고 있었다. 세상을 돌보는 일은 신성·불·보살들 소관이었는데, 이들이 자신들의 능력으로는 세상을 통제할 수 없는 상황에 이르자 최고신에게

61 같은 책, 교운 1장 9절.
62 같은 책, 권지 1장 11절.

호소하였고, 결국 최고신은 천지를 바로 잡는 일에 나서고 있다. 이에 대해 증산은 "내가 이 공사를 맡고자 함이 아니니라. 천지신명이 모여 상제가 아니면 천지를 바로 잡을 수 없다 하므로 괴롭기 한량없으나 어찌할 수 없이 맡게 되었노라."[63]고 말했다. 따라서 증산의 하늘은 무소불위의 권력과 권위로 군림하는 절대적 숭배 대상으로서의 인격천이 아니라, '너무나도' 인간적인 감성을 지녔으며 세상을 구원하고자 애쓰는 인격천으로 설정되고 있다.[64] 사실 증산은 자신을 하늘과 동일시했으므로, 그가 하늘을 인간적인 감성을 지닌 인격체로 표현한 것은 당연한 일이었다.

3-1-(2) 초월적 하늘: 최고신이 무극과 태극을 다스리다

이러한 초월적 하늘인 상제는 내재적 하늘인 우주의 법칙을 다스리는 존재로 설정된다. 증산은 자신이 삼계의 대권을 가지고 상극에서 상생으로 우주의 도수를 전환하겠다고 선언했고,[65] 생장염장(生長斂藏)의 사의(四義)를 쓰겠다고도 했다.[66] 이러한 것은 증산 자신이 상제로서 우주의 법칙을 주관하는 처지에 있음을 설명한다. 동양 전통에서 이법천의 최고봉, 즉 우주 근원의 본체는 무극과 태극이다. 증산은 무극신(无極神)이라는 글귀를 쓴 적이 있다.[67] 이것은 상제가 우주의 근

---

63 같은 책, 공사 1장 9절.
64 이것을 두고, 단절되었던 하늘과 인간세계가 상통하게 되었다거나, 혹은 인간의 가치와 존엄성이 새롭게 인식된 것이라거나, 상제와 인간의 소통과 결합을 의미하는 것이라고 해석하기도 한다. 노길명, 「대순사상에서의 경천·수도의 의미와 성격」, 『대순진리학술논총』 7 (2007), pp.79-80.
65 『전경』, 공사 1장 2·3절.
66 같은 책, 교법 3장 27절.

원인 무극을 다스리는 인격적인 신이라는 의미로 이해된다. 다시 말해 무극·태극을 속성으로 하는 최고신이 생장염장이라는 우주의 법칙을 주관하며, 음양의 결합인 뇌성으로써 오행과 만물을 생성·변화·발전시켜 나간다는 것이다(2장 pp.99-100 참조). 이에 대해 장병길은 이렇게 말했다.

> (대순진리회의) 신도들이 믿고 있는 우주관은 기독교에서 말하는 것처럼 창조되었다거나, 신화에서 자주 이야기되곤 하는 발생설과는 다르다. 우주를 기성적인 것으로 사실화하고 우주의 기원이나 그 안에 있는 모든 사사물물(事事物物)이 어떤 질서 있는 법칙에 따라서 성하였다가는 쇠하는 것들이고, 그 법칙이 한 분(증산=상제)으로부터 조화(造化)된다는 우주의 자명설(自明說)에 입각하고 있다.[68]

증산에게서 종통을 계시받은 조정산(趙鼎山, 1895~1958)이 증산을 관령주재태극지천존(管領主宰太極之天尊)으로 표현한 것[69] 역시 이러한 맥락에 있다. 따라서 증산의 하늘관은 초월적인 하늘이 내재적 하늘을 포괄하고 있다고 규정할 수 있다.

---

67 같은 책, 예시 88절.
68 장병길, 『대순종교사상』(서울: 대순종교문화연구소, 1989), p.47.
69 "道之謂道也者는 定而无極하고 動而太極하야 太極이 生兩儀하고 兩儀生四象하고 四象生八卦하나니 太極之理生生之數는 無盡無量하야 變通造化功德을 不可思議일새 惟我 九天應元雷聲普化天尊上帝 管領主宰 太極之天尊이시라." 태극도 본부, 『태극도통감』(부산: 태극도본부, 1956), p.5.

3-1-(3) 한국 종교사에 없었던 증산의 하늘관

그 자신 스스로 상제라고 인식했던 증산의 하늘관, 다시 말해서 현실 세계에서 인간의 모습으로 나타나 인간과 같이 호흡하며 인간을 포함한 만물의 구원자로 활동하는 주체로 규정되는 증산의 하늘관은 한국의 종교사에서는 찾아볼 수 없었던 당혹스러운 것이었다.

한국 종교사에 나타난 급작스러운 이 '돌출'에 대해 김승혜는 상제가 구천에 거한다는 점, 사명신(司命神)들을 거느린다는 점에서는 전통적인 한국의 하늘관과 일치하고 있지만, 상제가 인간으로 내려온다는 것은 동아시아 전통에 없는 것이기 때문에, 결국 증산의 하늘관은 한국의 전통적인 하느님 관념을 대표하지도 종합하지도 못한다고 보았다.[70]

당연한 말이지만, 한 민족의 종교사상은 원형을 지니는 것처럼 보이는 측면도 있고, 동시에 외래사상을 흡수하거나 자체적인 변혁으로써 외연을 축소 또는 확장하고 내용도 변화시키며, 심지어 변태를 거쳐 새롭게 탈바꿈하기도 한다. 이런 관점에서 보면, 동아시아 전통을 '계승하지 않은' 증산의 하늘관은 사상적 '돌출'이며, 그로써 한국인의 하늘관을 내용 면에서 더욱 풍성하게 만드는 데 공헌했다고 말할 수 있다.

김종서는 이 '돌출'을 설명하기 위해, 우선 인간이 스스로 신적인 카리스마를 지니는 이른바 초월적 화신(化神) 개념이 완성된 것은 한국종교 역사상 증산이 처음이고, 이것은 한국종교 상징체계의 큰 변혁을 뜻한다고 평가했다. 그러면서 그는 증산이 스스로 하느님이라

---

70 김승혜, 앞의 글, p.127.

고 인식했던 것은 하느님이 인간 예수로서 성육신(成肉身)하는 기독교의 핵심적 특징을 수운보다 더욱 철저히 포괄해내기 위한 것이라고 주장했다.[71]

세계종교사를 살펴보면 신이 인간의 모습으로 나타난다는 관념은 고대 그리스나 로마 전통, 힌두교, 불교, 기독교 등에서 모두 관찰된다. 그런데 기독교는 예수가 인간으로 태어나서 살다가 죽었다는 점, 그리고 인간을 사랑한 존재로서 다른 신들과는 차별된다는 점을 근거로 세우면서, 신이 인간의 모습으로 등장하는 여타의 기존 관념과 하느님이 예수의 모습으로 성육신한 사건은 완전히 다른 차원이라고 강조해 왔다. 이는 신이 인간의 모습으로 나타난다고 하더라도 그 성격이나 내용에서는 얼마든지 다를 수 있고, 따라서 그 '다름'에 대한 이해가 필요하다는 것을 주장한 것이다.

주지하듯이 기독교 성육신 관념은 유일신, 원죄, 구원을 주요 키워드로 한다. 성육신 관념은 '유일신' 하나님이 '원죄'를 지닌 인간을 '구원'하기 위하여 최초로 인간으로 온 모습이 예수이며, 그러므로 예수에게는 '원죄'가 없어야 하니 그는 보통 인간과 달리 성령에게서 잉태 받은 처녀의 몸에서 출생하였다는 것이다. 기독교 신앙의 출발이 바로 이 지점이다.

증산은 기독교에 대해서 전반적으로 부정적 태도를 견지하면서[72] 기독교가 '유일신' 신앙 때문에 결국에는 실패할 것이라고 말했다.[73]

---

71 김종서, 앞의 글, p.30.
72 "상제께서 병오년 十월 어느 날 예수교당에 가셔서 모든 의식과 교의를 문견하시고 '족히 취할 것이 없다.'고 말씀하셨도다."『전경』, 행록 3장 33절.

또 기독교는 인간이 스스로 '원죄'를 만든 죄인이라는 입장이지만, 증산은 인간의 잘못과 죄를 인정하면서도 그 배경 즉 상극에 치우친 천지의 잘못된 운행을 더 크게 부각한다(7장 pp.289-291 참조). 이처럼 증산이 기독교 '유일신' 관념을 부정하고 인간의 '원죄'를 받아들이지 않고 있다면, 이를 주된 내용으로 삼고 있는 기독교 성육신 관념을 증산에게 그대로 적용하는 일은 곤란할 것이다.

분명히 증산의 하늘관은 '신이 인간으로 나타났다'라는 관념을 내포한다. 하지만 기독교 성육신이 세계종교사의 유사한 다른 사례들과 그 내용이나 성격에서 구분될 수 있는 것처럼, 증산의 인신(人身) 강세 역시 그 핵심적인 내용이 다르다는 점을 고려하여 기독교 성육신과는 구분되어야 한다. 증산이 기독교 성육신을 '포괄'하려고 했다는 시각보다, 증산은 기독교의 핵심 원리를 비판적인 시각에서 바라보고 한국적 현실에 맞추어 그 자신만의 독창적인 방법으로 하늘을 표현했다고 보는 것이 더 적절하다는 뜻이다.[74]

3-2. 증산 수행관의 핵심, 덕화

3-2-(1) 자력 수행

증산은 누구든 수도를 함으로써 자신이 열어놓은 후천 선경(仙境)에 들어갈 수 있다고 장담하면서, 수도를 완성한 인간을 도통군자(道通君

---

73 "서교는 신명의 박대가 심하니 감히 성공하지 못하리라." 같은 책, 교법 1장 66절.

74 후속 연구로 다음을 참고할 수 있다. 차선근, 「대순진리회 상제관 연구 서설 (Ⅰ)」, 『대순사상논총』 21 (2013), pp.131-136.

子) 혹은 혈식천추도덕군자(血食千秋道德君子)라고 불렀다.[75] 증산의 사상체계는 선도(仙道)가 주류를 이루고,[76] 그가 제시한 이상적 인간상 역시 수운의 경우와 같이 신선과 밀접한 연관을 갖는다. 정산이 증산의 이상적 인격체를 지상신선(地上神仙)이라고 이름 붙였던 것도 이러한 맥락에 있다(6장 pp.235-236 참조).

증산이 강조한 이상적 인간상은 불로장생을 누리고 속세를 떠나 은둔하는 전통적인 신선과는 다르다. 도통군자로서의 지상신선은 완전한 도덕성을 회복하여 기국에 따른 복록을 누리는 존재이자 무불통지(無不通知)에 무소불능(無所不能)의 초능력이 강조되는 인격체로서, 인류의 구원자이자 지도자인 동시에, 지상천국 건설에 앞장서는 지극히 현세적인 존재이다(6장 pp.254-255 참조). 증산은 이러한 인간상을 실현하기 위해서는 도덕과 해원상생의 실천이 필수적임을 강조하면서, 마음을 닦고 일심(一心)을 가질 것을 주문하였다.[77] 이것이 그의 수행관의 외형적인 모습이다.

3-2-(2) 타력 신앙

증산이 제시한 수행관은 자발적 노력을 하면서도 상제에 대한 타력

---

75 『전경』, 권지 1장 11절, 예시 45·50절.
76 김홍철, 「한국신종교에 나타난 도교사상」, 한국도교사상연구회(편), 『도교사상의 한국적 전개』(서울: 아세아문화사, 1989); 양은용, 「한국도교의 흐름과 신종교」, 『신종교연구』 10 (2004); 김탁, 「증산교단사에 보이는 도교적 영향」, 『도교문화연구』 24 (2006); 민영현, 「한국 「선(仙)」과 증산(甑山)사상의 특징 및 그 도교성에 대해─한국인의 생명사상을 중심으로」, 『도교문화연구』 26 (2007); 김수인, 「한국 신종교의 선가적 요소」, 『종교연구』 57 (2009) 참조.
77 『전경』, 교운 1장 33·34절, 교법 2장 4·13절, 교법 3장 20절, 예시 50절.

신앙이 전제된 것이다. 수도의 완성자인 도통군자가 되기 위해서는, 혹은 말세에 닥칠 큰 병겁(病劫)을 피하기 위해서는 상제[증산]를 믿어야 한다는 증산의 발언이 이를 입증한다.

"나를 잘 믿으면 해인을 가져다주리라."[78]

번개가 번쩍이고 천둥이 요란하게 치는 어느 날 상제께서 종도들에게 가라사대 "뒷날 출세할 때는 어찌 이러 할 뿐이리오. 뇌성벽력이 천지를 진동하리라. 잘못 닦은 자는 앉을 자리에 갈 때에 나를 따르지 못하고 엎드려지리라. 부디 마음을 부지런히 닦고 나를 깊이 생각하라." 하셨도다.[79]

"이후에 괴병이 온 세상에 유행하리라. 자던 사람은 누운 자리에서 앉은 자는 그 자리에서 길을 가던 자는 노상에서 각기 일어나지도 못하고 옮기지도 못하고 혹은 엎어져 죽을 때가 있으리라. 이런 때에 나를 부르면 살아나리라."[80]

"내가 가서 일을 행하고 돌아오리니 그때까지 믿고 기다리라. 만일 나의 그늘을 떠나면 죽을지니라."[81]

---

78 같은 책, 교운 1장 62절.
79 같은 책, 교법 3장 25절.
80 같은 책, 예시 41절.
81 같은 책, 행록 5장 19절.

증산의 후예들은 최고신이 역사의 전면에 나서서 만물의 원을 풀어주고 삼라만상을 구제할 도를 펴면서 새로운 세상인 후천을 열기에, 이제 인간은 최고신을 받드는 것이 당연하다고 믿는다. 대순진리회를 비롯한 대다수 증산계 교단들이 상제 공경을 중요하게 여기고, 그를 위해 주기적으로 치성을 모시는 의례에서 이러한 사실을 쉽게 확인할 수 있다.

3-2-(3) 상제 공경과 덕화

대순진리회의 경우에는 아예 수도 초기 단계부터 상제에 대한 공경을 우선 강조한다.[82] 특히 수행 항목 가운데 하나인 성경신(誠敬信)은 유학적 개념을 일부 포함하면서도 상제에 대한 신앙이 더 중시된다. 그러니까 대순진리회 세계에서 성이란 스스로 마음을 정성스럽고 부지런하며 진실하게 만드는 것이면서 궁극적으로는 상제에게 정성을 들이는 것을 말하며, 마찬가지로 경도 예의 바른 행동을 항상 몸에 배게 하면서 궁극적으로는 상제 공경을 뜻한다. 신도 스스로 종교적 신념을 굳건히 한다는 것과 타인에게 신뢰를 쌓아나간다는 것을 의미하지만, 궁극적으로는 상제에 대한 믿음을 굳건히 하고 상제에게 신뢰

---

82 "수도(修道)는 심신(心身)을 침잠추밀(沈潛推密)하여 대월(對越) 상제(上帝)의 영시(永侍)의 정신(精神)을 단전(丹田)에 연마(鍊磨)하여 영통(靈通)의 통일(統一)을 목적(目的)으로 공경(恭敬)하고 정성(精誠)하는 일념(一念)을 끊임없이 생각(生覺)하고 지성(至誠)으로 소정(所定)의 주문(呪文)을 봉송(奉誦)한다." 대순진리회 교무부, 『대순진리회요람』 (서울: 대순진리회 교무부, 1969), pp. 15-16; "포덕에서, 우주를 주재하신 권능의 주인으로서 상제의 무량(無量)하신 덕화와 무변(無邊)하신 권지의 소유주(所有主)이심이 널리 알려져야 한다." 대순진리회 교무부, 『대순지침』 (서울: 대순진리회 교무부, 1984), p.21.

를 얻어내는 것을 목표로 한다.[83]

정산은 이렇게 말했다.

"나의 심기를 바르게 하고, 나의 의리를 세우고, 나의 심령을 구하여, 상제의 뜻에 맡겨라."[84]

수도 행위, 즉 심기(心氣)를 바르게 하고 의리(義理)를 세우고 심령(心靈)을 구하기 위해 애를 쓴 뒤, 그 연후에 따라오는 결과는 모두 상제를 믿고 상제에게 맡기라고 한다. 이것이 바로 덕화(德化)를 얻는 방법이다. 다시 말해서 증산을 상제로 믿고 수도를 하면, 그에 따라 상제에게서 일정한 덕(德)을 입는다고 보는 것이다(6장 pp.272-273 참조).

수도와 덕화가 연결되는 구조는 다음 증산의 발언에서 살필 수 있다.

(ㄷ) 마음은 신이 출입하는 기관이고 문호이고 도로이다.[85]

(ㄹ) "사람마다 그 닦은 바와 기국에 따라 그 사람의 임무를 감당할 신명의 호위를 받느니라."[86]

(ㅁ) "나는 하늘도 뜯어고치고 땅도 뜯어고치고 사람에게도 신명으

---

83 같은 책, pp.51-52; 『전경』, 교법 1장 5절.
84 "正吾之心氣立吾之義理求吾之心靈任上帝之任意." 같은 책, 교운 2장 41절.
85 "心也者鬼神之樞機也門戶也道路也." 같은 책, 행록 3장 44절.
86 같은 책, 교법 2장 17절.

로 하여금 가슴 속에 드나들게 하여 다 고쳐 쓰리라."[87]

(ㅂ) "지난날에는 도통이 나지 아니하였음으로, 도가에서 도통에 힘을 기울였으나 음해를 이기지 못하여 성사를 이룩하지 못했도다. 금후에는 도통이 나므로 음해하려는 자가 도리어 해를 입으리라."[88]

이에 따르면 (ㄷ)과 (ㄹ)에서 보듯, 닦은 바에 따라서 그에 맞는 신이 마음을 통하여 응하게 된다. 다시 말해서 증산은, 인간이 수도를 하여 자신에 내재한 신성(神性)을 스스로 밝히고 신의 경지로 올라가서 신의 능력을 발휘하게 되는 게 아니라, 인간이 심신을 닦음으로써 하늘에서 부여받은 본래의 청정한 성품을 회복하면, 그에 따라 자신의 기국에 맞는 신의 호위를 받고 그 신의 능력과 권위를 행사하게 된다고 가르쳤다(6장 p.263 참조). 인간이 닦은 바에 따라 알맞게 응하게 되는 신은 상제[증산]의 명령을 받는 존재이다. (ㅁ)에서 보듯, 신은 인간에게 응해주라는 상제의 지시에 따라 자신의 임무를 수행한다. 또 (ㅂ)에서 보듯, 예전에는 인간이 수행하더라도 음해(陰害)를 입는다면 마땅한 성과를 거두지 못하였지만, 이제는 음해가 수행에 악영향을 끼치지 못하도록 증산이 막아놓았기 때문에 아무런 문제가 없다고까지 한다. 그러므로 인간이 마음을 닦아 도통군자가 된다는 것은 그 자신의 노력에 따른 결과이지만, 사실상은 상제가 만들어 놓은 법이 있기에 가능한 것이 된다. 인간이 수행한다는 것, 또 그 수행의 성공은 모두 상제

---

87 같은 책, 교법 3장 1절.
88 같은 책, 교운 1장 40절.

의 덕을 입기에 가능하다는 뜻이다. 결국 증산이 제시한 수행관의 구조를 들여다보면, 중심축이 되면서 상하좌우로 튼튼하게 뼈대를 이루고 있는 것은 덕화라는 것을 알 수 있다. 거기에 내용물을 채워 넣고 살을 덧씌워 완성된 작품을 만들어내는 것은 수도인들 각자에게 주어진 몫이다.

증산의 수행관을 정리하자면, ① 증산을 상제로 믿고, ② 도덕 실천과 수련으로써 하늘에서 부여받은 본래의 청정한 성품을 회복하고 기국을 갖추면, ③ 그 결과 상제의 덕화를 받아 도통군자가 된다는 것이다. ①과 ③은 초월적 하늘관, ②는 내재적 하늘관을 전제한다. 즉 그의 수행관은 초월성이 내재성을 포괄하는 그의 하늘관을 그대로 반영하고 있다.

4. 수운과 증산의 하늘관·수행관 비교

4-1. 초월성·내재성 혼재의 ᄒᆞᄂᆞᆯ님 vs. 초월성 강조의 상제

수운과 증산의 하늘관은 한국의 전통적인 하늘관에서는 찾아볼 수 없었던 형태라는 점에서 주목된다.

수운은 용담정에서 천주와의 만남으로써 하늘을 경험하였고, 그 하늘은 초월적이기도 내재적이기도 한 복합적인 것으로 표현되었다. 한국의 전통 하늘관은 시대와 사상조류에 따라서 초월성과 내재성 둘 가운데 어느 하나가 강조되어 드러났다. 하지만 수운처럼 동시에 나타난

적은 없었다. 이러한 복합성은 수운이 제시한 하늘관의 특징이다.

증산은 대원사 공부를 전후로 하여 그 자신이 우주의 법칙과 조화를 주관하는 하늘[상제]이라는 인식을 보였다. 다시 말해 그의 하늘관은 내재적 하늘을 포괄하는 초월적인 하늘로 표현되었다. 그의 하늘은 추상적으로 막연하게 받들어야 할 관념 속의 하느님이 아니라, 인간의 감성을 지닌 채 인간의 모습으로 인간과 같이 호흡하며 만물의 구원자로 활동하는 하느님이었다. 이러한 증산의 하늘관은 이전에는 볼 수 없었던 형태였다는 점에서 한국 하늘관의 외연을 넓히는 데에 공헌하였다고 평가할 수 있다.

그렇다면, 수운과 증산의 하늘관은 '초월성과 내재성이 혼재된 하늘님 vs. 내재성을 포괄하면서 초월성이 강조된 상제'로 서로 대비되고 있다는 결론을 내릴 수 있다. 당시 많은 사람은 수운이 가르친 천주 모심[侍天主]을 믿어 주문을 외웠고, 그 신앙은 동학농민운동을 일으킨 동력원 가운데 하나로 기능했다. 하지만 불과 1년 만에 그 운동은 많은 인명 피해와 재산 손실을 낸 채 쓰라린 실패로 끝나버렸다. 절망에 떨어진 사람들에게는 이제 관념적인 하늘이 아니라 실제적인, 더 가까이에서 고통을 보살펴주고 억눌린 한(恨)을 풀어주며 희망찬 미래를 제시하는, 그런 하늘이 필요했다. 그런 점에서 증산의 하늘관은 사람들에게 환영받기 충분했다. 물론 이 점만으로 20세기에 활발했던 증산계의 종교운동이 다 설명되지는 않는다. 그렇다고 하더라도, 증산이 제시한 하늘관이 활발한 종교운동을 일으키게 한 중요한 동인(動因) 가운데 하나라는 사실은 분명하다.

4-2. 초월적·내재적 방법을 통한 기화 vs. 초월적 덕화

상술한 대로 수운의 수행관은, 초월적 관점에서는 수도로써 자기 내부에 있는 신성한 영을 자각하고 외부에서 천주가 가진 지극한 기운을 받음으로써 기화를 이룬다는 것이다. 내재적 관점에서는 자기 안에 있는 천주인 신성한 영을 자각하고 외부에 있는 지극한 우주의 기운을 받아들임으로써 기화를 이룬다는 것이다. 다시 말해서, 초월적인 천주를 모시기 위해서는 천주를 향한 제사와 기도에 중점을 두어야 한다. 내재적인 천주를 모시기 위해서는 자기(self)의 내면에 감추어져 있는 영성 회복과 지기(至氣)와의 합일에 중점을 두어야 한다. 이렇게 수운의 수행관은 복합적이다.

증산의 수행관은 상제를 신앙하고 심신을 닦음으로써 하늘에서 부여받은 본래의 청정한 성품을 회복하고 일정한 기국을 이루면, 그에 따라 자신에게 맞는 신의 호위를 받고 그 신의 능력과 권위를 행사하게 되며, 그 모두는 상제의 덕화에 의해 가능한 것으로 서술된다. 즉 증산의 수행관은 상제에 대한 강한 믿음이 전제된다. 이 말은 증산의 수행관이 타력 신앙만을 중시하고 자력 수행을 경시한다는 의미는 아니다. 인간은 수도한 바에 따라서 덕화를 입는 것으로 설정되기 때문에, 수행에서 개인의 성품과 심신을 연마하는 노력이 경시되는 경우란 없다. 다만 증산의 수행법은 상제의 덕화를 전제로 성립되는 것이라는 사실을 지적하는 것이다.

이 두 수행관을 대비해보면, 수운의 수행관은 초월적 혹은 내재적인 방법으로 기화를 이루는 것에 초점이 맞추어져 있고, 증산의 수행

관은 개인의 수행 끝에 초월적인 상제의 덕화를 입는 것에 그 초점이 맞추어져 있다. 다시 말해서 수운과 증산의 수행관은 '초월적 혹은 내재적 방법을 통한 기화 vs. 내재적 성격을 포괄하는 초월적 성격의 덕화'로 서로 비교된다. 물론 이것은 각자의 하늘관이 각각 반영된 결과다.

수운의 하늘관과 수행관은 초월적이고 내재적인 복합성을 지닌다. 이에 비해 증산의 하늘관과 수행관은 내재성을 포괄하는 초월성을 강조한다. 이런 점으로 해서 증산의 사상은 수운의 사상과 일부 외형적인 유사성을 가지면서도, 결국에는 다른 내용과 흐름을 보여주면서 그 나름의 영역을 구축할 수 있었다.

수운의 하늘관에는 내재적 성격이 포함되어 있었기 때문에 철학적인 접근이 가능했다. 이 때문에 인간 이성과 합리가 지배하는 근대에는 사람들이 쉽게 다가갈 수 있다는 측면이 있다. 사실 수운의 후예들이 대체로 수운 하늘의 내재성을 더 중시했음은(적어도 표면적으로는) 이런 이유가 어느 정도 작용했을 것이다.

이에 비해 증산의 하늘관은 초월성이 강조되는 형태, 즉 증산을 하늘[상제]로 믿는 것이기 때문에 이성과 합리를 강조하는 근대에는 그것이 쉬사리 전개되기 어렵다는 문제점이 있다. 이웃 일본의 신도나 대만·중국의 도교에서 역사적 인간을 신으로 추앙한 사례가 많으므로, 이들 지역에서 증산과 같은 한 '인간'을 '신'으로 추대하는 신앙 형태는 낯선 것이 아니다. 하지만 그런 문화적 배경이 빈약할 뿐만 아니라, 과학과 물질만능주의에 젖어있으면서 합리와 이성을 추구한다고 자부하는 한국의 현대인들에게 이런 신앙 형태는 쉬사리 받아들여지기 힘들다. 증산의 후예들이 겪는 포교의 어려움 가운데 하나가 이것이다.

4-3. 한국 종교사의 새로운 흐름

수운이 흐늘님을 만나는 하늘 경험, 그리고 초월적이면서도 내재적인 복합성을 띤 그의 하늘관은 한국의 종교사에서 찾아볼 수 없는 낯선 것이었다. 마찬가지로 증산이 스스로에 대해서 삼계 대권을 지니는 최고신이라고 선언했던 사실에서 제시되는 그의 하늘관 역시 한국의 종교사에서 찾아볼 수 없는 당혹스러운 것이었다. 이들의 사상 배경에는 유불선 및 전통 한국인의 정신세계가 자리 잡고 있음은 물론이다. 하지만 이들 종교사상의 첫 출발점인 하늘관·수행관은 상당히 이질적이었다. 따라서 이들에게서 한국 종교사의 새로운 사상조류가 출범했다고 보는 시각이 타당하다.

그간 학계에서는 이 이질적인 '돌출'을 서양의 데우스 혹은 성육신, 권화사상 등과 연관하여 설명하려는 시도가 있었다. 그러나 이들의 하늘관이 데우스·성육신·권화사상과 비슷한 외형을 지니고 있다고 하더라도, 그 세부 내용은 일치하지 않는다. 심지어 수운과 증산은 서양의 그러한 관념들을 비판한다고까지 말한 바 있다. 이 점을 고려하면, 그들은 데우스·성육신 관념 등을 적극적으로 포괄하려 했다기보다는, 이를 비판적으로 바라보고 한국적 현실에 맞는 새로운 종교사상을 펼쳤다는 시각이 더 옳을 것이다.

그럼에도 불구하고, 그들의 종교사상과 당시 들어왔던 서구 종교사상과의 관련성 여부를 검토 대상으로 삼는 작업은 여전히 흥미로운 일로 남아있다. 최종성은 최근 종교학계와 인류학계가 '혼합(Syncretism)'이라는 말을 순수성을 잃은 오염과 저질의 확증이라는 신학적 뉘앙스

대신 종교문화의 다양성과 역동성을 기술하기 위한 중립적인 용어로 사용하고 있다고 지적하면서,[89] 한 종교현상을 분석할 때는 혼합과 반혼합의 양면적인 관점을 모두 사용하는 것이 정확한 이해에 도움이 된다는 의견을 피력한 바 있다.[90] 수운과 증산이 서구 종교사상에 반대하는 반혼합(Anti-Syncretism) 입장을 비쳤다는 점을 고려하면, 그의 방법대로 혼합과 반혼합의 입장으로 수운과 증산의 종교사상을 세밀히 검토하여 보는 것은 그들의 종교사상과 서구 종교사상과의 관계를 입체적으로 살피게 해준다는 점에서 의미 있는 작업이 될 수 있을 것이다. 이는 숙제로 남긴다.

---

89 아니타 레오포드(Anita M. Leopold)와 제페 젠슨(Jeppe S. Jensen)이 편집한 『종교 속의 혼합주의: 독자 관점에서(Syncretism in Religion: A Reader)』(New York: Routledge, 2004)는 이러한 서구 종교학의 경향을 잘 보여준다.

90 최종성, 「조선전기 종교혼합과 반혼합주의」, 『종교연구』 47 (2007) 참조.

대순진리회의 개벽과 지상선경

무엇이 어떻게 다른가?

1-1. 도지통명(道之通明)과 지상선경(地上仙境)

불교와 마찬가지로 대순진리회도 수도의 과정을 심우도(尋牛圖)[1]로 상징화한다. 대순진리회의 심우도는 여섯 폭으로 이루어져 있는데, 각 그림은 ① 인생의 의미를 고민하면서 도를 찾는다는 '심심유오(深深有悟)', ② 도문(道門)에 들어와 하늘이 내린 가르침을 받든다는 '봉득신교(奉得神敎)', ③ 힘써 닦아나간다는 '면이수지(勉而修之)', ④ 정성을 지극히 들인다는 '성지우성(誠之又誠)', ⑤ 도와 내가 합일하여(道卽我 我卽道) 무소부지(無所不知)에 무소불능(無所不能)의 경지에 도달한다는 '도통진경(道通眞境)', ⑥ 개벽으로써 신천지가 활짝 열린다는 '도지통명(道之通明)'까지 모두 여섯 개다.

뜬금없이 대순진리회의 심우도를 늘어놓는 이유는, 심우도 마지막 단계인 '도지통명'의 성격 문제 때문이다. '도지통명'은 민생 제도가 모두 끝나고[2] 개벽이 일어난 후의 세상을 묘사하고 있다. 거기에는 신선과 선녀가 한가롭게 노닐고 있으며, 산·물·돌·소나무·구름·불로초·학이 주변 풍경을 이루고 있다. 이 일곱 요소는 십장생의 일부다.

---

1 구도 과정을 그린 심우도는 십우도(十牛圖), 사우도(四牛圖), 육우도(六牛圖), 목우도(牧牛圖), 백우도(白牛圖), 십마도(十馬圖), 십상도(十象圖), 목상도(牧象圖) 등 종류가 다양하다. 한국 불교에는 송나라 보명(普明)이 그린 목우도와 곽암(廓庵)이 그린 십우도가 널리 퍼졌는데, 목우도는 묵조선(默照禪)을, 십우도는 간화선(看話禪)을 그 사상 배경으로 하고 있다.

2 대순진리회 심우도에서 민생 제도는 '면이수지(勉而修之)', '성지우성(誠之又誠)', '도통진경(道通眞境)' 과정에서 일어난다고 본다.

① 심심유오(深深有悟)　　　　② 봉득신교(奉得神敎)　　　　③ 면이수지(勉而修之)

④ 성지우성(誠之又誠)　　　　⑤ 도통진경(道通眞境)　　　　⑥ 도지통명(道之通明)

그렇다면 '도지통명'은 심우도라는 불교 상징체계를 사용하고 있지만, 그 지향점은 불교 이상세계가 아닌 도교[3] 이상세계에 있는 것으로 보인다. 대순진리회의 교조인 강증산은 그 이상세계를 지상선경(地上仙境)으로 지칭하기도 했다.[4]

　　대체로 종교는 이상사회를 추구한다. 하지만 그 방식은 다른데, 기

3　한국에서 '선도(仙道)'란 한국 고유의 토속적 신앙을 바탕으로 중국에서 유입된 도교적 요소까지 모두 포괄하는 개념이다. 한국 연구자들은 이것을 중국 도교와 구분하려는 경향이 있다. 하지만 이 글에서는 편의상 도교와 선도를 별도로 구분하지 않고 '도교'로 통합 표기하기로 한다. 관련 논의는 다음을 참조할 수 있다. 김용휘, 「한국 선도의 전개와 신종교의 성립」, 『동양철학연구』 55 (2008), pp.141-142.

4　증산은 자신의 이상세계를 후천(後天), 낙원(樂園), 선경(仙境)이라고도 했다. 증산에게서 종통을 계승하고 그의 사상을 정립한 조정산(趙鼎山)은 용화선경(龍華仙境), 청화세계(淸華世界), 지상천국(地上天國)으로 불렀다. 대순진리회 교무부, 『전경』 13판 (여주: 대순진리회 교무부, 2010), 공사 1장 2·3절, 공사 3장 5절, 교운 2장 32·33·41·42절, 권지 1장 11·21절, 권지 2장 37절, 예시 6·9·17·73·81절.

성종교는 점진적인 개혁을, 신종교는 급진적인 개혁을 주장하는 경향이 있다.[5] 대순진리회 역시 개벽이라는 급진적인 우주의 대변혁 직후에 지상선경이 속세에 구현되는 것으로 본다. 그렇다면 '도지통명'이 가리키는 지상선경은 탈속세를 강조하는 도교의 선경(仙境)과 일치하지는 않은 것이다. 증산의 지상선경은 증산 이전 한국 사회에서 희구되던 유불도의 이상세계와 비교하여 어떠한 내용과 특징을 지니는 것인가? 또 지상선경이 개벽 이후에 도래한다고 하는데, 그 개벽은 증산(대순진리회)[6]에 앞서 개벽을 주창한 최수운(동학)·김일부(정역)의 이념과 대비하여 어떤 다른 내용과 특징을 지니는 것인가? 한국 신종교사의 정립을 위해서 다루어야 할 일련의 아젠다 가운데 하나인 이것을 서술하고자 함이 이 글의 일차적인 목적이다.

1-2. 한국 학계의 신종교 연구에는 주술이 살고 있다

한국 신종교의 중요한 개념 가운데 하나인 '개벽'과 '후천'은 이미 많은 연구자에 의해 천착된 주제다. 이제 더 이상 캐낼 게 없을 것 같은 폐광 이미지의 낡은 주제를 또다시 들추어낸 이유는, 현재 한국 학계 대다수의 신종교 기술 방식에 이의를 제기하고 그 개선을 위해 필요

---

5 강돈구, 『종교이론과 한국종교』 (서울: 박문사, 2011), pp.660-661.
6 주지하듯이 증산계 종교 안에는 많은 교단이 있고, 그 교단들은 통일된 교리 체계와 신앙체계를 가지지 않는다. 필자는 이 글에서 증산계 가운데 최대 교단인 대순진리회를 선정하여 논의를 진행할 것이다. 따라서 증산의 언행과 그에 대한 해석은 대순진리회의 자료를 기반으로 할 것이다. 사실 대순진리회에는 압도적인 교단 규모나 왕성한 사회활동이라는 측면 외에도 타 증산계 교단들에 비해 연구자료를 손쉽게 구할 수 있다는 장점이 있다.

한 하나의 자료를 제시하기 위해서이다.

1-2-(1) 공통점 아닌 공통점

서구에서 태동한 종교학은 '종교(religion)'에서 '종교들(religions)'로 지평을 넓히면서 종교에 대한 단 하나의 획일화된 보편적 설명 방식을 찾기보다는, 다양한 모습으로 존재하는 특정의 종교와 특정의 사람들에게 더 관심을 가지는 방향으로 선회해왔다.[7] 그런데 아직도 한국 신종교에 대한 대개의 기술 방식은 보편적 개념 확정을 추구하면서, 신종교 전체의 '공통적일 것이라고 여겨지는' 특성을 줄줄이 나열한 뒤, 그에 대한 보충 설명으로 개별 신종교 교단들을 잠깐씩 언급하는 정도에 그치고 있다. '비교에는 주술이 살고 있다(In Comparison a Magic Dwells)'[8]는 조너선 스미스의 표현을 빌려서, 필자는 한국 학계의 이러한 풍토를 '한국 학계의 신종교 연구에는 주술이 살고 있다'라고 말하고 싶다.

현대종교학의 연구 경향을 제대로 반영하지 못하고 있는 한국 학계의 대다수 기술에서 특히 문제가 되는 것은, 그 공통적이라고 주장하

---

7 20세기 말 유전학의 발전을 등에 업은 인지적 종교연구(The Cognitive Study of Religion)에서 보듯이 여전히 보편적 종교이론을 찾는 경향도 있다. 또 '일반화(generalization)'가 예외를 인정한다는 점에서 '보편성(the universal)'과는 다르며 종교현상에 대한 설명을 위해서는 엄밀한 학문적 자세를 지닌 일반화의 과정이 필수적이라는 입장도 있다. Daniel L. Pals, *Eight Theories of religion* (New York: Oxford University Press, 2006), pp.311-312, pp.316-317; 유요한, 「비교종교학 연구의 최근 동향」, 『종교문화연구』 6 (2006), p.28.

8 조너선 Z. 스미스, 『종교 상상하기』, 장석만 옮김 (서울: 청년사, 2013), pp.69-103 참조.

는 게 실은 '공통'이 아니라는 점이다. 소위 그 '공통'이란, 개별 신종교 교단들이 갖는 내용과 특징들을 하나씩 뽑아 일괄적으로 뭉쳐놓은 것에 불과하다.

이러한 문제의식은 오래전에 강돈구가 이미 제기하였다. 그는 학계에서 지적하고 있는 신종교들의 공통 특징들, 즉 교리혼합, 무속과의 관련성, 선민신앙, 지상낙원건설, 구세주신앙, 종말론 강조 등이 신종교들의 공통부분이 아니며, 그렇다고 해서 신종교들'만이' 지닌 특징도 아니라고 지적하면서, 향후 개별 신종교의 고유성을 이해할 수 있는 방향으로 이해의 방법이 수정되어야 할 것이라고 제안한 바 있다.[9] 당시 강돈구의 문제 제기와 비판은 상당히 의미 있는 것이었지만 학계의 신종교 연구 풍토는 그다지 달라지지 못했다.

1-2-(2) 한국 신종교 교단들의 개벽과 이상세계는 내용이 같지 않다

그것을 볼 수 있는 사례들 가운데 하나가 수운·일부·증산의 개벽과 이상세계에 대한 연구 성과들이다. 모두가 그렇지는 않다고 하더라도, 대개 이 연구들은 수운·일부·증산의 후천개벽과 이상세계가 순환사관(循環史觀)과 시운관(時運觀)에 근거하고 있다는 전제하에, 그 모습이나 성격을 대동소이하게 기술하고 있다. 즉 유기체적 세계관에 바탕을 둔 이 이상세계들은 민중 해방을 위한 강렬한 염원의 표출로 등장한 것으로서, 계급 모순에 대한 고발과 '해원'을 담고, 모든 이념과 종교의 조화와 통합을 이루며, 인종·세대·정치·경제·사회·문화 전반

---

9 강돈구, 「신종교 연구 서설」, 『종교학연구』 6 (1987), pp.201-207.

에 걸친 불평등과 억압을 소멸시켜 인간의 주체성과 존엄성을 회복함으로써 현세적인 지상천국을 추구하고, 영적인 구원만이 아니라 물질과 세속을 아우르는 총체적인 구원을 지향함으로써 평화와 물질적 풍요까지 구현하는 세계라는 것이다. 아울러 전 지구적 이상세계에서 인류를 이끌어 갈 지도국은 한국으로 규정된다고 한다.[10]

그동안 이러한 기술들은 별다른 비판을 받지 않고 그대로 받아들여지고 유사한 패턴으로 재생산되었다. 이 기술들이 안고 있는 결함들을 하나씩 들추어보자면 첫째, 수운·일부·증산의 개벽이 순환사관과 시운관에 근거한다는 전제는 수운·일부의 경우에는 인정되지만, 증산의 경우에는 인정되지 않는다는 것이다. 전제 자체에 결함이 있다 보니, 당연히 그에 뒤따르는 결과 역시 문제를 내포하게 될 수밖에 없다. 이 점은 2절의 주요 논의로 다룰 것이다. 둘째는, 수운·일부·증산이 각자 추구한 종교적 이상세계에서 지구촌을 이끌어 갈 지도국으로 한국이 상정된다고 하지만, 사실 이 점을 분명히 지적하고 있는 사람은 증산뿐이다.[11] 셋째는, 해원이 세 이상세계의 공통요소라고 하지만

10 노길명, 「한국 신흥종교운동의 사상적 특성」, 『종교·신학연구』 2-1 (1989); 김진수, 「한국민족종교의 후천개벽사상에 관한 비교연구」 (서울대학교 석사학위논문, 1994), p.12, pp.71-72; 류병덕, 「한국 신종교의 실상과 그 연구현황」, 『한국종교사연구』 5 (1996), pp.138-139; 노길명, 「한국 근·현대사와 민족종교운동」, 노길명·김홍철 외, 『한국민족종교운동사』 (서울: 민족종교협의회, 2003), pp.64-66; 나권수, 「한국 신종교의 개벽사상에 관한 고찰 – 수운, 증산, 소태산을 중심으로」, 『신종교연구』 24 (2011), pp.263-270; 김홍철, 「근·현대 한국 신종교의 개벽사상 고찰」, 『한국종교』 35 (2012), pp.12-39; 박광수, 「한국 신종교의 개벽사상 소고」, 『한국종교』 35 (2012), pp.44-55; 윤승용, 「한국의 근대 신종교, 근대적 종교로서의 정착과 그 한계 – 개벽사상을 중심으로」, 『종교문화비평』 22 (2012), pp.173-175.

11 강돈구, 「정역의 종교사적 이해」, 장병길 교수 은퇴 기념 논총간행위원회(편),

증산을 제외하고 수운·일부의 경우에는 해원이라는 관념이 상대적으로 잘 드러나지 않는다는 점이다. 수운과 일부, 그리고 그 후예들 대부분이 해원에 대해 별다른 언급을 하지 않았음을 고려한다면, 수운·일부의 개벽·이상세계를 해원이라는 틀 속에 억지로 집어넣을 필요는 없을 것이다. 넷째는, '모든' 이념과 종교의 통합을 추구한다고 하였으나 수운 역시 그러한 입장인지, 그리고 그 '모든'의 영역에 동양을 제외한 서구 내지 다른 지역의 종교문화까지 포함되는지가 불분명하다는 사실이다. 특히 수운은 서구의 종교문화에 대해 다분히 부정적인 태도를 견지하고 있었다는 점이 지적될 수 있다.[12] 다섯째는, 세 이상세계가 모두 현세적인 지상천국을 추구하고 물질까지 포함하는 총체적 구원을 지향하며 인간의 주체성과 존엄성을 강조한다고 하지만, 널리 알려진 바대로 이러한 내용은 세계 곳곳의 거의 모든 현대 신종교들이 다 지닌 것으로서 한국 신종교들만의 특징은 아니라는 점이다.[13] 또한 유기체적 세계관에 기반을 둔다고 하지만, 사실 이것은 동양사상의 일반적인 특징이기 때문에, 이것을 특별히 한국 신종교들만의 고유한 특징으로 강조하는 게 합당한지 의문이다.

이처럼 '공통'이라고 기술한 것은 공통이 아니거나 특별한 의미를 지니지 못하는 것들이다. 그럼에도 불구하고 한국 학계는 이러한 '공통'을 모든 한국 신종교에게 해당되는 특이사항이라고 강요하고, 그

『한국종교의 이해』(서울: 집문당, 1985), pp.305-306.

12 윤석산, 「용담유사에 나타난 수운의 대외의식」, 『한양어문』 3 (1985); 박광수, 『한국 신종교의 사상과 종교문화』(서울: 집문당, 2012), pp.70-71 참조.

13 강돈구, 「신종교 연구 서설」, p.206.

기술에 덧붙여서 개별 신종교 교단들을 부연 설명해 왔을 뿐이다. 이것이 바로 한국 학계 다수가 우연히 떠오른 인상으로써 신종교의 유사성을 찾는 데 매달리는 주술(magic)이다.

한국 학계 대부분의 신종교 연구자들은 수운과 일부의 이상세계를 증산의 그것과 '상당히' 유사한 것으로 이해하고 기술해왔지만, 정작 수운은 자신의 이상세계를 춘삼월(春三月) 호시절(好時節) 등으로만 표현했을 뿐,[14] 그 이상세계가 어떠한 것인지 따로 세밀하고 구체적인 언급을 하지 않았다. 일부 역시 마찬가지다. 그렇다면 수운·일부·증산의 이상세계를 같은 것으로 묶어 일괄적으로 기술해 온 한국 학계의 관행은 문제가 있다고 할 수 있다.

1-3. 한국 신종교에 대한 일괄기술로 나아가는 여정

신종교들의 공통점을 추출하고 기술하는 작업은 신종교에 대한 전체적인 밑그림을 그리게 해 준다는 점에서 필요한 일이다. 그러나 그 작업은 대단히 신중하게 이루어져야 한다. 기본적으로 신종교들에는 모두 저마다의 특징이 장착되어 있다. 한국 신종교들은 발생 당시의 급변했던 시대 상황과[15] 교조의 문제의식 및 종교 경험에 따라서 개별

---

14 『용담유사』, 「안심가」.
15 한국 신종교의 첫 장을 연 수운·일부·증산은 순차적으로 19세기 중엽부터 20세기 초까지 활동했다. 그 기간은 불과 50년 정도로 짧았기 때문에 신종교 발생 당시의 시대적 상황은 거의 같을 것으로 여겨질 수 있다. 하지만 쇄국과 개항, 동학농민운동, 신분 체제와 사회질서의 붕괴, 지배 이데올로기의 몰락과 서구문화의 유입, 중국(청)에서 독립, 일본·러시아의 등장 등으로 점철된 그 50년 은 한국사에서 유례를 찾아볼 수 없을 정도로 급변하는 대격동의 시간이었고,

내용에서는 서로 차이를 보일 수밖에 없기 때문이다. 이런 이유로 한국 신종교에 대한 기존의 기술 전반을 재고(再考)하여 재기술(redescription) 하고 교정(rectification)해야 할 필요가 있다고 본다. 그리고 그 출발점은 비교연구로써 차이를 밝혀 개별 신종교들의 고유성을 정립하는 것이 적절할 것이다. 조너선 스미스에 의해 떠오른 최근의 비교종교 방법 론은 종교현상들의 차이점을 부각하여 개별 종교현상의 고유성에 대한 이해를 강조한다. 특히 비교는 비교 그 자체에 그치지 않고 기존 개념의 재기술과 교정을 목표로 삼는다.[16] 그러한 작업의 연후에라야 한국의 신종교들을 효과적으로 일괄 기술할 수 있는 길이 열릴 수 있으리라 본다. 또한 일괄기술 시에도 공통점을 드러내려고 하는 것보다 외연을 확장하여 가족 유사성(family resemblance) 개념을 활용해보는 것이 유효할 것으로 전망한다.

　이런 문제의식을 토대로 그간 필자는 「정역사상과 대순사상의 비교연구」(2010, 2장)[17]와 「수운과 증산의 종교사상 비교연구」(2012, 3장)[18]를 쓴 적이 있다. 이 글 역시 이러한 맥락에 있는 것으로서, 대순진리회의 개벽과 지상선경의 고유성을 드러내기 위해 그것들을 동학·정역

이러한 흐름 속에서 매 순간은 급박하게 뒤바뀌고 있었다. 따라서 수운·일부·증산이 각각 활동할 때의 시대적 상황을 읽을 때는 '매 순간의 급변'을 충분히 고려해야만 한다.

16　Jonathan Z. Smith, *Relating Religion* (Chicago: University of Chicago Press, 2004), p.29.

17　차선근, 「정역사상과 대순사상의 비교연구 - 우주론을 중심으로」, 『종교연구』 60 (2010).

18　차선근, 「수운과 증산의 종교사상 비교연구 - 하늘관과 수행관을 중심으로」, 『종교연구』 69 (2012).

(영가무도교)의 개벽, 그리고 유불도 삼교의 이상세계와 각각 비교하여 기술함을 목적으로 한다. 이것이 진부하게 여겨질 주제를 꺼낸 이유다.

대순진리회의 개벽을 동학·정역(영가무도교)의 개벽과 비교하면서도 대순진리회의 지상선경은 동학·정역(영가무도교)의 이상세계 대신 유불도 삼교의 이상세계와 비교하고, 또 원불교나 금강대도 등과의 비교를 제외한 데 대해 의아하게 여길 수도 있다. 전자의 이유는 동학·정역(영가무도교)의 이상세계가 구체적인 모습으로 드러나고 있지 않다는 점을 고려했기 때문이고, 후자의 이유는 소태산이나 토암보다 종교 활동 시기가 빨랐던 증산이 한국의 전통적인 이상세계 담론 속에서 어떠한 모습과 특징의 이상세계를 '먼저' 창조해 내었는지를 파악하려는 이 글의 목적에 충실하기 위함 때문이다.

필자는 대순진리회의 개벽과 종교적 이상세계를 살피는 이러한 작업에는 몇 가지 의미가 더 있다고 본다. 그 하나는 100여 년 전, 난세를 살았던 사람들 가운데 새로 출현한 종교를 믿었던 사람들이 어떤 미래를 꿈꾸면서 자신들의 시대를 헤쳐 나가고자 했는지를 들여다봄으로써 그들의 망탈리테(집단적 사고방식·정신상태)를 이해해 볼 수 있다는 것이다. 또 하나는 100여 전에 당대의 문제를 해결하기 위해 신종교가 등장했으나 정치적·사회적·문화적 상황이 급변한 지금에도 당시의 문제의식과 해결책(특히 희망으로 제시한 이상세계)이 여전히 유효한지를 살펴봄으로써 신종교, 특히 대순진리회의 내일을 전망해 볼 수 있다는 것이다.

2. 대순진리회의 개벽, 무엇이 다른가?

2-1. 대순진리회의 시대 구분

증산의 고향 객망리는 1894년 동학농민운동의 횃불이 처음 타오른 정읍 이평에서 남쪽으로 대략 4㎞ 떨어진 곳에 있었다. 24세의 젊은 청년이었던 당시의 증산이 동학농민운동의 발생과 전개를 직접 목격했을 것임은 자명하다. 그는 동학농민운동의 실패를 예측하고 사람들이 이 운동에 가담하는 것에 반대했다. 동학농민운동의 기치가 잘못되었다는 것이 아니라, 더 큰 희생이 뒤따를 것이라는 게 그 이유였다.[19] 증산은 1897년부터 3년간 한반도 전역을 주유하며 민심을 관찰한 뒤, 1901년 전주 모악산 기슭에 있는 대원사에서 49일간 불음불식으로 천지신명을 심판하고 상생대도를 열었다(3장 p.130 참조). 그리고 천지인 삼계의 대권이 자신에게 있으며, 그 대권으로써 '천지공사'를 시행할 것임을 다음과 같이 선언하였다.

"다른 사람이 만든 것을 따라서 행할 것이 아니라 새롭게 만들어야 하느니라. 그것을 비유컨대 부모가 모은 재산이라 할지라도 자식이 얻어 쓰려면 쓸 때마다 얼굴이 쳐다보임과 같이 낡은 집에 그대로 살려면 엎어질 염려가 있으므로 불안하여 살기란 매우 괴로운 것이니라. 그러므로 우리는 개벽하여야 하나니 대개 나의 공사는 옛날에도 지금도 없으

---

19 『전경』, 행록 1장 23절 참조.

며 남의 것을 계승함도 아니요, 운수에 있는 일도 아니요, 오직 내가 지어 만드는 것이니라. 나는 삼계의 대권을 주재하여 선천의 도수(度數)를 뜯어고치고 후천의 무궁한 선운(仙運)을 열어 낙원을 세우리라."[20]

증산의 천지공사는 새로운 세계를 빚어내는 종교적 작업으로서 1909년 여름까지 지속되었다. 증산은 천지공사 시행을 전후로 하여, 그 이전을 낡은 세계인 선천, 그 이후를 새로운 세계인 후천으로 정의하였다. 그런데 후천 지상선경은 천지공사가 끝난 직후에 곧바로 세워지지 않는다. 지상선경은 지금 즉시도 실현이 가능한 것이지만, 그것을 일정한 때가 이르기 전에 구현시키면 준비할 겨를이 없었던 생민에게 재해(災害)만 끼친다는 것이 증산의 입장이다.[21] 천지공사의 설계에 따라 만물은 순차적으로 일정한 변화의 길을 걸어야 하고, 그 연후에는 대재난인 병겁(病劫)이 닥친다. 그 직후 천지의 급격한 대변혁이 일어나니 이것이 개벽이며, 개벽 후의 세계가 후천이 된다.

그러므로 증산의 시대 구분은 단순히 선천과 후천, 두 가지에 한정되지 않는다. 선천과 후천 사이에 비교적 짧은 시간대인 과도기(過渡期)[22]를 더 추가하여야 증산의 시대 구분을 제대로 설명할 수 있다. 과

---

20 같은 책, 공사 1장 2절.
21 "이제 청수 한 동이에 성냥 한 갑을 넣으면 천지가 수국(水國)이 될지니라. 개벽이란 이렇게 쉬우니 그리 알지어다. 만일 이것을 때가 이르기 전에 쓰면 재해만 끼칠 뿐이니 그렇게 믿고 기다려라." 같은 책, 공사 2장 27절.
22 어느 학술대회에 참가했을 때, 한 국문학자가 필자에게 선천과 후천 사이의 중간 시간대를 '과도기'보다는 '이행기(移行期)'라는 표현으로 하는 것이 더 적절하지 않은지 물은 적이 있었다. '이행기'라는 용어를 사용하면 선천에서 후천으로 옮아가는 과정에 선천의 특성과 후천의 특성이 동시에 나타나는 혼

도기는 해원시대인 해원기(解冤期), 병겁이 닥치는 병겁기(病劫期), 세상의 점진적인 변화 끝에 급작스럽게 펼쳐지는 대변혁기인 개벽기(開闢期)로 이루어진다. 이를 도식적으로 나타내면 다음과 같다.

| 선천 | → | 과도기 (해원기 → 병겁기 → 개벽기) | → | 후천(지상선경) |

세 개의 시대들 가운데, 선천은 먼 과거에서 지금(구체적으로는 증산이 천지공사를 시행하기 이전)까지 흘러온 세상을 말한다. 그 세상은 상극(相克)과 결원(結冤)으로 인해 멸망의 경지에 이르렀다고 한다(7장 pp.289-293 참조). 증산은 지금까지의 세상인 선천을 종식하기 위해서, 자신이 직접 천지인 삼계의 대권을 주관하여 천지의 도수를 정리하고 신명을 조화(調和)시키며, 만고로부터 쌓여 온 원한을 풀고 상생의 도로써 후천의 지상선경을 세워 세계의 민생을 건지겠다고 장담하였다.[23] 선천의 결원은 모든 재앙의 직접적인 원인이었기에 세상이 평화스러워지기 위해서는 해원이 선행되어야만 한다는 말이다. 이로써 후천이 열리기 위한 해원과 그에 뒤따르는 변화가 닥치게 되니 그것이 과도기이다.

과도기의 첫 단계는 해원기다.[24] 해원기에는 만물이 자신의 포부와

합을 말하게 되는 것 같고, '과도기'라는 용어를 사용하면 그 혼합의 상황에 덧붙여 후천이 확립되기 이전의 혼란함까지 더 말하게 되는 것으로 보인다. 이 때문에 필자는 선천과 후천 사이를 표현할 때 '이행기'보다는 '과도기'라는 표현을 더 선호한다.

23 『전경』, 공사 1장 3절.

24 증산은 동물의 해원, 동래부사 송상현의 해원, 양반과 아전의 해원, 후사(後嗣)를 못 둔 신들의 해원, 남녀 예법에 대한 해원, 단주의 해원, 동학농민운동 희

억울함을 풀기 위한 해원을 하므로 사회가 더욱 혼란스러워질 수도 있다. 이때 개인적인 욕심을 채우지 않고 남을 잘되게 하는 일에 힘쓰며 수도에 열중하라는 것이 증산의 가르침이다. 그는 해원기의 끝자락에는 병겁이라는 사상 최대의 재난이 홍수처럼 급작스럽게 밀어닥칠 것이라고 누차 경고했다.[25] 병겁기를 맞이하면, 수도를 완성하고 의통(醫統)[26]을 이룬 지상신선(地上神仙)[27]이 출현하여 하루에 짚신 세 켤레가 닳도록 병자를 구하러 다닌다고 한다.[28]

　　과도기 세 번째인 개벽기는 선천과 후천을 가르는 경계구역의 결정판이다. 정산은 「옥추통(玉樞統)」이라는 글에서 개벽기에 일어나는 상황을 이렇게 묘사했다.

생자들의 해원, 최익현과 박영효의 해원, 전봉준과 수운의 해원, 진시황의 해원, 중국·한국·일본의 해원, 신(神)·인(人)의 해원, 김경흔(金京訢)의 해원, 무당의 해원, 비천한 사람과 비천한 땅의 해원, 역신(逆神)의 해원, 진묵의 해원, 염제신농씨와 강태공의 해원, 이마두의 해원을 언급하면서, 이제는 모두가 자기의 뜻과 의지에 따라 마음대로 해원하는 해원시대라고 선언하였다. 같은 책, 행록 2장 15절, 행록 5장 15절, 공사 1장 25·32절, 공사 2장 3·19·22절, 공사 3장 2·17·18절, 교운 1장 17·20·32절, 교법 1장 67절, 교법 3장 6절, 권지 2장 37절, 예시 22·66·74절.

25　같은 책, 공사 1장 36절, 예시 41절, 예시 43절, 교법 3장 43·46절.

26　의통(醫統)이란 병든 자를 한 번 만지거나 쳐다만 보아도 바로 낫게 하는 도술 능력을 말한다. 같은 책, 교운 1장 58절; 정산에게 종통을 이어받은 박우당은 다음과 같은 훈시를 남긴 적이 있다. "인명(人命)은 천명(天命)인데, 천명은 바로 사람의 마음에 맡기셨으므로 지심대도술(知心·大道術)이라 하셨으니, 천명을 순종하여 안심·안신의 수도가 되어야 대병(大病)의 약이 됨을 의통(醫統)에 명기하신 것이다." 대순종교문화연구소 편집, 『훈시』(미발행), 병인(1986)년 7월 28일(양력 1986.9.2).

27　증산의 지상신선은 도교에서 말하는 지선(地仙)이 아니다. 지상신선의 개념은 6장 참조.

28　『전경』, 예시 43절.

천지의 옥추(玉樞) 대심판 때는 상제께서 나오셔서 앉으시고, 만방의 신이 받들어 따르며, 좌우에는 (호위하며 늘어선 신장들의) 창과 칼이 번뜩이고, 앞뒤에는 깃발이 펄럭이며, 바람과 비가 크게 일어나고, 해와 달이 빛을 잃고 어두워지며, 뇌성벽력이 천지를 진동시키고, 산과 강이 무너지고, 하늘이 돌고 땅이 돌며, 음양이 변화한다. 해인(海印)의 조화는 그 끝이 없으며, 산이 없어지고, 바다도 물러나고, 들판이 이동하며, 대륙이 무너진다. 살기(殺氣)가 사라지고, 악한 모든 것들은 스스로 죽으며, 신도 급하고 인간도 바쁘다. 낮과 밤이 분명치 않고, 동서남북의 별자리가 그 자리를 바꾸며, 동서남북의 산악도 그 자리를 고쳐 앉고, 사해의 바다도 모두 바뀐다. 목화토금수 오행의 원기(元氣)도 다시 자리를 정하며[改定] … 천지인 대 판결 때는 대사(大事)가 바로 잡히고, 음양오행이 옳게 평정되어 서며, 만물 군생이 각각 바르게 서고, 하늘과 땅이 다시 서고, 해와 달이 다시 밝아지고, 산이 통하고 물이 물러나며 청명한 세계가 고르게 화평해진다.²⁹

개벽 때는 신명과 사람에 대한 대(大) 심판이 있으며, 세상의 모든 악한 존재들은 스스로 사라지고, 음양오행과 하늘·땅·산·바다 등의 만물은 새롭게 정립된다고 한다. 이 묘사는 천지가 부분적인 변화를 맞

---

29 "天門地戶玉樞大判上帝出座萬神擧令左右劍戟前後旗幟風雨大作日月晦冥霹靂聲震山水崩潰天轉地轉陰陽變化海印造化無窮無極無山退海移野崩陵殺氣消滅惡物自死神急人忙不分晝夜北斗樞西斗樞南斗樞東斗樞中斗樞轉環東岳柱西岳柱南岳柱北岳柱中岳柱改立東海門西海門南海門北海門開闢金元氣水元氣木元氣火元氣土元氣改定 … 天地人大判決大事定位陰陽五行順平定位萬物群生各各定位天地復定日月更明山通水遠清明世界和順." 같은 책, 교운 2장 42절.

이하는 게 아니라 거의 '재탄생'하는 모습을 보여준다. 이렇게 보면, 대순진리회의 개벽은 인문개벽이나 정신개벽의 차원이 아니라, 물질 세계와 신명 세계를 가리지 않고 전방위적으로 일어나는 대단히 급진 적인 총체적 대변혁으로 이해된다.

2-2. 개벽들: 변곡점 vs. 퀀텀 리프

한국 종교사에서 가장 먼저 개벽을 언급한 사람은 증산이 아니다. 그보다 먼저 개벽을 주장한 사람은 동학의 창시자 수운과 정역(영가무 도교)의 주창자 일부였다.

2-2-(1) 수운과 일부가 말한 개벽

수운의 개벽은 '다시 개벽'이다.[30] '다시(again)'라는 말이 시사하고 있듯이, 수운의 개벽은 정해져 있는 변화의 틀에 따라 우주가 운행된 다는 동아시아의 전통적인 운도론적(運度論的) 시운관과 순환사관에 근거한다.[31] 물론, 수운의 신선 세계가 천주(天主)라는 신적 존재의 의 지에 따르는 것이기 때문에, 종래의 시운관·순환사관과 관계가 없다 는 시각도 있다.[32] 하지만 수운이 직접 저술한 자료들인 『용담유사』와

---

30 "십이제국(十二諸國) 괴질운수(怪疾運數) 다시개벽(開闢) 아닐런가." 『용담유 사』, 「안심가」.
31 김경재, 「최수운의 시천주와 역사이해」, 『한국사상논총』 7 (1975), p.225; 김 홍철, 『한국 신종교 사상의 연구』 (서울: 집문당, 1989), p.105; 김홍철, 앞의 글, p.9.
32 강돈구, 「한국 신종교의 역사관」, 강돈구 외, 『현대 한국종교의 역사이해』 (성 남: 한국정신문화연구원, 1997), pp.302-303.

『동경대전』에는 천주가 우주의 프로그램[度數]에 없던 새로운 세계를 직접 여는 주체라는 표현이 발견되지 않는다. 수운의 천주는 '다시 개벽'의 주재자가 아니라 어디까지나 '다시 개벽'이 도래하는 시기가 지금이라는 것을 계시해 주는 존재일 뿐이다. 수운의 개벽은 정해져 있는 우주의 프로그램에 따라 절로 오는 것이며, 그것을 맞이하는 것이 '다시 개벽'이라는 말이다.[33] 게다가 수운은 개벽 이후의 세계를 춘삼월(春三月) 호시절(好時節) 등으로만 표현했을 뿐,[34] 그 세계의 구체적인 실제 모습을 따로 세밀하게 언급하지 않았다.

대체로 '선천'과 '후천'을 혼란한 세계[先天]와 미래의 복된 세계[後天]를 지칭하는 시대 개념으로 처음 사용한 사람은 수운으로 알려져 있다.[35] 하지만 수운은 '다시 개벽'으로 신천지가 열린다는 말은 하였지만 정작 선천과 후천이라는 용어를 쓴 적이 없다. 김탁에 따르면, 한국 종교사에서 시대를 정의하는 대립적인 용어로 선천과 후천을 사용한 최초의 인물은 『정역』을 저술한 일부다.[36]

일부는 이제 주역으로 설명되는 낡은 시대는 가고 개벽에 뒤이어 정역으로 설명되는 새로운 시대가 열릴 것이라고 주장하면서, 예전의 낡은 세계를 선천, 개벽 이후의 새로운 세계를 후천이라고 규정하였다. 일부가 제시한 후천 정역시대는 건북곤남(乾北坤南)으로 음양이

---

33 윤석산, 「동학의 개벽사상 연구」, 『한국언어문화』 42 (2010), pp.339-340.
34 『용담유사』, 「안심가」.
35 선천과 후천 개념에 대해서는 이경원, 「한국 근대 신종교에 나타난 선·후천론의 특질」, 『신종교연구』 4 (2001), pp.228-237 참조.
36 김탁, 「증산교 상생사상의 특성과 전개과정」, 『신종교연구』 13 (2005), pp. 261-262.

바르게 정립되어 지천태(地天泰)[37]가 구현되는 평화로운 세계이다. 그때는 인간의 지위도 상향 평준화되는데, 이를테면 선천에는 임금이 특정 1명이었지만 후천에는 누구나가 다 임금일 정도라고 한다.[38] 일부가 주장한 개벽과 정역시대의 도래는 자연의 프로그램에 따라 이미 정해져 있는 것이지, 특정한 신적 존재의 등장으로 인해 갑자기 생겨나는 것이 아니다.[39] 따라서 일부의 후예들은 개벽과 정역시대의 도래를 믿고 그때를 수동적으로 기다리는 경향이 강하다. 일부를 따르는 사람들이 적극적인 사회활동이나 종교 활동을 실천하기보다는 대체로 역(易)을 연구하는 학문적인 성향으로 흘렀던 것은 이 때문이었다(2장 p.108 참조).

2-2-(2) 증산이 말한 개벽

수운·일부의 개벽과 비교했을 때 증산이 말한 개벽에는 몇 가지의 차이점이 있다는 것이 이미 밝혀져 있다. 그것은 일부의 개벽에는 재난이 없고 수운의 개벽에는 괴질 운수라는 재난이 있지만, 증산의 개벽에는 괴질 운수를 뛰어넘는 사상 최대의 재난인 병겁기가 있다는 점, 수운과 일부는 개벽 뒤 한국의 위상 상승이 있을 것을 특별히 언급하지 않았으나 증산은 개벽 뒤에 한국이 상등국(上等國)이 된다고 함으

---

37 상괘(上卦)가 곤(坤)이고 하괘(下卦)가 건(乾)인 지천태(地天泰)는 주역 64괘 가운데 가장 길한 괘이다. 이 괘는 천지가 조화를 이루어 만물이 평화롭고 태평함을 상징한다.

38 이정호, 『정역』 (서울: 아세아문화사, 1988), p.116.

39 이것은 일부의 『정역』에 특정 신적 존재의 역할이 언급되어 있지 않다는 데에서 기인한다. 강돈구, 「한국 신종교의 역사관」, p.291.

로써 한국인의 세계사적 긍지와 사명 의식을 강조하고 있다는 점,[40] 증산의 개벽에는 인간은 물론 신명까지 포함하는 심판이 있다는 점 등이다. 무엇보다 중대한 차이점으로 지적되어 온 것은 수운의 개벽에는 최고신이 미래의 일을 계시하는 존재로 설정되어 있고, 일부의 개벽에는 최고신의 특정한 역할이 보이지 않지만, 증산의 개벽에는 상제라고 하는 최고신의 의지와 노력이 적극적으로 드러나고 있다는 것이다. 증산의 개벽은, 최고신인 증산 자신이 삼계의 대권을 가지고 행한 천지공사의 결과로 나타난다. 따라서 수운과 일부의 개벽에 비해서 증산의 개벽에는 최고신에 대한 신앙이 강하게 포함될 수밖에 없다.

이러한 것들 외에 추가되어야 할 또 하나의 중대한 차이점은, 수운과 일부는 그들의 개벽을 순환사관 또는 시운관에 입각한 것으로 생각했고, 증산은 그렇게 생각하지 않았다는 사실이다. 수운은 '다시 개벽'을 말했고, 일부은 우주의 '정해져 있었던' 프로그램에 따라 주역시대에 뒤이어 정역시대가 도래한다고 주장했다. 이에 비해 증산은 자신의 천지공사가 옛날에도 지금도 없는 것이며, 남의 것을 계승한 것도 아니며, 운수에 있는 일도 아니며, 오직 자신이 처음으로 시행하는 것이라고 하였다.[41] 증산의 개벽은 천지공사의 결과물이다. 그렇

---

40 강돈구, 「정역의 종교사적 이해」, pp.305-306; 강돈구, 「근대 신종교와 민족주의 I −동학·증산교를 중심으로」, 강돈구 외, 『근대성의 형성과 종교지형의 변동 I』(성남: 한국학중앙연구원, 2005), pp.187-196; 차선근, 「강증산의 대외인식」, 『동ASIA종교문화연구』 2 (2010) 참조.

41 "나의 공사는 옛날에도 지금도 없으며, 남의 것을 계승함도 아니요, 운수에 있는 일도 아니요, 오직 내가 지어 만드는 것이니라."『전경』, 공사 1장 2절; "이 개벽은 남이 만들어 놓은 것을 따라 하는 일이 아니고 새로 만들어지는 것이니, 예전에도 없었고, 이제도 없으며, 남에게서 이어받은 것도 아니요, 운수에

다면 천지공사가 운수에 있는 일이 아니기 때문에, 천지공사의 결과
물인 개벽 역시 정해져 있었던 운수에 따르는 일이 아니다. 결국 증산
은 자신이 제시한 개벽과 지상선경이 순환사관 또는 시운관에 근거하
고 있는 것이 아니라고 했던 셈이다. 물론 증산 역시 '선천개벽'이라
는 말을 사용하여, 예전에도 개벽이 있었음을 인정했다.[42] 하지만 그
는 자신이 제시한 개벽이 운수에 없는 자신의 천지공사에 의해 만들
어지는 것이기 때문에, 선천과 후천이 지속적으로 '순환'하는 속에서
벌어지는 규칙적인 개벽들과는 '다른 차원의' 개벽이라고 생각했다.

2-2-(3) 변곡점 vs. 퀀텀 리프

증산이 말한 후천 지상선경은 상극과 원(冤)이 없고 오직 상생만이
존재하는 세계다. 일부는 주역시대를 선천, 정역시대를 후천으로 시
대 구분한 적은 있지만, 선천과 후천의 특징을 상생과 상극으로 규정
하지는 않았다. 선천을 상극이 지배하는 시대로, 후천을 상극이 없고
상생만이 지배하는 시대로 정의하였던 증산의 방식은 그 이전에는 찾
아볼 수 없었던 그만의 독창적인 것이었다.[43] 이러한 증산의 정의는,
그가 자신의 천지공사 이전에는 그 어떤 개벽들도 상극을 완전히 없
애지는 못했다고 여겼음을 말해준다. 이것이 바로 그가 이전의 개벽
들과 자신의 개벽이 질적으로 다르다고 여긴 이유였다.

있는 일도 아니요, 다만 상제에 의해 지어져야 되는 일이로다." 같은 책, 예시
5절.
[42] "선천개벽 이후부터 수한(水旱)과 난리의 겁재가 번갈아 끊임없이 이 세상을
진탕하여 왔으나 ….", 같은 책, 공사 1장 36절.
[43] 김탁, 앞의 글, pp.255-256, p.262.

따라서 필자는 종래의 순환사관을 이론적 기반으로 삼는 동학과 정역(영가무도교)의 개벽을 변화의 순간을 일컫는 일종의 '변곡점(point of inflection)'으로 비유한다면, 대순진리회의 개벽은 자연계와 인간계의 총체적 '퀀텀 리프(Quantum Leap)'에 비유하여 설명할 수 있다고 본다. '퀀텀 리프'란 양자역학(Quantum Mechanics)에서 자연계의 속성을 설명할 때 사용하는 과학용어인데, '비연속적인 폭발적 도약' 정도로 번역될 수 있다. 동학과 정역(영가무도교)의 개벽에 해당하는 변곡점은 급격한 기울기를 갖기는 하지만 그래도 아날로그적이다. 이에 비해 퀀텀 리프는 순간적인 도약을 하므로 디지털적이다. 이전 개벽에서는 볼 수 없었던 더욱더 급격한 질적인 변화가 곧 대순진리회의 개벽이라는 말이다.

글의 서두에서 언급하였듯이, 대체로 수운·일부·증산의 개벽에 대한 대다수 학계의 기존 기술은 이들의 개벽이 모두 순환사관과 시운관에 따른 것이라는 전제에서 시작되고 있다. 하지만 이러한 전제는 수운과 일부의 경우에는 인정되지만, 증산의 경우에는 인정되지 않는다. 그러므로 개벽에 대한 학계의 기술은 재검토되고 교정되어야 한다.

3. 유불도 이상세계와 대순진리회의 지상선경 비교

3-1. 고대 이상세계의 회복 여부

퀀텀 리프에 비유될 수 있는 대순진리회의 개벽은 대단히 급진적인 것으로서 완전히 새로운 미래를 지향한다. 이 말은 대순진리회의 개

벽이 과거로 다시 회귀하려는 것이 아니라는 의미를 내포한다.

물론, 증산은 성웅(聖雄)을 겸비한 자가 정치와 교화를 같이 관장하였던 고대의 이상세계에서 자신이 설계한 이상세계의 원형을 찾고, 그것을 개벽을 통한 후천의 도래로 실현하려고 했다고 보는 연구자들도 있다.[44] 이 시각은 증산의 개벽을 복고 지향적으로 이해하는 것으로서, 증산이 언급한 '원시반본(原始反本)'을 고대의 이상세계를 '회복'하고자 하는 표현으로 받아들임으로써 비롯되었다.[45]

필자는 이 시각이 수정되어야 한다고 본다. 왜냐하면 증산의 이상세계는 이전에 존재한 적이 있었던 세계가 아니기 때문이다. 이 점은 그가, 세계의 모든 민족이 각기 자기들의 생활 경험 전승에 따라 특수한 사상을 토대로 색다른 문화를 이룩하였으며 그것이 서로 부딪혀 분쟁이 발생하였기에, 이제 자신이 각 문화의 정수(精髓)를 뽑아 새로운 후천 문명의 기초를 놓는다고 하였던 사실에서[46] 확인할 수 있다. 명백히, 증산의 이 말은 그가 과거 특정한 시대, 특정한 문화와 제도, 특정한 사회를 지상선경의 원형으로 삼지 않았음을 시사한다.[47] 사실, 증산은 근원으로 다시 돌아간다는 '원시반본'이라는 용어를 시작·시초가 중요하다는 의미,[48] 분리되어있던 정치와 교화가 하나로

---

44 이경원, 앞의 글, p.256; 김형기, 『후천개벽사상연구』 (파주: 도서출판 한울, 2004), pp.144-145; 장재진, 『근대 동아시아의 종교다원주의와 유토피아』 (부산: 산지니, 2011), pp.180-187, p.221, p.326, p.400; 이경원, 「강증산의 후천개벽론」, 『한국종교』 35 (2012), pp.158-195.

45 이경원, 「강증산의 후천개벽론」, p.158.

46 『전경』, 교법 3장 23절.

47 김탁, 「강증산의 원시반본사상」, 『한국종교』 18 (1993), p.151.

48 "이 세상에 성으로는 풍(風)성이 먼저 있었으나 전하여 오지 못하고 다만 풍채

합치되어 인륜의 도가 바르게 설 것이라는 의미,[49] 혈통을 바르게 하라는 의미로[50] 사용하였을 뿐이지, 과거 고대의 이상세계 모습을 '그대로' 재현해보겠다는 뜻으로 사용한 것은 아니었다.[51]

증산이 추구한 이상세계는 자신이 설계한 틀 속에서 선천 각 문명의 정수가 녹아 들어가 있는 형태이므로, 과거 존재했던 혹은 존재했다고 전해지는 전통 이상세계의 한 부분이 투영되어 나타날 수는 있다. 하지만 증산은 과거의 어느 이상세계를 그리워하고 그것의 회복에 목적을 두지 않았다.

3-2. 증산이 말한 이상세계의 모습

이 사실을 보다 구체적으로 살펴보자. 증산이 말한 개벽 후에 열리는 지상선경은 상극과 원이 없이 오직 상생만이 존재하는 곳으로서, 음과 양이 일음일양(一陰一陽), 정음정양(正陰正陽)으로 바르게 정립되어

(風采)·풍신(風身)·풍골(風骨) 등으로 몸의 생김새의 칭호만으로 남아올 뿐이오. 그다음은 강(姜)성이 나왔으니 곧 성의 원시가 되느니라. 그러므로 개벽시대를 당하여 원시반본이 되므로 강(姜)성이 일을 맡게 되었나니라." 『전경』, 행록 4장 17절.

49 "옛적에 신성(神聖)이 입극(立極)하여 성·웅(聖雄)을 겸비해 정치와 교화를 통제 관장(統制管掌)하였으되, 중고 이래로 성과 웅이 바탕을 달리하여 정치와 교화가 갈렸으므로 마침내 여러 가지로 분파되어 진법(眞法)을 보지 못하게 되었느니라. 이제 원시반본(原始返本)이 되어 군사위(君師位)가 한 갈래로 되리라." 같은 책, 교법 3장 26절.

50 "원시반본하는 때라 혈통줄이 바로잡혀 환부역조와 환골하는 자는 다 죽으리라." 같은 책, 교법 3장 42절.

51 후속 연구로 다음을 참고할 수 있다. 차선근, 「종교언어로서의 '원시반본(原始返本)' 개념 재검토」, 『대순사상논총』 29 (2017).

합덕(合德)을 이룬[陰陽合德] 세계이다.[52] 증산은 이러한 곳에서 살아가는 인간들의 모습을 여러 차례 설명하였는데, 그것을 모아 정리하면 다음과 같다.

○ 지기(地氣)가 통일되어 엇갈린 사상과 분쟁이 없고, 만국이 화평하여 전쟁이 없음.[53]

○ 모든 선천 문명의 정수(精髓)가 합쳐져 새로운 문명이 이룩되고, 문명이기(文明利器)가 극도로 발달함.[54]

○ 자연에 편벽된 현상이 없어지고 균일하게 되며, 수화풍(水火風)의 삼재(三災)가 없음.[55]

○ 사람을 해치는 곤충과 동물이 없음.[56]

○ 신인조화(神人調化)·인존(人尊)이 실현되고, 선천에 신들이 했던 일을 지상신선이 대신 맡게 됨.[57]

○ 성웅(聖雄)을 겸비한 도통군자[지상신선]가 정치와 교화를 같이 하니, 위무와 형벌을 쓰지 않고도 조화로써 창생을 법리에 맞도록 다스림. 군사위(君師位)가 한 갈래로 됨.[58]

○ 인의(仁義) 도덕이 바로 서고 선(善)으로써 먹고사는 성인(聖人)들의 시

---

52 『전경』, 공사 2장 16절, 공사 1장 2절.
53 같은 책, 공사 3장 5절, 예시 80절.
54 같은 책, 예시 12절, 공사 1장 35절.
55 같은 책, 예시 81절.
56 같은 책, 공사 3장 8절.
57 같은 책, 교법 2장 17절, 교법 2장 56절, 예시 17절.
58 같은 책, 예시 81절, 교법 3장 26절.

대임.[59]

○ 만인이 평등해짐.[60] 비록 계급은 두 개이지만,[61] 빈부의 차별이 없고 식록(食祿)이 고름.[62]

○ 남녀가 평등해져 남존여비(男尊女卑)가 없으며, 남녀 사이의 예법이 바로 섬.[63]

○ 사람은 불로불사하며, 지혜가 밝아져 과거·현재·미래·시방세계에 통달하고, 왕래를 뜻대로 함. 심지어 하늘도 마음대로 오르내림.[64]

○ 원울(冤鬱)과 탐음(貪淫) 등 모든 번뇌와 시기·질투가 없음.[65]

○ 전 세계의 모든 언어가 하나로 통일됨.[66]

○ 각 학교에서는 태을주를 외움.[67]

○ 종자를 한번 심으면 해마다 뿌리에서 새싹이 돋음. 땅을 가꾸지 않아도 옥토가 되며, 손에 흙을 묻히지 않고도 농사를 지음.[68]

○ 궤합만 열면 옷과 밥이 나오고, 불을 때지 않고도 밥을 지음.[69]

---

59 같은 책, 행록 5장 38절, 교법 2장 55절.
60 같은 책, 교법 2장 11절.
61 대순진리회 도인들은 후천에 도통군자와 창생군자라는 두 계급이 있을 것으로 믿는다. 도통군자란 수도를 하여 도통을 이루고 후천을 직접 연 천지의 일꾼을 말하고, 창생군자란 특별히 수도를 하지는 않았지만 근본을 잘 지키고 윤리 도덕을 잘 이행하며 덕을 쌓아 후천으로 넘어오게 된 사람들을 일컫는다.
62 『전경』, 교법 2장 58절, 예시 81절.
63 같은 책, 공사 1장 32절, 공사 2장 16·17절, 교법 1장 68절.
64 같은 책, 예시 81절.
65 같은 책, 예시 80·81절.
66 같은 책, 교법 3장 40절, 예시 51절.
67 같은 책, 교운 1장 60절.
68 같은 책, 교법 3장 41절, 공사 1장 31절.
69 같은 책, 예시 80절.

○ 금으로 된 신발을 신으며, 문고리나 옷걸이는 모두 황금으로 되어 있고, 집집마다 등대가 한 개씩 있어서 온 동리가 대낮과 같이 밝음.[70]

○ 한국은 상등국으로서 소중화(小中華)가 대중화(大中華)가 됨.[71]

증산의 지상선경에 대한 묘사에서 한국에서 추구된 이상세계 담론, 즉 유불도 삼교의 이상세계 모습을 발견하기란 그리 어려운 일이 아니다. 하지만 핵심은 유불도 이상세계가 증산 지상선경 속에서 어떤 맥락과 내용으로 존재하고 있는지, 증산 지상선경의 창조적인 부분은 무엇인지를 읽어낼 수 있어야 한다는 것이다.[72] 이것을 확인하는 작업은 한국의 전통적인 유불도의 이상세계 담론 속에서 증산이 어떠한 새로운 꿈을 만들어내었는지를 살피는 일이 될 것이다.

3-3. 유교 이상세계와 대순진리회 지상선경의 차이

한국에서 유교의 이상세계가 본격적으로 추구된 것은 고려 때부터이다. 고려 초기 최승로의 시무이십팔조(時務二十八條)를 필두로 조선 중기 조정암의 도덕 국가 건설, 이율곡의 향약 실천, 조선 후기 실학자들의 개혁론 등에서 알 수 있듯이, 그 꿈은 주로 상류 지식인들 사이에서 이어졌다.[73]

---

70 같은 책, 공사 1장 31절.
71 같은 책, 공사 3장 18절, 예시 29절.
72 신종교는 단순히 몇몇 종교의 혼합(syncretism)에 불과한 것이 아니라 그 나름대로 독특하고 창조적인 부분을 지니고 있다. 강돈구, 「신종교 연구 서설」, pp.202-204 참조.

유교의 이상세계란 다음과 같이 공자가 말한 대동사회를 지칭한다.

공자가 말하기를, 대도(大道)가 행해지면 천하가 공평해진다. 똑똑한 사람을 뽑고, 능력 있는 사람에게 일을 맡기며, 신의(信義)를 논하고 화목을 닦게 한다. 그리하면 사람들은 자기 부모만을 부모로 대접하지 않을 것이며, 제 자식만을 자식으로 여기지 않을 것이니, 늙은이는 여생을 마칠 수 있고, 장년들은 일할 수 있고, 어린애는 길러지며, 과부·홀아비·병든 자들은 부양을 받게 된다. 남자는 짝을 찾게 되고, 여자는 시집갈 곳이 모두 있게 된다. 재물이 땅에 버려지는 것을 그대로 두지 않지만 꼭 자기 것으로 하지도 않는다. 그러니 남을 해치려고 할 리가 없고 도적도 생기지 않는다. 바깥문도 달을 필요가 없다. 이러한 세상을 일러서 대동(大同)이라 한다.[74]

유교의 대동사회는 초자연적인 존재나 환경을 상정하지 않고 인간에 대한 신뢰를 바탕으로 인간의 사회질서를 긍정하고 있다. 대동사회는 현실을 개혁하고자 하는 의지를 담고 있으나 궁극적인 모델로 삼는 것은 요순이 다스리던 태평성대이므로, 결국 사회나 역사가 진보하여 이룰 수 있는 것이 아니라 과거로 되돌아가야 한다는 점에서

---

73 이종은·윤석산·정민·정재서·박영호·김웅환, 「한국문학에 나타난 유토피아 의식 연구」, 『한국학논집』 28 (1996), pp.40-41.

74 "孔子曰 大道之行也, 天下爲公. 選賢與能, 講信修睦. 故人不獨親其親, 不獨子其子, 使老有所終, 壯有所用, 幼有所長, 矜寡孤獨廢疾者皆有所養. 男有分, 女有歸. 貨要其棄於地也, 不必藏於己, 力要其不出於身也, 不必爲己. 是故謀閉而不興, 盜竊亂賊而不作, 故外戶而不閉, 是謂大同." 『禮記』, 「禮運」.

복고적인 것이 그 특징이다.[75]

　대동사회의 모습은 증산의 지상선경에서도 엿볼 수 있다. 즉 도덕과 정치제도가 바르게 확립된다는 점, 사회복지가 완벽히 이루어지고 천하가 공평해진다는 점 등의 내용이 그러한 것이다.

　물론, 증산의 지상선경에서 살아가는 인간들은 불로불사의 존재들이기 때문에 대동사회에서 살아가는 보통의 평범한 인간들과는 차원이 다르다. 불로불사한다든지 하늘을 난다든지 고도의 문명을 누린다든지 하는 초현실적인 것까지 포함하는 지상선경과 현실의 인간계를 기반으로 하는 대동사회의 내용이 같을 수는 없다는 말이다. 또한, 전술했듯이 지상선경은 대동사회와 같이 복고적인 것이 아니라는 점이 빼놓을 수 없는 중요한 차이다.

3-4. 불교 이상세계와 대순진리회 지상선경의 차이

　한국에서 불교 이상세계인 미륵정토(彌勒淨土)를 동경하기 시작한 것은 삼국시대, 특히 통일신라 때 진표율사(眞表律師)에 의해 미륵신앙이 뿌리를 내린 후부터이다. 불교 미륵정토의 모습을 요약하면 다음과 같다.[76]

　　○ 밤에는 향기 나는 비가 내리고 낮에는 맑게 개어 기후가 화창함(『미륵하생경』).

75　이종은 외, 앞의 글, pp.30-31.
76　『미륵경전』, 이종익·무관 역 (서울: 민족사, 1996) 참조.

○ 토지는 비옥하며, 땅은 늘 향기가 나고 깨끗하고 평평함(『미륵하생경』).

○ 바닷물은 넘치거나 줄어드는 법이 없음(『미륵하생경』). 물과 불의 재앙이 없음(『미륵대성불경』).

○ 갖가지 나무와 풀들이 번성하며, 나무의 높이는 30리임(『미륵하생성불경』).

○ 짐승과 식물의 독해(毒害)가 없음(『미륵대성불경』).

○ 백성은 번성하고 도시가 서로 이어져 있으며, 마을끼리 가까워 서로 닭 울음소리가 들림(『미륵하생경』).

○ 전쟁과 굶주림이 없으며, 곡식이 풍부하고, 보물이 넘침. 원수나 도둑이 없음. 단, 고기는 먹지 않음(『미륵하생경』, 『미륵대성불경』).

○ 인간은 108번뇌가 없으며, 지혜와 거룩한 덕과 온갖 것을 갖추어 아주 즐겁고 편안함. 고난도 없고 질병도 없으며 84,000世를 누림. 인간은 서로를 자비한 마음으로 공경함(『미륵하생경』, 『미륵대성불경』).

○ 차별이 없고 심지어 키도 모두 똑같음. 지금보다 키가 매우 커짐(『미륵하생경』).

○ 여자들은 500세가 넘어야 시집을 감(『미륵대성불경』).

불교는 미륵이 등장하기 직전에 위대한 지도자인 전륜성왕이 먼저 나타나 악한 이들을 멸한다고 본다. 그러니까 미륵정토가 열리기 전에 다음과 같은 사건이 나타난다고 한다.

○ 양거(穰佉)라는 전륜성왕(轉輪聖王)이 세상을 다스리나 무력을 쓰지는

않음. 전륜성왕에게는 일당천(一當千)의 용맹한 아들 1000명이 있어 원적(怨敵)을 물리침. 모든 원수와 적들은 스스로 와서 항복함(『미륵대성불경』, 『미륵하생성불경』).

이러한 기술들 가운데 토지·자연·기후가 고른 세상이라거나, 수화풍의 재해와 인간을 해치는 동물, 번뇌가 없다는 점은 불교 미륵정토와 증산 지상선경이 유사함을 보여준다. 또한 미륵정토가 열리기 전에 악한 이들을 물리친다는 것과 지상선경이 열리기 전의 개벽기에 대심판이 있다는 것 역시 비슷하다. 증산 지상선경의 모습이 적어도 외형적으로는 불교의 미륵정토와 매우 흡사하며, 심지어 완전히 일치한다는 주장은[77] 이 때문에 나온 것 같다.

이와 달리 구사회는 증산의 지상선경이 미륵정토와 유사하지만, 그렇다고 순수한 미륵정토 그 자체는 아니며 유불도가 포섭된 새로운 미륵세계라고 말한다.[78] 그의 지적은 타당하다. 하지만 그는 선언적인 주장만 하였을 뿐 유불도가 어떻게 포섭되어 있는지, 또 미륵정토와는 어디가 다른지 설명하지는 않았다.

필자는 미륵경전이 전하는 불교 미륵정토의 모습이 다음과 같은 점에서 지상선경과 결정적으로 다르다고 본다.

---

77 김홍철, 「증산교에 나타난 불교사상」, 석산 한종우박사 화갑기념회 논문집 간행 위원회(편), 『석산 한종만박사 화갑기념 한국사상사』(전북: 원광대학교 출판국, 1991), p.1046; 김홍철, 「한국 신종교의 미륵신앙」, 『한국사상사학』 6 (1994), p.270.
78 구사회, 「미륵사상과 강증산」, 『불교어문논집』 3 (1998), pp.42-43.

○ 인간은 오직 세 가지 괴로움, 즉 음식 먹는 것[79]과 대소변 보는 것, 늙어 죽는 것만 겪음(『미륵대성불경』, 『미륵하생성불경』).

미륵정토에서도 인간은 여전히 늙고 죽는다. 이에 비해 증산의 지상선경에서는 불로불사를 누린다. 인간에게 '목숨'이 지니는 가치를 고려할 때 인간의 존재 양식의 차이는 가벼운 것이 아니다. 필자가 보기에 이 차이는 두 이상세계가 서로 다른 사상적 지평에 놓여있으므로 발생한 것 같다. 기본적으로 불교에는 영원성을 부정하는 교리 체계가 있다. 미륵정토에서 여전히 늙으며 죽고 묻힌다는 것은 '비영원성'이라는 관념이 투영된 결과라는 말이다. 이에 비해 지상선경에서 불로불사를 누린다는 것은 '영원성'이라는 관념이 투영되어 있다. 미륵정토와 지상선경은 비영원성과 영원성이라는 서로 다른 사상적 지평에 서 있는 이상세계라는 점에서 그 차이는 결코 작은 것이 아니다.

증산은 전라북도 금산사를 중심으로 활동하였고, 그 일대는 옛날부터 한국에서 미륵신앙이 강한 곳이었다.[80] 미륵신앙은 조선말 신종교의 모습을 빌려 새롭게 나타났다는 평을 들을 정도로 신종교와 친화력이 있고,[81] 증산도 자신을 금산사 미륵에 빗댄 적이 있다.[82] 이렇게 보면, 증산의 지상선경이 미륵정토와 유사한 모습을 가지는 것은

---

79 미륵정토에서 음식 섭취는 괴로움이지만, 증산 지상선경에서는 괴로움이 아니라는 것도 차이점이다. 이 차이는 의식(衣食) 욕망에 대한 관점이 다른데서 연유한다.

80 김삼룡, 『미륵불』(서울: 대원사, 2001), pp.13-15.

81 김삼룡, 『한국 미륵신앙의 연구』(서울: 동화출판공사, 1983), p.220.

82 "나는 곧 미륵이라. 금산사 미륵전 육장금신(六丈金身)은 여의주를 손에 받았으되 나는 입에 물었노라." 『전경』, 행록 2장 16절.

자연스러운 일이다.

그렇지만 지상선경은 미륵정토와 이질적인 부분도 있다. 그 차이는 영원성과 비영원성이라는 인간 생존 영역에 있으므로, 극단적으로는 지상선경이 미륵정토와는 '완전히' 다른 곳이라고까지 말할 수 있을 정도다. 따라서 증산은 지상선경을 기획하면서 미륵정토의 내용을 받아들이면서도 궁극적으로는 자신의 독창적인 방식을 추구했던 것이라고 말할 수 있다.

3-5. 도교 이상세계와 대순진리회 지상선경의 차이

한국에서 도교의 이상세계는 신시(神市)[83] 이후에 꾸준히 꿈꾸어져 온 것이다. 특히 삼국시대와 임진왜란·병자호란을 겪은 조선 중기에는 도교에서 묘사되고 있는 탈속과 은일(隱逸)의 신선 세계가 희구 대상이었다.[84] 대체로 이 세계는 천혜의 자연조건을 지니고 있으며, 재해와 학정(虐政)이 없고, 의식주가 풍족하며 보물도 가득하고, 불로불사를 누릴 수 있는 곳이나 보통의 평범한 인간들로서는 접근하는 것이 불가능한 곳으로 믿어졌다.

---

83 환웅은 하늘에서 3000명의 무리를 이끌고 태백산(太白山) 신단수(神檀樹) 아래로 내려와 신시(神市)라는 도시를 세우고, 그곳에서 농사·생명·질병·선악 등 인간의 360가지 일을 주관하며 정치와 교화를 베풀었다고 한다. 성속 합일의 세계인 신시는 한국 종교사에서 볼 수 있는 이상세계의 원형이라 할 만하다. 『三國遺事』, 「紀異」 참조.

84 삼국시대 도교 신선세계론의 유행에 대해서는 다음을 참조할 것. 송항룡, 『한국도교철학사』(서울: 성균관대학교 출판부, 1987), pp.57-58; 정재서, 『한국 도교의 기원과 역사』(서울: 이화여자대학교 출판부, 2006), pp.30-31, pp.177-191.

조선 후기에 접어들면 한국의 사회 상황과 지리 환경이 반영되어 이를 배경으로 한, 보다 현실에 가까운 도교 이상세계가 꿈꾸어졌다. 그 이상세계는 적은 수의 사람들이 모여 촌락을 이루고, 농사를 지어 자급자족하며, 남녀노소 누구나 밭을 갈고 베를 짜며 열심히 일하고, 그 땅은 옥토여서 충분한 수확을 내며, 세금과 수탈·병화가 없고, 신분의 차별도 없으며, 특별히 자연을 개발하거나 문명 도구를 만들어 내려고도 하지 않고, 다만 사람들은 기화요초가 우거진 이름다운 자연 속에서 조용하고 평화롭게 살아가기만 하면 되는 소박한 모습으로 그려졌다.[85]

그곳은 명백히 『도덕경』의 소국과민(小國寡民), 도연명의 무릉도원(武陵桃源)과 흡사한 세계다.[86] 소국과민의 세계는 칠반(七反) 즉 반전쟁(反戰爭)·반압박(反壓迫)·반중세(反重稅)·반간섭(反干涉)·반빈부불균(反貧富不均)·반공예기교(反工藝技巧)·반재산유(反財産有)를 구현한 곳이다.[87] 그 세계는 당시 도탄에 빠졌던 동주(東周) 사회를 비판한 데서 제시된 것이지만, 현재의 개혁을 통해 이루고자 하는 미래상이라기보다는 과거의 이상사회로 복귀하려는 성향을 지닌다. 마찬가지로 무릉도원 역시 속세에서 도피하는 은일적 성격을 띤다.[88]

이를 염두에 두고 다시 앞서 정리한 증산의 지상선경을 살펴보자.

---

85 서신혜, 『이상세계 형상과 도교서사』, (파주: 한국학술정보, 2006), pp.86-87, pp.90-97, p.101, p.179.

86 같은 책, p.84; 도교의 이상세계에 대한 구체적인 묘사는 『도덕경』의 '소국과민'과 도연명의 '무릉도원'을 참조할 것. 『도덕경』 80장; 도연명, 『한역 도연명전집』, 차주환 역 (서울: 서울대학교 출판부, 2001), pp.175-178.

87 陳正焱·林其錟, 『中國古代大同思想研究』 (香港: 中華書局, 1988), pp.47-48.

88 이종은 외, 앞의 글, pp.24-26.

지상선경 모습 가운데 전쟁이나 억압된 정치가 없고 평화스럽다는 것, 물산이 풍부하고 진귀한 보물이 넘쳐난다는 것, 만인이 평등하고 불로불사를 누린다는 것에는 도교의 이상세계가 투영되어 있음을 확인할 수 있다. 특히 불로불사의 영원성을 강조하는 것은 다분히 도교적이다.

지상선경은 속세에 구현되는 공간인 만큼 탈속을 강조해 온 도교의 이상향과는 차이가 있을 수밖에 없다. 그것은 첫째, 도교의 이상세계는 번거롭다는 이유로 상호 교류를 거부하는 곳인 데 비해서, 지상선경은 언어가 통일되고 천하가 한 집안이 되는 세계이기 때문에 상호 교류가 매우 빈번한 곳이라는 점이다. 둘째, 지상선경은 문명이 극도로 발달한 곳이라는 점이다. 도교의 이상세계에서는 인위적인 문명 도구가 비자연적인 것이라 하여 거부된다. 하지만 증산의 입장에서는 근대 서양에서 발달한 각종 문명이기가 모두 천상계의 그것을 모방한 것이다.[89] 그러므로 이것이 극도로 발전한다는 것은 천상계의 문명이 지상에 실현되는 일이기에, 오히려 이야말로 진정한 신선 세계의 구현이 된다.

이상과 같은 모습들은 개항 이후 교류가 활발해지고 신식문물이 도입되고 있었던 당시의 시대상이 투영된 것으로 이해할 수도 있다. 하지만 증산이 반드시 그 시대의 조류를 따랐던 것은 아니다. 그 점은 그가 서양의 문물을 배우고자 적극적이었던 당시의 분위기와는 달리, 서양 문물의 발전에 동양의 지대한 영향이 있었다고 지적하면서 서양 문물은 필

---

89 『전경』, 공사 1장 35절.

요하지만 반면에 폐해도 있음을 강조했던 데에서 확인할 수 있다.[90]

종합하자면, 증산은 자신의 종교적 이상세계를 정립할 때 도교의 이상세계와 당시 시대상을 그대로 받아들인 것이 아니라 자신만의 독창적인 사상 틀 안에서 소화하고 있었다고 말할 수 있다.

아울러 도교 이상세계와 지상선경이 탈속세와 속세로 대비되는 모습을 갖추고 있다 보니, 그곳에서 살아가는 도교 신선 세계의 신선들과 지상선경의 지상신선들은 서로 다른 면모를 보일 수밖에 없다는 점도 지적할 수 있다. 신선들이 은둔적·초월적인 모습을, 지상신선들이 현세적·가족 공동체적이면서 일하는 '관리[벼슬아치]'로서의 모습을 갖게 되는 것은 이러한 맥락 때문이다(6장 pp.268-269 참조).

예전에 김낙필은 증산의 이상사회가 선계(仙界) 이미지를 주류로 하고 있으며, 그 선계의 이상은 노자가 제시한 소국(小國)이나 『태평경』에서 밝힌 태평세계에서 그 연원을 찾을 수 있으리라고 주장한 적이 있다.[91] 증산의 이상사회 역시 불로불사를 강조한다는 점에서 김낙필의 주장은 일면 타당성이 있다. 하지만 천하가 한 집안이 된다는 증산의 지상선경은 그 범위가 노자가 주창한 소국과민과 다르다는 점, 또한 증산의 사상이 『태평경』의 사상과 작지 않은 차이가 있다는 점[92]을 고려하면 그의 주장은 수정되어야 한다. 비록 증산의 지상선경이 불로불사라는 도교의 이상세계 모습을 담고 있다고 하더라도, 탈속과

---

90 차선근, 「강증산의 대외인식」, pp.142-146.
91 김낙필, 「도교와 한국 민속」, 『민속과 종교』(서울: 민속원, 2003), p.88.
92 『태평경』의 태평세계와 지상선경은 똑같이 해원이 실현된 세상이지만, 그 해원의 내용과 범위, 실현 주체, 실현 방안, 정치적·사회적 성격에서 일정한 차이가 있다(7장 참조).

반문명이라는 도교 이상세계의 또 다른 핵심적 요소를 배제하고 있으므로, 그의 이상향을 도교의 그것과 같은 맥락에서 취급하기는 곤란하다는 말이다.

3-6. 정리해보면

증산의 지상선경에는 유불도의 이상세계 모습이 골고루 발견된다. 종합적으로 보자면, 지상선경의 자연적 환경은 불교적 외형에 가깝고, 인간의 사회생활 패턴은 유교적 윤리와 가까우며, 인간 존재 양식은 도교적 신선의 그것에 가깝다고 할 만하다.

물론 불교의 외형과 완전히 일치하지도 않고 유교 윤리를 그대로 채용하지도 않으며 신선의 존재 양식을 그대로 답습하는 것도 아니다. 그것은 유불도의 이상세계를 모두 결합해도 지상선경의 모습이 그려지지 않는다는 사실에서 분명하다. 따라서 상극과 결원이 없는 증산의 지상선경은 해원상생과 개벽이라는 그만의 독특한 문제의식과 해결방안을 뼈대로 하여, 유불도 이상세계를 변용시켜 부분적으로 살 붙여 새로 발명한 결과물이라고 말할 수 있다.

수운과 일부 역시 이상세계를 말하였다. 그러나 그들은 이상세계의 구체적인 모습까지 말하지는 않았다. 그렇다면, 오랜 역사를 갖는 유불도의 이상세계 담론 속에서 증산이 그려낸 지상선경은, 사실상 한국 신종교가 완전하고 구체적인 모습으로 그려 낸 최초의 이상세계라는 사실이 지적되어야 한다. 이것이 증산의 지상선경이 한국 종교사에서 갖는 중요한 의의다.

4. 닫는 글

이 글은 한국 신종교의 개벽과 종교적 이상세계에 대한 기존 한국 학계 대다수 기술에 문제가 있음을 지적하면서, 그것의 재기술과 교정을 위해서는 개별 교단들의 고유성을 정립하는 작업이 우선되어야 한다는 인식하에, 대순진리회의 개벽과 이상세계가 지닌 고유한 내용과 특징을 각각 동학·정역(영가무도교)의 개벽, 그리고 유불도 삼교의 이상세계와 비교의 지평에서 살펴본 것이다.

증산에 따르면, 우주의 역사는 상극과 결원으로 점철된 세상인 선천, 그리고 상극이 없고 모든 원(冤)이 해소된 후천 지상선경, 선천과 후천 사이의 대전환기인 과도기로 나뉜다. 과도기는 다시 만물이 원을 푸는 해원기와 병겁이 닥치는 병겁기, 세상의 점진적인 변화의 끝에 급작스럽게 펼쳐지는 대변혁기인 개벽기로 구분된다.

여기에서 증산은 자신이 제시한 개벽과 후천 지상선경이 미증유의 것이며 운수에 정해져 있었던 것도 아니라고 함으로써 순환사관과 시운관을 부정했다. 따라서 순환사관과 시운관에 이론적 기반을 두고 있는 동학·정역(영가무도교)의 개벽을 연속적·아날로그적인 변곡점에 비유한다면 대순진리회의 개벽은 비연속적·디지털적인 '퀀텀 리프'에 비유할 수 있을 것이다. 이것은 대순진리회의 개벽이 동학·정역(영가무도교)의 개벽과 구분되는 중대한 차이점 가운데 하나다. 대체로 수운·일부·증산의 개벽에 대한 학계의 기존 기술은 이들의 개벽이 모두 순환사관과 시운관에 따른 것이라는 전제에서 시작되어 왔기 때문에, 그러한 기술들은 재검토되고 교정되어야 할 것으로 본다.

또 증산은 유불도에서 제시한 이상세계를 망라하면서도, 그 이전에는 제시된 적이 없었던 그만의 독창적인 문제의식과 해결방안을 위주로 한 지상선경을 세상에 선보였다. 이 지상선경은 유교 대동사회, 불교 미륵정토, 도교 신선 세계의 모습을 일부 담아내지만, 그들과 일치하지는 않는다. 탈시간적·탈공간적 차원에서 상극이 없고 모든 원을 해소한 세계라는 지상선경의 정의는 기존의 어떤 이상세계에서도 찾아볼 수 없는 증산만의 독특한 것이었다. 지상선경은 사실상 한국 신종교가 '구체적'인 모습으로 그려 낸 최초의 이상세계라는 종교사적 의의를 지닌다.

상극과 결원이 없는 대순진리회의 이상세계는 유불도의 이상세계를 일부 내용으로 삼고 있다. 하지만 근본적으로는 그것들을 변용시킨 것이며 그들과는 다른 고유한 특성을 핵심 내용으로 한다. 대순진리회의 이상세계를 유불도라는 동양 전통의 어느 한 단면을 중심으로 유사성을 찾아 기술하고 이해하는 것은 잘못되었다고 말할 수밖에 없다. 그 방법은 역사주의 오류에 빠지게 하거나, 신종교 사상이 지닌 독자성과 창조성을 무시한 채, 단지 몇몇 종교들의 단순한 혼합(syncretism)에 불과하다는 가치 평가적인 시각에 빠뜨리게 할 위험이 크다.

주지하듯이 100여 년 전에 등장한 신종교들은 당대의 치열한 시대의식과 그 해결방안을 토대로 하고 있다. 문제는 100여 년 전과 지금은 시대가 급변했다는 사실이다. 신종교의 교조들이 교단 초창기에 주창했던 문제의식과 해결방안들이 시간의 흐름에 따라 낙후된 것으로 치부된다면, 그 신종교는 존속의 이유를 의심받게 되고, 결국에는 생존을 위하여 중대한 자체 변신을 단행할 수밖에 없을 것이다. 쇠락

의 길을 걸었던 한국 신종교들 대부분이 현대 사회의 변화에 따른 사상의 재해석과 적용에 실패하였었다는 점을 상기할 필요가 있다.[93]

이런 관점에서 대순진리회의 경우를 짚어보자. 우선 증산 활동 당시뿐만 아니라 현대에도 여전히 증산이 지적했던 상극과 결원 문제는 해소되지 못하고 있다는 점을 들 수 있다. 상극과 결원이 완전히 사라지기까지는 증산의 가르침이 여전히 생명력을 유지할 수 있다는 말이다. 따라서 이를 기반으로 하는 대순진리회의 이상향인 지상선경 역시 아직 유효한 꿈이다.

---

93 윤이흠, 『한국종교연구 2』 (서울: 집문당, 1991), pp.154-182 참조.

대순사상과 단군사상 비교연구

서사구조와 모티프 분석을 중심으로

1. 여는 글

사실 하나, 근현대 한국의 정신 문화 형성에 이바지한 인물을 꼽아 보자면 조선말에 활동했던 강증산(姜甑山, 1871~1909)을 빼놓을 수 없다. 한민족 특유의 해원사상을 재해석하여 독창적인 종교관을 구축했던 그의 사상은 격동의 시대에 시달리던 한국인의 아픔을 잘 달랠 수 있는 것으로 이해되었고, 그 결과 한국 사회에 끼친 영향이 막대했다고 평가받는다.[1] 이를테면 오행의 관계를 설명하는 역학적 개념에 불과했던 '상생(相生)'이라는 단어를 윤리적·사회적·종교적 차원으로 끌어올려 갈등 해소의 만능열쇠로 만들었던 장본인이 증산이라는 것은 그 사실을 단적으로 보여준다.

사실 둘, 근현대 한국에서 한국인의 뿌리는 단군으로 인정된다. 진실 여부와는 별개로 그렇게 포장되어 사회적으로 폭넓은 영향력을 행사해왔다는 것은 분명하다. 구심점 역할을 했던 조선 왕조가 쇠퇴한 이후로는 더욱 그러하다.

그러하다면 '한국의 언어와 문화를 배경으로 형성된 증산의 종교 사상은 단군신화와 관계가 있는가? 있다면 어떠한 관계인가?'라는 물음이 자연스럽다. 이에 대해 대다수 증산계 교단은 증산사상이 단군사상에 그 연원을 두고 있다고 말한다. 그러나 대순진리회만큼은 양자 사이에 특별히 의미 있는 관계가 없다는 입장으로 보인다(2절). 왜 그러한가? 이 물음에 대한 답변을 찾기 위한 하나의 방편으로 이 글

---

1 윤이흠, 『한국종교연구 3』 (서울: 집문당, 1991), p.26.

은 증산의 사상과 단군신화의 사상을 비교해보고자 한다. 두 사상 사이의 유사점 혹은 차이점이 어느 지점에서 어떻게 드러나는지를 읽는 일은 그 물음에 대한 답변을 유도할 수 있다고 보기 때문이다.

이 글을 전개하기 위해서는 증산사상과 대순사상을 구분해야 할 필요가 있다. 증산계 교단들 가운데 단군사상과의 관련성을 부정하는 곳은 대순진리회가 거의 유일하기 때문이다. 따라서 이 글은 대순진리회의 사상을 대순사상으로, 대순진리회를 제외한 증산계 교단들의 사상을 증산사상으로 나누어 표기한다. 대순진리회 세계에서 대순사상은, 증산에게서 종통을 계승했던 도주(道主) 조정산(趙鼎山, 1895~1958), 그리고 도주의 유명(遺命)으로 그 뒤를 이은 도전(都典) 박우당(朴牛堂, 1917~1996)의 관점에서 증산의 사상이 해석되고 체계화된 것을 지칭한다.

대순진리회의 내부자 시선에서 대순사상과 단군사상의 관련성을 검토한 선행 연구로는 고남식(2002)의 것이 거의 유일하다. 대체로 그의 연구는 두 사상의 유사점을 강조하려는 경향이 강하다.[2] 이 외에는 다른 증산계 교단들의 관점이 반영된 연구들이 있다. 이들은 거의 모두 단군사상과 증산사상이 같거나 유사하다고 주장한다. 필자는 이 글의 구조와 편의를 위해, 서두에서 이들을 일일이 나열하지 않고 본문에서 틈틈이 필요에 따라 끄집어내어 검토할 것이다. 아울러 이 글은 단군신화의 서사구조(narrative structure)와 모티프(motif)들을 대순진리회의 그것들과 비교 분석하는 방식을 취하고자 한다(3절). 지금까지는 단군사상과 대순사상의 관계를 종합적 구성 속에서 체계적으로 비

---

2 고남식, 「구천상제의 강세신화와 지상천국」, 『대순사상논총』 15 (2002).

교·기술한 것은 없었다. 그런 점에서 이 글은 현대종교학[3] 관점에서 두 사상을 들여다보는 첫 연구라 할 수 있다.

시작하기 전에, '사상(思想)'이라는 용어 문제를 잠시 언급해두도록 한다. 대개 학계에서는 '사상'과 '철학'을 구분하지 않고 사용하는 경향이 있는데, 엄밀히 말하자면 의식이나 관념·종교·예술·제도·관습 등을 포괄하는 용어가 사상이고, 그 사상들 가운데 비교적 이론적 틀을 갖춘 것, 즉 사상의 최고 원리에 해당하는 것이 철학이라고 한다. 즉 사상은 철학을 아우르는 폭넓은 개념이다.[4] 이 사실을 고려하여 이 글은 단군사상을 단군에 대한 일반적인 내용을 두루 포괄하는 것으로, 단군철학을 단군사상의 내용들 가운데 고도로 이론화된 것을 의미하는 것으로 구분한다. 마찬가지로 대순사상(大巡思想, Daesoon Thought)을 대순진리회와 관련된 폭넓은 종교적 이야기들을 총칭하는 용어로, 대순철학(大巡哲學, Daesoon Philosophy 또는 Philosophy of Daesoon)을 대순사

---

3 조너선 스미스가 기존의 비교연구 방법이 학술적이지 못함을 통렬하게 비판한 이후, 비교연구는 새로운 국면으로 전환되었다. 그것은 비교 대상들의 유사점과 차이점을 균형 있게 들여다보는 것이다. 물론 조너선 스미스는 차이를 더 강조한다. 그에 의하면 비교는 비교로 끝나는 것이 아니라 기존 개념의 재기술과 교정을 목표로 삼는다. 비교당하기 싫어하는 종교를 비교의 장으로 내모는 것이 종교학의 역할이다. Jonathan Z. Smith, *Relating Religion* (Chicago: University of Chicago Press, 2004), p.29; 윌리엄 페이든, 『비교의 시선으로 바라본 종교의 세계』, 이진구 옮김 (파주: 청년사, 2004), pp.216-227; 조현범, 「한국종교학의 현재와 미래」, 『종교연구』 48 (2007), pp.15-21; 조너선 Z. 스미스, 『종교 상상하기: 바빌론에서 존스타운까지』, 장석만 옮김 (파주: 청년사, 2013), pp.73-81; 이창익, 「종교는 결코 끝나지 않는다－조너선 스미스의 종교이론」, 『종교문화비평』 33 (2018), pp.187-189, p.231.
4 이명현, 「한국철학의 전통과 과제」, 한국정신문화연구원(편), 『한국의 민족문화』 (성남: 한국정신문화연구원, 1979), p.307; 강돈구, 「전통사상과 종교간의 대화」, 『종교연구』 4 (1988), pp.8-9.

상 가운데 고도로 이론화된 것을 특별히 추출하여 말하는 용어로 설정한다. 다시 말해서 이 글은 논의를 유연하고 넓게 전개하기 위하여 '철학' 대신 '사상', 즉 '대순사상'과 '단군사상'이라는 용어를 사용하겠다는 것이다.

2. 단군민족주의와 증산계 교단들

증산은 단군을 직접적으로 말한 적이 없었다.[5] 그래서인지 증산 화천 후, 증산을 받드는 교단들은 각자의 교리 체계를 정비할 때 처음에는 단군의 존재를 중시하지 않았다. 초기 교단들인 고판례의 선도교(1911)와 차경석의 보천교, 안내성 교단(1913), 박공우의 태을교(1914), 장기준의 순천도(1920), 허욱의 삼덕교(1920), 김형렬의 미륵불교(1921) 등이 단군을 신앙의 대상으로 삼거나 교리 체계에 단군사상을 포함하지 않았다는 데에서 그 사실을 확인할 수 있다(9장 pp.364-365, pp.373-374 참조).

해방 후가 되면 증산계 교단들 가운데 상당수가 단군민족주의[6]를

---

5 증산계 교단 경전들에는 단군과 관련되는 기록이 전해지지 않는다. 다만 증산도의 경전인 『도전』 한 곳만은 예외다. 이에 따르면, 증산은 기독교 목사와 교리 논쟁을 벌이면서 "조선사람의 조상은 단군이요, 여호와는 유대사람의 지방신이니라."는 말을 했다고 한다. 증산도 도전편찬위원회, 『증산도 도전』 2판 (대전: 대원출판사, 1996), p.444 참조.

6 단군을 민족 공동 조상으로 상정하고, 단군 자손으로서의 동질성 인식에 토대하여 민족적 정체성을 확인하며 민족의 통합과 발전을 도모하려던 일련의 사상·의식·운동을 단군민족주의라고 부른다. 정영훈, 「최근의 단군관련 인

받아들여 단군을 신앙 대상에 추가하고 단군과의 관련성을 강조하는 움직임을 본격화한다. 1949년 2월, 17개 증산계 교단들이 서울에 모여 증산교단통정원을 만들었는데, 그때 발표된 규약 제2조는 "본 교단은 동도(東道)를 신앙하는 각 분파 교단을 통일 정리하여 단군시조, 수운선생, 증산선생의 삼단신앙 체계하에 거병해원보은상생(祛病解寃報恩相生)의 교의홍선(敎義弘宣)을 목적함."이었다.[7] 그러니까 증산교단통정원은 증산에게 단군과 수운을 계승한 분이라는 위상을 부여하고, 단군·수운·증산 세 분을 같이 모셔야 한다는 삼단신앙(三段信仰)을 주장했다. 아울러 증산의 해원사상을 '푸념, 푸닥거리의 발전적 종합개념', 그의 상생사상을 '홍익인간의 발전적 종합이념'이라고 규정함으로써 증산의 종교사상을 무속 및 단군신화와 연결했고,[8] 단군의 시원이념(始原理念)인 홍익인간·재세이화가 무극대도·보국안민·광제창생으로 나타나는 수운이념(水雲理念)으로 계승되었으며, 그것이 다시 증산대성(甑山大聖)에 의해 천지공사·화민정세(化民靖世)·제생의세로 집대성되었다고 설명했다.[9] 증산은 단군과 수운의 사상을 본받아 발전시킴으로써 자신의 사상을 펼칠 수 있었던 것으로 이해되었다는 뜻이다.

증산교단통정원에서 주도적인 역할을 한 이들은 증산교본부의 이상호와 이정립, 보화교의 김환옥 등이었다. 특히 증산교본부는 증산대도회(1955), 민족신앙총연맹(1960), 동도교(1961), 증산신도친목회(1971),

---

식혼란과 과제」, 『고조선단군학』 7 (2002), pp.265-266.

7 이정립, 『증산교사』 (김제: 증산교본부, 1977), p.353.

8 같은 책, pp.342-349 참조.

9 같은 책, p.347, p.353; 범증산교연구원, 『월간 천지공사』 2 (예산: 범증산교연구원, 1988), p.31.

증산교단통일회(1971), 증산종단연합회(1974) 등 증산계 교단들의 교리 통일 운동을 꾸준히 추진하면서, 상대적으로 교세가 약했던 다른 교단에게 삼단신앙을 주입하려 노력했다(9장 pp.377-378, pp.381-383 참조).

증산진법회(1973)를 조직한 배용덕도『증산사상연구』를 발행하면서 이들의 주장을 이어받았다.『증산사상연구』는 1975년 3월부터 2000년 11월까지 모두 22차례에 걸쳐 발간되었다. 여기에 참여한 학자들은 증산의 사상을 단군민족주의로 재해석하여 공포한 증산교단통정원의 관점을 대거 수용하였다. 몇몇 학자들을 열거해보자면, 이항녕(1980)은 증산사상의 연원이 단군사상에 있고, 상생사상 역시 단군의 광명사상에 연원을 두고 있으며, 증산은 그곳으로 돌아가고자 하였다고 주장하였다. 이현희(1983)는 증산사상의 원류가 단군의 광제창생 사상에 있다고 하였으며, 배종호(1985)는 해원상생의 천지공사가 홍익인간사상의 결정(結晶)이라고 하였다. 김홍철(1989, 2000)은 증산이 단군의 풍류도를 중광하고 그곳으로 회귀하려 한 것이며, 증산이 말한 신교(神敎) 역시 단군사상을 표명한 것이라고 하였다.[10]

이 학자들 가운데 일부는 대순진리회가 설립한 대진대학교 대순사상학술원의 학술지『대순사상논총』에 글을 기고하면서 기존의 주장을 그대로 가져오기도 했다.[11] 하지만 대순진리회는 다른 증산

---

10 이항녕, 「단군사상과 증산사상」, 『증산사상연구』 6 (1980), p.22, pp.25-26; 이현희, 「민족정통사의 원류와 증산사상」, 『증산사상연구』 9 (1983), p.56; 배종호, 「한국사상의 원류와 증산사상」, 『증산사상연구』 11 (1985), p.44; 김홍철, 「증산사상과 풍류도」, 『증산사상연구』 15 (1989), p.166, pp.177-178; 김홍철, 「증산사상에 나타난 신교적 요소」, 『증산사상연구』 22 (2000), p.108.

계 교단들과는 달리 증산의 사상을 미증유(未曾有)의 것이라고 규정하고 있었다. 그 사실은 증산이 "나의 공사는 옛날에도 지금도 없으며 남의 것을 계승함도 아니요, 운수에 있는 일도 아니요 오직 내가 지어 만드는 것이니라."[12]고 했던 말이나, '성사(聖師)께옵서는 신통자재(神通自在)로 구애됨이 없이 四十년간 유일무이한 진리를 인세(人世)에 선포하시고' 또는 '강증산 성사께서는 … 미증유의 위대한 진리를 선포하시며'[13]라고 적시한 『대순진리회요람』에 명백하다. 증산의 사상이 예전부터 전해지는 사상을 이어받은 게 아니라는 것이 대순진리회의 입장이었던 만큼,[14] 단군 계승을 강조한 증산교단통정원 및 『증산사상연구』의 주된 관점은 대순진리회에 아울리는 게 아니었다.

대순사상에 단군 캐릭터가 완전히 부재(不在)한 것은 아니다. 그것은 첫째, 대순진리회의 단군에 대한 언급은 『전경』에 증산의 탄강과 화천 연도를 단기(檀紀)로 병기한 것,[15] 대순진리회 달력의 기년(紀年)

---

11 대표적으로 이항녕을 들 수 있다. 이항녕, 「대순사상의 우주사적 의의」, 『대순사상논총』 1 (1996), p.19; 이항녕, 「신인조화사상의 현대적 의의」, 『대순사상논총』 3 (1997), pp.48-49 참조; 증산사상연구회에서 활동을 한 전력은 없으나 증산의 사상이 단군의 그것을 계승한 것이라는 증산사상 연구자들의 주장을 그대로 가져온 경우도 있다. 양무목, 「종교와 문학을 통한 도통진경 사상의 고찰」, 『대순사상논총』 5 (1998), pp.217-218; 양무목, 「대순사상과 정치적 민주주의의 실현-4대 종지를 중심으로」, 『대순사상논총』 6 (1998), p.172 참조.

12 대순진리회 교무부, 『전경』 13판 (여주: 대순진리회 출판부, 2010), 공사 1장 2절.

13 대순진리회 교무부, 『대순진리회요람』 (서울: 대순진리회 교무부, 1969), p.8, pp.10-11.

14 차선근, 「종교언어로서의 '원시반본' 개념 재검토」, 『대순사상논총』 29 (2017), pp.180-181 참조.

15 『전경』, 행록 1장 5절, 행록 5장 35절 참조.

표기에 대순(大巡)·서기(西紀)와 더불어 단기까지 표기한 것[16]이 있다. 둘째, 여주본부도장의 포정문(布正門)에는 "창생을 광제(廣濟)하시는 분이 수천백 년 만에 일차식(一次式) 내세(來世)하시나니 예컨대 제왕으로서 내세하신 분은 복희·단군·문왕이시요 사도(師道)로서 내세하신 분은 공자·석가·노자이시며 근세의 우리 강증산(姜甑山) 성사(聖師)이시다."라는 글귀가 있다.[17] 이들을 종합하면, 대순진리회에서 단군의 위치는 먼 옛날 창생을 구제하기 위하여 내려온 제왕 가운데 한 명이면서,[18] 동시에 국조로서의 자격을 갖춘 것으로 보고 있다. 그래도 대순진리회에서 단군은 복희·문왕을 넘어서는 권위를 갖고 있지는 않으며, 증산교단통정원의 경우처럼 사상의 연원으로 인정되지도 않고, 숭배 또는 신앙의 대상도 아니다. 그 이유를 추적하기 위해, 우선은 단군사상과 대순사상이 같은 궤도를 이어 달리고 있는지부터 들여다보도록 하자.

---

16 기년법으로서의 '대순'이란 증산의 탄강 연도인 서기 1871년을 기원원년(紀元元年)으로 삼는 것이다. 그러니까 1871년이 대순 1년이 되고 2018년은 대순 148년이 된다.

17 대순진리회 교무부, 「대순진리회」, 『대순회보』 38 (1993), p.2 참조.

18 지금까지 한국 사회에 전승되어왔던 단군 이미지는 국조로서의 단군, 종교적 숭배 대상으로서의 단군, 신선·선도 조종으로서의 단군, 이렇게 세 가지라고 한다. 정영훈, 앞의 글, pp.283-285; 『해동전도록』처럼 신선사상·선도의 맥을 중국 전진교에서 찾으려는 경우도 있지만, 『해동이적』이나 『청학집』, 『오계일지집(梧溪日誌集)』 등에서 볼 수 있듯이 대부분의 경우는 단군을 그 맥의 시원으로 본다. 정재서, 『동아시아 상상력과 민족서사』 (서울: 이화여자대학교 출판부, 2014), pp.154-157.

3. 단군사상과 대순사상의 서사구조와 모티프 비교 분석

3-1. 서사구조 비교

현존하는 가장 오래된 단군 기록은 1281년 무렵에 저술된 『삼국유사』의 「기이(紀異)」편이다. 이를 거의 그대로 모방한 후대의 기록물들은 『삼국유사』 유형의 단군신화라고 부를 수 있다. 서영대에 따르면, 단군 전승들은 이 외에도 단군의 신화적 요소를 축소하고 민족의 시조라는 측면을 부각한 이승휴의 『제왕운기』(1287년) 유형,[19] 단군이 국조임이 역사적 사실이라고 주장한 권근·권람의 『응제시주(應製詩註)』 유형, 단군이 개인의 이름이 아니라 왕호라고 주장한 북애자의 『규원사화』 유형으로 더 분류될 수 있다고 한다.[20] 4종의 단군신화들은 단군에 대한 한자 표기[檀君과 壇君],[21] 단군의 즉위년이나 통치 기간, 수명 등을 조금씩 다르게 전하고 있다. 그럼에도 불구하고 개요는 큰 변이

---

19 이승휴는 일연의 기록을 참고하지 않고 독자적으로 적었다. 고려시대 당시에는 단군신화가 널리 회자되고 있었다. 이익주, 「고려후기 단군신화 기록의 시대적 배경」, 『문명연지』 4-2 (2003), p.47.

20 서영대, 「단군관계 문헌자료 연구」, 서울대학교 종교문제연구소(편), 『단군 -그 이해와 자료』(서울: 서울대학교 출판부, 1994), pp.49-59 참조.

21 단군신화에 등장하는 신단수는 원래 제단(祭壇)을 의미하기 때문에 신단수(神檀樹)가 아닌 신단수(神壇樹)이며, 천제를 지냈던 고조선의 실상을 반영하기 위해서는 단군(檀君) 대신 제단의 의미를 함축하는 단군(壇君)으로 표기해야 한다는 주장도 있다. 하지만 이 글에서는 보다 많이 통용되는 '단군(檀君)'으로 표기한다. 최병헌, 「단군인식의 역사적 변천-고려시대 단군신화 전승 문헌의 검토」, 서울대학교 종교문제연구소(편), 『단군-그 이해와 자료』(서울: 서울대학교 출판부, 1994), pp.147-148; 하정현, 「근대 한국 신화학의 태동-단군 담론을 중심으로」, 『종교연구』 49 (2007), pp.240-241 참조.

없이 유사한 편이다. 그 줄거리는 대략 첫째로 천신 하강과 인간 구제, 즉 환인의 아들 환웅이 인간을 널리 이롭게 하려고[弘益人間] 태백산 신단수 아래로 내려와 신시를 세워 다스리고 교화했다는 것[在世理化], 둘째로 인간의 신격화, 즉 곰은 인간이 되고자 빌었고 각고의 고행 끝에 환웅에 의해 그 소원이 이루어졌으며 환웅과의 사이에서 단군을 낳았다는 것과 단군은 평양에 도읍하여 조선을 세웠고 후에 도읍을 백악산의 아사달로 옮겨 오랫동안 나라를 다스렸으며 그 후 은둔하여 산신이 되었다는 것으로 요약된다.

대체로 단군 담론은 하늘에서 강림한 신이 인간 세상에 이상세계를 건설하고 승천했다는 '천계→하강→지상→승천→천계'의 서사구조를 지니는 것으로 파악된다.[22] 이 사실만 갖고 증산의 사상 뿌리가 환인·환웅·단군으로 일컬어지는 삼신제왕(三神帝王), 삼신제석(三神帝釋), 삼신왕(三神王)에 있다고 전제하면서, 단군신화와 증산(상제)의 강세는 같은 맥락에 있다고 주장하는 경우가 있다.[23] 하지만 그 주장은 다음과 같은 문제점들을 안고 있다.

첫째, '천계→하강→지상→승천→천계'의 서사구조가 단군신화 또는 상제의 강세에서만 보이는 특별한 것이 아니라는 점이다. 그러한 구조는 한국의 부여·고구려 건국신화, 신라 혁거세신화, 가락국신화, 탐라신화에도 보이고, 무속 무가들 즉 성주 무가, 바리데기 무가, 바리공주 무가 등에도 나타난다. 심지어 샤머니즘 문화권, 이를테면 중앙

---

22 류동식,『한국무교의 역사와 구조』(서울: 연세대학교 출판부, 1978), pp.28-35; 김성환, 「한국 도교의 자연관-선교적 자연관의 원형과 재현」,『한국사상사학』23 (2004), p.68.
23 고남식, 앞의 글, p.191, pp.194-195.

아시아 투르크(돌궐) 계통의 오구즈 칸(Oğuz Kağan) 서사시와 투르크 건국신화, 우즈벡의 알퍼므쉬(Alpamish) 신화와 밤스 베이렉(Bamsı Beyrek) 신화, 몽골 및 바이칼 지역의 게사르(Gesar 또는 Geser) 신화에서도 비슷한 서사구조를 찾아볼 수 있다.[24] 따라서 단순히 이 구조만을 갖고 단군사상과 대순사상이 유사하다는 식으로 말하면 곤란하다. 하늘의 신이 인간을 구제하기 위해 인간세계에 내려와 이상세계를 건설했다는 점에서 단군사상과 대순사상이 유사하다고 말한다면, 대순사상은 부여·고구려 건국사상과도, 신라 혁거세사상과도, 성주 무가사상과도, 바리데기 무가사상과도, 심지어 오구즈·투르크·알퍼므쉬·밤스 베이렉·게사르 신화사상과도 모두 닮았다고 말해야 한다. 한 마디로 대순사상은 천손강림 신화를 가진 모든 민족의 사상과 같은 궤적에 놓여있다고 말해야 한다는 뜻이다. 그러므로 '천계→하강→지상→승천→천계'의 서사구조가 유사하다는 것만 갖고 단군사상과 대순사상이 같은 맥락에 있다고 주장하는 것은 아무런 의미가 없다. 오히려 이런 주장은 대순사상의 고유성을 훼손할 우려가 있다.

둘째, '천계→하강→지상→승천→천계'의 서사구조가 단군신화와 상제의 강세에 나타나는 양상이 현저히 다르다는 점이다.

---

24 김태곤, 「무속상으로 본 단군신화-단군신화의 형성을 중심으로」, 『사학연구』 20 (1968), pp.171-172; 류동식, 앞의 책, pp.28-45; 고남식, 앞의 글, p.199; 김성환, 앞의 글, p.68; 오은경, 「오우즈 투르크와 우즈베크 영웅서사시의 상호텍스트성 연구: 「밤스 베이렉」와 『알퍼므쉬』를 중심으로」, 『중동연구』 35-3 (2017), pp.154-178; 오은경, 「알타이 문화 벨트 투르크 민족들의 구비 영웅서사시와 샤머니즘」, 정석배 외, 『한국 문화 원류와 알타이 신문화 벨트 1』 (성남: 한국학중앙연구원 출판부, 2017), pp.126-127; 이상훈, 「고대 한국과 알타이 국가 간 건국 및 영웅신화 비교」, 정석배 외, 『한국 문화 원류와 알타이 신문화 벨트 1』 (성남: 한국학중앙연구원 출판부, 2017), p.160, pp.171-172.

단군신화의 경우, 천계에서 지상으로 하강한 주체는 환웅이다. 그런데 단군신화를 찬찬히 살펴보면 환웅이 승천했다는 내용이 없다. 단 한 곳, 『규원사화』 유형에서 환웅이 세상을 다스린 지 7,000년이 지나 신선이 되어 구름을 타고 승천했다는 기록이 전해지기는 한다. 그러나 『규원사화』를 둘러싼 위서(僞書) 논쟁은 논외로 하더라도, 『규원사화』가 말하는 신선이 하늘을 난다든가 장생불사를 이룬 존재라는가 하는 일반적인 개념의 신선, 그 이상의 수준을 넘어서지 않는다는 문제가 있다. 그렇다면 최고신의 아들이라는 신분이 굳건한 환웅이 승천하기 위해서 '굳이' 신선이 되어야 했다는 『규원사화』의 기록은 받아들이기 어렵다.

거의 모든 종류의 단군신화에서 환웅은 단군을 낳은 이후로 더는 그 존재를 나타내지 않는다. 그 대신 주인공으로 등장하는 이는 단군이다. 그런데 단군도 승천하는 것으로 묘사되지 않는다. 단군은 아사달에서 산신이 될 뿐이다. 물론 산신은 신선으로 해석되기도 한다.[25] 그러나 이것만으로는 단군이 지상에서의 임무를 다 마치고 승천했다고 보기는 어렵다. 모든 신선이 다 승천하는 것은 아니기 때문이다.[26] 설령 단군이 신선이 되어 승천했다고 가정하더라도, 단군신화의 '천계→

---

25 신선이 산에 들어가서 장생불사에 도달한다고 생각되었기 때문이다. 조선 중기와 후기에 편찬된 『해동이적』, 『청학집』, 『오계일지집』도 단군을 선(仙) 즉 신선으로 보고 있다. 정세근, 「한국 신선 사상의 전개와 분파」, 한국정신문화연구원(편), 『한국고유사상·문화론』 (성남: 한국정신문화연구원, 2004), p.292; 정재서, 앞의 책, pp.154-157 참조.

26 예를 들어 갈홍은 『포박자』에서 신선을 세 등급으로 나누었다. 최상위는 육체가 그대로 하늘로 오르는 천선(天仙), 그다음은 명산에 거주하는 지선(地仙), 그다음은 시해선(尸解仙)이다. 이에 따르면 산신은 지선에 가깝고 따라서 명산에 근거지를 둘 뿐 승천하지는 않는다. 『抱朴子』, 「論仙」.

하강→지상→승천→천계' 서사구조는 연속된 단층 구조가 아니라, 환웅의 '천계→하강→지상'과 단군의 '지상→산신[승천→천계]'이라는 비연속적인 두 부분이 포개진 이중구조라는 점을 놓쳐서는 안 된다.

　이 구조는 상제 강세의 경우와 크게 다르다. 구천의 상제는 인간계에 강세하였다가 창생구제를 위한 공사를 행하고 화천한 후에 다시 구천의 제위에 임하고 있다. 즉 '천계→하강→지상→승천→천계' 서사구조가 단군신화의 그것과는 달리 연속적인 단층 구조이다. 더구나 상제는 "내가 장차 열석 자의 몸으로 오리라."[27]고 하였으므로, 대순사상은 상제 강세의 서사구조를 천계의 복귀로 완결시키지 않는다. 그러니까 미래의 예언까지 포함하여 '천계→하강→지상→승천→천계→하강→지상'인 셈이다. 단군신화에는 미래에 해당하는 부분이 없다. 따라서 단군신화와 상제 강세는 같은 맥락의 서사구조라고 단언할 수 없다.

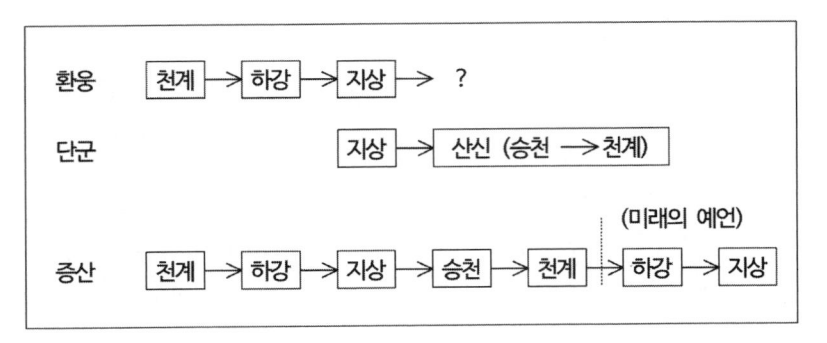

단군신화와 상제 강세의 서사구조 비교

---

27 『전경』, 행록 5장 25절.

이상의 이유로 해서 필자는 단군신화와 상제 강세의 서사구조가 같지 않다고 본다. 세부 내용을 생략하고 개요만 갖고 유사성을 주장할 수 있을지 모르지만, 그런 식의 주장은 각각의 고유한 색깔을 지워버리는 결과만 낳을 뿐이며 아무런 학술 가치를 창출해내지 못한다.

3-2. 모티프 비교

3-2-(1) 천신 하강

단군신화는 천신인 환웅의 하강에서 시작한다. 이 모티프를 두고 ① 단군신화에서 환웅이 세상을 구하려는 것이 신들이 상제(증산)에게 광구천하를 호소하는 것과 같고, ② 환웅이 태백산에 하강함은 상제가 모악산 금산사 미륵에 강림함과 같고, ③ 환웅이 태백산에서 천하를 굽어살핌은 상제가 대법국 천계탑으로 내려와 천하를 대순함과 같고, ④ 자의(환웅의 경우) 혹은 신명들의 청원에 따른 타의(상제의 경우)라는 차이는 있으나 천상의 신이 지상에 내려온다는 것에서는 단군신화와 상제 강세가 같고, ⑤ 그 내려옴의 목적은 인간 세상의 구원으로서 같고, ⑥ 단군신화나 상제 강세에 보이는 세계관이 신계와 인계의 이중구조로 되어 있다는 점에서 일치한다는 주장들이 있다.[28]

이 주장들을 하나씩 검토해보자. 먼저 ⑥은 아무런 학술적 의미가 없는 발언이다. 샤머니즘과 무속의 세계관 자체가 신계와 인계의 이중구조로 된 것이고, 전 세계의 많은 신화나 종교에서도 신계 - 인계

---

28 배종호, 「홍익인간사상과 증산의 해원상생사상」, 『증산사상연구』 14 (1988), p.151; 고남식, 앞의 글, pp.204-205.

의 이중적 세계관은 쉽사리 발견되기 때문에, 신계–인계 이중구조 운운은 단군신화나 상제 강세의 유사성 항목에 끼워 넣을 필요가 없다는 말이다.

주의 깊게 살펴야 할 부분은 ①에서 ⑤까지의 주장이다. 필자가 보기에 이들은 천신 하강 모티프에서 나타나는 여러 차이점을 간과하고 있다.

첫째, 동기(動機)를 보자. 『삼국유사』 유형은 환웅이 널리 인간을 이롭게 하려는 뜻을 가졌던 것으로, 『제왕운기』 유형은 환인이 그 뜻을 세웠고 실행은 아들인 환웅에게 맡긴 것으로 묘사한다.[29] 두 경우 모두 단군신화의 천신 하강 동기가 천신의 적극적인 의지에 있다는 데에 이견이 없다. 대순진리회에서 상제 강세는 신성·불·보살이 회집하여 상제가 아니면 혼란에 빠진 천지를 바로잡을 수 없다고 호소하므로 괴롭기 한량없으나 어찌할 수 없이 이루어진 것으로 설명된다.[30] 최고신의 적극적인 의지가 아니라 신명들의 청원에 응한 것이었다는 점에서 대순사상의 천신 하강 동기는 단군사상의 그것과 같지 않다.[31] ④는 그 차이를 지적하면서도 천신 하강에서는 같다고 말하지만, 동기가 다르다는 점은 결코 무시되어져서는 안 되는 중요한 요소다.

둘째, 목적을 보자. 단군신화에서 천신의 하강 목적은 인간의 구제에 있다. 뒤에 다루겠지만 천신인 환웅의 인간 구제 내용은 농사를 중심으로 하는 인간의 생업 도모와 안정된 사회 유지였다. 대순진리회

---

29 정영훈, 「홍익인간사상과 한국문화」, 『민족학연구』 8 (2009), p.99.
30 『전경』, 공사 1장 9절, 예시 1절.
31 장병길, 「대순과 그 역사(役事)」, 『대순회보』 2 (1984), p.11.

에서 천신의 하강 목적은 인계만이 아니라 전 생명체, 심지어 천계 및 지계와 신명들까지 포함하는 전 우주의 구원에 있다. 그 내용은 생업이나 사회 안정 차원에 머무는 것이 아니라, 지금까지의 세상인 선천을 심판하고 근본적으로 뜯어고치며 그 결과 완전히 새로운 후천 세계로 재탄생시키는 것이다. 사실이 이러하다면 단군신화와 대순진리회의 천신 하강 목적은 같은 맥락에 있는 것이라고 말할 수 없다.

셋째, 주체를 보자. 단군신화에서 하강 주체는 환웅이다. 최고신 환인이 아니다. 대순진리회에서는 상제가 하강 주체다. 즉 우주의 최고신인 구천상제가 직접 하강한 것이다.[32] 단군신화의 최고신은 자신이 인간을 이롭게 하려는 뜻을 세웠든지, 혹은 아들 환웅의 뜻을 받아들였든지 간에 인계에 직접 나타나 그것을 실천에 옮기지 않는다. 그러니까 엘리아데가 말한 '데우스 오티오수스(deus otiosus: 隔絶神)' 범주에 여전히 머물러 있는 것이다.[33] 이에 비해 대순진리회의 최고신은 원래 데우스 오티오수스의 성격을 갖고 있었으나 신명들의 청원에 따라 드러나는 신으로 변모하여 적극적으로 세상사에 개입하고 있다.[34] 이처럼 단군신화에서는 최고신이 하강하지 않고 대순진리회에서는 최고신이 하강한다는 사실, 그리고 최고신의 세상사 개입 방식이 전자는 간접적이고 후자는 직접적으로 서로 다르다는 사실은 결코 작은 차이가 아니다.

---

32 같은 글, p.11.

33 최문형, 「홍익인간 사상의 다문화주의적 함의」, 『다문화와 평화』 3-1 (2009), p.68.

34 차선근, 「대순진리회 상제관 연구 서설(Ⅰ)－최고신에 대한 표현들과 그 의미들을 중심으로」, 『대순사상논총』 21 (2013), pp.136-140 참조.

넷째, 방법을 보자. 단군신화에서 환웅은 무리 삼천을 거느리고 태백산 신단수 아래로 내려왔다. 그는 인계에서 곧바로 인간들을 만나고 있다. 상제는 서양 대법국 천계탑에 내려와 삼계의 현실과 문제점을 살피기 위하여 대순하는 작업, 인간에게 제세대도를 내리는 과정까지 거친 연후에야 인계로 왔다. 즉 하강 여정이 즉각적이지 않다는 점에서 다르다.[35] 또한 환웅은 신의 모습 그대로 무리를 거느리고 인계로 내려오는 방식을 취했지만, 증산의 상제 강세는 인신(人身)을 빌림, 즉 '출생→성장'이라는 인간의 정상적인 일생에 기대는 방식이다. 이는 매우 중대한 차이점이다. 천신이 인계에 올 때 이러한 방식을 취한다는 것은 한국 종교사에서 증산의 경우가 처음이다. 물론 상제의 첫 하강은 인간의 출생이었지만, 두 번째 미래에 벌어질 하강은 환웅과 같을 것으로 믿어진다. 어쨌든 상제의 최초 하강은 환웅의 하강과는 그 방법이 결정적으로 다르다.

그동안 단군신화와 증산 강세는 천신의 인계 하강이라는 동일한 모티프를 갖는다는 주장이 있었다. 위에서 살폈듯이 실제로는 동기·목적·주체·방법 등 여러 측면에서 꽤 많은 차이를 보인다. 따라서 앞에서 보았던 주장 ①~⑤는 이런 식으로 고쳐져야 한다. ① 환웅이 세상을 구하려는 것과 신들이 상제(증산)에게 광구천하를 호소하는 것에 대해서 각각의 동기·주체·목적이 다르다. ② 환웅이 태백산에 하강함은 직접 인계에 도착함이지만, 상제가 모악산 금산사 미륵에 강림함은 영(靈)으로서 머문 것이지 직접 인계에 하강한 것이 아니다. ③ 환웅이

---

35 장병길, 앞의 글, p.11.

태백산에서 천하를 굽어살핌은 인간의 통치행위로서 정치적인 영역
이고, 상제가 대법국 천계탑으로 내려와 천하를 대순함은 신명들의
호소에 따라 삼계의 문제점을 진단한 종교적인 영역이니, 양자는 같
은 것이 아니다. ④ 천상의 신이 지상에 내려온다고는 하나, 동기·주
체·방법 측면에서 단군신화와 상제 강세는 차이가 있다. ⑤ 두 경우에
서 천신의 하강 목적은 인계 구원과 삼계 구원으로 다르다.

3-2-(2) 홍익인간

단군신화의 핵심은 홍익인간에 있다. 이에 대해 ⑦ 홍익인간이 전
인류를 대상으로 하듯이 증산의 천지공사도 전 인류를 대상으로 한다
고 전제하면서, 홍익인간사상은 해원상생사상과 같다고 하거나, ⑧
증산의 해원사상은 단군의 평화사상에 근원이 있다고 주장하는 경우
가 있다.[36]

이들을 검토하기 전에 먼저 홍익인간의 의미가 불명확하다는 사실
부터 지적할 필요가 있다. 홍익인간이란 인간을 널리 이롭게 하겠다
는 뜻이기는 하다. 그러나 왜 그리하겠다는 것인지, 어떻게 하겠다는
것인지, 그 범위는 어디까지인지 등 구체적인 내용은 전해지지 않는
다.[37] 해방 직후 정부도 홍익인간을 대한민국의 공식적인 교육이념으
로 채택하였으나, 그 내용은 무엇인지 규정하지 못했다. 1986년에야
홍익인간사상에는 4대 기본이념, 즉 인본성, 민족주체성, 도덕성, 진

---

36 배종호, 「홍익인간사상과 증산의 해원상생사상」, p.151, p.153; 이항녕, 「증
   산의 우주평화사상−후천개벽과 삼계선경화」, 『증산사상연구』 15 (1989),
   p.34.
37 윤이흠, 『한국종교연구 5』 (서울: 집문당, 2003), p.166.

취성이 깃들어있다고 공포했지만,[38] 그 내용이 원래 단군신화에 내포된 홍익인간사상인지에 대해서는 여전히 의문이 있다. 현재 전해지는 단군 전승들에서는 성문화과정에서 외래종교인 유불도의 요소가 덧붙여졌으므로, 원래의 홍익인간사상을 알기란 사실 불가능하다.[39]

홍익인간사상의 원형을 최치원 난랑비 서문에서 찾고자 하는 시도도 있다. 그러니까 홍익인간 이념이 최치원에게 이어졌다고 보고, 그가 쓴 난랑비 서문의 내용 가운데 깊고 오묘함, 풍류라고 불림, 모든 사람을 접하고 다 교화함[接化群生], 유불도 삼교의 요지를 포함하는 게 홍익인간사상이라는 것이다.[40] 하지만 난랑비 서문에는 단군 이야기가 등장하지도 않을 뿐더러, 최치원의 설명 방식은 고대의 사상을 제대로 설명해주지 못한다는 게 문제다. 최치원이 말하는 풍류는 6세기 무렵에 이미 유불의 사상에 의해 덧칠되어 있었기에, 그의 활동기 9세기 무렵에는 풍류의 원형을 파악하기란 불가능했다. 최치원은 한국 고유의 선(仙)사상을 이미 중국의 성립도교의 관점에서 파악하고 있었기 때문에, 그의 설명은 중국사상을 접한 9세기 지식인들의 사고체계를 반영하는 것일 뿐이다.[41] 홍익인간사상의 원형을 난랑비 서문에서

---

38 선우미정, 「교육이념인 '홍익인간'의 유교철학적 고찰」, 『동양철학연구』 70 (2012), pp.201-204.

39 송항룡, 『한국도교철학사』 (서울: 성균관대학출판부, 1987), pp.32-33; 이필영, 「단군연구사」, 서울대학교 종교문제연구소(편), 『단군-그 이해와 자료』 (서울: 서울대학교 출판부, 1994), p.130.

40 정재식, 『전통의 연속과 변화-도전받는 한국 종교와 사회』 (서울: 아카넷, 2004), p.106.

41 김일권, 「한국 고대 '仙' 이해의 역사적 변천」, 『종교연구』 13 (1997), pp.89-90, pp.99-101.

찾기 어려운 이유가 여기에 있다.

홍익인간사상의 원형과 의미가 불분명하다보니, 그 사상의 원류를 불교 혹은 유교에서 찾으려는 시도도 있었다. 『증일아함경(增壹阿含經)』, 『기신론소(起信論疏)』 등의 불교 경전에 '홍익중생(弘益衆生: 널리 중생을 이롭게 한다)'이라는 표현이 있다는 사실을 근거로 하여, 홍익인간사상은 불교에서 차용되었다고 보는 것, 홍익인간은 유교의 성선설 혹은 천인합일 세계관과 통한다는 점을 들어 유교적 이념이라고 평가하는 것 등이 그 사례다.[42]

다소 지루하게 홍익인간의 내용이나 출처가 불분명하다는 점을 늘어놓았던 이유는, 내용이 제대로 전해지지 않아 명확하지 않은 홍익인간사상을, 명확히 밝혀진 증산의 상생사상과 같다거나 또는 근원이라거나 하는 식으로 주장하는 것은 섣부르다는 사실을 지적하기 위해서였다.

이러한 문제점을 덮어버린다고 하더라도, 홍익인간사상을 상생사상과 유사하다고는 말하기 어렵다. 그 이유를 기술하기 위해 우선 작업 가설적 정의로 홍익인간사상을 이렇게 적어보자: "홍익인간은 천상의 신이 인간계에 내려와 인간을 구원한다는 것으로서, 인류 만민을 하늘의 아들로 규정하며 인류를 사랑하고 존중하여 영원한 낙원을 이룩하자는 사상이다."[43] 대순진리회의 상생사상은 다음과 같은 측

---

42 임태홍, 「단군신화에 나타난 유교적 성격」, 『유교사상연구』 30 (2007), p.165, pp.186-187; 선우미정, 앞의 글, pp.206-211.

43 류승국, 「한국인의 신관」, 장병길 교수 은퇴 기념 논총 간행위원회(편), 『한국종교의 이해』 (서울: 집문당, 1985), p.132; 류승국, 「광개토대왕비문을 통해서 본 한국고대사상의 원형 탐구」, 『학술원논문집(인문·사회과학편)』 43 (2004),

면에서 이와 다르게 읽힌다.

첫째, 주체와 대상이 다르다. 홍익인간은 환인 혹은 환웅이 인간 개인, 인간 사회, 민족, 국가를 이롭게 만든다는 것이다. 천신이 인간을 이롭게 만드는 것이므로 주체는 천신이요, 대상은 인간이다. 이를 본받은 인간이 그 이념을 실천한다면 인간이 인간을 이롭게 만들겠다는 것이 된다. 어쨌든 홍익인간의 이념이 어디까지나 인간을 그 대상으로 한다는 사실은 변하지 않는다. 대순진리회의 상생사상은 그 범주를 넘어선다. 천신이 인간을 이롭게, 인간이 인간을 이롭게, 일반 신명이 인간을 이롭게, 인간이 신명과 천신을 이롭게,⁴⁴ 더 나아가 인간이 자연을 이롭게, 자연이 인간을 이롭게 등, 한 마디로 삼계가 모두 주체이자 대상으로 동시에 상정되는 것이 대순진리회의 상생사상 범주다.

둘째, 홍익인간사상은 내가 아닌 다른 존재에 대해 헌신하고 봉사함을 말한다. 어느 한쪽이 다른 한쪽에 대해 일방향적인 생(生: 살림)을 하는 것이라는 뜻이다. 대순진리회의 상생은 서로가 서로[相]를 살리는 것[生]을 말한다.⁴⁵ 즉 상생은 쌍방향적인 것이라는 점에서 홍익인간과는 차이가 있다.

셋째, 증산은 우주가 상극에 지배되어 만물의 원한이 창천하게 되었다고 보고, 그것을 해소하며 상생의 도를 편다고 하였다.⁴⁶ 그런데

---

p.29; 이서행,『한국윤리문화사』(성남: 한국학중앙연구원, 2011), pp.339-340.

44 대순진리회 세계에서 신명과 인간은 서로가 서로를 돕는 관계로 묘사된다.『전경』, 교운 2장 42절.

45 최동희,「한국사상의 원류와 증산사상」,『증산사상연구』15 (1989), p.89, p.92.

46 『전경』, 공사 1장 3절.

홍익인간사상에는 상극이나 원한과 같은 요소가 없다. 한국에는 씻김굿·진오귀굿 등 무속 해원제, 천도재와 수륙재(水陸齋), 여제(厲祭)나 엄격매자(掩骼埋胔) 등과 같은 종교적 해원문화가 이어져 내려왔다.[47] 고구려 점쟁이였던 추남(楸南)의 억울한 죽음과 복수 이야기가『삼국유사』에 실려있는 데서 보듯이[48] 원한과 그 해소 관념은 상당히 오래 전부터 있었던 것이 사실이다. 하지만 그 관념이 단군신화에까지 소급되는 것은 아니다. 단군 전승에 상극과 원한, 그리고 그것의 철폐와 해소가 없다는 것은, 증산의 상생사상과 환웅의 홍익인간사상의 배경과 내용이 같지 않음을 의미한다.

넷째, 증산의 상생사상을 성립시키는 또 하나의 배경은 보은 관념이다. 대순진리회에 따르면, 인간의 존립(存立)은 은의(恩誼)의 인과에 의한 것이니만큼, 생·수명·복록을 준 천지의 은혜, 인간의 존재·지위·가치를 유지해 준 사회의 은혜, 강녕(康寧)·번영을 준 국가의 은혜, 생장양육을 시켜준 부모의 은혜, 교양 육성을 시켜준 스승의 은혜, 생활의 풍성을 가져다준 직업의 은혜를 갚아야 하니, 그것이 곧 보은상생의 대의라고 한다.[49] 그러니까 상생을 위해서는 반드시 보은해야만 한다는 것이 대순사상이다. 하지만 환웅의 홍익인간사상, 더 나아가 단군 전승에서는 보은 관념이 뚜렷하게 보이지 않는다.

이상의 사실들을 감안하면, 대순진리회의 상생사상은 홍익인간사

---

47 이욱, 「조선전기 원혼을 위한 제사의 변화와 그 의미」, 『종교문화연구』 3 (2001), pp.167-169.

48 『삼국유사』, 「紀異」 第一.

49 대순진리회 교무부, 『포덕교화기본원리(其二)』(서울: 대순진리회 출판부, 1983), pp.8-10.

상과 같은 궤도를 달리는 사상이라거나, 근원을 환웅의 홍익인간 이념에 둔다고 말하는 ⑦과 ⑧의 주장은 타당하다고 볼 수 없다.

3-2-(3) 신시(神市)와 재세이화

단군신화의 또 다른 중요한 모티프 중 하나는 한국 최고(最古)의 이상사회인 신시(神市) 건설과 그곳에서의 재세이화(在世理化: 하늘의 이치로써 세상을 다스림)다. 그 내용은 환웅이 하늘에서 3000명의 무리를 이끌고 태백산 신단수 아래로 내려와 신시(神市)라는 공동체 마을을 세우고, 그곳에서 농사·생명·질병·형벌·선악 등 인간의 360가지 일을 주관하며 정치와 교화를 베풀었다는 것이다.

이 모티프에 대해 ⑨ 환웅의 신시정부는 증산(상제)의 조화정부와 같고, ⑩ 환웅의 일백이사[풍백·운사·우사]는 증산의 명부 임명과 같고, ⑪ 환웅의 재세이화는 증산의 조화정부 제반 내용과 같고, ⑫ 증산의 원시반본 사상은 환웅의 신시인 지상천국사상에 근원이 있다는 주장이 있다.[50]

이 주장들 가운데 ⑩을 먼저 살펴보자. 환웅이 거느리고 내려온 풍백·우사·운사는 각각 바람과 비, 구름을 다스리는 존재로 농경과 관련이 깊다. 증산의 명부 임명이란, 명부의 착란으로 인해서 온 세상이 착란하게 되었다는 이유로 증산이 조선명부를 전봉준으로, 청국명부를 김일부로, 일본명부를 최수운으로 하여금 각각 주관하게 한다고 말했던 것을 의미한다.[51] 이때의 명부는 인간의 수명 혹은 운명을 관

---

50 배종호, 「홍익인간사상과 증산의 해원상생사상」, p.151; 이항녕, 「증산의 우주평화사상－후천개벽과 삼계선경화」, p.34.

장하는 기관 또는 직책이라고 생각되므로, 그 역할이나 기능은 바람·비·구름의 자연현상 혹은 날씨를 주관하는 신들의 그것과는 다르다. 또 환웅의 일백이사는 환웅이 직접 임명했다는 서술도 단군신화에는 없다. 그러니까, 증산은 명부를 주관하는 신적 존재를 임명하였으나 환웅은 자연현상을 담당하는 신적 존재를 임명하지 않았다는 점, 명부는 인간의 수명과 운명을 담당하는 기관 또는 직책이나 일백이사는 자연현상과 날씨를 담당하는 직책이라는 점에서, 환웅의 일백이사가 증산의 명부 임명과 동일하다는 ⑩의 주장은 잘못되어있다.

나머지 다른 주장들 ⑨⑪⑫는 신시와 증산이 추구하였던 이상세계 [지상천국, 지상선경]가 같은 맥락에 있다고 본 것이다. 이것도 검토해보자.

신시는 인간과 신이 공존하는 곳이고 인간의 질서를 신의 그것에 맞춘 곳이기는 하지만, 기본적으로는 천상의 수준 높은 문명이 재현된 선경(仙境)이 아니라 소박한 농경사회다. 신시의 풍백·우사·운사는 농경과 관련된 신이며, 재세이화의 구체적인 내용, 즉 수명·질병·형벌·선악 등 인간360여 가지 일을 펼친다는 것은 먹고사는 문제, 병 고치는 문제, 사회질서를 세우는 문제, 사회윤리 정비 등을 이끈다는 것이다.[52] 이러한 시대가 인류의 문명 초창기라는 사실을 고려하면, 그곳에서의 민간 생활상이나 정치는 백성들이 농사를 잘 짓고 질서를 유지하며 풍요롭게 잘사는 정도였다고 보아야 한다.[53]

신시는 한국 사회의 이상세계에 대한 주류 담론으로 나타난 적이

---

51 『전경』, 공사 1장 5·7절.
52 정영훈, 「홍익인간사상과 한국문화」, p.103.
53 이서행, 앞의 책, p.329.

없었다. 그 대신 유교의 대동사회, 도교의 소국과민(小國寡民)이나 무릉도원, 불교의 미륵정토가 더 많이 갈구되었다. 조선말 증산은 유불도가 각각 추구하는 이상세계 담론 속에서 자신만의 독특한 세계관을 사용하여 새로운 이상사회를 그려내었다. 그가 설계한 이상사회는 지상천국·지상선경으로서 개벽 후에 도래하는 신천지이며 상극과 원한이 없이 오직 상생만이 존재하는 곳이다. 증산은 이러한 곳에서 살아가는 인간들의 모습을 여러 차례 묘사하였다. 그것은 엇갈린 사상과 분쟁이 없으며 평화만이 존재하고 문명이기가 극도로 발달한다는 것, 자연재해나 해로운 동물들이 없다는 것, 인간은 질병을 겪지 않고 불로불사한다는 것, 전 세계의 언어가 하나로 통일된다는 것 등이다(4장 pp.176-178 참고).

대체로 지상선경의 자연적 환경은 불교적 외형에 가깝고, 인간의 사회생활 패턴은 유교적 윤리와 가까우며, 인간 존재 양식은 도교적 신선의 그것에 가깝다고 할 만하다. 물론 불교의 외형과 완전히 일치하지도 않고, 유교 윤리를 그대로 채용하지도 않으며, 도교의 신선 존재를 그대로 답습하는 것도 아니다. 그것은 모두 약간씩 변형되어 있다. 결국 상극과 원한이 없는 곳이라는 증산의 지상선경은 해원상생과 개벽이라는 자신만의 독특한 문제의식과 해결방안을 뼈대로 하여 유불도 이상향을 변용시켜 부분적으로 살붙인 결과로 나타난 것이다(4장 p.188 참고).

따라서 불로불사한다든지 하늘을 난다든지 고도의 문명을 누린다든지 하는 초현실적인 것까지 포함하는 증산의 지상선경을 소박한 농경사회를 묘사한 환웅의 신시와 동일한 것으로 볼 수는 없다. 다시 말

해서, ⑨ 환웅의 신시정부는 다스림의 내용이 다르므로 증산의 조화정부[54]와 같을 수 없고, ⑪ 환웅의 재세이화는 증산의 조화정부 제반 내용과 현저하게 다르고, ⑫ 증산의 원시반본사상은 환웅의 신시에 근원을 두지 않는다는[55] 것이다.

3-2-(4) 단군 출생담

단군신화의 핵심 모티프 가운데 하나가 단군의 출생담이다. 이 모티프를 두고 ⑬ 증산의 천지공사사상이 단군의 천지인 합일사상에 근원이 있고, ⑭ 천상계의 신은 소망을 들어주는 존재라는 점에서 대순사상과 단군사상은 유사하다는 주장이 있다.[56] 단군의 천지인 합일사상이란 환웅[天]과 지모신 웅녀[地]의 결합으로 단군[人]이 출생함을 의미한다.[57] 반면에 증산의 천지공사사상이란 원한을 해소하고 우주의 지배원리를 상극에서 상생으로 바꾸며 천지인 삼계를 새롭게 개벽한다는 것이다. 그렇다면 증산의 천지공사가 천지인의 전면 개정을 강조한다는 점에서, 천지공사의 근원이 단군의 천지인 합일사상이라는 ⑬의 주장은 성립되지 못한다. ⑭는 종교의 기능을 말한 것에 불과하므로 학술적이지 않고 검토할 가치가 없다.

필자는 단군 출생 모티프를 대순사상과 비교한다면 그 대상을 증산

---

54 '조화정부(造化政府)'라는 용어는 대순진리회에서 사용하지 않지만, 글의 전개를 위해 부득불 사용하였다.

55 특히 증산의 원시반본이 단군신화와 무관하다는 사실은 차선근, 「종교언어로서의 '원시반본' 개념 재검토」, pp.178-179 참조.

56 이항녕, 「증산의 우주평화사상 – 후천개벽과 삼계선경화」, p.34; 고남식, 앞의 글, pp.204-205.

57 최근덕, 「한민족의 天사상」, 『유교사상연구』 4·5 (1992), p.17.

이 말한 이상적 인간상, 즉 지상신선(地上神仙)[58]으로 상정하는 것이 낫다고 본다. 단군은 환웅으로 인해 '탄생한' 인간이고 지상신선은 증산으로 인해 '탄생할' 인간으로서, 단군과 지상신선 모두 인간 존재 양태의 근본적인 변화가 일어난 결과물들이기 때문이다.

단군은 환웅과 웅녀의 혼인으로 태어났고 조선을 개국하여 다스리다가 후에 산에 들어가 산신이 되었다. 그는 지상에서 영생불사하지만, 천상계의 신은 아니다. 반신반인이자 인간화된 신, 혹은 신화(神化)된 인간이다.[59] 그러므로 단군신화는 하느님의 강림과 인간의 성화(聖化)로써 신인융합이 가능하게 된다는 데에 그 의미가 있다.[60] 증산이 말한 지상신선은 다음과 같은 면 때문에, 단군과 같은 존재로 보기 어렵다.

첫째, 단군의 출생은 하늘과 땅, 즉 천신과 (짐승이 변한) 인간의 결합으로 인한 것이다. 인간의 일반적인 출생을 천지의 합일 결과로 표현할 수 있다고 하더라도, 태생적으로 성스러운 혹은 범상하지 않은 출생담을 갖고 있다는 점에서 단군은 보통의 평범한 인간은 아니다. 지상신선은 수행이라는 기나긴 노력 끝에 얻어지는 것일 뿐, 단군과 같이 특별한 출생담을 필요로 하지는 않는다. 다시 말해서 대순진리회가 말하는 지상신선이란 단군처럼 천신과 인간의 혼인으로 태어난 신화적 존재가 아니다. 오직 수도에 의해 인간 본래의 청정한 본질과 천품성(天稟性)을 회복한 후 자신의 기국에 맞는 신과 상합(相合)하여[神封於人] 그 신의 능력과 권위를 행사하는 존재이다(6장 p.263 참조). 요즘 세

---

58 지상신선의 개념에 대해서는 6장 참조.

59 송항룡, 앞의 책, p.21.

60 류동식, 앞의 책, pp.28-35.

속 언어로 표현하자면 단군은 금수저이고, 지상신선은 그렇지 않다는 것이다.

둘째, 단군은 천신과 인간의 결합으로 태어났으므로 그를 두고 신인합일(神人合一)이라고 표현하기도 한다.[61] 지상신선 역시 신인합일[神人相合]의 결과물로 표현된다.[62] 그러나 단군의 신인합일은 천신과 인간의 혼인으로써 반신반인이 출생했다는 뜻이고, 지상신선의 신인합일은 인간의 수행 정도에 따라 그 기국에 맞는 신명이 그 인간에게 봉해진다는 개념이니, 양자는 완전히 다르다.

셋째, 단군은 인간사회 또는 국가를 다스렸던 정치 지도자다. 대순진리회는 지상신선이 천지가 이전에 행해왔던 모든 일을 대신 맡아서 하게 된다고 믿는다. 그것은 "천지가 사람을 내서 사람을 쓴다. 사람으로 태어나 천지가 사람을 쓰는 때에 참여하지 못하면 어찌 인생이라 할 수 있으리오."라고 한 증산의 발언,[63] 특히 "후천에는 모든 것을 사람이 다 해나가고 사람에 의해 돼간다. 그래서 자리를 지키지 못하면 안 된다. … 후천에는 인간이 시, 분, 초 전체를 맡아서 행하니 …."라고 한 도전의 훈시(訓示)에서 유추할 수 있다.[64] 그렇다면 지상신선이 후천에는 단군과 같은 정치 지도자가 될 가능성을 부정할 수 없다. 그러나 그 역할과 임무는 단군의 인간 정치 범주를 훨씬 넘어선다.

---

61 류승국, 「한국인의 신관」, p.138.
62 『전경』, 제생 43절.
63 같은 책, 교법 3장 47절.
64 대순종교문화연구소 편집, 『훈시』(미발행), 신미(1991)년 5월 1일(양력 1991.6.
    12).

4. 대순진리회가 단군을 적극적으로 언급하지 않는 이유

앞에서 대순사상과 단군사상의 서사구조와 모티프들이 일정한 차이를 가짐을 확인하였다. 그러하다면 대순사상은 단군사상과 깊은 관련이 있다거나, 혹은 연원을 단군사상에 둔다거나 하는 식의 발언은 성립되지 않는 것이라고 할 수 있다.

지금까지 대순진리회는 단군민족주의를 받아들인 적이 없었다. 향후에는 대순진리회가 단군민족주의를 받아들일 가능성이 있을까? 필자는 없다고 본다. 그 이유를 사상이 다르다는 점 외에 몇 가지 더 짚어보겠다.

첫째, 대순진리회는 증산을 최고신으로 상정하기에, 또 다른 최고신 혹은 최고신과 가깝다고 생각되는 환인·환웅·단군의 가르침을 굳이 수용할 까닭이 없다는 점 때문이다. 최고신이 증산이라는 인간의 몸을 빌려 출생한 뒤 후천을 여는 미증유의 진리를 구축하고 천상계에 복귀했다는 것, 특정한 때가 이르면 다시 인계에 온다는 것, 증산이 천지공사로써 짜놓은 도수(度數)는 그로부터 종통을 차례로 계승한 도주 정산과 도전 우당에 의해 실현되는 중이라는 게 대순진리회의 신앙이다. 따라서 구천상제－도주－도전의 탄탄한 계보[宗統] 속에 이미 모든 가르침이 완비되어 있다고 본다. 그러하다면 대순진리회는 여기에 환인·환웅·단군을 위한 별도의 자리를 마련해 줄 것 같지 않다.

둘째, 대순진리회는 상생을 추구하고 상극은 배격하는데, 단군신화에는 정복과 지배라고 하는 상극적인 요소가 개입되어있다는 점 때문이다. 앞에서 사상 비교를 위해 부득불 홍익인간이 전 인류를 사랑

하고 존중하는 것이라는 작업가설적 정의를 세우기는 했지만, 사실 단군신화는 북방계가 남방계를 지배하면서 고안해낸 정복자의 논리라는 점이 지적되어야 한다.[65]

이웃 중국의 경우 황제헌원의 사례에서 보듯, 대개 건국 시조는 타지에서 유입된 자가 아니라 그 지역에서 성장하고 쟁취한 자다.[66] 외부에서 흘러들어온 자가 시조가 된다는 것은 정복자일 가능성이 크다. 단군신화는 바로 그런 맥락을 갖고 있다. 5000년 전 환웅과 단군이 등장하기 이전부터 한반도 곳곳에는 사람들이 이미 많이 살고 있었다. 심지어 그 연대는 50만 년 전까지도 소급된다. 환웅 집단 출현 이전부터 살아왔던 한반도인들은, 당연하게도 환웅과 단군의 후예들이 아니다. 이들은 환웅과 단군 집단에 정복당했다.

단군신화에는 외부에서 들어온 환웅 집단들의 선민사상이 있다. 지배자인 우세 부족을 중심으로 수립된 관념체계라는 뜻이다. 청동기 시대에는 부족들 간의 정복과 지배가 빈번해지면서 그 정당성을 주장할 필요가 대두되었는데, 단군신화는 정확히 그에 부합한다.[67] 정복자를 정당화하는 배경을 갖고 있다면, 단군신화는 전 인류를 구제 대상으로 삼는다고 말하기 어렵다.

단군신화는 한반도에 국한된 신화가 아니라 동아시아에 광범위하

---

65 성현경, 「단군신화의 문학적 연구」, 서울대학교 종교문제연구소(편), 『단군－그 이해와 자료』(서울: 서울대학교 출판부, 1994), p.226.

66 임태홍, 「한국 고대 건국신화의 구조적 특징－중국과 일본의 신화를 통해서 본」, 『동양철학연구』52 (2007), p.150.

67 서울대학교 종교문제연구소, 『단군－그 이해와 자료』(서울: 서울대학교 출판부, 1994), p.710; 김두진, 『한국고대의 건국신화와 제의』(서울: 일조각, 1999), p.15, p.61.

게 퍼져 있었던 신화였다.[68] 곰이 호랑이에게 승리하는 방식은 곰 숭배와 관련이 있다. 곰을 숭배하는 것은 시베리아 등 북방 민족의 신화에 흔히 등장한다. 하나라의 우임금이 곰이라는 전설도 있고, 환웅(桓雄)의 웅도 곰을 의미한다는 일부 견해도 있다.[69] 이렇게 곰과 관련되는 단군신화는 동아시아의 신화다. 그러나 단군신화는 동아시아 전체를 포괄하는 신화가 아니다. 엄밀히 말하자면, 단군신화는 동아시아의 북방계 신화로서 고조선 개국 신화일 뿐이지, 처음부터 우리 민족 전체를 대표하는 신화는 아니었다.『삼국유사』 저술 이전에는, 한국인들에게 단군신화가 북방계뿐만 아니라 남방계 전체를 포괄하는, 한반도와 만주 일대 전체를 아우르는 한국사의 출발점이라는 인식이 없었다. 고려 초기에는 북방의 고조선－고구려를 계승했다는 의식과 남방의 신라를 계승했다는 의식이 혼재하며 서로 부딪히는 상황이었다. 그러다가 13세기 말 몽골과의 오랜 전쟁 끝에 강화했지만 사대 관계를 유지해야 하는 상황이 닥치자, 자주성 확립을 위해 몽골 더 나아가 중국과는 뿌리와 역사적 출발점이 다르다는 사실을 확실히 해 둘 필요가 생겨났다.[70] 그렇게 해서 주목받게 된 것이 단군신화였다. 그

---

68 일부 논쟁은 있지만 147년경 중국 산동성의 무씨사석실(武氏祠石室)에 새겨진 화상석(畵像石) 조각이 단군신화와 거의 7, 8할 일치하고 있다는 보고도 있고, 6세기경에는 일본에도 그 신화가 전파되었다고 한다. 김재원,『단군신화의 신연구』(서울: 심구당, 1977), pp.61-93; 이필영, 앞의 글, pp.111-112; 이찬구,「단군신화의 새로운 해석－무량사 화상석의 단군과 치우를 중심으로」,『신종교연구』30, 2014, pp.199-206 참조.

69 김재원, 앞의 책, pp.82-84, p.91; 특히 숙종 때의 승려 설암추붕(雪巖秋鵬)이 지었다고 하는『묘향산지』에는 환웅을 '桓熊'으로 표기하고 있다.

70 서영대, 앞의 글, pp.70-71, p.81; 송호정,『단군, 만들어진 신화』(서울: 도서출판 산처럼, 2005), p.23.

러니까 몽골과의 갈등이 단군이 민족의 뿌리라는 인식을 만들었다.

고조선이 개국할 때는 처음부터 한반도와 동북아 전체를 아우르는 강력한 왕권과 중앙집권적 국가 체제로 출범한 것은 아니었다. 또한 고조선 이후로 한반도에는 많은 집단이 존재했었다. 동만주의 송화강에서부터 압록강에 걸쳐 부여가 있었고, 고구려와 옥저 등의 동북 또는 중앙그룹, 특히 한반도 남부의 삼한 사회에는 만여 가(家)에 이르는 대국부터 600가에 불과한 나라까지 78개 이상의 크고 작은 성읍국가가 존재했다.[71] 대개 나라가 건설되고 그것이 체계 질서를 갖추게 되면 지배와 권력의 정당성 확보를 위해 신화가 만들어진다. 단군신화가 가장 이른 나라인 고조선 시절의 신화라고 하더라도, 우리 민족의 전개에 따라 등장한 다양한 신화들이 배제되어서는 안 된다. 그동안 단군신화가 민족 전체를 아우르는 신화로 여겨져 왔던 이유는, 북방계가 남방계를 지배하면서 그 정당성을 확보하기 위해 벌였던 일련의 작업들 때문이다.[72]

단군신화가 한국에서 전승된 신화 중 가장 오랜 국가인 고조선의 기원을 다루었기 때문에, 시간적으로 가장 멀리 소급되는 신화임은 인정된다. 또 그 역사적 진실 여부와는 별개로 민족의 위기 상황에서는 어김없이 구심점 역할을 해 온 것도 사실이다.[73] 그러나 이 이유만

---

71 류동식, 앞의 책, pp.27-28; 김두진, 앞의 책, pp.65-66; 송호정, 앞의 책, p.18.
72 김헌선, 『한국의 창세신화』(서울: 길벗, 1994), p.11; 강돈구, 「한국 민족주의와 단군」, 『단군학연구』 1 (1999), pp.306-307.
73 고려 이후에도 단군 담론은 지속적으로 등장한다. 임진왜란과 병자호란 때에도 단군이 민족의 구심점이라는 담론은 등장하였고, 그 이후인 17세기에도 허목과 홍만종이 주자학에서 탈피하여 육경 위주의 고학주의, 혹은 단학과 양명학을 추구하면서 단군론을 전개하였으며, 그 담론은 18세기의 성호 이익

으로는, 상극을 부정하는 대순진리회가 정복과 지배라는 복잡한 배경을 가진 단군 담론을 끌어들이기에 충분하지 않다.

이상과 같은 이유로 해서, 구천상제-도주-도전에 의해 체계화되었던 교리 체계의 고유성과 순수성을 강조하는 대순진리회가 그것을 희생하면서까지 단군민족주의를 받아들일 수는 없다고 본다.

5. 닫는 글

지금까지 대순사상과 단군사상의 서사구조 및 모티프를 비교하였다. 본문에서 누누이 언급했듯이 그 차이들의 수준이 덮고 넘어갈 만큼 작은 게 아니다. 대순사상이 단군사상을 계승한 것이 아니라고 주장하는 이유가 여기에 있다. 만약 증산의 사상이 단군사상을 계승한 것이라는 주장을 하겠다면, 구체적으로 어떠한 면에서 그러한 것인지 분명한 논증이 뒤따라야 할 것이다. 그렇지 않다면 단군민족주의

과 수산 이종휘를 거쳐 조선말까지 꾸준히 이어졌다. 근대에는 1894년 갑오경장 이후 중국 연호가 폐지되고, 1897년 황제즉위식과 대한제국 선포 등 자주독립의 고조된 분위기 속에 단군 담론이 등장하였다. 갑오경장 이후 국사교육이 시작되면서 간행된 교과서에서 단군은 한민족의 시조라는 점이 집중 부각되었다. 특히 1905년 이후 일제의 침략이 본격화되자 망국의 현실로 인해 충군애국을 외치던 사람들이 애국의 대상을 민족으로 바꾸었다. 신채호 등은 민족의 실력을 길러 국권을 회복하겠다는 목적으로 계몽운동을 전개하는데, 이때 민족의 구심점으로 단군을 설정하고 역사를 기술했으며 자주와 독립을 강조했다. 김일권, 「17세기 단군 이해의 민족주의적 경향」, 『종교학연구』 14 (1995), pp.53-54; 하정현, 「단일민족, 그 신화 형성에 관한 일고찰-종교 가르치기의 한 사례 연구」, 『종교문화비평』 29 (2016), pp.101-103, p.107.

담론에 기생하려는 것일 뿐이라는 날 선 비판을 면키 어렵다.

다수의 증산계 교단 입장으로선 대중들에게 쉽사리 다가가기 위한 전략 가운데 하나로 단군민족주의를 받아들였을 가능성이 있다. 특히 해방이 되면서 한국인의 구심점으로 단군이 더욱 각광받던 시기였기에 그랬던 것으로 추정된다. 현재도 많은 증산계 교단들은 단군과의 연계성을 강조함으로써 자신들을 홍보하고 있다. 그러나 증산은 단군을 언급한 적이 없었고, 그의 사상도 단군신화의 그것과 별 연관성이 없다는 점이 지적되어야 한다. 대순진리회는 처음부터, 즉 무극도와 태극도 시절부터 단군민족주의에 입각한 단군 담론을 받아들이지 않고 있다는 점에서 타 증산계 교단들과는 다른 길을 가고 있다고 말할 수 있다.

최근에는 한국 사회에서 단군 담론이 점점 위축되고 있다. 김홍철은 그 원인을 서구의 영향으로 한국적인 문화나 신화가 멸시된 것, 단군의 정체성 규명 부족, 단군 관련 단체의 난립, 단군 단체가 200여 개가 넘지만 모두 영세성을 면치 못하는 점에서 찾고 있다.[74] 그러므로 단군 담론을 다시 활성화해야 한다는 요구가 있고, 심지어 한국에서 자생한 종교들은 한국적이어야 한다는 이유로 어떤 식으로든 교리적인 측면에서 단군을 수용해야만 하며, 제의에도 포함해야 한다는 주장까지 있다.

그러나 한국의 모든 종교와 사상이 한국적인 것이 되기 위하여 단군민족주의를 받아들이고 단군을 계승해야만 할 필요는 없다. 어떤

---

74 김홍철, 「단군신앙의 실태와 그 특성」, 『단군학연구』 1 (1999), pp.256-257, p.260.

의미에서 그런 주장은 '에피스테메(episteme) 폭력'이라고 할 수 있다. 대순사상이 한국에서 발아하고 꽃을 피운 이상, 대순사상이 한국적인 사상이 아니라고는 말할 수 없을 것이다. 대순사상이 단군사상과 결이 다르다는 것은 아무 문제가 되지 않는다. 증산이라는 한 천재적인 종교가의 출현으로 단군사상과는 별개인, 또 다른 범주의 한국사상이 만들어졌다면, 그것은 한국사상의 외연과 깊이가 더 확장된 것이니 좋은 일일 따름이지 불편한 일은 아니기 때문이다.

제6장

근대 한국의 신선 관념 변용

신선과 지상신선은 어떻게 다른가?

1. 여는 글

1-1. 지상신선의 등장

복건성 무이산 일대에서 거의 평생을 살았던 주희(朱熹, 1130~1200)는 무이구곡을 보고 신선[仙靈]이 사는 무릉도원이라 감탄하며 「무이구곡가(武夷九曲歌)」를 지었다.[1] 도교를 비판하면서 철저히 현실에 바탕을 둔 도의 실천 문제에 골몰했던 그가 낭만적인 정취로 비현실적인 신선세계를 노래했다는 것은 흥미로운 일이다. 주희뿐만 아니라 많은 한국 유학자들도 유선시(遊仙詩)를 썼다. 이것은 이상과 신념이 좌절되는 현실의 괴로움에서 벗어나 현세를 초월하고자 했던 그들만의 삶의 방식이었다. 이처럼 동아시아에 오랫동안 뿌리를 박고 내려왔던 신선사상은, 그 땅에 발을 붙이고 사는 사람들에게 지친 심신을 쉬게 하는 선선한 그늘을 제공해 왔다.

한국 종교문화 원형 가운데 하나인 신선사상은 한국의 종교문화를 구성하는 핵심적인 콘텐츠이기도 하다. 특히 19~20세기 초엽 안팎으로 어려움에 빠져있던 한국에서, 최수운(崔水雲, 1824~1864), 강증산(姜甑山, 1871~1909), 조정산(趙鼎山, 1895~1958), 박우당(朴牛堂, 1917~1996)에 의해 전통적인 신선사상과는 일정한 차별점을 가지는 새로운 지상신선 사상이 출현하였다. 이 사실은 한국 종교문화 원형이 어떻게 변용되고 있는지를 잘 보여준다는 점에서 주목할 만하다.

---

1 "武夷山上有仙靈 … 七曲移船上碧灘 隱屛仙掌更回看 … 漁郞更覓桃源路 除是人間別有天." 「武夷九曲歌」.

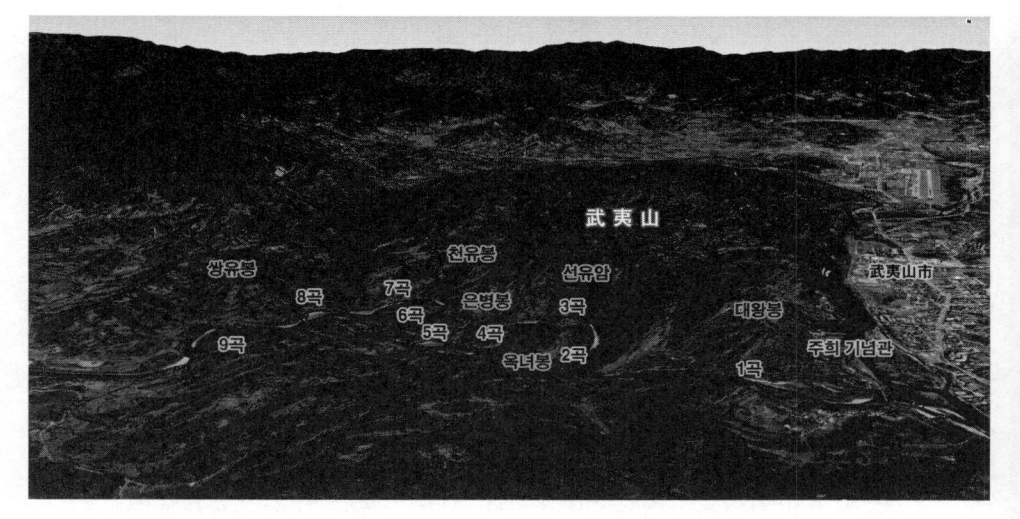

중국 복건성의 무이산 모습. 주자고거(朱子故居)는 무이산에서 동쪽으로 약23㎞ 거리, 주
희묘(朱熹墓)는 무이산에서 서쪽으로 약33㎞ 거리에 위치한다. (사진 출처: Google Earth)

지상신선(地上神仙)이라는 용어를 가장 먼저 사용한 사람은 동학을
창시한 최수운이다.[2] 그는 귀천의 구분이 없이 세상 사람 누구든 무위
이화(無爲而化)라는 조건을 이행한다면 지상신선이 될 수 있다고 예언
했다. '무위이화'란 행함이 없이 자연히 화한다는 도교적 의미가 아니
다. 수운 자신이 강조하는 종교적 수행과 노력이 전제될 때 즉 일정한
'유위(有爲)'로써 자연히 화한다는 의미다. 구체적으로는 지극한 정성
을 들여 한울님[天主]의 마음과 같은 마음이 되는 천인합일(天人合一)을
뜻한다. 수운의 지상신선은 사회도덕의 실행자이자 동학이 추구하는

---

2 "春來消息應有知 地上神仙聞爲近." 『東經大全』, 「訣」; "入道한 세상사람 그
날부터 君子되어 無爲而化 될 것이니 地上神仙 네 아니냐." 『龍潭遺詞』, 「教
訓歌」.

지상천국의 구성원이라는 점에서 현세적인 것이 그 특징이다.[3]

강증산 역시 지상천국의 도래와 더불어 새로운 인격체의 출현을 선언했다. 그 인격체는 도덕적 성취를 이룬 군자로서 그 세계에서 일정한 사회적 역할을 가지고 살아가는 현세적인 존재라는 점에서 수운의 지상신선과 유사하다. 하지만 그 인격체는 무불통지(無不通知)의 깨달음에 무소불위(無所不爲)한 능력까지 겸비하여 지상천국을 여는 주체라는 점, 그 능력 중의 하나인 의통(醫統)으로써 말세에 인류를 병겁(病劫)에서 건지는 구원자로 설정된다는 점, 조상·가족과의 유대가 강조된다는 점에서 수운이 말한 지상신선과는 일정한 차이가 있다. 다시 말해서 수운의 지상신선이 개인적 수양이 강조되고 도술적 능력은 두드러져 보이지 않는 인간상이라면, 증산이 강조한 인격체는 개인적 수양을 넘어 전통 신선이 발휘했던 도술 능력보다 더욱 강력한 초능력을 사회에 발휘하는 가족 공동체적인 인간상이다.

그런데 증산은 이 인격체를 도통군자(道通君子) 혹은 혈식천추도덕군자(血食千秋道德君子)라고만 불렀을 뿐, 지상신선이라고는 부르지 않았다. 하지만 증산은 그를 따르는 종도들에게 선도(仙道) 성격의 수행법을 가르쳤고, 그의 사상 역시 선도가 주류를 이루고 있다고 평가받는다.[4] 그 때문에 그의 인간상을 신선과 연관시키는 것은 무리가 아니다.

---

3 윤석산, 「동학에 나타난 도교적 요소」, 『도교사상의 한국적 전개』 (서울: 아세아문화사, 1989), pp.336-339, p.343; 정규훈, 『한국의 신종교 - 동학·증산교·대종교·원불교의 형성과 발전』 (서울: 서광사, 2001), p.125.

4 김탁, 「증산교단사에 보이는 도교적 영향」, 『도교문화연구』 24 (2006); 김홍철, 「한국 신종교에 나타난 도교사상」, 『도교사상의 한국적 전개』 (서울: 아세아문화사, 1989).

현재 증산계열의 종단 가운데 하나인 대순진리회에서는 증산이 말한 인간상을 지상신선이라 부르고 있다. 이것은 증산 사후 그에게서 종통을 계승 받은 조정산이 1925년에 증산의 사상을 정립하면서 증산이 제시한 인간상을 지상신선이라 이름 붙였던 데에서 기인한다.[5] 정산으로부터 유명(遺命)으로 직접 종통을 계승한 박우당은 1969년에 교단의 체제를 정비하고 대순진리회로 교단 명칭을 바꾸면서,[6] 정산이 말한 지상신선의 실현을 종교 목표 중의 하나로 분명히 하여 지금까지 내려오고 있다.[7] 특이한 사실은 증산계열의 종단 중에서 증산의 인간상을 도교적 인간상인 신선과 연결한 사례가 대순진리회 외에는 거의 발견되지 않는다는 점이다. 따라서 이 글에서는 지상신선사상의 흐름을 수운 외에 증산·정산·우당에게서 찾을 것이다.

이 글의 목적은 한국 종교사를 읽어내는 데 있어서 한국 종교문화의 원형을 분석하고 그 흐름을 살피는 것이 중요하다는 전제하에, 한국인들의 정신세계에 면면히 흘렀던 신선사상이 근대 이후 어떻게 변용되고 있는지를 파악하는 것이다. 목적 달성을 위해서는 전통적인 신선사상을 살피고, 수운과 증산—정산—우당의 지상신선사상을 분석한 뒤, 이를 상호 비교해야 한다. 하지만 수운은 지상신선이 어떤 능력을 지닌 존재인지, 괴질이 판치는 말세에는 어떤 역할을 하는지에 대한 특별한 언급을 남기지 않았다. 다만 그는 지상신선이 출현한다

---

5 대순진리회 교무부, 『전경』 (여주: 대순진리회 교무부, 2010), 교운 2장 32절.
6 대순진리회 이전의 교단 명칭은 태극도(1950~1969), 태극도 이전의 명칭은 무극도(1925~1950)였다.
7 대순진리회 교무부, 『대순진리회요람』 (서울: 대순진리회 교무부, 1969), p.17.

는 예언에 치중했다. 이에 비해 증산―정산―우당에 의해 정립되고 이어진 지상신선사상은 수운의 그것에 비해 더 구체적이다. 그러므로 이 글은 수운의 지상신선이 아닌, 증산이 선언했고 정산이 체계화시켰으며 우당이 계승한 지상신선을 다루고자 한다.[8] 연구 범위는 신선사상의 핵심이라 할 수 있는 신선 관념 및 신선이 되기 위한 성선법 (成仙法)으로 한정할 것이다.

---

8 증산의 지상신선사상에 대한 연구가 없는 것은 아니었지만, 대체로 그 연구들은 대순진리회 내부에서 진행된 것으로 교단 내부의 시각에서 지상신선의 개념을 드러내는 것에 그치고 있다. 또 무엇보다 전통적인 신선과 지상신선에 대한 상호 비교가 부족하다는 한계가 있다. 지상신선사상에 대한 선행 연구는 주로 『대순사상논총』 14호(2002)에 실려있다. 그 논문 목록은 다음과 같다. 정대진, 「지상신선실현―인간개조에 대한 이해」; 이항녕, 「지상신선사상의 현대적 의의」; 최동희, 「천지개벽과 정신개벽에 따른 인간개벽」; 안종운, 「지상신선과 인간개조 가능성에 관한 연구」; 양무목, 「지상신선―인간개조의 연구」; 윤기봉, 「지상신선실현의 의미와 도덕적 완성에 관한 일고」; 윤재근, 「대순사상에 있어서 인존의 교육적 인간상 탐구」; 이경원, 「대순진리의 지상신선실현―인간개조에 관한 연구」; 고남식, 「통합적 세계관과 地·人 관계의 인존 윤리」; 유승종, 「지상신선실현에 나타난 종교성 연구」; 이재호, 「대순진리의 인간개조에 담겨있는 지상신선실현의 의미」; 김석한, 「대순진리의 목적에 관한 연구(Ⅱ)」; 박승식, 「대순사상의 인간개조」; 주현철, 「신선사상에 대한 소고」; 김재천, 「지상신선실현―인간개조의 수행론적 의미」; 최영태, 「지상신선의 과학철학」. 『대순진리학술논총』 3호(2008)에도 관련 연구가 실려있다. 그 논문 목록은 다음과 같다. 정대진, 「神人調化의 이해」; 양무목, 「神人調化의 사상적 의의」; 최동희, 「윤리와 신앙의 목적으로서의 神人調化」; 노길명, 「대순사상의 '神人調化'와 사회변혁」; 김홍철, 「神人調化 사상의 원리와 그 실천 이념」; 류재갑, 「神人調化 사상의 의미와 실천적 함의」; 박광수, 「神人調化 원리와 성현의 구조」; 윤승용, 「대순진리의 神人調化, 신앙과 실천」; 김상일, 「과정신학의 신의 두 본성과 대순사상의 神人調化에 관한 연구」. 이 외에 유승종, 「신종교에 나타난 신선사상」, 『신종교연구』 13 (2005); 나권수, 「대순사상에 나타난 지상신선사상 연구」 (대진대학교 석사 학위 논문, 2008) 등이 있다.

1-2. 도교와 선도

글을 시작하기 전에, 도교와 선도의 용어 문제를 짚어두겠다. 그간 학계에서는 한국종교 원형의 핵심을 무교[巫教, 巫, 巫觀念], 선(仙), 선도 (仙道), '한'민족의 '한', 한국 도교 등 여러 이름으로 불러왔다.[9] 그런데 필자는 중국 북경대에서 열린 한 학회에 참석했을 때, 어떤 중국 학자가 '도(道)'는 노자의 『도덕경(道德經)』에서 나온 글자이므로 '도교(道教)'라는 용어는 중국 고유의 것이라고 강변하는 것을 들었다. 이 주장 뒤편에는 한국 문화가 중국 문화의 아류에 불과하다는 제국주의적 인식이 숨어있다는 느낌이어서, 심기가 불편했던 기억이 있다.

도교의 많은 내용이 중국적임은 당연하다. 하지만 여러 민족이 각축했던 대륙에 한족(漢族) 중심의 중국이라는 단일 집단 정체성 성립이 중화민국 건국 이후 백여 년에 불과하다는 사실을 감안하면,[10] '중국적'이라는 말은 한족의 문화 자체만을 의미하는 것이 될 수 없다. 중국학자들은 도교를 토생토장(土生土長)의 종교라고 하지만, 그때 토(土)가 말하는 것은 한족의 토착문화만을 의미하는 것이 아니라, 대륙 전체에 활동했던 다양한 문화 전체를 의미하는 것으로 보아야 한다. 다시 말하면, 도교는 현재 시점의 한족 중심 정치공동체인 중화인민공

---

9 이에 대한 논의는 김용휘, 「한국 선도의 전개와 신종교의 성립」, 『동양철학연구』 55 (2008), pp.141-142; 조흥윤, 『한국종교문화론』 (서울: 동문선, 2002), pp. 122-128; 박대복, 「『삼국유사』 소재 김유신 설화의 巫 관념과 天 관념」, 『한국민속학』 44 (2006), p.171; 이경원, 『한국의 종교사상』 (서울: 문사철, 2010), pp. 17-22 참고.

10 박병석, 「중국의 국가, 국민 및 민족 명칭 고찰」, 『사회이론』 26 (2004), p.7.

화국이 수천 년 전부터 가져왔던 '단일' 전통 종교가 아니라, 만주와 발해만 연안을 포함하는 대륙의 다양한 문화들이 녹아있는 것으로 보아야 한다는 것이다.[11]

그럼에도 불구하고, 중국 학자들은 도교를 한족 중심의 문화로 한정하는 경향이 강하다. 이 때문에 이 글은 '한국 도교' 대신 '한국 선도'라는 용어를 사용하고자 한다. 이때 선도는 한국의 기층문화인 한국 고유의 신앙과 문화 전통을 바탕으로 중국에서 유입된 도교적 요소까지 모두 포괄하는 개념으로 규정된다.[12] 중국에서 선(仙), 선도(仙道)라는 용어는 도교 출현 이전에 그 배경이 되었던 고대 신선사상을 표현할 때 주로 사용되는 편이다. 반면 한국에서는 신선사상의 뿌리가 이미 한국 고대에 있었다고 주장하는 일단의 학자들이 대체로 도교라는 용어 대신 선도라는 용어를 사용하는 편이다. 선도라는 용어는 민족주의적 색채를 드러낸다는 측면이 있기는 하지만, 도교보다는 좀 더 한국의 고유성을 드러낸다는 장점이 있다. 이웃 일본도 중국 혹은 한국의 영향을 받으면서 형성시킨 그들의 고유한 종교문화 전통에 도교라는 용어 대신 '신도(神道)'라는 별도의 명칭을 부과하여 사용해오고 있음을 참고할 필요가 있다.[13]

---

11 정재서, 『한국 도교의 기원과 역사』(서울: 이화여자대학교출판부, 2006), pp.69-92 참고.

12 김용휘, 같은 글, pp.141-142.

13 일본 신도와 도교와의 관련성은 다음을 참고할 수 있다. 박규태, 「일본 신도(神道)와 도교: 천황 및 이세신궁과의 연관성을 중심으로」, 『종교연구』 76-1 (2016).

2. 중국 도교와 한국 선도의 신선

고대 한국에 신선 관념이 있었다고 하더라도, 역사적으로 보면 중국 도교의 신선 관념이 한국 선도의 신선 관념에 일정한 영향을 미쳤음은 부인할 수 없다. 그러므로 이 글은 전통 신선사상을 파악하는 방편으로 중국 도교와 한국 선도에 나타나는 신선 관념을 모두 살필 것이다. 다만 신선에 대한 관념 형성 및 변천, 성선법을 위주로 해서 통시적으로 고찰하도록 한다.

2-1. 중국 도교의 신선

중국 도교에서 득도성선(得道成仙)은 도사들의 최종 수행목표다. 이들이 추구하는 신선에 대한 관념은 『사기』 「봉선서」에 근거하여 기원전 4세기경인 전국시대 중엽, 팔신(八神: 天地日月) 숭배신앙이 있던 산동반도 연제(燕齊) 해안지역의 방사(方士)들에 의해 비롯되었다고 보는 것이 일반적이다. 이 방사들은 삼신산과 불사(不死)의 존재인 선인[僊人, 仙人]·불사약에 대한 신앙을 위주로 하는 개인 실천적 성격의 방선도(方僊道)를 유행시켰다.[14] 이러한 신선 논의에 의술(醫術)·경방(經方: 경험의 처방)·방중(房中)·방기(方伎: 방사의 술법)의 네 파가 포함되고 연금술이 합해지면서 전한 중엽 무렵에 신선사상은 완전한 골격을 갖추

---

14 "自威宣燕昭使人入海求蓬萊方丈瀛州. 此三神山者其傳在渤海中去人不遠 患且至則船風引而去. 蓋嘗有至者諸僊人及不死之藥皆在焉. 世主莫不甘心 焉. 及至秦始皇并天下至海上則方士言之不可勝數." 『史記』, 「封禪書」.

게 된다.[15]

연제 해안지역에는 방선도 외에 무위이화의 국가 정치철학을 표방하는 황로도(黃老道)도 같이 출현하였다. 방선도가 신선의 원조로서 황제헌원을 존숭했다면 황로도는 황제헌원 외에도 노자를 같이 존숭했다는 점에서 차이가 있다. 무엇보다 더 달랐던 것은 방선도가 장생불사의 신선이 되는 방법으로 '유위'를 제시한 데 비해 황로도는 '무위'를 강조하였다는 점이다. 그러나 이들은 모두 연제 해안지역의 방사들에 의해 전개되었고 초월의 이념과 자연과의 합일, 생명 존중이라는 공통분모를 지니고 있어서 하나의 사상으로 융합될 수 있었다.[16]

이런 배경에서 등장한 것이 후한대의『태평경』이다. 여기에는 방선도와 황로도의 신선 개념들이 구체적으로 종합되어 있다. 즉 신선은 원기무위(元氣無爲)의 단계에 도달하여, 하지 못함이 없고 알지 못함이 없는 존재로서, 사람에게 도가 없을 때는 그저 평범한 사람에 불과하지만, 도를 얻으면 신선으로 변할 수 있으며 하늘로 올라 하늘을 따라 변화하니 곧 하지 못함이 없게 된다는 것이다.[17] 다시 말해서『태평경』에서의 신선은 형체에 대한 집착을 버리고 생명의 본질이 되는 무형(無形)의 기(氣)를 길러 우주 만물과 인간 생명의 궁극적 근원이자 근본

---

15 勞思光,『中國哲學史』(台北: 三民書局, 1981), pp.17-18.

16 김일권,「진한대 방사의 성격과 방선도 및 황로학의 관계 고찰」,『동국사학』44 (2008), pp.79-81; 楠山春樹,「도가사상과 양생설과 신선사상」,『도교학연구』11 (1993), p.3.

17 其上第一元氣無爲者, 念其身也, 無一爲也, 但思其身洞白, 若委氣而無形, 常以是爲法, 已成則無不爲無不知也.『太平經』,「眞道九首得失文訣」.

으로 간주되는 원기(元氣)와 합일함으로써 도달할 수 있는 경지이며, 불사의 존재라는 본래의 이미지를 바탕으로 하면서 동시에 천인합일을 실현한 이상적 인격으로 상정되어 있다.[18]

『태평경』과는 달리, 『태평경』과 유사한 시기에 출현하여 초기 도교 사상 성립에 일정 역할을 한 오두미도의 경전인 『노자상이주(老子想爾註)』에는 신선 관련 내용이 발견되지 않아, 오두미도가 정립되던 초기에는 신선사상을 멀리했던 것으로 여겨진다.

한편 선(僊)과 선(仙)은 같은 글자로 혼용되어 오다가 후한 이후 위진대에서는 대체로 선(仙)으로 통일되는데, 그 이유는 신선이 산(山)에 들어가서 장생불사에 도달한다고 생각되었기 때문이다. 또 산이 주는 이미지대로 신선은 속세와 유리된 은둔 지향적 성격을 가지는 것으로 이해되었다.[19]

『태평경』이후 신선에 대한 논의를 집대성한 사람은 4세기 초엽 『포박자』를 저술한 갈홍(葛洪, 283~343?)이다. 그는 신선을 세 부류로 나누었으니, 최상은 육체가 그대로 허공으로 오르는 천선(天仙)이고, 중위(中位)는 명산을 거니는 지선(地仙)이며, 하위(下位)는 죽은 뒤에 매미처럼 탈바꿈하는 시해선(尸解仙)이다.[20] 갈홍은 이러한 신선이 되기 위해서 선행을 쌓고 공을 세우며 사물에 대하여 항상 자비로운 마음을 가지는 것이 필요하다고 역설했다. 그래도 그가 중점적으로 제시했던

---

18 김성환, 「초기 도교의 철학사상」, 『중국철학』 7 (2000), pp.130-132.

19 勞思光, 앞의 책, pp.17-18; 구보 노리타다, 『도교사』, 최준식 옮김 (왜관: 분도출판사, 1990), p.87; 김일권, 앞의 글, pp.93-95.

20 "上士擧形升虛, 謂之天仙. 中士游於名山, 謂之地仙. 下士先死後蛻, 謂之屍解仙." 『抱朴子』, 「論仙」.

성선법은 외단(外丹), 즉 금단(金丹)의 제조와 복용이었다.[21]

북위대에 화북지방을 중심으로 오두미도를 계승하여 신천사도(新天師道)를 펼친 구겸지(寇謙之, 365~448)는 초기 오두미도와는 달리 불로장생의 신선을 그 중심사상으로 내세웠고, 그에 수반해서 복이(服餌)·복기(服氣)·도인(導引)·벽곡(辟穀) 등의 성선법을 채택했다. 구겸지의 활약으로 도교는 처음으로 국가종교로서 지위를 획득하는 데 성공했고, 황제들의 신선을 향한 관심도 열렬해지면서 신선 관념과 성선법은 확고하게 뿌리를 내릴 수 있었다.

동시대 강남지방을 중심으로 활동했던 상청파는 도교 신들의 계보 확립에 큰 영향을 주었다. 특히 신선이 되기 위한 수련법인 존사(存思)를 체계화하는 데 지대한 공헌을 하였다. 상청파에 따르면 천계의 무수한 신들은 인간 몸속에 거주하는 체내신(體內神)으로 상정된다. 예를 들면 도교의 최고신인 태일(太一)은 곤륜산에 거주하면서 동시에 인간 육체의 배꼽 아래에 거주하기도 한다. 도(道)의 원기(元氣)는 신들의 형태로 우주를 가득 채우는 동시에 각 사람의 신체를 채우고 있어서, 이 체내신들을 보존하고 명상하는 존사로써 악한 기운을 몰아내고 참된 기운을 키울 수 있을 뿐 아니라 도의 원기로 전환할 수 있다. 이러한 상청파의 성선법은 금단의 제조와 복용을 위주로 하는 외단에서 수련을 위주로 하는 내단(內丹)으로 발전하는 교량이 되었다.[22] 상청파의 근거지인 모산(茅山)에서 수련하여 비법을 얻었다는 수대(隋代)의 소현랑은

---

21 "上藥令人身安命延, 升爲天神, 遨游上下, 使役萬靈, 體生毛羽, 行廚立至. …
　　又曰, 中藥養性, 下藥除病." 『抱朴子』, 「仙藥」.

22 김승혜, 「도교 상청파의 생명관」, 한국도교문화학회(편), 『도교와 생명사상』
　　(서울: 국제자료원, 1998), pp.28-44.

마음을 닦고 기를 수련하는 성명쌍수(性命雙修)를 제창함으로써 내단 수련의 이론적 토대를 굳건히 하였다. 당대(唐代)의 종리권과 여동빈은 종려금단도(鍾呂金丹道)로써 내단 수련을 유행시켰는데, 그 성선법은 한국에까지 전파되었다. 그럼에도 그 시기에 금단 제조 기술이 획기적으로 발전하고 사회적으로 단약을 먹는 사회적 풍조가 만연하였던 데서 알 수 있듯이,[23] 여전히 내단보다는 외단이 우세하였다.

오대 송초의 저명한 도사인 진단은 유불도의 학설을 두루 융합하여 「무극도(無極圖)」 등에서 보이는 체계적인 내단 이론을 만들었고, 이는 송·원 도교 내단파 형성에 기초를 다져주는 역할을 하였다. 11세기에 도교 남종[南宗, 紫陽派]을 개창한 장백단은 먼저 몸을 닦고 그다음에 마음을 닦는 선명후성(先命後性)의 성선법을 내세우면서 선(禪)으로 들어갈 것을 권하는 도선쌍수(道禪雙修)를 주장하여 내단 성선법에 큰 영향을 주었다.[24]

12세기 중엽 출현한 신도교의 하나인 전진교에서는 신선을 득도자로 설정하고 두 가지 수련법을 강조하였다. 하나는 외적 수련인 진행(眞行)인데, 그것은 가난과 환란으로 고통받는 사람들을 구해주며 덕을 쌓고 사람들을 전진교로 입교시키는 것이다. 다른 하나는 내적 수련인 진공(眞功)으로서, 청정을 유지하며 마음을 안정시켜 본성을 연마하는 것이다.[25] 진공은 신선이 되기 위해서 도가 만물에게 생명을

23 장언푸, 『한 권으로 읽는 도교』, 김영진 옮김 (서울: 웅진씽크빅, 2008), pp.172-179.
24 같은 책, pp.261-262.
25 구보 노리타다, 앞의 책, p.305.

부여한 과정을 반대로 거슬러 올라가서 후천의 기가 가져오는 부패를 극복하고 선천의 기를 회복하여 생명을 완전하게 해야 한다[26]고 보는 내단 수련이다. 이러한 사상은 한국 단학파에게 상당한 영향을 끼쳤다. 전진교는 도교 남종까지 흡수하여 외단을 부정하고 원기와의 합일을 추구하는 내단 위주의 수련 체제를 더욱 공고히 하였다. 하지만 원대(元代) 말엽이 되면 외단이 전진교에 슬며시 비집고 들어와 자리를 잡게 된다. 이후 전진교에서는 외단과 내단이 같이 꾸준히 이어졌다. 그래도 이 무렵 성선법 주류는 외단이 아니라 내단이었다.

내단에 따르면 신선은 순양지체(純陽之體)이고 귀신은 순음지체(純陰之體)이며 사람은 음양 혼합의 존재이다.[27] 사람은 수련으로써 자신에게 내재한 음(陰)을 조금씩 제거하여 순양(純陽)의 상태에 도달하고 신선으로 화하게 된다. 이는 음양론과 관련된 내단법의 독특한 설정이라 할 수 있다.

송대(宋代)를 지나면서 중국에는 『태상감응편(太上感應篇)』, 『문창제군음즐문(文昌帝君陰騭文)』, 『공과격(功過格)』 등 권선서(勸善書)들이 유행하기 시작했다. 대체적인 내용은 죄를 범하면 수명이 짧아진다는 것, 천선(天仙)이 되려면 1300가지 선을 쌓아야 하고, 지선(地仙)이 되려면 300가지 선을 쌓아야 한다는 것들이다. 특히 『공과격』은 인간 행위를 공격(功格, 선행)과 과격(過格, 악행)으로 나누고, 그 각각에 플러스와 마이너스 점수를 부여하여 매달 집계를 냄으로써 각자의 선악 정도를 점

---

26 김승혜, 앞의 글, p.28.
27 "人死为鬼, 道成为仙. 纯阴而无阳者鬼也, 纯阳而无阴者仙也, 阴阳相杂者人也." 朱壮涌 点校, 『仙术秘库』(内蒙古: 內蒙古人民出版社, 1993), pp.11-12.

수로 표시한다. 이런 권선서들은 그 연원이『태평경』이나『포박자』에 소급될 정도로 오래된 것인데, 송대 이후로 급격히 영향력이 증가했다.[28]

이상을 간단히 정리해보면, 중국 도교에 나타나는 신선은 하늘을 나는 존재, 특별한 능력을 지닌 존재, 불로불사의 존재로 설정된다. 이 중에서도 특히 강조되는 성격은 불로불사다. 성선법으로는 외단과 내단이 있는데, 초기에는 외단이, 후대로 내려올수록 내단이 강조되었다. 또 권선서에서 거론되는 선행과 공덕 쌓기도 부수적인 성선법으로 모색되었다.

2-2. 한국 선도의 신선

중국 도교가 한국에 도입되었다는 공식 기록은『삼국사기』「고구려본기」에 영류왕 7년(624) 당(唐) 고조가 도사를 보내 원시천존상과 도법을 전하고『도덕경』을 강론함에 임금과 백성들이 그것을 들었다는 것이다.[29] 그런데 한국의 신선사상은 이와는 별개로 중국 도교 전

---

28 구보 노리타다, 앞의 책, pp.350-358; 윤찬원,「도교 권선서에 나타난 윤리관에 관한 연구」,『도교문화연구』29 (2008).

29 "七年春三月, 遣刑部尙書沈叔安 策王爲上桂國遼東郡公高句麗國王 命道士以天尊像及道法 往爲之講老子 王及國人聽之."『三國史記』卷20「高句麗本紀」; 당시 고구려에는 오두미도에 대한 신앙이 들어와 있었는데, 고구려에서 중국 도교를 수입한 것은 당과의 융합책 혹은 당의 종교정책에 맞서 보겠다는 다분히 정치적인 목적이었다는 해석이 있다. 정세근,「한국 신선사상의 전개와 분파」,『한국 고유사상·문화론』(성남: 한국정신문화연구원, 2004), p.278; 차주환,『한국의 도교사상』(서울: 동화출판공사, 1984), p.189; 정재서, 앞의 책, pp.29-33, pp.80-81.

래 이전부터 이미 최고신에 대한 신앙, 제천의례, 산악숭배, 귀신신앙 등과 함께 한국의 전통문화로 전승되어 오던 것이다.[30] 고구려 벽화에 보이는 비선(飛仙), 또는 고구려의 금을 먹는 풍습[외단의 일종으로 보인다]은 이에 대한 유력한 증거다.

한국 신선의 원형은 단군이다. 『삼국유사』「기이」에 의하면, 환인의 아들 환웅이 태백산 신단수 아래로 내려와 인간인 웅녀와 혼인하여 단군을 낳았다. 단군은 평양에 도읍하여 국호를 조선이라 했고, 후에 도읍을 백악산의 아사달로 옮겨 1500년간 나라를 다스렸다. 그 후 단군은 아사달의 산신이 되었으니 나이가 1908세였다.[31] 단군은 신과 인간의 혼인으로 태어난 반인반신의 존재이며 지상에서 장생불사하는 신선으로 이해된다. 따라서 한국의 신선 관념은 중국의 그것에 비해서 보다 인간 중심적이라 할 수 있다. 이로부터 시작된 신선사상은 고구려의 조의선인(皂衣仙人), 신라의 화랑도[國仙 혹은 仙郎] 등에 의해 면면히 계승되었다. 하지만 최치원의 「난랑비서문」 등을 제외하고는 전해지는 기록이 별로 없어 자세한 내용은 파악하기 힘들다.[32]

30 송항룡, 『한국도교철학사』(서울: 성균관대학교 출판부, 1987), p.41; 김성환, 「한국 도교의 자연관」, 『한국사상사학』 23 (2004), p.84; 김용휘, 앞의 글, p.157; 김성환, 「한국의 선도 연구」, 『도교문화연구』 28 (2008), p.19.

31 "周武王卽位己卯封箕子於朝鮮壇君乃移於藏唐京後還隱於阿斯達爲山神壽一千九百八歲." 『三國遺事』, 「紀異」.

32 "崔致遠鸞郎碑序曰 國有玄妙之道, 曰風流 設敎之源 備詳仙史 實乃包含三敎 接化群生 且如入則孝於家 出則忠於國 魯司寇之旨也. 處無爲之事 行不言之敎 周柱史之宗也. 諸惡莫作 諸善奉行 竺乾太子之化也." 『三國史記』 卷4 「新羅本紀」.

통일신라시대에는 최승우·김가기·승려 자혜가 입당 유학 중 천사(天使) 신원지·종리권을 만나 내단학을 전수하고 귀국하였다고 전해진다. 이때부터 한국에는 중국의 영향을 받은 내단 위주의 신선사상이 발전하게 된다. 이런 분위기는 왕실에서 직접 도교의 각종 재초 행사를 주관하던 고려에도 이어졌다. 특히 고려인들의 만시(輓詩)나 묘비명을 살펴보면, 이 세상을 한갓 신선놀음[仙遊]이라거나 사후세계를 선향(仙鄕)으로 보는 등 신선세계를 동경하는 의식이 강렬하였다.[33] 그러나 숭유정책을 내건 조선조가 시작되면서 관료 유학자들은 재초와 더불어 신선사상을 신랄하게 비판한다. 대표적인 사람이 조선 건국에 결정적 공을 세운 정도전이다. 그는 기(氣)에만 집착할 뿐 리(理)를 모른다고 하면서 불로장생을 추구하는 것 자체가 문제라고 공격하였다.[34] 그래도 신선사상은 사라지지 않고 은둔적 지식인들인 단학파를 중심으로 꾸준히 이어졌다.

단학파는 외단을 철저히 배제하고 내단에 집중하였다. 대표적인 인물로는 김시습, 정북창, 곽재우, 권극중 등을 들 수 있다. 특히 정북창은 『용호비결』을 저술하여 중국의 내단과는 다른 한국의 독특한 내단술을 발전시키는 데 크게 공헌했다. 이들의 계보는 16~17세기에 저술된 『해동이적』과 『청학집』, 『해동전도록』에 전한다. 『해동이적』은 도맥의 원류를 단군에게서 찾고 『청학집』에서는 단군 이전의 환인에게서 찾는데, 둘 다 한국 고유의 선(仙)에 도맥을 둔다. 이에 비해 『해동

---

33 김일권, 「전통시대의 삼교 교섭과 공존의 문화 – 고려시대의 다종교상황을 중심으로」, 『한국문화와 종교적 다양성』 (성남: 한국정신문화연구원, 2003), p.56.
34 김낙필·박영호·양은용·이진수, 「한국신선사상의 전개」, 『도교문화연구』 15 (2001), p.79.

전도록』은 그 사상 연원을 중국의 종리권에 두고 중국 도교로부터 내단학을 적극 수용하고자 했다.[35] 또 조선 중기 이후에는 중국에서 유입된 권선서 신앙이 민간에 유행하여 도덕적 선행을 쌓아야 만이 신선에 도달할 수 있다는 사상이 퍼지기도 하였다.[36]

이처럼 한국 선도의 신선사상은 한국 고유의 것에 중국 도교가 융합되면서 전개되었다. 한국의 신선은 신과 인간의 혼인으로 태어난 단군에서 비롯되었으며 중국의 신선보다 인간 중심적이었다. 하지만 전체적인 그림을 보면 통일신라 이후 한국의 신선 관념은 중국 도교에서 나타나는 신선과 큰 차이를 보이지 않는다. 한국에서도 신선은 도를 닦아 현실의 인간 세계를 떠나 자연과 벗하며 사는 인물로서, 세속적인 상식에 구애되지 않고 고통이나 질병, 죽음에서 탈피한 존재로 설정되고 있다. 또 전쟁이나 재난을 피하고 미래를 내다보며, 둔갑술로 변신을 자유자재로 하는 등 신기한 술법을 구사한다.[37] 한국에서 성선법은 통일신라 이전에의 것은 확실히 알려진 것이 없고, 통일신라 이후에는 외단이 부정되고 내단이 강조되는 것이었다.

---

35 김낙필, 「해동전도록에 나타난 도교사상」, 한국도교사상연구회(편), 『도교와 한국사상』 (서울: 범양사, 1988), pp.138-143.

36 『해동전도록』에서는 신선이 되려면 공덕을 쌓아야 하는데 3000공과 800행이 축적되어야 선계에 오를 수 있다고 하였고, 『각세신편』에서는 오로지 도덕적 선행이야말로 신선이 되는 길이라고 주장하고 있다. 김낙필·박영호·양은용·이진수, 앞의 글, p.93, p.97.

37 최운식, 「신선 설화의 전승 양상과 한국인의 의식」, 『한국민속학』 44 (2006), pp.523-527.

3. 대순진리회의 지상신선

19~20세기에 접어들면 보통 사람들에게도 신선이 되는 길이 열린다고 선언하는 종교 지도자들이 한국에 나타나니, 곧 수운 그리고 증산이었다. 특히 증산이 강조한 인간상은 정산과 우당에게 차례로 계승되었고, 현재 대순진리회에서는 이 인간상의 성취를 '지상신선 실현'이라고 하여 목적들 가운데 하나로 삼고 있다. 증산은 이 인간상을 도통군자 혹은 혈식천추도덕군자로 불렀기 때문에, 이를 살펴봄으로써 지상신선에 대한 특징을 드러낼 수 있으리라 본다.

3-1. 증산의 궁극적 인간상, 지상신선

3-1-(1) 도통(道通)의 의미

전통적 신선이 지니는 가장 큰 특징은 역시 불사의 존재라는 것이다. 이는 오래 살고자 하는 인간의 욕망이 투영된 결과이기도 하다. 그런데 증산은 "세상에서 수명복록(壽命福祿)이라 하여 수명을 복록보다 중히 여기나 복록이 적고 수명만 길면 그것보다 욕된 자가 없나니, 그러므로 나는 수명보다 복록을 중히 하노니 녹이 떨어지면 죽나니라."[38]고 하여 복록이 없는 장수에 대해서는 비판적인 입장이었다. 하지만 그가 자신이 하는 일을 두고 영화와 복록을 풍족히 누리자는 것[39]이라고 강조했던 사실을 보면, 수명이 녹에 종속되는 것으로 파악했던 것

---

38 『전경』, 교법 1장 16절.
39 같은 책, 교법 1장 6절.

이지 장수 자체를 부정했던 것은 아니었다. 증산은 장수를 인간이 누리는 복록 중의 하나로 보고, 장수만을 추구할 것이 아니라 더 큰 차원에서 장수를 포함하는 복록을 추구해야 한다고 보았다.

그는 복록을 받기 위한 조건이 일심(一心)을 가지는 것이라고 밝혔다.[40] 일심을 가지기 위해 노력하는 것은 수도의 한 과정이고, 수도의 결과로써 얻는 결실은 '도통'이다. 즉 증산에게 있어서 장수를 포함하는 복록은 도통을 이루어야 얻을 수 있는 것이다.

도통에 대해『대순진리회요람』은 다음과 같이 말하고 있다.

> 오직 우리 대순진리회는 성(誠)·경(敬)·신(信) 삼법언(三法言)으로 수도의 요체(要諦)를 삼고 안심(安心)·안신(安身) 이률령(二律令)으로 수행의 훈전(訓典)을 삼아 삼강오륜을 근본으로 평화로운 가정을 이루고 국법을 준수하여 사회도덕을 준행하고 무자기(無自欺)를 근본으로 하여 인간 본래의 청정한 본질로 환원토록 수심연성(修心煉性)하고 세기연질(洗氣煉質)하여 음양합덕(陰陽合德) 신인조화(神人調化) 해원상생(解冤相生) 도통진경(道通眞境)의 대순진리를 면이수지(勉而修之)하고 성지우성(誠之又誠)하여 도즉아(道卽我) 아즉도(我卽道)의 경지를 정각(正覺)하고 일단 활연 관통하면 삼계(三界)를 투명(透明)하고 삼라만상의 곡진이해(曲盡理解)에 무소불능(無所不能)하나니 이것이 영통(靈通)이며 도통(道通)인 것이다.[41]

---

40 같은 책, 교법 2장 4절.
41 『대순진리회요람』, p.9.

이에 따르면 도덕을 근본으로 심신(心身)을 단련하고 정성을 들이면 도통에 도달하게 된다고 한다. 도통이란 시공간을 넘어 삼계를 모두 꿰뚫어 보게 되어 삼라만상의 모든 것에 통달하고 모르는 것이 없으며 무소불능에 다다르는 경지라고 한다. 일단 그 경지에 도달하면 번뇌가 있을 수 없으며 불로불사는 당연히 누릴 수 있다고 본다.[42]

또 증산은 자신이 홀로 도통을 주는 것도, 인간 스스로가 자기의 힘으로 도통을 하는 것도 아니며, 미래의 어떤 정해진 시간이 되면 각자 닦은 바에 따라서 자신 외에 '대두목(大頭目)'이라고 하는 존재와 도통 신들에 의해 도통이 열린다는 것을 명확히 했다.[43] 그러면서 도통에 상중하의 차등이 있음을 다음과 같이 밝혔다.

> 나는 마음을 닦은 바에 따라 누구에게나 마음을 밝혀 주리니 상재(上才)는 칠일이요, 중재(中才)는 십사일이요, 하재(下才)는 이십일일이면 각기 성도하리니, 상등(上等)은 만사를 임의로 행하게 되고, 중등(中等)은 용사(用事)에 제한이 있고, 하등(下等)은 알기만 하고 용사를 뜻대로 못하므로 모든 일을 행하지 못하느니라.[44]

이에 의하면, 최고 경지인 상등은 모든 것을 뜻대로 할 수 있고, 그 다음인 중등은 할 수 있는 일과 할 수 없는 일의 구분이 있으며, 하등은 이치는 알되 자기 마음대로 할 수 있는 일은 없다.

---

42 『전경』, 예시 75절.
43 같은 책, 교운 1장 41절.
44 같은 책, 교운 1장 34절.

3-1-(2) 도통군자(道通君子)

증산은 장차 여자가 더 많이 도통을 하게 될 것이라고 예언하면서 도통에 도달하는 존재를 도통군자(道通君子)라고 불렀다.[45] 원래 군자는 유가(儒家)의 인간상이었다. 공자는 귀족이라는 신분의 의미였던 군자 개념을 누구나 노력만 하면 도달할 수 있는 도덕적 성취를 이룬 인격으로 전환하면서, '수신제가치국평천하(修身齊家治國平天下)'라는 관점을 활용하여 통치자의 기본 자질로 상정했다.[46] 군자는 유학에서 성인(聖人)이나 인자(仁者)보다 아래 단계의 인격이다. 그러나 증산이 표현한 '도통을 한 군자' 즉 도통군자는 유가의 군자와는 다른 차원으로서, 성인이나 인자를 뛰어넘는 최고의 인격이다.

증산이 굳이 도덕이 강조되는 인격인 군자를 끌어들여 도통군자라는 용어를 사용한 이유는 그가 '큰 병은 무도(無道)에서 나오고, 작은 병도 무도(無道)에서 나온다. 그 아비를 잊은 자 무도하고, 그 임금을 잊은 자 무도하고, 그 스승을 잊은 자 무도하다. 세상에 충도 효도 열도 없으니 천하가 모두 병들었다'[47]라고 한 것과 연관이 있는 것으로 보인다. 그러니까 증산은 세상이 모두 병이 든 이유가 도덕의 말살에 있다고 판단했으므로 인간의 도덕성 회복을 당면 과제로 삼았고, 그렇기에 군자라는 도덕 강조 인간상을 추구해야 할 인격의 표본으로 말했던 것이다.

증산이 군자라는 표현을 사용한 또 다른 이유는 군자가 통치자로서

---

45 같은 책, 예시 45절.

46 전세영, 『공자의 정치사상』(서울: 인간사랑, 1992), pp.96-97; 정귀화, 「순자의 군자론에 대한 연구」, 『부산정치학회보』7 (1997), p.109, p.112.

47 "大病出於無道 小病出於無道 … 忘其父者無道 忘其君者無道 忘其師者無道 世無忠 世無孝 世無烈 是故天下皆病." 『전경』, 행록 5장 38절.

성격도 포함한다는 점을 이용하여 도통을 한 존재가 향후 민생들을 구원하여 이끌 지도자라는 것을 드러내기 위함으로도 생각된다. 증산은 새로운 세계인 지상천국이 도래할 때는 인류가 겪어본 적이 없는 대규모의 병겁(病劫)이 닥쳐 참상이 벌어지고 이를 막을 약은 없다고 경고하고 의통(醫統)만이 유일한 치료법임을 강조하였다. 의통이란 천강(天降)을 받음으로써 병든 자를 한 번만 만져도 낫게 하고 심지어 쳐다보기만 해도 낫게 한다는 것이다. 증산은 개벽시대에 의통을 이룬 도통군자들이 하루에 짚신 세 켤레를 닳기면서 죽음을 밟아 병자를 구하러 다닐 것이라고 예언했다.[48] 의통이 도통과 관련이 된다는 측면에서 '의술에 통달(通達)한다'는 의미로 의통(醫'通')이 되어야 할 것 같음에도, 증산이 굳이 의통(醫'統')이라고 표현한 것은 '통(統)'이 거느린다는 의미를 갖기 때문으로 여겨진다. 다시 말해 의통을 이룬 자는 창생을 병겁에서 구하는 구원자인 동시에, 지도자이기도 하다는 것이다.

유향(劉向, B.C.E.77~B.C.E.6)의 『신선전』에 등장하는 신선들을 보면, 그들 가운데 상당수는 속세에 숨어 채약(採藥)과 매약(賣藥)을 직업으로 가지면서 치병에 열중하여 민생들을 구제한다. 즉 전통적인 신선에게도 민생을 병마에서 구하는 성격이 있다.[49] 이와 달리 증산이 말한 도통군자는 약이 아닌 도술 능력으로 민생을 구제하며, 심신의 치료를 넘어서는 개벽시대의 구원자라는 점에서 전통 신선의 치병과는 근본적으로 그 차원을 달리하고 있다.

---

48 같은 책, 공사 1장 25절, 교운 1장 58절, 예시 43절.
49 김현주, 「고소설과 문인산수화의 도인, 그 심리적 의미와 도가적 사유체계」, 『시학과 언어학』 12 (2006), pp.16-17.

원래 증산은 용력술·축지술 등 술법에 대해서는 부정적인 입장이었다.[50] 그러나 그는 수도가 완성된 이후에는 만사를 임의대로 할 수 있다고 강조하였다. 이는 용력술·축지술을 뛰어넘는 강력한 초능력을 구사함을 의미한다. 증산이 "너희들이 항상 도술을 배우기를 원하나 지금 가르쳐 주어도 그것은 바위에 물 주기와 같아 안으로 들어가지 않고 밖으로 흘러가니라. 필요할 때가 되면 열어주리니 마음을 부지런히 하여 힘쓸지니라."[51]고 말하였던 것을 보면, 그는 수도 과정 중에 술법에 미혹되는 것을 경계하였던 것이지, 술법 그 자체를 완전히 그릇된 것으로 부정한 것은 아니었다.

증산이 설파한 지상신선은 단지 도덕적 완성만을 이룬 인물도 아니며, 속세를 떠나 불로장생을 누리고 술법을 자유롭게 구사하는 초월적 인물만도 아니다. 도통군자로서의 지상신선은 완전한 도덕성을 회복하여 기국에 따른 복록을 누리는 존재이자 무불통지에 무소불능의 초능력이 강조되는 인격체로서, 인류의 구원자이자 지도자인 동시에 지상천국 건설에 적극 앞장서는 지극히 현세적인 존재이다. 전통 신선이 은둔 지향적이고 세상사에 대해 소극적이었다면, 지상신선은 세상사에 대해 매우 적극적이라고 할 수 있다.

3-1-(3) 혈식천추도덕군자(血食千秋道德君子)

증산은 향후 출현할 새로운 인격체를 혈식천추도덕군자라고도 불렀다.

---

50 『전경』, 예시 75절.
51 같은 책, 교법 2장 12절.

이것이 남조선(南朝鮮) 뱃길이니라. 혈식천추도덕군자가 배를 몰고 전명숙(全明淑)이 도사공(都沙工)이 되니라. 그 군자신(君子神)이 천추혈식(千秋血食)하여 만인(萬人)의 추앙을 받음은 모두 일심(一心)에 있나니라. 그러므로 일심을 가진 자가 아니면 이 배를 타지 못하리라.[52]

남조선이란 조선 후기에 널리 퍼진 민간신앙에 등장하는 이상향의 세계를 말한다. 조선의 백성들은 밖으로는 임진왜란과 병자호란의 환란을 겪고 안으로는 관리들의 학정에 끊임없이 시달리자, 괴로운 현실에서 벗어나 지극히 복된 낙원세계에서 살기를 갈망하게 되었다. 이로써 '진인(眞人)이 나타나 고통받는 백성을 이상세계로 인도할 것'이라는 민간신앙이 생겨났는데, 그 이상세계라는 것이 곧 남조선이었다. 증산은 이를 언급하면서, 남조선으로 가는 뱃길에 사람들을 인도하는 존재가 도사공인 전명숙과 배를 모는 혈식천추도덕군자라고 하였다.

전명숙은 동학농민운동을 일으킨 전봉준(全琫準, 1855~1895)의 초명으로서, 증산에게 만고의 명장으로 높이 평가받았던 인물이다.[53] 혈식천추도덕군자란 일심을 가진 존재로서 많은 사람에게 추앙받아 오랜 세월 동안 제사를 받는 도와 덕이 높은 군자라는 뜻이다.[54] 대순진

---

52 같은 책, 예시 50절.
53 같은 책, 공사 1장 34절, 교법 1장 2절.
54 "『현무경』에 우종우형(于從于衡)이라 하신 뜻은 종통의 정립과 체계 확립이 기초동량임을 의미한 것이다. 이러므로 진리는 일사불란하며 은폐도 위장도 하지 못하는 일월의 소소함 같아서 매사가 명백하게 마음에 빚어 있기 때문에 주고받는 것도, 오고 가는 것도 정성으로 하면, 덕이 쌓여지고 의로 행하여져 혈식천추(血食千秋)의 도덕군자(道德君子)가 될 것이다." 대순종교문화연구

리회는 도통을 하게 되면 많은 사람에게 추앙받게 되며, 도통의 결과로서 받게 되는 복록을 가족 그리고 조상과 함께 누리게 된다고 가르친다.[55] 그러므로 혈식천추도덕군자로서의 지상신선은 개인적인 존재가 아니라 가족 공동체적인 존재로 설정되고 있다.

3-2. 지상신선 실현의 사상 배경, 인존(人尊)과 신인조화(神人調化)

지상신선 실현에 대한 사상 배경은 인존과 신인조화다.[56] 이것은 신과 인간의 관계에서 지상신선의 특징을 살필 수 있게 해주기 때문에 검토해야 할 필요가 있다.

증산은 "천존(天尊)과 지존(地尊)보다 인존(人尊)이 크니 이제는 인존시대(人尊時代)라."고 말했다.[57] 천존이란 신봉어천(神封於天) 즉 신이 하늘 영역에 봉해지면 삼라만상을 다스리는 신의 권위가 하늘에 있게 되어 하늘이 존귀해진다는 뜻이요, 지존이란 신봉어지(神封於地) 즉 신이 땅 영역에 봉해지면 그 권위가 땅에 있게 되어 땅이 존귀해진다는 뜻이다.[58]

소 편집, 『훈시』(미발행), 을축(1985)년 4월 29일(양력 1985.6.17); 교무부, 「혈식천추도덕군자」, 『대순소식』 4 (2004), p.6.

55 대순진리회 교무부, 「도전님 연두훈시」, 『대순회보』 29 (1992), p.2.

56 대순진리회의 사상을 축약하고 있는 종지(宗旨)는 음양합덕(陰陽合德)·신인조화(神人調化)·해원상생(解冤相生)·도통진경(道通眞境)이다. 『대순진리회요람』, p.14.

57 『전경』, 교법 2장 56절.

58 "옛날에는 신봉어천으로 모든 권한을 하늘이 맡아서 행사하여 천존시대였고, 현재는 신봉어지로 땅이 맡아서 행사하니 지존시대다. 지금은 지존시대가 다 끝났다고는 하나 이사 갈 때 방위 보고 묘자리를 보는 등, 아직도 땅에

대순진리회에서는 '신봉어지'가 주문왕의 영대와 관련이 있다고 본다. 삼천 년 전의 주문왕이 영대(靈臺)를 건설하여 신명들을 땅에 봉한 시대를 열었고, 이제 그러한 시대는 종식되고 증산이 구천상제로서 천지공사를 시행하여 짜놓은 새로운 조판에 따라 새로운 시대가 펼쳐진다는 것이다. 그것이 인존시대로서, '인존'이란 신봉어인 즉 구천상제의 천지공사와 관련된 신명들이 인간에게 봉해지고 신과 인간은 서로 조화(調化)를 이루게 되므로 이제 그 권위가 인간에게 있게 되어 인간이 존귀해진다는 뜻이다.[59] 조화(調化)란 조화(調和)와 조화(造化)를 합친 말이니, 신인조화란 신과 인간이 서로 조화(調和)를 이루어 우주 만물을 조화(造化)해 나간다는 의미다. 또한 조화(調化)를 조화(調和)와 통화(通化)의 합성어로 보아, 신인조화에는 신과 인간의 조화(調和)와 감통(感通)을 이루어 우주 만물의 교화(教化) 대업을 같이 이루어 나간다는 의미도 있다고 본다.[60]

유의할 점은 인존이 인간만이 존귀하다는 의미가 아니라는 것이다. 그런 추론이 가능한 것은 천존과 지존에서 신명이 배제된 채 오로지 천이나 지만 존중되었던 것이 아니었다는 점 때문이다. 사실 천존과 지존에서 존귀함을 가능하게 하는 동력원이 하늘이나 땅이 아닌 신명

의존하는 것은 아직도 땅에서 권한을 가졌기 때문이다. 앞으로는 신봉어인으로 이 권한을 사람이 맡아서 하게 된다." 『훈시』(미발행), 기사(1989)년 3월 7일 (양력 1989.4.12).

59 "복희씨는 신명을 천상의 옥경대, 하늘에 봉했고, 문왕은 영대를 둬서 천지신명을 모셨다가 땅에다 봉했고, 이번에는 천지신명을 모신 데가 우리 도장이고 사람에게 봉한다." 『훈시』(미발행), 임신(1992)년 2월 15일(양력 1992.3.18).

60 잔스촹, 「대순사상의 인문정신과 인류평안의 이념」, 『대순사상논총』 21 (2013), p.217.

이었기 때문에, 신명은 항상 그 가치를 지니고 있었던 것으로 보인다. 게다가 증산은 "서양의 모든 문물은 천국의 모형을 본뜬 것이라. 그 문명은 물질에 치우쳐서 도리어 인류의 교만을 조장하고 마침내 천리(天理)를 흔들고 자연을 정복하려는 데서 모든 죄악을 끊임없이 저질러 신도(神道)의 권위를 떨어뜨렸으므로, 천도와 인사의 상도(常道)가 어겨지고 삼계가 혼란하여 도의 근원이 끊어지게 되니…"라고 말했다.[61] 그에 따르면, 세상이 혼란하게 된 직접적인 원인은 인간의 교만이었고, 그 교만이 천리를 흔들고 신명계에서 제정된 도[질서, 법]의 권위를 떨어뜨렸다는 것이다. 증산은 인간이 교만하여 신명을 무시하는 것은 잘못이라고 보고 있는 것이니, 신명을 배제하고 인간만 강조하는 것은 그의 입장이라 할 수 없다.

증산은 '인간은 양이고 신명은 음이니, 음양이 서로 합한 후라야 변화의 도가 있게 된다. 헤아릴 수 없는 변화의 술법은 모두 신명에게 있으므로 신명과 인간이 서로 통하게 된 연후에 일을 삼을 수 있다'라고 하여, 음양의 관점에서 신명과 인간은 서로 합해야 한다고 주장했다.[62] 사실 기본적으로 조화(調化)란 조화(調和)를 바탕으로 하기 때문에 신명과 인간을 수직관계 혹은 어느 한쪽 입장에 치우쳐 놓아서는 결코 조화(調化)가 성립될 수 없다. 따라서 증산이 언급한 인존이란 '인(人)만이 존(尊)한 것'이 아니라 '신(神)과 인(人)이 모두 존(尊)한 것'이라고 봐야 한다. 그러니까 인존은 인간의 존엄성을 중시하면서 동시에

---

61 『전경』, 교운 1장 9절.
62 "人爲陽 神爲陰 陰陽相合然後 有變化之道也 不測變化之術 都在於神明 感通 神明然後 事其事則謂之大仁大義也." 같은 책, 제생 43절.

신의 가치도 동등하게 인정하는 것이다.

인본주의는 인간이 세계의 중심이자 주인이라고 보고 모든 사람의 존엄과 가치를 존중하자는 사상이다. 그러나 인본주의는 기본적으로 신이 세계를 지배하는 신본주의를 반대하는 사상적 배경을 가지고 있다. 신본주의가 신에 치우친 사상이라면 인본주의는 인간에 치우친 사상인 것이다. 그런 점에서 인존은 신 혹은 인간 어느 하나를 배제하는 신본주의나 인본주의와는 다른 사상이라 할 수 있다.

인존의 실현 원리인 신인조화는 빙의·접신과도 같지 않다. 빙의·접신은 인간과 신명의 결합이기는 하지만 인간 자신의 인격보다는 신명의 의지가 강하게 드러나는 상태이기 때문에, 인간과 신명이 서로 조화를 이룬 상태라고 볼 수 없다. 증산은 "사람마다 그 닦은 바와 기국에 따라 그 사람의 임무를 감당할 신명의 호위를 받느니라."라고 하였다.[63] 즉 상등인에게는 상등신이, 중등인에게는 중등신이, 하등인에게는 하등신이 각각 응기하여, 각 인간이 맡은 임무를 인간 스스로가 수행하도록 곁에서 도우며 보호하는 것이 신인조화에서 신명의 역할이다. 이것은 인간의 주체적인 의지가 중심이 되면서 신명의 역량이 펼쳐진다는 점에서 빙의·접신과는 구별이 된다고 하겠다.

3-3. 지상신선에 이르는 방법, 수도(修道)

지상신선이 되기 위해서는 도통을 해야 하고, 도통을 위한 유일한 방법은 수도이다. 우선 『대순진리회요람』은 수도를 다음과 같이 규정

---

63 같은 책, 교법 2장 17절.

한다.[64]

　　심신(心身)을 침잠추밀(沈潛推密)하여 대월(對越) 상제(上帝)의 영시(永
侍)의 정신을 단전에 연마하여 영통(靈通)의 통일을 목적으로 공경하고
정성하는 일념을 끊임없이 생각하고 지성으로 소정의 주문을 봉송한
다. 수도는 공부와 수련과 평일기도와 주일기도로 구분한다.
　　공부 … 일정한 장소에서 지정된 방법으로 지정된 시간에 주문을 송
독한다.
　　수련 … 시간과 장소의 지정이 없이 기도주 혹은 태을주를 송독한다.
　　평일기도 … 매일 축·미시에 자택에서 행한다. 단 외출 시는 귀가 후
보충한다.
　　주일기도 … 갑·기일, 자·오·묘·유시에 지정된 장소 혹은 자택에서
행한다.

　이에 따르면 수도를 위해서는 주문 봉송이 필요하다.[65] 우당은 "수
도에 제일 중요한 것이 정성이고, 정성에 제일 중요한 것이 주문이다.
입도를 시키는 것은 덕을 받도록 하는 것인데 덕을 받으려면 주문을
먼저 배우게 하라. 주문이란 많이 읽으면 자연히 읽어지는 것이다. 주
문을 많이 읽어라."고 가르침으로써 주문의 중요성을 말하였다.[66] 주

---

64 『대순진리회요람』, p.18.
65 현재 대순진리회에서 사용되고 있는 주문은 모두 12종류다. 奉祝呪, 太乙呪,
祈禱呪, 眞法呪, 七星呪, 雲長呪, 二十八宿呪, 二十四節呪, 道通呪, 神將呪, 解
魔呪, 神聖呪.
66 『훈시』(미발행), 임신(1992)년 3월 7일(양력 1992.4.9).

문을 읽으면 신명이 응하게 된다고 하는 점[67]에서 신인조화를 위해 주문 봉송은 필요한 수행 요소이다. 특히 주문 봉송에는 '대월상제'[68]라 하여 상제에 대한 신앙도 포함되어 있다.

그런데 우당은 "주문만 읽는다고 되는 것이 아니며 마음을 고치고 수도해 나가는 것이 제일 중요한 일이다."라고 하여 주문 수련에 앞서 마음을 먼저 닦을 것을 강조하고 있다.[69] 그는 "자고로 '마음이 참되지 못하면 뜻이 참답지 못하고, 뜻이 참되지 못하면 행동이 참답지 못하고, 행동이 참되지 못하면 도통진경에 이르지 못할 것이라(心不誠 意不誠 意不誠 身不誠 身不誠 道不誠)'하심을 깊이 깨달으라."라고 하여 수도는 마음을 참답게 만드는 데 있음을 분명히 했다.[70] 이런 입장에서 우당은 "'성(性)은 마음이 밝아져야 천품성(天稟性)을 깨닫는다(開心見性)' 하였으니, 참된 성품을 살펴서 허망한 일을 하지 않는(眞實無妄) 지성(至誠)에 이르면 신과 같아지느니라."라고 하면서 '수도는 인륜을 바로 행하고 도덕을 밝혀나가는 일'이라고 설명하고 있다.[71] 이것은 앞서 언급한 대로 증산이 일심을 가질 것을 강조하면서, 마음 닦은 바에 따라 도통이 열린다고 강조한 것과 맥을 같이 한다.

대순진리회에서 마음을 닦아야 하는 이유는 인존과 신인조화의 차원에서 이해될 수 있다. 신인조화 즉 인간과 신명이 상합하기 위해서

---

67 "주문은 부드럽고 안정된 마음으로 신명이 춤을 추며 응감하도록 읽어라." 『훈시』(미발행), 무진(1988)년 6월 13일(양력 1988.7.26).
68 대월상제(對越上帝)는 상제를 가까이에서 모시고 감사드리며 받든다는 뜻으로,『근사록(近思錄)』과「경재잠(敬齋箴)」,『심경부주(心經附註)』등에도 보인다.
69 『훈시』(미발행), 계해(1983)년 3월 4일(양력 1983.4.16).
70 대순진리회 교무부,『대순지침』(서울: 대순진리회 출판부, 1984), p.76.
71 같은 책, p.75, p.37.

는, 인존시대이기 때문에 인간이 신명에게 가는 것이 아니라 신명이 인간에게 와야 한다. 따라서 신인상합이 이루어지는 장소는 신계(神界)가 아니라 인계(人界) 즉 현세가 된다. 증산은 "마음은 신이 출입하는 기관이고 문호이고 도로이다."[72]라고 하여, 인간과 신명이 만나는 접점이 마음이라고 하였다. 이런 바탕에서 인간이 가진 마음의 상태에 따라 그에 맞는 신명이 응하게 된다. 즉 마음이 작으면 작은 신명이, 마음이 크면 큰 신명이, 마음이 둥글면 둥근 신명이, 마음이 네모면 네모의 신명이 응한다. 신명은 다만 자기에게 맞는 자리에 따라 응할 뿐이므로, 인간이 더 크고 더 훌륭한 신명과 상합하여 그 신명의 호위를 받기 위해서는, 그런 신명이 오갈 수 있는 문인 마음을 더 크고 더 훌륭하게 만드는 수밖에 없다. 이것이 지상신선이 되기 위해 마음을 닦아야만 하는 까닭이 된다.

결국 대순진리회에서 지상신선이 된다고 하는 것은 인간이 노력하여 자신에 내재한 신성(神性)을 실현하여 스스로 신의 경지로 올라가서 신의 능력을 발휘함이 아니라, 인간 본래의 청정한 본질과 천품성(天稟性)을 회복한 후 자신의 기국에 맞는 신의 호위를 받아 그 신의 능력과 권위를 행사하는 것이라 할 수 있다.

대순진리회가 마음을 닦기 위해 제시하는 방법은 입산수도(入山修道)가 아닌 '인산수도(人山修道)'이다. 속세를 피하지 말고 철저히 인산(人山) 즉 인간들이 산처럼 첩첩이 둘러싼 사회에서 도덕의 실행을 바탕으로 마음을 청정하게 닦아내라는 것이다. 수도에서 증산이 무엇

---

72 "心也者 鬼神之樞機也 門戶也 道路也." 『전경』, 행록 3장 44절.

보다 강조한 것은 사회에서의 도덕 실천이었다. 그는 인간 사회에 도덕이 무너졌기 때문에 천하가 큰 병이 들었다고 진단하였으므로 도덕 수행을 매우 중요시했다. 그러므로 도통을 한 존재를 도덕적 성품이 강조되는 군자와 연결하여 도통군자라고 이름하였던 것임은 전술한 바와 같다. 현재 대순진리회의 수도인들은 아침마다 사회에서의 도덕 수행을 정리한 각 다섯 항목씩의 훈회와 수칙[73]을 매일 소리 내어 읽음으로써 도덕 수행에 대해 스스로 일깨운다.

또 대순진리회에서 '인산(人山)'이라는 환경에서의 수심(修心)을 위해 무엇보다 강조하는 수도 방법은 '해원상생(解冤相生)'의 실천이다. 우당은 "우리 도는 해원상생이다. 우리의 목적이, 그 모든 것이 해원상생 안에 들어가 있다. 도를 통하는 것도, 수도를 하는 것도 모두 거기에 달려있다."고 하여 해원상생의 중요성을 특히 강조하였다.[74] 해원상생은 한 개인만이 아니라 신명까지 우주에 존재하는 모든 개체의 상호 간에 맺힌 원한을 풀고 풀어주며, 서로가 서로를 살리는 '상생'을 실천한다는 것이다. '상생'이란 나도 살고 너도 사는 공생 혹은 상

---

73 훈회(訓誨): 一. 마음을 속이지 말라. 二. 언덕(言德)을 잘 가지라. 三. 척(慽)을 짓지 말라. 四. 은혜를 저버리지 말라. 五. 남을 잘되게 하라.
  수칙(守則): 一. 국법을 준수하며 사회도덕을 준행하여 국리민복에 기여하여야 함. 二. 삼강오륜은 음양합덕 만유조화 차제 도덕의 근원이라. 부모에게 효도하고, 나라에 충성하며, 부부 화목하여 평화로운 가정을 이룰 것이며, 존장을 경례로써 섬기고 수하를 애휼 지도하고, 친우 간에 신의로써 할 것. 三. 무자기(無自欺)는 도인의 옥조니, 양심을 속임과 혹세무민하는 언행과 비리괴려를 엄금함. 四. 언동으로써 남의 척을 짓지 말며, 후의로써 남의 호감을 얻을 것이요, 남이 나의 덕을 모름을 쾌의치 말 것. 五. 일상 자신을 반성하여 과부족이 없는가를 살펴 고쳐 나갈 것. 『대순진리회요람』, pp.18-21.
74 『훈시』(미발행), 경오(1990)년 5월 25일(양력 1990.6.17).

호 존중을 말하는 것이 아니라, 나는 너를 살리고, 너는 나를 살리는 것이 생존 원리라는 것을 말한다. 다시 말해 내가 너를 살리지 않으면 내가 살아갈 수가 없고, 너는 나를 살리지 않으면 네가 살 수 없다는 의미다.

증산은 "선천에서는 인간 사물이 모두 상극에 지배되어 세상이 원한이 쌓이고 맺혀 삼계를 채웠으니 천지가 상도를 잃어 갖가지의 재화가 일어나고 세상은 참혹하게 되었도다.",[75] "원(冤)의 뿌리가 세상에 박히고 세대의 추이에 따라 원의 종자가 퍼지고 퍼져서 이제는 천지에 가득 차서 인간이 파멸하게 되었느니라."[76]고 진단하였다. 상극에 의해 빚어진 원한이 모든 문제의 근본 원인이기 때문에 원한을 풀고 풀어주는 일은 무엇보다 중요하게 된다. 따라서 해원으로 상생을 추구하는 것이 대순사상의 핵심이 될 수밖에 없다. 해원상생이 수도의 대원칙이 되는 이유는 바로 여기에 있다.

4. 신선과 지상신선 비교하기

이제 지상신선을 중국 도교·한국 선도에 나타난 전통적인 신선과 비교하여 살펴보도록 한다.

---

75 『전경』, 공사 1장 3절.
76 같은 책, 공사 3장 4절.

4-1. 개념 설정의 문제

한국 선도에서의 신선이 중국 도교에서의 신선보다 인간 중심적이
기는 하지만, 그렇다 하더라도 신선에 대한 개념만큼은 유사하다. 그
것은 도를 얻고 천인합일을 실현한 인격자로서 무불위(無不為), 무부지
(無不知)에 불로불사하는 존재라는 것이다. 역사적으로 불로불사라는
측면이 특히 강조되었던 것은 유한한 수명을 가진 인간의 입장이 반
영된 결과일 뿐, 불로불사만 하는 존재가 신선에 대한 개념 전부는 아
니었음을 유념할 필요가 있다.

지상신선은 완전한 도덕성을 회복하고 도에 통하여 불로불사를 포
함하는 온갖 복록을 풍족히 누리는 인격자로서 삼라만상의 모든 이치
에 통달하고 무소불능의 초능력을 소유하는 존재다. 이렇게 보면 표
면적으로 신선과 지상신선 사이에는 별반 차이점이 없다. 그러나 지
상신선사상은 전통 신선사상과 달리 지상에 새로운 유토피아를 건설
한다는 사회 변혁적 요소를 지니고 있다.[77] 이런 배경에서 지상신선은
지극히 현세적인 성격을 띠게 되며, 내용 면에서 전통 신선에 비해 다
음과 같은 일정한 차이를 가지게 된다.

첫째, 전통 신선은 장생불사를 누리는 존재로 설정되어왔지만, 지
상신선은 복록을 누리는 존재로 설정된다. 이때의 복록은 장생불사
를 포함하는 더 넓은 범주의 것이다.

둘째, 전통 신선과 지상신선에 드러나는 음양관이 다르다. 전통 신

---

77 김용휘, 앞의 글, p.159.

선이 되기 위한 내단의 관점에서, 전통 신선은 순양지체(純陽之體)이고 귀신은 순음지체(純陰之體)이며 사람은 음양 혼합의 존재이기 때문에, 사람은 자신에 내재한 음을 철저히 제거하였을 때 비로소 신선이 된다. 이에 비해 증산은 신명이 음이고 인간은 양이며, 신명과 인간이 서로 음양으로 상합(相合)·합덕(合德)해야 지상신선이 된다고 본다. 음양 관으로 보면 사람은 음양이 섞인 존재이고 전통 신선은 순양이니, 적어도 신선은 사람이 아니다. 이에 비해 지상신선은 수도로써 보통 사람의 경지를 초월했다고 하더라도 음양을 같이 함유한 존재이니만큼 여전히 사람인 존재이다.

셋째, 전통 신선과 지상신선의 분류에도 약간의 내용상 차이가 발견된다. 갈홍의 분류법에 따르면 전통 신선은 최상의 천선, 중위의 지선, 하위의 시해선으로 나뉜다.[78] 지상신선도 닦은 바 기국에 따라 상등, 중등, 하등의 등급으로 나뉜다. 대순진리회에서는 이를 상통(上通: 상등으로 도에 통함), 중통(中通), 하통(下通)으로 부른다. 두 분류는 모두 상중하라는 수직 구도로 되어 있다는 공통점이 있지만, 거주 영역 규정이 서로 같지 않다. 신선은 그 등급에 따라 거주하는 영역이 하늘과 명산으로 달라지지만, 지상신선은 등급과는 상관없이 모두 지상에, 그것도 산속이 아닌 속세에 거주한다. 이 차이는 중국 도교와 한국 선도

---

78 갈홍 외에도 신선에 대한 분류를 시도한 예가 있다. 대표적인 것들은 도홍경이 7단계로, 『무상밀요(無上密要)』가 8등급으로, 『천은자(天隱子)』가 5부류로, 장군방이 9품으로, 두광정이 9등급으로, 『선술비고(仙術秘庫)』가 5등급으로 나눈 것들이다. 그렇지만 이것들은 모두 갈홍의 경우에 비해서, 분류된 신선의 성격에 대한 자세한 설명이 부족하여 비교를 위해 다루기란 쉽지 않다. 장언푸, 앞의 책, p.302; 원양 지음, 『중국의 종교문화』, 박미라 옮김(서울: 도서출판 길, 2000), p.192.

에서는 천계가 이상향이었지만, 대순진리회에서는 지상에 건설되는 천국을 이상향으로 삼는 데에 연유한다.

넷째, 전통 신선이 대체로 개인적 차원으로 존재한다면, 지상신 선은 가족 공동체적 차원으로 존재한다는 점이다. 전통 신선 관념 에서는 득선(得仙)하였다고 하더라도 가족 혹은 조상까지 모두 같은 경지에 오르게 된다는 믿음을 찾아보기 어렵다.[79] 이에 비해 지상신 선은 조상 공덕에 힘입지 않으면 애초부터 수도를 할 수 없었던 존 재이며, 또 득선한 이후에는 조상·가족도 모두 그와 같은 경지에 오 르고, 복록을 혼자서만 누리는 것이 아니라 조상 그리고 가족과 더 불어 나누지 않으면 안 되는 인격체이다. 그러므로 지상신선에서 나타나는 조상·가족과의 유대는 전통 신선의 그것보다 더 강하다 고 볼 수 있다.

다섯째, 전통 신선이 은둔적·초월적인 존재라면 지상신선은 사회 와 적극적인 관계를 맺고 살아가는 존재이다. 은둔하지 않고 속세에 적극 참여하는 신선상(神仙像)은 지상신선이 처음은 아니다. 갈홍도 황 제나 태공망 등의 예를 들면서 옛날에는 신선이 '능력에 여유가 있었 으므로' 조정에 들어가서 세상을 다스렸던 경우가 많았다고 말한 바 있다.[80] 한국 선도의 경우에도 단군이 홍익인간(弘益人間) 재세이화(在

---

79 중국 도교의 경우에도 강서성 남창 사람인 허손이 136세에 승천할 때 가족 심 지어 집에서 기르던 닭과 개까지 모두 데려갔다는 예가 있기는 하다. 그러나 이는 매우 희귀한 일로 일반적인 믿음은 아니었다. 또 재초에 조상들의 죄를 벗기는 것이 있지만, 이것이 조상들의 득선(得仙)과 연결되지는 않는다. 장언 푸, 앞의 책, p.134, p.111.

80 "昔黃帝荷四海之任, 不妨鼎湖之擧. 彭祖爲大夫八百年, 然後西適流沙. 伯陽 爲柱史, 甯封爲陶正. 方回爲閭士, 呂望爲太師, 仇生仕於殷, 馬丹官於晉, 範公

世理化) 이도여치(以道與治) 광명이세(光明理世)라는 건국이념으로 나라를 다스렸고, 신선사상을 배경으로 하는 신라 화랑도는 삼국통일의 주역이 되었다. 그러나 세월이 흐를수록 신선을 추구하는 자들은 혼탁한 세태에 휩쓸리지 않고 자신을 보호하며 초연한 자세로 삶을 영위하려는 소극적이고 은둔적·현실 도피적인 성격으로 바뀌었다.[81] 갈홍의 주장대로라면 신선이 세상사에서 멀어지게 된 이유는 신선의 능력 부족이 된다. 증산 역시 신선의 능력 부족을 이야기하고 있다. 그는 이제까지의 신선이 상통천문(上通天文)과 하달지리(下達地理)를 한 존재들이지만, 세상을 경영하는 '중찰인의(中察人義)'까지는 못하였다고 보았다.[82] 증산은 과거 신선들이 '중찰인사'를 못한 것은 신선들만의 탓이 아니라 성(聖)과 웅(雄)이 분리된 세태의 탓이 컸다고 설명하면서, 성과 웅이 겸비되어야 하는 시대에 맞추어 성웅을 같이 갖추어 나갈 것을 주문하였다.[83] 신선과는 달리 '중찰인사'까지 이룬 지상신선은 병겁이 닥치는 말세에 자신의 능력을 발휘하여 인류의 구원자와 지도자로 적극 나서고 지상천국 건설에 앞장서게 된다는 것이다.

霸越而泛海, 琴高執笏於宋康, 常生降志於執鞭, 莊公藏器於小吏. 古人多得道而匡世, 修之於朝隱, 蓋有余力故也." 『抱朴子』, 「釋滯」.

81 최삼룡, 「선인설화로 본 한국 고유의 선가에 대한 연구」, 한국도교사상연구회(편), 『도교와 한국사상』 (서울: 범양사, 1988), pp.379-380.

82 『전경』, 교법 3장 31절; 대순진리회에서 사용하는 주문 중에서 '도통주'도 '天上元龍 坎武 太乙星斗牛君 神呀神呀 三呀三呀 以道通道德으로 上通天文하고 下達地理하고 中察人事케 하옵소서'이다.

83 같은 책, 교법 3장 26절.

4-2. 성선법(成仙法)

전통적인 성선법에는 외단·내단·선행과 공덕 쌓기가 있었다. 외단이 타력 성격이 강하다면 내단은 자력 성격이 강한데, 대체로 중국 도교에서는 외단과 내단이, 통일신라 이후 한국 선도에서는 내단이 강조되었으며, 선행과 공덕은 필수적이지만 어디까지나 부수적인 정도로 생각되어 왔다. 지상신선이 되는 방법은 상술한 대로 최고신에 대한 신앙을 포함하는 주문 봉송과 인산(人山)에서의 도덕 수양·해원상생의 실천을 위주로 하는 심신 수련이다. 전통 성선법과 지상신선이 되는 방법에서 발견되는 차이점은 다음과 같다.

첫째, 수도 환경이 다르다는 것이다. 외단이든 내단이든 전통 성선법에서의 수도 환경은 속세 인간들의 눈길이 닿지 않는 은밀한 곳이라야 한다. 이에 비해서 지상신선에 이르기 위한 수도의 환경은 철저히 속세 인간들 속이다. 도덕과 해원상생의 실행으로써 수심(修心)을 하기 위해서는 '대중 속'이라는 환경이 필요하기 마련이다.[84] 그런 점에서 전통 신선이 되기 위한 수행을 입산수도라고 한다면, 지상신선이 되기 위한 수행은 인산수도라고 표현할 수 있다.

둘째, 도덕 실행이 강조되는 정도에도 일정한 차이가 있다. 전통 성

---

[84] 수도를 하는 사람들이 대중들 속에서 거주하기 때문에, 성선법 중 하나인 주문 봉송도 주로 대중들 속에서 이루어진다. 물론 사회의 눈길이 닿지 않는 곳에서 주문 봉송을 하기도 한다. 하지만 이것은 일반적인 수도 생활이 아니라 아주 예외적인 것으로서, 일정한 기간을 정해두고 시행하는 특수한 수련의 경우이다. 대중 속에서의 주문 봉송은 그 소리로 인하여 타인들에게 피해를 줄 가능성이 있기 때문에, 소리를 극도로 낮추어서 한다.

선법에서 선행과 적공은 중요한 요소이지만, 역사적으로 이러한 것은 외단 혹은 내단에 비해 그 위상이 떨어짐을 부인할 수 없다. 지상신선이 되기 위해서는 신인조화가 되어야 하고, 신인조화를 성취하기 위해서는 수심(修心)이 요구된다. 마음 닦기는 오로지 해원상생과 도덕의 실천으로 이루어지기 때문에, 여기에서 도덕 실천이 강조되는 정도는 전통 성선법에서의 그것보다 더 크다. 전통 신선은 속세를 초월하는 존재이므로 속세에서의 삶의 법칙이 신선을 옭아매는 정도는 상대적으로 크지 않다. 그러나 지상신선은 속세에 동참하여 같이 생을 영위해야 하는 존재이므로 속세에서의 삶에 필수적인 사회의 법칙에 본인 스스로 가두어야 한다. 이러한 사실로 인해 지상신선 성선법이 전통 신선 성선법보다 도덕 실행을 더 강조하는 것으로 이해할 수 있다.

셋째, 지상신선이 되기 위한 수련법인 주문 봉송에는 자력 내단[85] 외에도 최고신 상제에 대한 믿음이 내포되어 있다는 점이다. 그러므로 지상신선은 전통 신선에 비해서 신앙을 강하게 실천해야 하는 존재다. 중국 도교에서 내단은 원기와의 합일을 강조하는데, 우주 만물의 근원인 원기에는 인격성이 발견되지 않는다. 중국에서는 서주(西周) 이후로 종교적 하늘 관념이 철학적 하늘 관념으로 바뀌면서 진한

---

85 주문 봉송은 신과 통하게 해 주는 것을 기대하면서 동시에 복식호흡을 동반하기 때문에 단전에 기를 모으는 내단 수련의 효과가 있다. 이에 대해 내단적 요소보다는 참여자의 집단적 수련 에너지의 발로를 통한 집단적 깨달음을 중시하는 것이라는 주장도 있기는 하지만(김용휘, 앞의 글, pp.158-159), 반드시 그렇지만은 않다. 체험적으로 몇 시간 지속되는 주문 봉송은 강력한 단전 수련 효과를 창출한다. 또 주문 수련은 반드시 집단적으로 이루어지는 것만도 아니고 오히려 개인적으로 더 자주 행해진다.

대에 이르러 원기론 관념으로 대체되었다. 하늘은 더 이상 인격성이 부여된 종교적인 그것이 아니었다. 한국 선도의 경우에 종교적 성격의 하늘 관념이 살아있었다는 주장도 있기는 하다.[86] 하지만 조선시대 내단파가 추구한 성선법이 정기신론(精氣神論)을 근본으로 하고 있고, 여기에서는 기의 흐름이 강조될 뿐 인격적인 요소와의 연관성이 쉽게 드러나지 않는다. 수운 역시 종교 경험 이후 시간이 지남에 따라 한울님을 탈 인격화시키고 지기(至氣)를 강조함으로써 최고신에 대한 신앙적 요소를 배제했다.[87]

이와 달리 증산의 인간상에는 최고신에 대한 신앙이 그대로 살아있다. 대순진리회에서는 우주 만물의 근원을 무극(無極)으로 설정하고 그 무극을 주재하는 존재를 최고신인 무극신이라고 한다. 정산은 무극신을 구천상세군(九天上世君), 옥청진왕(玉淸眞王)이라고 부르면서, 그 신격을 구천대원조화주신(九天大元造化主神)인 구천응원뇌성보화천존강성상제(九天應元雷聲普化天尊姜聖上帝)라고 했다.[88] 대순진리회는 무극신인 상제를 공경하고 받들며 인간 본래의 청정한 본질과 천품성을 회복하는 과정에서 상제의 기운[은혜]을 받기를 바라니, 그것을 '덕화

---

86 김성환, 「한국 도교의 자연관」, pp.66-67.

87 수운은 1860년 4월 5일 종교 경험 당시에는 '상제'를 인식하고 있었으나 시간이 지나면서 이러한 상제는 천상에 계시지 않는다며 허무지설로 돌려버렸다. 표영삼, 『동학(1)-수운의 삶과 생각』(서울: 통나무, 2004), p.110; 김용휘, 「동학에 나타난 도교적 요소 재검토」, 『도교문화연구』24 (2006), p.238.

88 2장 pp.98-100; 현재 대순진리회에서는 구천상세군, 옥청진왕이라는 존칭은 사용하지 않고 있다. 대순진리회의 최고신은 원시천존과 흡사하다. 그러나 원시천존이 현세에 직접 참여하지 않는 존재라면, 대순진리회의 최고신은 현세에 개입하지 않고 있다가 신명들의 하소연에 의해 다시 현세에 개입하게 되는 존재라는 점에서 결정적 차이가 있다.

(德化)'라고 표현한다. 우주의 본질인 원기와 합일하는 것이 원기와의 완전한 합체까지 포함하는 개념이라면, 무극신에게 기운을 받는 덕화는 우주의 본질인 무극과의 완전한 합체까지 추구하는 것은 아니라는 점에서 원기 합일과는 다르다. 간단히 예를 들면 태양이 있고 그 태양에서 빛이 나올 때, 덕화란 식물이 자라 열매를 맺기 위해서 태양에서 발원한 빛을 받는 것을 의미하지, 식물이 태양과 합일·합체하는 것을 말하지는 않는다. 이것은 중국 도교의 원기론과는 일정한 차이가 있다는 점에서 주목할 만하다.

5. 닫는 글

한국 근대사에서 증산으로 인해 일어난 종교운동이 사회에 끼친 영향은 적지 않다. 그 영향은 수운의 동학운동과 비교했을 때 성격 면에서 유사한 면도 있지만 다른 점 역시 상당하다. 그럼에도 아직까지 증산의 종교적 위상과 의의는 수운을 계승한 것 정도로 여겨질 뿐, 구체적인 연구가 진행되지 않고 있음은 아쉬운 일이다. 한국 근대 종교사를 제대로 읽어내기 위해서 관련 연구가 좀 더 활성화되었으면 하는 바람이다.

이 글은 지상신선이 전통적인 신선과는 일정한 차별성을 지닌다는 점을 지적함으로써, 증산에 의해 한국 근대에 신선사상이 어떻게 변용되었는지를 보여주고자 하였다. 증산이 현실에 적극 참여하는 구원자로서의 성격이 강한 지상신선을 강조했던 이유는 당시의 혼란했

던 사회적 상황과 무관하지 않다고 본다. 그가 천지공사를 시작함으로써 종교적 활동을 본격화한 때는 1901년부터 1909년까지였다. 조선 후기 한국인들은 삶이 고달파지면 질수록 진인(眞人)이 나타나 자신들을 구원해 줄 것이라는 염원을 잃지 않고 살았다. 하지만 그때만큼은 새로운 세상을 염원했던 동학농민운동이 실패로 돌아가고 일제에 의한 침탈이 본격화되고 있어서 미래가 보이지 않던 암울한 시기였다. 당시 백성들이 암담한 나날 속에 한숨 쉬고 있을 때, 증산은 수천 년간 한국인들의 지친 심신을 달래주었던 신선 관념에 주목하고, 백성들에게 다시 그 희망의 끈을 주고자 하였다. 이런 배경에서 그는 신선이 현실과 상관없는 초월적 모습을 버리고 백성들과 같이 호흡하며 울고 웃는 존재로 다가온다고 선언하였으니, 그것이 바로 지상신선이었던 것이다.

원래 신선은 동양에서 전통적으로 희구된 인간상으로서, 현실과는 상당히 괴리된 존재로 인식되었다. 일반적으로는 과학과 합리가 강조되는 근현대에 신선 관념이 지속된다는 것을 상상하기란 쉽지 않다. 그러나 시대의 요구에 의해 비과학적이고 비현실적인 신선 관념은 변용된 모습으로 살아남았고, 지금도 그 관념은 이어져가고 있다.

비록 지상신선이 수행으로써 추구되는 종교적 인간상이라고 하더라도 지상신선에 도달하기 위한 수도의 길, 즉 도덕을 바로 세우고 심신을 청정하게 닦는 수행, 특히 해원상생의 실천은 현대 사회에 요청되는 덕목이라 생각된다. 돈으로 대표되는 물질이 지나치게 강조되는 현대에는 심신이 황폐해질 가능성이 크기 때문에 스스로 다스리고 성장시키는 심신의 수행은 필요한 것이다. 또한 다양한 민족과 문화

가 뒤섞이고 교류하며 살아갈 수밖에 없는 현대에서 이들이 서로 조화를 이루지 못한다면 끊임없는 반목과 충돌로 비극이 생길 수밖에 없다. 이럴 때 도덕을 실천하고 각자의 심신을 수양하며 서로의 갈등과 반목을 풀고 풀어주며 서로가 서로를 위한 삶을 사는 상생의 길은 이 모든 문제를 해결해 줄 수 있을 것으로 기대된다. 그런 점에서 21세기에 지상신선은 하나의 종교적 차원을 넘어서 현대에 지향해야 할 인간상이 무엇인지 시사한다.

중국 초기 민간도교의 해원결(解冤結)과 대순진리회의 해원상생(解冤相生) 비교연구

해원 개념의 차이

1. 문제 제기

한국 종교문화의 원형(archetype)[1]으로 거론되는 것들은 대략 홍익인간·재세이화 이념, 하늘신앙, 산악숭배신앙, 신선사상, 조화와 융합의 사상, 해원 관념 등이다. 이 가운데 해원 관념을 기반으로 형성된 종교문화들을 살펴보면, 씻김굿·진오귀굿 등의 무속 해원제, 불교의 천도재와 수륙재(水陸齋), 유교의 여제(厲祭)나 엄격매자(掩骼埋胔)[2], 근현대에 강증산이 설파한 해원사상 등을 꼽을 수 있다.

증산의 해원사상이란 해원상생(解冤相生)을 의미한다. 증산에게 있어서 원(冤)은 내가 남에 대해 품는 미움과 증오의 감정인 원(怨), 그것을 상대에게 풀지 않고 자기 내면에 쌓아두는 한(恨), 남이 나에 대하여 갖는 미움과 증오인 감정인 척(慼)까지 모두 포괄하는 폭넓은 개념으로 설정된다.[3] 증산은 이러한 冤을 인간계를 포함한 전 우주를 파멸로 이끄는 원인으로 지목하고, 해원(冤을 풀고, 冤을 풀어줌)으로써 상생을 이룩하겠다는 해원상생을 자신의 핵심 종교사상으로 삼았다.[4] 이 사상

---

1 '원형'이라 함은 영원불멸하는 고정된 그 무엇이라기보다는, 한 민족의 집합적 무의식과 감정의 바탕[基層]을 이루고 있는 것으로, 문화와 사회의 깊은 밑바닥에 끈질기게 남아있으며 사고방식·가치관·행위 형태 등으로 나타나는 것을 말한다. 정재식, 『전통의 연속과 변화』(서울: 아카넷, 2004), p.89.

2 이욱, 「조선 전기 원혼을 위한 제사의 변화와 그 의미」, 『종교문화연구』3 (2001), pp.167-169.

3 박용철, 「전경에 나타난 원의 본질과 구조」, 『대순사상논총』1 (1996), pp.391-409; 이경원, 「대순진리회의 해원 이념에 관한 연구」, 『대순진리학술논총』4 (2009), pp.312-324.

4 차선근, 「강증산의 대외 인식」, 『동ASIA종교문화연구』2 (2010), pp.131-135.

은 한국 恨의 정서를 포섭하고 있었기에 대중들에게 친숙하게 다가갈 수 있었고, 한국 근현대 종교사에도 상당한 영향을 끼칠 수 있었다.[5]

증산의 해원상생과 관련하여 중국 초기 민간도교의 기본 경전인 『태평경(太平經)』[6]의 해원결(解冤結)을 살펴볼 필요가 있다. 이 문제를 처음으로 제기한 사람은 정재서다. 그는『태평경』에 '해원결'이라는 단어가 보임을 지적하면서 증산이 강조한 해원사상이 중국 초기 민간 도교에 이미 등장하고 있음을 다음과 같이 말했다.

> 증산교의 요체는 해원사상이다. 무속의 이른바 '한풀이'에 뿌리를 두 고 있는 이 이론은 역시 무속에 발생론적 근거를 갖고 있는 민간도교사 상에 일찍이 출현하였다.『태평경』에서는 원한 맺힘[冤結]이 세상의 온 갖 부조리, 불합리의 근원임을 도처에 역설하고 있으며, 이의 해소 즉 해 원결을 강조한다.[7]

---

5 한국의 신종교는 그간 소멸된 것까지 합쳐서 대략 400여 개로 추산되는데 이 중 증산을 교조로 삼는 것은 100여 개가 넘고, 이외 간접적으로 영향을 받은 것까지 고려하면 전체 신종교의 65%에 육박할 정도라고 한다. 김홍철, 『한국 신종교 사상의 연구』(서울: 집문당, 1989), p.37; 한국종교연구회,『한국 신종교 조사 연구보고서』(1996), p.36; 박금규,「유교사상과 증산교사상의 소고」, 『한국종교사연구』10 (2002), p.299 참조.

6 중국 도교는 단정파(丹鼎派)에 연원을 두면서 국가 공인 하에 교단 조직을 갖추어 나간 관방도교와 부록파(符籙派)에 연원을 두면서 민간에 전승되어 나간 민간도교의 두 갈래로 나뉜다.『포박자』가 관방도교의 기본 경전이라면,『태평경』은 민간도교를 대표하는 기본 경전으로 인정된다. 정재서,「『태평경』의 성립 및 사상에 관한 시론」,『인문과학논집』59-1 (1991), p.2.

7 정재서,「한국 도교의 고유성」,『한국 전통사상의 특성 연구』(성남: 한국정신 문화연구원, 1995), pp.204-205.

『태평경』의 곳곳에서는 이러한 冤結이 모든 정치, 사회 문제를 야기하는 근원이며 이의 해소가 태평세계 구현의 선결 과제임을 역설하고 있다.[8]

정재서의 지적은 대순진리회와 도교가 해원(解冤)이라는 공통된 분모를 가지고 있음을 지적한 것으로 중요하다. 하지만, 이 진단은 증산의 사상이 사실상 중국 민간도교에 연원하고 있음을 의미할 수도 있기에, 보다 정밀한 분석을 가해야 한다.

증산은 요임금의 아들 단주가 품은 冤이 인류 역사에 '기록된' 최초의 冤이라고 언급함으로써, 문제가 되기 시작한 冤의 첫 발원지가 한국이 아닌 중국이라고 지적한 바 있다.[9] 그러므로 그의 해원사상은 일정 부분 중국과 관련이 있다. 또 그가 冤을 세계 혼란의 근본 원인으로 보고 冤이 해소된 세상을 지향했다는 사실도 『태평경』과 같다.

하지만 『태평경』이 冤의 근본 요인을 인간 특히 군주에게서 찾고 이를 바탕으로 인간계의 차원에서 冤의 해결방안을 모색한다면, 증산은 冤의 근본 요인을 우주의 구조적 모순에서 찾고 우주적 관점에서 冤의 해결방안을 제시하고 있다. 이런 점에서 증산의 해원상생은 『태평경』의 해원결보다 그 규모나 범위·실천 방법 측면에서 더 포괄적으로 전개된다. 따라서 『태평경』의 해원결과 증산의 해원상생은 몇 가지 공통점이 있지만, 그 범주나 특징이 일치하지는 않는다. 한 마디로 해원결은 해원결이고, 해원상생은 해원상생인 것이다. 이 글의 목

---

8 정재서, 「『태평경』과 도교적 문학관」 (제4차 도교학 학술대회, 1994), p.158.
9 대순진리회 교무부, 『전경』 13판, (여주: 대순진리회 교무부, 2010), 공사 3장 4절.

적은 이러한 것들을 하나씩 검토하여 봄에 있다.

증산의 사상은 도교적인 색채가 강하다는 평가를 받는다. 그리고 지금까지는 증산의 사상을 서술할 때 도교와의 외형적 일치성만을 부각하여 온 것이 사실이다.[10] 하지만 필자는 증산의 사상을 도교와 연관하여 언급할 때는 좀 더 세밀한 검토가 필요하다고 생각한다. 증산의 사상에서 도교적 요소를 많이 찾을 수 있는 것은 분명하지만, 증산은 도교적 개념을 끌어다 쓰면서도 동시에 그만의 독창적인 개념을 덧씌우고 있기 때문이다. 그러므로 증산의 사상이 도교의 어떤 부분과 일치하고 어떤 점에서 차이가 나타나는지를 동시에 고려하는 것이, 증산의 사상이나 도교를 이해하는 데 더 도움이 되리라 본다. 중국 초기 민간도교(『태평경』)의 해원결과 증산의 해원상생을 비교하는 작업은 이런 사실을 입증해주는 하나의 사례가 될 것이다.

1차 연구자료로는 명대(明代) 영종 정통 9년(1444)에 편찬된『도장(道藏)』속의『태평경』대신에, 왕밍[王明]이『태평경』의 문헌학적인 문제를 해결하고[11] 새로 출간한 교정본인『태평경합교(太平經合校)』를 활용하기로 한다. 증산의 사상을 살펴보기 위한 1차 자료의 선정에는 약간의 어려움이 있다. 증산으로부터 비롯된 신종교들은 서로 경전이 같지 않고 교리에도 일정한 차이를 지니기 때문이다. 이 신종교들 가운데 '해원상생'을 종지로 내세워 핵심 교의로 삼은 종단은 대순진리회

---

10 김홍철, 「한국 신종교에 나타난 도교사상」,『도교사상의 한국적 전개』(서울: 아세아문화사, 1989), pp.314-320; 김탁, 「증산교단사에 보이는 도교적 영향」, 『도교문화연구』24 (2006), pp.260-280.

11 윤찬원, 「태평경에 나타난 도교사상 연구」(서울대학교 박사학위논문, 1992), pp.27-35 참조.

가 거의 유일하다.[12] 대순진리회 이전에는 그 어떤 종단도 '해원상생'
이라는 단일 용어를 사용한 적이 없었다.[13] 이러한 점을 고려하여 본
고에서는 대순진리회에서 간행된 자료들을 연구 대상으로 삼는다.

2. 적원(積冤)의 원인 진단 비교

『태평경』과 증산은 적원(積冤)의 근본 원인을 서로 다르게 진단하였
다. 중국의 초기 민간도교와 증산의 사상이 선명하게 구분되기 시작
하는 지점이 바로 여기에서부터다.

2-1. 『태평경』의 적원 진단: 불화불통(不和不通)

2-1-(1) 인간과 군주가 만드는 불화불통

『태평경』은 우주의 본원을 원기(元氣)로 규정한다.[14] 당시 한대(漢代)
의 사조도 우주의 구조를 원기로 해명하는 것이었다. 원기는 천지인
을 비롯한 만물을 생성한다.[15] 천지인은 삼통(三統)이라 불리며 이들이

---

12 대순진리회의 종지는 음양합덕(陰陽合德), 신인조화(神人調化), 해원상생, 도
　통진경(道通眞境)이다. 대순진리회 교무부, 『대순진리회요람』(서울: 대순진리
　회 출판부, 1969), p.14.
13 대순진리회의 전신은 태극도이고, 그 전신은 무극도이다. 무극도는 1925년
　에 해원상생을 종지 가운데 하나로 채택했다. 『전경』, 교운 2장 32절.
14 "夫物始於元氣." 『太平經合校』(北京: 中華書局出版, 1997), p.254; "氣酒包裹
　天地八方, 莫不受其氣而生." 같은 책, p.78.
15 "元氣恍惚自然, 共凝成一, 名爲天也; 分而生陰而成地, 名爲二也; 因爲上天

서로 조화를 이루면 천하는 태평하게 된다.

　　만일 셋[天地人]이 서로 통하여 힘을 함께 하고 마음을 함께 하면, 즉시 태평하게 되어 크게 즐거워지고[樂] 재앙이 없어지게 된다.[16]

　　원기에는 세 가지가 있으니 태양(太陽)·태음(太陰)·중화(中和)가 그것이다. 형체에도 세 가지가 있으니 천지인이 그것이다. 하늘에도 세 가지가 있으니 해·달·별이 그것이며, 북극성이 그 중앙이 된다. 땅에도 세 가지가 있으니 산·시냇물·평지가 그것이다. 사람에게도 세 가지가 있으니 아버지·어머니·자식이 그것이다. 다스림에도 세 가지가 있으니 임금·신하·백성이 그것이다. 이들은 모두 태평을 바란다. 이 세 가지는 항상 당연히 친하게 지내서 아주 조금이라도 서로를 잃지 말아야 한다. 같이 한 가지로 걱정함으로써 합하여 한 가족을 이루고 태평에 도달하고 수명을 늘리게 되니 두려울 것이 없다.[17]

『태평경』은 원기에서 비롯된 태양(太陽)·태음(太陰)·중화(中和), 천·지·인, 군·신·민이 삼합삼통(三合相通)하여 한 가족을 이루면, 태평에 도달하게 되고 즐거워지며[樂] 모든 재앙이 다 사라진다고 본다. 그런

下地, 陰陽相合施生人, 名爲三也. 三統共生, 長養凡物名爲財 ….” 같은 책, p.305; “夫天地人本同一元氣 ….” 같은 책, p.236.

16 “若三相通, 并力同心, 今立平大樂, 立無災.” 같은 책, p.151.

17 “元氣有三名, 太陽, 太陰, 中和. 形體有三名, 天, 地, 人. 天有三名, 日, 月, 星, 北極爲中也. 地有三名, 爲山, 川. 平土. 人有三名, 父, 母, 子. 治有三名, 君, 臣, 民, 欲太平也. 此三者常當腹心, 不失銖分, 使同一憂 合成一家, 立致太平, 延年不疑矣.” 같은 책, p.19.

데 만약 조화를 이루지 못하여 서로 통하지 못하게 되면[不和不通] 천지에는 즐거움이 사라지고 음과 양이 서로 싸우게 된다. 음양의 분쟁은 매우 심각한 결과를 초래하니, 기와 사계절·오행·비와 바람이 고르지 않게 되고, 온갖 만물이 번성할 수 없게 되어 다치고 죽는 자가 많이 생겨 크게 흉하게 된다.[18] 또한 하늘이 음양을 잃어 천도(天道)가 어지러워지고, 땅이 음양을 잃어 온갖 사물[財]이 어지러워지고, 인간이 음양을 잃어 자손이 끊어지게 되고, 임금과 신하가 음양을 잃어 다스림의 도가 이치를 잃어버리게 되고 재앙이 발생한다.[19] 하늘의 바른 도가 사라지면 반드시 원(冤)이 맺히게 되고[冤結] 다스릴 수 없게 되어 태평의 기는 사라지게 된다.[20]

이처럼 『태평경』에서 적원의 배경으로 지목되는 것은 불화로 인해 삼합상통이 되지 못하는 것이다. 특히 서로 통하지 못함은 적원의 직접적 원인으로 작용한다.

인간이란 존재는 말을 소리 내어 함으로써 서로 (뜻을) 전달하고, 글을 씀으로써 서로 소통한다. 만물은 쇠하고 융성한 것으로써 자기의 말을 나타내니 사람은 이를 보고 생각함으로써 알게 된다. 인간이란 존재는 음양의 중앙에 있어 만물의 스승과 어른이니 가장 많은 무리를 만들 수

---

18 "天地不樂, 陰陽分爭, 不能合氣四時五行, 調風雨, 而盛生萬二千物." 같은 책, p.648.
19 "天失陰陽則亂其道, 地失陰陽則亂其財, 人失陰陽則絶其後, 君臣失陰陽則其道不理, 五行四時失陰陽則爲災." 같은 책, p.733.
20 "過此已下, 名亂天正道, 必有冤結, 鬼神精伏逃不見, 不可理, 不能調和太平之氣." 같은 책, p.305.

있는 바이다. (인간은) 신을 본받은 형체가 있고 변화하여 앞서가고 물러나며, 마땅히 소통하는 것을 주로 하고 이 변화와 차이를 기록하니 그 주된 것은 말이다. 그러므로 한마디의 말이 통하지 않으면 冤이 맺히게 되고, 두 마디의 말이 통하지 않으면 번번이 막히게 되고, 세 마디의 말이 통하지 않으면 끊어지며, 네 마디의 말이 통하지 않으면 서로 화합해야 할 때 응하지 않아서 그 살아있는 만물에 상(常)이 없게 되며, 다섯 마디의 말이 통하지 않으면 싸움이 일어나게 되며, 여섯 마디의 말이 통하지 않으면 사방 위아래에서 악이 생기고, 일곱 마디의 말이 통하지 않으면 깨어져 무너지며, 여덟 마디의 말이 통하지 않으면 어려움에 처하는 집들이 여럿 생겨나고, 아홉 마디의 말이 통하지 않으면 서로 해치고 다치게 되며, 열 마디의 말이 통하지 않으면 끊임없이 변혁이 일어난다.[21]

그러면 불화와 불통이 야기되는 이유는 무엇인가? 『태평경』은 인간에게 병이 없으면 하늘도 병이 없다고 보았다.[22] 즉 인간이 병이 들면 하늘도 병이 들게 된다. 인간이 악을 행하면 천지에 재앙이 생기며, 이것은 곧 서로의 불화와 불통으로 이어진다. 그러므로 현실 사회에서 불화와 불통의 근본적인 책임은 인간에게 있다는 것이다.

인간 가운데에서도 가장 지위가 높은 자는 군주이니, 군주는 그 책

---

21 "人者, 以音言語相傳, 書記文相推移。萬物者, 以衰盛而談語, 使人想而知之. 人者, 在陰陽之中央, 爲萬物之師長, 所能作最衆多. 象神而有形, 變化前卻, 主當疏記此變異, 爲其主. 故一言不通, 則有冤結; 二言不通, 輒有杜塞; 三言不通, 轉有隔絶; 四言不通, 和時不應, 其生物無常; 五言不通, 行氣道戰; 六言不通, 六方惡生; 七言不通而破敗; 八言不通而難處爲數家; 九言不通, 更相賊傷; 十言不通, 更相變革." 같은 책, p.205.
22 "人無病, 卽天無病也." 같은 책, p.355.

임이 절대적이다. 군주는 권력을 하늘에서 부여받은 자이기 때문에, 군주가 역할을 올바로 수행하지 못한다면 원이 쌓이고 재앙만 커질 뿐 태평세계는 결코 구현되지 못한다.

> 군주의 마음이 창달하지 못하면 천심(天心)이 아래로 통할 수 없으며, 아내와 자식이 임금과 아버지의 다스림을 받지 못하여 역적의 집안이 된다. 신하의 기가 통함을 얻지 못하고 땅의 기운이 이룸을 얻지 못하니 충신이 어찌 밝은 임금을 도와 다스림을 펼 수 있겠는가? … 백성의 기가 위와 통하지 않으니 조화로운 기가 어떻게 일어나겠는가? … 지금 (군주·신하·백성의) 세 氣가 서로 잘 통하지 않으니 어찌 태평이 이루어지겠는가?[23]

사계절과 오행의 모든 혼란까지도 오직 군주의 잘못된 정치로 인해 비롯된다.[24] 군주의 잘못에서부터 촉발된 인간계의 부조화는 자연계의 부조화를 초래하고, 자연계의 부조화는 다시 인간계에 고통과 질병, 재앙을 가중한다. 따라서 재앙을 없애기 위해서는 무엇보다 군주가 바른 道를 행하지 않으면 안 된다. 이것은 한대 재이설(災異說)에 기반한 사고방식이다.

2-1-(2) 백성의 원(冤): 후한 말기의 참상

『태평경』이 적원의 원인을 지배계층의 잘못된 정치에서 찾는 이유

---

23 "人君之心不暢達, 天心不得通於下, 妻子不得君父之敕, 爲逆家也. 臣氣不得達, 地氣不得成, 忠臣何從得助明王爲治哉. … 民氣不上達, 和氣何從得興 … 今三氣不善相通, 太平安得成哉." 같은 책, p.20.

24 윤찬원, 앞의 글, p.253.

는 당시 사회의 현실과 관련이 있다. 『태평경』의 배경이 되는 동한 말기는 두 차례에 걸친 당고(黨錮)의 화 이후 왕권이 극도로 쇠약해지고 십상시로 대표되는 환관·외척·지방 군벌들이 난립하던 시대였다. 이들의 수탈과 횡포로 백성들은 토지와 재산을 빼앗기고 삶의 터전을 떠나야 했다. 그 와중에 많은 사람이 굶어 죽었으니, 서기 2년 중국의 인구는 5960만 명이었는데 140년 무렵에는 인구가 4000만 명으로 1000만 명이나 줄어들 정도였다.[25] 백골이 사방에 굴러다니고 천 리에 걸쳐 닭 우는 소리가 하나도 들리지 않았다는 사실은 당시의 참혹한 상황을 짐작케 한다.[26]

이때 발해만 연안의 방사(方士)들은 백성의 고통과 적원을 바라보면서 당시 사회의 문제점을 진단하고 해결책을 제시한 170권[27] 규모의 『태평경』을 썼다. 『태평경』이 당시의 지배계층, 특히 군주에게 적원의 책임을 물었던 것은 당연한 일이었다. 『태평경』은 사람들에게 큰 공감을 불러일으켰고, 태평도와 오두미도의 형성에도 중대한 공헌을 하였다. 이런 배경에서 태평도와 오두미도는 활발한 민중 운동을 전개하였으니, 태평도의 교주 장각은 황건 집단의 봉기를 일으켰고, 오두미도의 교주 장노는 약 60년 동안 한중에서 독자적 종교 왕국을 건설하여 자신들만의 세계를 구축하였다. 태평도는 철저하게 진압당하여 괴멸되었고 오두미도는 조조에게 항복함으로써 실패로 끝났지만, 이 운동들은 중국에서 종교가 사회 변혁을 이끈 대표적인 사례로 평가받는다.

---

25 구보 노리타다·니시 준조, 『중국종교사』, 조성을 옮김 (서울: 한울, 1990), p.55.
26 김성환, 「초기 도교의 철학 사상」, 『중국철학』 7 (2000), p.120.
27 현재 전해지는 것은 1/3 가량인 57권뿐이다.

2-2. 증산의 적원 진단: 상극(相克)

2-2-(1) 상극의 지배

증산 역시 현실 사회가 재앙에 파묻히게 된 이유로 인간의 잘못을 지적한다. 그것은 자연을 정복하려 하고 신도(神道)의 권위를 무너뜨린 인간의 교만, 그리고 도덕성의 추락이었다.

> 서양의 모든 문물은 천국의 모형을 본뜬 것이라. 그 문명은 물질에 치우쳐서 도리어 인류의 교만을 조장하고 마침내 천리를 흔들고 자연을 정복하려는 데서 모든 죄악을 끊임없이 저질러 신도(神道)의 권위를 떨어뜨렸으므로 천도와 인사의 상도(常道)가 어겨지고 삼계가 혼란하여 도의 근원이 끊어지게 되니 …[28]

> 그 아비를 잊어버리는 자는 무도(無道)하며, 그 임금을 잊어버리는 자는 무도하며, 그 스승을 잊어버리는 자는 무도하다. 세상에 충도 없고, 효도 없고, 열도 없으니 천하가 모두 병이 들었다.[29]

하지만 증산은 인간의 잘못 이전에 적원과 재앙의 근본적인 이유로서 상극이 우주를 지배해 온 사실을 먼저 주목하였다.

---

28 『전경』, 교운 1장 9절.
29 "忘其父者無道 忘其君者無道 忘其師者無道 世無忠 世無孝 世無烈 是故天下皆病." 같은 책, 행록 5장 38절.

선천에서 상극(相克)이 인간지사(人間之事)를 지배하였으므로 원한이 세상에 쌓이고 따라서 천지인(天地人) 삼계가 서로 통하지 못하여 이 세상에 참혹한 재화(災禍)가 생겼나니라.[30]

지기(地氣)가 통일되지 못함으로 인하여 그 속에서 살고 있는 인류는 제각기 사상이 헛갈려 제각기 생각하여 반목쟁투하느니라.[31]

그에 따르면 상극은 적원의 근본 원인이다. 삼라만상은 모두 상극에 지배되었으므로, 망자의 원혼만이 아니라 살아있는 인간, 천지의 각 지역을 담당하는 뭇 신명들, 심지어 동물을 포함하는 우주 영역 안의 모든 존재는 원(冤)을 가지는 주체가 된다. 이들은 상극의 영향으로 冤을 지니게 되었고, 이렇게 누적된 冤은 천지인을 서로 소통하지 못하게 하였다. 이로써 신명과 모든 창생은 비겁(否劫)에 빠지게 되어 마침내 참혹한 재앙이 생겨났다. 혼란과 재앙의 근본 원인을 인간의 잘못이 아닌, 상극 지배라는 우주의 문제로 돌리는 설명 방식은 증산 이전에는 찾아볼 수 없는 것이었다. 증산은 현실의 재앙을 두고 이렇게 단언했다.

묵은 하늘은 사람을 죽이는 공사만 보고 있도다.[32]

---

30 같은 책, 예시 8절.
31 같은 책, 공사 3장 5절.
32 같은 책, 공사 1장 11절.

이러한 과감한 발언은 하늘의 은혜에 감사하며 살아야 하고, 하늘을 절대적인 것으로 보는 전통적인 천 관념을 뒤집는 것이었다.

2-2-(2) 증산의 상생과 상극

증산에게 있어 상극·상생은 동양 전통의 고전적인 상극·상생과는 다른 개념이다. 원래 동양 전통에서 상극과 상생은 오행의 특정 두 요소 사이에만 작용하는 원리를 나타내는 용어였다. 증산은 이 용어들을 우주 전체에 모두 적용되는 개념으로 확대했다.

우주의 운행에서 상극과 상생의 법칙은 모두 필요하다. 우주 만물 간에 상생과 상극이 조화를 잘 이루면서 서로 작용한다면 만물의 흥망성쇠 운행은 순조로울 것이다. 그러나 우주가 상극에만 치우쳐서 운행된다면 이는 자연계의 균형을 무너뜨려 많은 혼란을 일으키게 될 것임은 자명하다. 증산에 따르면 선천은 상극에 의한 지배를 받아왔다. 상생과 상극의 조화를 바탕으로 상극이 주도한 것도 아니고 일방적인 상극의 지배였다는 데에 그 문제의 심각성이 있으니, 상극은 필연적으로 원한을 낳고 원한은 세상을 큰 혼란에 빠지게 했다.[33] 따라서 적원을 해결하고 비겁을 풀며 뭇 재앙을 없애기 위해서는 악인을 징계하고 인간을 가르치는 것보다, 먼저 '상극의 지배'라는 우주의 도수를 '상생의 지배'로 바꾸지 않으면 안 된다. 이렇게 증산의 해원은 천지 도수의 조정이라는 우주적 차원에서부터 시작된다.

여기에서 상생은 '서로가 서로를 살린다, 상대를 잘되게 한다'라는

---

33 차선근, 「상극에 따른 원한으로 진멸지경에 처한 세상」, 『대순회보』 65 (2006), p.18.

뜻으로, 공생·원원(win-win)과는 구별되는 개념이다. 기본적으로 공생은 생물학적인 개념이고 윤리적 개념은 아니다. 하지만 상생은 윤리적 개념이면서 동시에 생물학적 개념이기도 하다. 또 공생이 특정한 생물체 사이에만 주어지는 제한적인 관계 속의 개념이라면, 상생은 모든 만물 사이에 일괄적으로 적용되는 보편적인 관계 속의 개념이다. 공생은 환경의 변화에 따라서 기생으로 변할 수도 있고, 심지어 해악을 끼치게 될 수도 있으므로 영속적이지는 않다. 이에 비해 상생은 영속적이다. 공생은 자기 이익을 전제로 하지만 상생은 자기 이익을 전제로 하지 않는다.[34] 원원은 원래 서로 다른 장소에서 동시에 벌어지는 전쟁을 모두 승리로 이끈다는 군사 전략 개념으로서, 상극을 전제 조건으로 하고 있다는 점에서 무상극(無相克)을 표방하는[35] 상생 개념과는 그 맥락이 다르다.

증산의 해원은 무속의 해원과 일정한 차별성을 지닌다. 그것은 무속의 해원이 망자의 冤을 대상으로 하고 있다면, 증산의 해원은 冤을 가지는 주체가 망자를 넘어서 살아있는 사람, 민족, 국가, 심지어 동물과 신명 등 우주에 존재하는 모든 개체로 확대된다는 점이다. 또 冤이 인간계의 혼란을 넘어 전 우주를 혼란에 빠뜨리는 근본적인 원인으로 진단된다는 점, 해원이 상대를 잘되게 한다는 윤리적 개념인 상생과 결합한다는 점, 冤이 해소된 세계인 후천 지상선경을 지향한다는 점에서 무속의 해원보다 폭이 더 넓다.[36]

---

34 이경원, 「대순진리회의 '상생' 이념에 관한 연구」, 『신종교연구』 13 (2005), pp.324-326.
35 "水火金木待時以成 水生於火 故天下無相克之理." 『전경』, 교운 1장 66절.

『태평경』의 해원은 冤을 모든 혼란의 원인으로 본다는 측면, 冤이 해소된 세계인 태평세계를 지향한다는 측면에서 증산의 입장과 유사하다. 또 冤의 주체에 살아있는 사람들까지 포함된다는 점에서 무속의 해원보다는 폭넓은 개념이다. 하지만 증산이 설정한 우주적 범위까지는 미치지 않는다.

2-2-(3) 백성의 원(冤): 동학농민운동의 참상

증산의 종교 활동기(1897~1909)[37]를 전후한 19세기 후반의 한국 사회 역시 『태평경』의 배경 후한 말기와 마찬가지로 안팎으로 많은 시련을 겪고 있었다. 백성은 부패한 탐관오리의 횡포와 가혹한 세금으로 고통받고 있었고, 외세의 침략은 한국의 힘으로는 감당하기 점점 어려워지고 있었다. 적원의 규모는 갈수록 커졌고, 참다못한 농민들은 전봉준을 중심으로 1894년 1월에 동학농민운동을 일으켰다. 백성의 冤이 폭발된 이 항쟁은 한국 근대사의 한 획을 그은 커다란 사건이었다. 동학농민운동은 1년 이상 지속되다가 실패로 끝이 났고, 이 기간에 희생된 사람들의 수는 무려 30~40만 명에 이른다는 보고가 있다.[38]

---

36 김열규, 「원한의식과 원령신앙」, 『증산사상연구논문집』 5 (1979), p.19; 최준식, 「왕중양과 강증산의 삼교합일주의」, 『종교연구』 5 (1989), p.165; 노길명, 『한국신흥종교연구』(서울: 경세원, 2003), pp.56-59.

37 증산이 천지공사를 시행한 시기는 1901년부터 1909년까지이다. 그런데 그는 천지공사를 하기 전, 1897년부터 1900년까지 3년 동안 한반도 전역을 돌아다닌 적이 있었다. 그의 주유 목적은 천지공사를 시작하기 전에 인심과 속정을 세세히 살펴보는 것이었다. 그러므로 증산이 주유하기 시작한 1897년부터 그가 천지공사를 마치고 화천한 1909년까지를 모두 그의 종교 활동이 이루어진 시기라고 설정할 수 있다. 차선근, 「강증산의 대외 인식」, p.130.

38 나라[奈良]여대 나카쓰카 아키라[中塚明] 명예교수는 일본 방위청 연구소 산

전봉준이 최초로 봉기를 일으킨 이평 말목장터는 증산의 고향인 객망리[39]에서 북쪽으로 불과 4㎞밖에 떨어지지 않은 곳이었다. 동학농민운동을 옆에서 직접 지켜보았던 24세의 청년 증산은, 보국안민을 표방하는 이 운동의 뜻을 높이 평가하면서도 이 운동이 곧 실패로 끝날 것을 예측하고 무고한 양민들이 많이 희생될 것을 우려하여 사람들이 동학농민운동에 투신하는 것을 말렸다.[40] 증산의 예상대로 동학농민군들은 불과 몇 달 만에 파국의 나락으로 떨어졌고, 관군을 앞세운 지배계급은 대규모의 보복을 단행하였다. 동학농민운동의 진원지였던 전라도는 다른 어느 지역보다 피해가 극심하였으니, 재산의 몰수와 부녀자 능욕·살인 등으로 사람들은 엄청난 고통을 겪어야 했다.[41]

이제 백성들은 아무런 희망도 꿈꿀 수 없게 되었다. 적원도 해소되지 못한 채 더욱 커져만 갔다. 이를 지켜본 증산은 적원의 근본 원인을 인간이나 사회 구조의 모순이 아닌 우주의 잘못된 도수에서 찾았다. 그리하여 그는 종교적인 방법으로 해원을 모색하면서 한국인들에게 상생이 지배하는 지상선경이 도래할 것이라는 새로운 꿈을 꾸게 해주었다.[42] 이것은 『태평경』과 뚜렷이 구분되는 중요한 차이점이다.

하 도서관의 사료를 인용하여 당시 일본군에 의해서 희생된 동학군은 부상자를 포함해서 30만~40만 명에 이르며, 그중 학살당한 동학군은 5만 명 이상이라고 밝히고 있다. 천도교중앙총부 교서편찬위원회, 『천도교 약사』(서울: 천도교중앙총부, 2006), p.103.

39 지금의 전라북도 정읍시 덕천면 신월리 신송마을.

40 『전경』, 행록 1장 23절.

41 진성규, 「증산의 해원상생관에 대한 고찰」, 『증산사상연구』 16 (1990), p.113.

42 대순진리회의 발생을 아노미 이론만으로 설명할 수는 없다. 강돈구는 아노미 이론의 문제점을 지적하면서 신종교의 발생을 이해하기 위해서는 그 당시의 사회적 상황뿐만 아니라 적어도 그 이전의 역사적인 전통, 창시자와 조직자

3. 해원(解冤)의 실현 방안 비교

적원에 대한 각각의 원인 진단에 따라 『태평경』과 증산은 그 나름의 구체적인 해원 방안을 제시한다. 이 방안들은 최고신의 역할과 인간의 행동 방안으로 나누어 살펴볼 수 있다.

3-1. 해원결과 해원상생의 실현을 위한 최고신의 역할

3-1-(1) 『태평경』의 경우

『태평경』의 경우, 불화와 불통을 바로 잡고 해원결을 이루어 태평을 구현하기 위해서는 사람들에게 가르침을 펴서 선인을 만들고 악인을 바로 잡아야만 한다. 『태평경』이 세상에 존재하는 이유는 바로 그 가르침을 주기 위해서이다.

> 하늘은 책(『태평경』)을 내어 아주 먼 곳까지 이르도록 널리 행하게 함으로써, 그 말은 통하게 되고 착한 사람을 번창시키게 하고, 악한 사람을 알게 하고, 원한 맺힌 것을 풀게 한다[解冤結].[43]

『태평경』의 세계관에서는 인간들, 특히 천자가 바른 도를 행해야만 태평이 이루어진다. 이것을 가르치는 존재는 황천(皇天)이다. 황천은

의 역할도 동시에 고려해야 한다는 점을 지적한 바 있다. 강돈구, 「신종교연구 서설」, 『종교학연구』 6 (1987), pp.216-217 참조.

43 "天出文書, 令使可遙行萬萬里, 得通其言, 以暢善人, 以知惡人, 以解冤結." 『太平經合校』, pp.467-468.

만물의 근원인 원기를 포괄하고 지배하는 최고의 절대자다.[44] 중국 도
교에서 황천이 본격적으로 인격적인 의미를 지니게 된 것은『태평경』
이 처음이다. 여기에서 황천은 세상에서 가장 신령스러운 존재이
며,[45] 모든 일을 담당하는 우두머리이자 인간의 부모이고 성현들에게
는 모범의 대상으로 묘사된다.[46] 원시천존이나 태상노군 등 후대 도
교에서 만들어지는 각종 신격의 선구적 형태가 바로 이 황천이다.[47]

　황천은 이 세상의 태평 구현에 직접적으로 나서지 않는다. 다만 재
앙을 없애고 질서를 바로 세우기 위해 천사(天師)를 시켜 참된 글과 책
을 세상에 전하게 한다.[48]『태평경』은 6명의 진인(眞人)들이 천사에게

44　윤찬원은 왕명(王明), 경희태(卿希泰) 등 중국의 도교 연구자들이 유물론적 관
　　심사에 입각하여『태평경』에 나타나는 종교적 측면을 비합리적인 것으로 철
　　저히 배제하고『태평경』의 신학(神學)에 관하여 전혀 언급하지 않았다고 지적
　　하면서, 일본의 아사노 유이치[淺野裕一]가『태평경』의 최고 신격인 황천을
　　밝혀냄으로써『태평경』의 신학 체계를 처음으로 구성해 내었다고 본다. 윤찬
　　원, 앞의 글, p.96;『태평경』에 나타나는 황천 관념의 총괄적 의미는 형이상학
　　적 성격과 아울러 인격적·의지적 존재로서의 절대자 성격, 그리고 종교적 경
　　배의 대상이라는 차원에서 정립되고 있다. 윤찬원,「도교 권선서에 나타난 윤
　　리관에 관한 연구」,『도교문화연구』29 (2008), pp.151-152.
45　"至誠可專念, 乃心痛涕出, 心使意念主行, 告示遠方. 意, 陰也, 陰有憂者當報
　　陽, 故上報皇天神靈."『太平經合校』, p.427.
46　"夫皇天, 乃是凡事之長, 人之父母也, 天下聖賢所取象也." 같은 책, p.658.
47　이 때문에『태평경』은 후대 도교의 관념 형성에 지대한 영향을 미쳤다고 평가
　　할 수 있다. 또한 만물을 셋으로 나누어 보는 관점이나 최고신 관념, 승부(承負)
　　의 해소 등 도덕 수행론, 내단의 기초를 이루는 수일(守一)·부주(符呪)·복식(服
　　食) 등 많은 부분에서 후대 중국 도교에 지대한 영향을 끼쳤다. 특히 세계를 셋
　　으로 나누어 파악하는 방식은『태평경』이전에는 찾아보기 힘든 표현이다.
　　전후한(前後漢)을 통틀어 한대(漢代)에서 세계를 삼분법으로 파악하는 방식
　　은『태평경』이 최초다. 이러한 삼분법적 세계 파악 방식은 후대 도교의 관념
　　창출에 선구적 역할을 하였다. 윤찬원,「태평경에 나타난 도교사상 연구」,
　　pp.96-103, p.129.

질문을 던지면 천사가 대답하는 형식으로 이루어져 있는데, 여기에서 천사가 하는 말이 곧 황천의 가르침인 것이다. 만약 천자가 황천의 가르침을 지키지 못하고 도와 질서를 무너뜨리면 황천은 노하여 인간계에 그에 상응하는 벌과 재앙을 내린다.[49]

『태평경』은 군주를 하늘의 아들이자 사람의 어른으로 규정하여 천부적인 권위를 인정하기 때문에[50] 기본적으로 체제 옹호적이다. 하지만 백성의 고통이 극심하고 적원이 커질 때 군주가 잘못을 반성하고 도를 행하는 개혁의 의지를 보여주지 않는다면 황천은 그를 벌한다. 따라서 『태평경』은 혁명 지향적인 성격을 띤다.[51] 『태평경』의 영향을 크게 받은 태평도와 오두미도가 민중 운동을 일으킬 수 있었던 이유 가운데 하나도 여기에 있다.

3-1-(2) 증산의 경우

대순진리회가 출현하기 직전인 19세기 후반 한국의 사조는, 점점 힘을 잃어가고는 있었지만 그래도 여전히 성리학이었다. 성리학의 세계관은 주돈이의 '무극이태극(無極而太極)'으로 시작하는 「태극도설」에 그 연원을 둔다. 대순진리회도 「태극도설」처럼 우주 만물의 근원을 무극으로 규정하면서, 무극과 태극을 같은 것으로 간주한다. 대순

---

48 "從神文聖賢辭, 下及庶人奴婢夷狄, 以類相從, 合其辭語, 善者以爲洞極之經, 名爲皇天洞極政事之文也."『太平經合校』, p.354; "今以天師文書道一, 付一有德之國. 今一國之原, 雖其君有德萬萬人者, 安能乃并解陰陽無極天地之災乎."같은 책, pp.390-391; 윤찬원, 「태평경에 나타난 도교사상 연구」, p.99.

49 "夫皇天所怒而不悅, 故有戰鬥, 水旱災害不絕."『太平經合校』, p.712.

50 "夫帝王者, 天之子, 人之長."같은 책, p.219.

51 오상훈, 「『태평경』과 후한 도교운동의 전개」, 『역사학보』 97 (1983), p.47.

진리회에서 무극 즉 태극은 우주 만물이 생성·전개되는 시원이면서 동시에 우주 만물이 생성되고 순환하는 원리라는 뜻까지도 모두 포함하는 개념이다. 무극·태극에서 음양이 나오고 오행이 발현되어 만물은 생성·소멸한다.[52]

이런 설명 방식은 성리학의 세계관과 유사하다. 하지만 성리학의 세계관에는 인격신 관념이 존재하지 않지만, 대순진리회는 우주의 본체인 무극을 주재하는 최고 절대자로서 무극신(無極神)을 설정한 후 그 무극신의 조화로써 우주의 운행을 설명한다(2장 p.98 참조). 무극신은 구천응원뇌성보화천존강성상제(九天應元雷聲普化天尊姜聖上帝)로서, 그 의미는 가장 높은 하늘인 구천에서 절대자가 음양의 결합인 뇌성(雷聲)으로써 하늘과 땅의 氣를 오르내리게 하여 만물을 생성·변화·지배·자양한다는 것이다.[53] 이러한 설명은 절대적 진리로서의 도에 인격성을 부여하는 중국 도교와 유사성이 있다.

『태평경』의 황천처럼 대순진리회의 최고신 역시 현실 세계에 재앙이 닥쳤을 때는 대리자를 지정하여 가르침을 펴게 한다. 하지만 그것이 여의하지 않으면 문제의 해결을 위하여 직접 인간의 몸을 지니고 인간계에 뛰어드는 존재로 설정된다는 점에서 『태평경』의 황천과는 차이가 있다.

　　상제께서 구천에 계시자 신성(神聖)·불·보살 등이 상제가 아니면 혼

52　자세한 내용은 차선근, 「대순진리회의 변천 과정과 무극 태극의 관계」, 『상생의 길』 4 (2016), pp.30-46 참조.
53　『대순진리회요람』, pp.6-7.

란에 빠진 천지를 바로잡을 수 없다고 호소하므로 서양 대법국 천계탑에 내려오셔서 삼계를 둘러보고 천하를 대순하시다가 동토(東土)에 그쳐 모악산 금산사 미륵금상에 임하여 삼십 년을 지내시면서 최수운에게 천명과 신교(神敎)를 내려 대도를 세우게 하셨다가 갑자년[54]에 천명과 신교를 거두고 신미년[55]에 스스로 세상에 내리기로 정하셨도다.[56]

대순진리회의 최고신은 직접 인간의 몸으로 인간의 삶을 경험하고, 인간의 관점에서 적원과 재앙의 구조 및 원인을 다각적으로 검토해보겠다는 매우 적극적인 자세를 보여준다.

대순진리회는 세상을 구원하기 위하여 인세에 직접 내려온 최고신이 증산이라고 믿는다. 그 이유는 그가 인간 세상에 있을 때 인간의 능력을 초월하는 여러 가지 이적을 보여주었기 때문이기도 하지만, 궁극적으로는 그가 상극의 지배라는 천지의 도수를 상생의 지배로 바꾸며 冤이 없는 새로운 세상을 개벽시킨다는 천지공사를 9년간에 걸쳐 시행했다는 사실 때문이다.[57]

우리는 개벽하여야 하나니 대개 나의 공사는 옛날에도 지금도 없으며 남의 것을 계승함도 아니요 운수에 있는 일도 아니요 오직 내가 지어 만드는 것이니라. 나는 삼계의 대권을 주재하여 선천의 도수를 뜯어고

---

54 1860년.
55 1871년.
56 『전경』, 예시 1절.
57 같은 책, 예시 9절.

치고 후천의 무궁한 선운을 열어 낙원을 세우리라.[58]

선천에서는 인간 사물이 모두 상극에 지배되어 세상이 원한이 쌓이고 맺혀 삼계를 채웠으니 천지가 상도를 잃어 갖가지의 재화가 일어나고 세상은 참혹하게 되었도다. 그러므로 내가 천지의 도수를 정리하고 신명을 조화하여 만고의 원한을 풀고 상생의 도로 후천의 선경을 세워서 세계의 민생을 건지려 하노라. 무릇 크고 작은 일을 가리지 않고 신도(神道)로부터 원을 풀어야 하느니라. 먼저 도수를 굳건히 하여 조화하면 그것이 기틀이 되어 인사가 저절로 이룩될 것이니라. 이것이 곧 삼계공사(三界公事)이니라.[59]

『전경』에 따르면 신성·불·보살은 천지의 혼란을 최고신에게 하소연하였고, 증산은 천지 도수를 조정하는 일에 대해 "내가 이 공사를 맡고자 함이 아니니라. 천지신명이 모여 상제가 아니면 천지를 바로잡을 수 없다 하므로 괴롭기 한량 없으나 어찌할 수 없이 맡게 되었노라."라고 말했다.[60] 즉 증산에게 있어서는 천지 도수를 조정하는 일 자체가 신성·불·보살들의 원을 풀어주는 일이었다.[61]

『태평경』과 대순진리회에서 冤과 재앙의 해소에 대한 최고신의 역

---

58 같은 책, 공사 1장 2절.
59 같은 책, 공사 1장 3절.
60 같은 책, 공사 1장 9절.
61 하늘이 사람을 죽이고만 있었다고 평가하면서 하늘과 땅을 뜯어고쳐 우주의 질서를 새로 개편하겠다고 선언한 증산의 행위는 평범한 것이 아니었기 때문에, 그는 천지공사를 하고 다니는 동안 일부 그의 추종자들을 제외한 대다수의 주변 사람들에게 광인이라는 소리를 들을 정도였다. 같은 책, 행록3장 34절.

할이 다르게 나타나기 때문에 해원의 정치적 성격도 차이를 보이게 된다. 앞서 말한 바대로 황천은 군주에게 벌을 내리는 존재이므로『태평경』은 정치 혁명적인 성격을 띠게 될 수도 있다. 이에 비해 대순진리회에서 구천상제[무극신]는 현실 세계를 바꾸겠다는 강력한 의지를 보여주면서 해원을 보장하는 존재이다. 그러므로 해원을 위한 필수조건은 상제에 대한 신앙이 된다. 또 다음 절에서 언급하겠지만 대순진리회의 해원은 상생을 전제로 한다. 상제에게 의탁하며 상생을 추구하는 종교적인 형태의 해원에는 폭력적이고 급진적인 변혁이 나타나기 어렵다. 중국 도교가 태평도와 오두미도의 민중 운동 이후에도 사회 변혁에 적지 않게 참여하였다는 사실을 감안하면, 이런 사실은 중국 도교와 대비되는 대순진리회의 중요한 특성 가운데 하나다.

3-2. 해원결과 해원상생의 실현을 위한 인간의 노력

3-2-(1) 『태평경』의 경우

『태평경』에서, 해원결과 재앙의 해소는 황천에게 가르침을 받은 인간에 의해 이루어져야 한다. 불화와 불통도 인간이 스스로 극복해야 한다. 그러면 불화불통을 뛰어넘어 해원결을 실현하는 실천 방안은 무엇인가? 그것은 승부(承負)를 해소하는 일이다.

인간 개개인의 입장으로 보았을 때『태평경』에서 말하는 가장 큰 재앙과 원한은 생명을 잃는 것이다.[62] 인간이 주어진 삶을 제대로 살

---

62 "夫人死者乃盡滅, 盡成灰土, 將不復見. 今人居天地之間, 從天地開闢以來, 人人各一生, 不得再生也. 自有名字爲人. 人者, 乃中和凡物之長也, 而尊且貴,

아내지 못하고 생명을 잃는 가장 큰 이유는 인간이 잘못을 범하기 때문인데, 문제는 그 잘못이 한 개인에게만 국한되는 것이 아니라는 사실이다. 『태평경』에 따르면 한 개인이 악행을 저지르면 그것은 본인에게만 영향을 끼치는 것이 아니라 그 자식과 후손에게 길이길이 대물림된다. 이것이 바로 승부다.[63] 불교의 인과응보는 전생·현세·내생이라는 윤회 속에서 행위 당사자만의 업보를 규정할 뿐 그 자손에게까지 업보가 미치지는 않는다. 불교와 달리 『태평경』은 윤회를 인정하지 않기 때문에 행위 당사자는 자신의 업보를 내세에서는 받지 않는다. 대신 그 업보는 자신이 아닌 후손들이 대대로 받는다. 이처럼 인과응보는 개인적인 차원으로, 승부는 공동체적인 차원으로 작용한다.[64] 근본적으로 승부 관념은 개인이 독립성을 상실하고 가문과 운명을 같이하게 만드는 서주 이래의 종법과 관련이 있다.[65]

주어진 삶을 제대로 누림으로써 재앙을 피하고 원한을 만들지 않기 위해서는, 또 수명을 제대로 누리지 못한 가문 대대로의 적원을 풀기 위해서는, 선을 행하여 승부를 풀어내지 않으면 안 된다. 혹시 선을 힘써 행해도 악한 결과를 얻는 것은 조상이 만든 승부가 덜 풀려서 그런 것이니,[66] 더욱 열심히 선을 행해야 한다. 그 구체적인 내용은 노동력

與天地相似; 今一死, 乃終古窮天畢地, 不得復見自名爲人也, 不復起行也. 故悲之大冤之也." 『太平經合校』, pp.340-341.

63 "承者爲前, 負者爲後; 承者, 迺謂先人本承天心而行, 小小失之, 不自知, 用日積久, 相聚爲多, 今後生人反無辜蒙其過謫, 連傳被其災, 故前爲承, 後爲負也. 負者, 流災亦不由一人之治, 比連不平, 前後更相負, 故名之爲負. 負者, 迺先人負於後生者也." 같은 책, p.70.

64 윤찬원, 「태평경에 나타난 도교사상 연구」, pp.154-155.

65 陳靜, 「太平經中的承負報應思想」, 『宗敎學硏究』 2 (四川大學, 1986), pp.38-39.

302 현대종교학과 대순사상

이 없다는 이유로 여아를 살해해서는 안 되며, 남에게 의탁하지 않고 스스로의 노력으로 생활하며, 사치스러운 장례를 하지 않고, 곤궁한 사람을 구제하며, 서로 돕고 재물을 공유하는 것으로 나타난다. 물론 이러한 것들은 그 시대의 사회상을 반영하고 있다. 이렇게 함으로써 불화불통이 해소되면 인간은 그 본질을 회복하게 되니 이것이 바로 수일(守一)이다. 여기에서 일(一)은 인간의 본질을 말한다.

수일은 인간적 차원에서는 개개인의 수양으로 얻어져야 하지만, 사회 정치적 차원에서는 군주가 도에 근거한 바른 통치를 시행해야만 얻어진다. 이때 수일의 일은 세계의 본질이다. 『태평경』에서 수일은 인간의 본질을 회복한다는 개인적 수양 성격과 도의 원칙에 따라 나라를 다스려 세계의 본질을 회복한다는 치국의 성격을 동시에 지닌다. 하지만 더 강하게 드러나는 것은 치국의 원리다.[67] 사실상 적원의 책임을 가장 크게 지는 인간은 군주이므로 승부 역시 군주에게 가장 크게 작용한다. 백성의 승부가 3백 년, 신하의 승부가 3천 년 동안 이어진다면, 군주의 승부는 무려 3만 년 동안 내려간다.[68] 때문에 군주는 선정을 베풀어서 승부를 풀어야만 한다. 그렇게 해야만 도가 행해지고 불화불통이 해소되어 冤도 풀리게 된다.

『태평경』에 따르면 원기치(元氣治)·자연치(自然治)·도치(道治)·덕치(德治)·인치(仁治)·의치(義治)·예치(禮治)·문치(文治)·법치(法治)·무치(武治)

---

66 "行善反得惡者, 是承負先人之過, 流災前後積來害此人也." 『太平經合校』, p. 22.

67 윤찬원, 「태평경에 나타난 도교사상 연구」, p.191.

68 "承負者, 天有三部, 帝王三萬歲相流. 臣承負三千歲. 民三百歲." 『太平經合校』, p.22.

라는 총 열 가지의 통치 방식이 있다.[69] 이 가운데 군주가 태평을 실현할 수 있는 가장 이상적인 정치는 원기치·자연치·도치이다. 이 다스림은 형벌과 법령을 사용하지 않고 무위자연으로써 다스리는 상태를 의미하며,[70] 구체적으로는 현명한 인재를 적재적소에 등용하고, 잔혹한 착취를 금하며, 지배층은 피지배층과 교류하여 민의를 소통시키는 것으로 나타난다.[71]

3-2-(2) 증산의 경우

증산에게 있어서, 冤과 재앙의 해소를 위해서는 무엇보다 상극의 지배라는 천지의 도수가 바뀌어야만 한다. 또 우주적 차원에서 신명·인간·동물 등이 모두 해원을 할 수 있는 제도적 장치도 마련되어야 한다. 증산은 이렇게 공언했다.

> 천지의 도수(度數)를 정리하고 신명을 조화(調和)하여 만고의 원한을 풀고 상생의 도로 후천의 선경을 세워서 세계의 민생을 건지려 하노라.[72]

---

69 "然, 助帝王治, 大凡有十法: 一爲元氣治, 二爲自然治, 三爲道治, 四爲德治, 五爲仁治, 六爲義治, 七爲禮治, 八爲文治, 九爲法治, 十爲武治." 같은 책, pp. 253-254.

70 "前古神人治之, 以眞人爲臣, 以治其民, 故民不知上之有天子也, 而以道自然無爲自治. 其次眞人爲治, 以仙人爲臣, 不見其民時將知有天子也, 聞其敎敕而尊其主也. 其次仙人爲治, 以道人爲臣, 其治學微有刑被法令彰也, 而民心動而有畏懼, 巧詐將生也. 其次霸治, 不詳擇其臣, 民多冤而亂生焉, 去治漸遠, 去亂漸近, 不可復制也." 같은 책, p.25.

71 박문현, 「태평경과 묵자의 경세사상」, 『도교학연구』 12 (1993), pp.17-18.

72 『전경』, 공사 1장 3절.

증산은 그의 말대로 1901년부터 9년 동안 각지를 돌면서 천지 도수를 고치고 해원을 위주로 상생의 도를 펼치는 천지공사를 실시하였다.[73] 그러면서 그는 지금이 해원시대라고 선포하면서,[74] 심지어 동물들까지도 자유롭게 해원을 시킬 것[75]이라고 말하였다.

대원사 골짜기에 각색의 새와 각종의 짐승이 갑자기 모여들어 반기면서 무엇을 애원하는 듯 하니라. 이것을 보시고 상제께서 가라사대 "너희 무리들도 후천 해원을 구하려함인가" 하시니 금수들이 알아들은 듯이 머리를 숙이는도다. 상제께서 "알았으니 물러들 가있거라."고 타이르시니 수많은 금수들이 그 이르심을 좇는도다.[76]

해원 방법에는 복수를 위주로 하는 부정적인 것과 冤을 종교적으로 승화시켜 풀어나가는 긍정적인 것이 있다. 어떤 방법으로 해원을 하든 그것은 자기의 의지에 달려있다. 증산은 이렇게 말했다.

인간은 욕망을 채우지 못하면 분통이 터져 큰 병에 걸리느니라. 이제 먼저 난법을 세우고 그 후에 진법을 내리나니 모든 일을 풀어 각자의 자유의사에 맡기노니 범사에 마음을 바로 하라.[77]

---

73 같은 책, 행록 2장 15절, 공사 1장 25·29·32절, 공사 2장 3·19·22절, 공사 3장 2·17·18절, 교운 1장 17·20·32절, 교법 3장 6절, 권지 2장 37절, 예시 22·74절.
74 같은 책, 공사 1장 32절.
75 같은 책, 교운 1장 20·32절, 교법 1장 9·67절, 교법 2장 14·20절, 교법 3장 15절, 예시 22·74절.
76 같은 책, 행록 2장 15절.
77 같은 책, 교법 3장 24절.

모든 일은 각자의 자유의지에 달려있으므로 부정적인 방법으로 해원을 할 수도 있다. 그러므로 세상이 어지러워지게 될 수도 있다. 증산은 "악을 악으로 갚는 것은 피로 피를 씻는 것과 같으니라."라고 가르치면서,[78] 악을 선으로 갚아야 하는 것과 원수의 冤을 풀고 그를 은인과 같이 사랑하는 것에 진정한 해원의 방법이 있음을 밝혔다.[79] 즉 해원은 상생을 목표로 삼아야 한다는 것이다. 한 예로 증산은 자신을 따르는 종도 박공우에게 이렇게 가르쳤다.

상제께서 천원장에서 예수교 사람과 다투다가 큰 돌에 맞아 가슴뼈가 상하여 수십 일 동안 치료를 받으며 크게 고통하는 공우를 보시고 가라사대 "너도 전에 남의 가슴을 쳐서 사경에 이르게 한 일이 있으니 그 일을 생각하여 뉘우치라. 또 네가 완쾌된 후에 가해자를 찾아가 죽이려고 생각하나 네가 전에 상해한 자가 이제 너에게 상해를 입힌 측에 붙어 갚는 것이니 오히려 그만하기 다행이라. 내 마음을 스스로 잘 풀어 가해자를 은인과 같이 생각하라. 그러면 곧 나으리라."[80]

또 증산은 종도 차경석이 자기의 부친을 살해한 원수를 찾아 복수하고자 하는 것을 말린 적도 있었다.[81] 부모의 원수를 불구대천으로 여기는 유교적 이데올로기가 지배하던 그 시절에는 부모의 원수와 사

---

78 같은 책, 교법 1장 34절.
79 같은 책, 교법 1장 56절, 교법 3장 15절.
80 같은 책, 교법 3장 12절.
81 같은 책, 교법 3장 15절.

사로이 화해한 자식을 곤장형으로 처벌하는 사화죄(私和罪)가 있었다
는 사실을 감안하면,[82] 당시 증산의 해원 방법은 상식적인 일이 아니
었다. 피해자의 입장으로 복수코자 하는 것은 당연할 수 있다. 하지만
그것은 또 다른 冤을 낳게 되기 때문에 인간 사회 전체로 보면 적원은
결코 해소되지 않는다.[83] 증산은 이 점을 지적하면서 "우리의 일은 남
을 잘되게 하는 공부이니라."[84]고 가르쳤다. 이것이 바로 인간 개개인
에게 주어진 해원상생의 실천 방안이다.[85]

4. 닫는 글

지금까지 중국 초기 민간도교의 기본 경전인 『태평경』의 해원결과
증산의 해원상생을 비교 고찰하여 보았다. 이 글에서는 두 사상의 차
이를 드러내는 방법으로 적원의 근본 원인 진단과 해원 실현 방안의
개요에만 초점을 맞추었다. 『태평경』과 증산이 각각 제시한 인간 개

---

82 최종고, 「갈등과 해원의 법사상」, 『사회이론』 14 (1995), p.185.

83 "이제 해원시대를 당하여 악을 선으로 갚아야 하나니 만일 너희들이 이 마음
    을 버리지 않으면 후천에 또다시 악의 씨를 뿌리게 되니 나를 좇으려거든 잘
    생각하여라." 『전경』, 교법 3장 15절.

84 같은 책, 교법 1장 2절.

85 오문환은 증산의 해원이 굿과 같은 의례에 그칠 뿐 적극적인 민중의 도덕 실
    천에 이르지 못했고, 개인적인 도와 덕의 실현도 추구하지 못했다고 지적하
    고 있다. 하지만 증산은 해원상생의 실천 방안을 가르치면서 적극적인 도덕
    의 실천과 수양을 강조했다. 오문환의 지적은 증산의 해원과 무속의 해원이
    갖는 차이를 제대로 인식하지 못했던 점, 상생의 개념을 오해했던 점, 증산의
    치열했던 시대 인식을 저평가한 데서 비롯된 오류이다. 오문환, 「강증산의
    '해원상생'의 의의와 한계」, 『정치사상연구』 4 (2001), pp.62-63, p.67 참조.

개인의 해원 실현 방안을 보다 깊이 이해하기 위해서는 해원과 관련된 윤리관을 다루어야만 한다. 대순진리회에서 『태평경』의 승부와 비견되는 개념은 척이고, 윤리관의 비교는 승부와 척의 분석을 중심에 두는 것으로 구체화 되겠지만, 이 작업은 다음 기회를 기약하기로 한다.

『태평경』의 해원결과 증산의 해원상생은 모두 冤이 세계 혼란의 원인이라는 점에 인식을 같이하면서, 해원으로 재앙을 제거하고 태평세계와 후천 지상선경이라는 冤이 해소된 세상을 지향한다는 공통점이 있다. 또 해원결을 위해서 선을 행하고 바른 정치를 펼쳐 승부를 해소한다는 것과 해원상생을 위해서 남 잘되게 하기를 힘쓴다는 것 사이에는 유사한 윤리 의식도 찾아볼 수 있다.

차이점은 첫째, 적원의 근본 요인과 그에 대한 최고신의 대응이 다르게 나타난다는 점이다. 해원결은 冤의 근본 원인을 인간의 잘못, 특히 군주의 잘못된 통치에서 찾고, 해원상생은 상극이라는 우주의 구조적 모순에서 찾는다. 따라서 『태평경』의 최고신인 황천은 해원결과 재앙의 해소를 위하여 인간에게 가르침을 주고 이를 따르지 않을 때는 벌을 내리는 존재로 나타난다. 대순진리회의 최고신인 상제는 우선 천지의 도수를 조정한 뒤 만고의 冤을 일일이 다 풀어내면서 해원시대를 열어 신명·인간·동물들에게 해원의 기회를 주는 존재로 설명된다. 그러므로 대순진리회의 해원은 상제에 대한 종교적인 신앙을 전제로 한다.

둘째, 해원결과 해원상생의 규모나 범위가 다르다는 점이다. 증산은 지금이 해원시대라고 공언하면서 해원을 추구하는 존재를 인간뿐

만 아니라 신명·동물까지 인정했다. 이에 비해 해원결은 주로 인간 중심의 해원에 초점이 맞추어져 있다.

셋째, 해원결과 해원상생이 가진 사회·정치적인 성격이 다르다는 점이다. 해원결은 인간 특히 군주의 잘못된 통치가 바로 잡혀야만 가능하다. 만약 황천이 천사에게 내려 준 『태평경』의 가르침을 군주가 따르지 않고 도를 무너뜨린다면 곧 황천의 벌이 내려지게 된다. 이것은 『태평경』이 언제든지 혁명 지향적인 방향으로 흐를 수 있음을 시사한다. 이에 비해 대순진리회는 해원 관념을 상생과 연결한다. 자기의 자유로운 의지에 따라 복수라는 부정적인 방법으로 해원을 시도할 수도 있지만, 그것은 악을 악으로 갚는 방법으로서 세상을 어지럽게 하며 영원한 멸망이라는 참혹한 결과를 낳는다.[86] 따라서 악을 선으로 갚기를 강조하는 해원상생은 혁명 지향적으로 흐를 가능성이 극히 희박하다. 이에 대해 증산은 이렇게 강조하였다.

제생의세(濟生醫世)는 성인(聖人)의 도요, 재민혁세(災民革世)는 웅패(雄覇)의 술이라. 벌써 천하가 웅패가 끼친 괴로움을 받은 지 오래되었도다. 그러므로 이제 내가 상생의 도로써 화민정세(化民靖世)하리라. 너는 이제부터 마음을 바로 잡으라. 대인을 공부하는 자는 항상 호생(好生)의

---

86 "지난 선천 영웅시대는 죄로써 먹고 살았으나 후천 성인시대는 선으로써 먹고 살리니 죄로써 먹고 사는 것이 장구하랴, 선으로써 먹고 사는 것이 장구하랴. 이제 후천 중생으로 하여금 선으로써 먹고 살 도수를 짜 놓았도다." 『전경』, 교법 2장 55절; "天門地戶玉樞大判上帝出座萬神擧令左右劍戟前後旗幟風雨大作日月晦冥霹靂聲震山水崩潰天轉地轉陰陽變化海印造化無窮無極無山退海移野崩陵殺氣消滅惡物自死 …." 같은 책, 교운 2장 42절.

덕을 쌓아야 하느니라. 어찌 억조 창생을 죽이고 살기를 바라는 것이 합당하리오.[87]

증산의 해원사상이 1800년 전의 『태평경』에 이미 엿보인다는 정재서의 지적은 논의의 지평을 열었다는 점에서 중대한 의의가 있다. 그런데, 앞서 언급한 차이로 인해서 증산의 해원상생과 『태평경』의 해원결을 완전히 같은 선상에 두고 이해할 수는 없다. 설령 증산이 해원관념을 종교 사상화하는 데 『태평경』의 해원결에서 일부 영향을 받았다고 가정하더라도, 그의 해원상생은 『태평경』 해원결과 일치하지 않는다. 이 사실은 증산의 사상을 도교와 연관하여 기술할 때는 좀 더 주의가 필요하다는 것을 시사한다.

정재서는 해원사상에 대한 지적 외에도 증산이 자신의 호를 고향 마을 뒷산인 증봉(甑峰)과 중의적으로 『참동계』에서 취했을 가능성이 있다는 점, 증산이 주장한 지상선경 건설이나 다양한 '부적'의 사용은 『태평경』에서 발견할 수 있다는 점을 들면서 중국 초기의 민간도교와 증산의 유사성을 엿본다.[88] 하지만 증산이 자신의 호를 『참동계』와 연관시켰다는 추정은 근거가 없다. 증산이 말한 지상선경 역시 선(仙)의 모습을 담고 있다고 하더라도[89] 그 연원을 『태평경』에서만 찾는 것은 무리다. 증산의 '부적' 사용도 『태평경』의 그것과 같은 것으로 보는

---

87 같은 책, 교운 1장 16절.
88 정재서, 「한국 도교의 고유성」, p.194.
89 김낙필도 증산의 지상선경 연원을 『태평경』에서 찾고 있다. 김낙필, 「도교와 한국 민속」, 『민속과 종교』 (서울: 민속원, 2003), p.88.

게 적절한지는 의문이다. 부적과 주문의 사용은 초기 도교 수행법에서도 발견되는 것이지만,[90] 증산의 '부적' 사용법은 몸에 지니고 다니거나 불에 살라 물에 타 먹는 탄복(呑服)이 아니라, 불에 태워서 없애는 소지(燒紙)였다. 부적은 어떤 특정한 힘을 비장(秘藏)한다고 믿어지는 것이고 인간은 그 효험을 보고자 몸에 지니거나 탄복을 한다. 이에 비해 증산은 자기의 뜻을 천지인 삼계에 공포하기 위해서 '부적'을 만들어 소지하였다. 이는 증산의 '부적'을 도교의 전통적인 부적과 같은 것으로 취급하기에는 무리가 있음을 시사한다.

이상과 같이 증산의 사상에 도교적 요소가 많이 발견되는 것은 분명하지만 증산의 사상을 도교와 일치시켜 서술하는 것에는 무리가 따른다. 조선 중기 이후 선도는 엘리트 집단 사이에서 내단 수련의 형태로, 민간에서 무(巫)와 습합한 형태로 명맥을 유지하여 오다가, 근대에 이르러 증산이 주도한 종교운동의 주요한 배경으로 작용한 것은 사실이다. 그렇다 하더라도 선도와 증산 종교운동 사이의 외형적 유사성에만 주목하는 것은 증산의 종교사상 본 모습을 간과할 위험이 크다. 특히 증산의 경우에서 보듯, 한국 신종교 창시자들은 그들 나름대로 문제의식과 독창성을 분명히 지니고 있었다. 이를 정확하게 이해하고 기술하는 작업은 한국 근현대 종교사 정립에서 중요하다.

---

90 최수빈, 「중국도교의 관점에서 살펴 본 동학의 사상과 수행」, 『동학학보』 20 (2010), pp.354-365 참조.

무속과 증산의 해원사상 비교로 본 대순사상 연구 관점의 문제

무속 해원과 증산 해원의 차이

1. 논쟁의 전개: 증산의 해원상생은 무속 해원의 답습인가?

해원(解冤)은 강증산 종교사상의 핵심으로 잘 알려져 있다. 씻김굿에서 보듯 해원은 무속의 주요 요소 가운데 하나이기도 하다. 그러므로 증산의 해원과 무속의 해원은 비교의 지평에서 조망할 필요가 있는 연구 주제다. 이에 대한 학계의 기존 견해는 증산의 해원이 살아있는 자를 포함하는 등 무속의 경우보다 그 규모와 범주가 크다거나, 이상세계를 지향한다거나 하는 점에서 차별성을 보인다는 것이었다.[1]

그와 다른 의견을 제시한 연구자는 여성 민속학자 이영금이었다. 그는『(호남지역 巫문화)해원과 상생의 퍼포먼스』(2011)에서 전북 무속의 핵심이 한풀이 혹은 원풀이를 중심으로 하는 해원(解冤)·상생(相生) 사상에 있으며, 증산은 무속의 해원·상생 사상에 강력한 영향을 받아 근대적 민중사상을 열었다고 주장하였다.[2]

이것을 비판한 사람은 이 글을 쓰고 있는 필자였다. 필자는「현대사회와 무속의례」(2013)에서 해원 이념이 불교와 유교에도 있는 것으로서 무속의 전유물은 아니라고 지적하면서, 증산의 해원사상이 그러한 전통적인 종교들의 해원 이념들을 수용한 것은 사실이나 그들과는 다른 독창성을 지니는 것으로 보아야 한다고 주장했다. 필자가 내렸

---

1 김열규, 「원한의식과 원령신앙」, 『증산사상연구』 5 (1979), p.19; 최준식, 「왕 중양과 강증산의 삼교합일주의」, 『종교연구』 5 (1989), p.165; 최준식, 「증산의 가르침에 나타나는 혼합주의의 구조」, 『종교·신학연구』 2 (1989), pp.33-46; 노길명, 『한국 신흥종교 연구』 (서울: 경세원, 2003), pp.56-59.

2 이영금, 『(호남지역 巫문화)해원과 상생의 퍼포먼스』 (서울: 민속원, 2011), pp. 248-259.

던 결론은 증산이 무속적인 요소를 날 것 그대로 활용한 게 아니라 일정한 변화를 주었고, 무속은 그것을 재차 흡수했던 상황을 종합하여 결국 무속과 증산 사이에는 '양방향'의 종교 혼합(syncretism)이 일어난 것으로 이해해야 한다는 것이었다.[3]

이영금은 이에 대한 반론을 곧바로 내어놓았다. 그는 「무속 사상과 증산 사상의 상관성」(2014)에서 증산이 해원·상생 이념을 이론화·구체화한 것은 인정하지만, 무속은 증산이 말한 우주적 차원의 해원들을 하고 있었거나 할 수도 있으며, 윤리적이고 보은적인 요소까지 이미 갖고 있었다고 항변하면서, 증산의 세계관은 무속과 같은 것이라고 주장했다.[4]

2014년 이후로 더 이상의 논쟁은 이어지지 않았다. 그동안 필자는 여러 개인사에 파묻혀 이 문제에 신경을 쓸 수 없었다. 다른 연구자들도 이 논쟁을 주목하지 않았다. 아마 이 논쟁이 해원과 상생이라고 하는 종교사상 해설 차이에 국한된 것이라고 느꼈기 때문일지도 모르겠다. 그러나 종교학의 입장에서는 이 논쟁이 특정 종교에 접근할 때 어떤 학술적 관점과 태도를 견지해야 하는지에 대한 문제를 되돌아보게 만든다는 점에서 주목할 필요가 있다.

이상과 같은 배경을 두고 이 글은, 이영금과 필자 사이에 벌어진 무속과 증산의 해원사상 비교 논쟁을 대순진리회 관점에서 다시 검토하고 (2·3절), 그 사례로써 대순사상 연구 태도를 재고(再考)하고자 한다(4절).

---

3 차선근, 「현대사회와 무속의례」, 『종교연구』 72 (2013), pp.151-183.
4 이영금, 「무속 사상과 증산 사상의 상관성」, 『한국무속학』 28 (2014), pp.271-306.

2. 논쟁을 들여다보기 전에

이영금은 2011년과 2014년에 증산계 교단들을 하나의 통일된 목소리를 내는 집단으로 보고 논의를 전개했다. 필자는 2013년에 증산계 교단들 가운데 하나인 대순진리회의 관점에서 무속과 증산의 관계를 말하고 이영금의 주장에 이의를 제기했다.

그렇다면 논쟁을 살피기 전에, 이영금이 이해하는 증산과 '해원·상생', 필자가 이해하는 증산과 '해원상생'이 같은 것인가 하는 문제부터 짚어두어야만 한다. 소위 '증산의 주장'이라고 하는 것은 그것을 해석하고 받아들이는 교단에 따라 다르게 표현되기 때문이다. 이영금이 말하는 증산의 주장과 필자가 말하는 증산의 주장은, 어떤 교단의 자료를 활용했는가에 따라 다르게 기술될 수밖에 없다.

필자는 「증산계 종교 일괄기술에 나타난 문제점과 개선 방향」(2014, 9장)에서 증산계 교단의 해원과 상생에 대한 입장이 통일되지 않았음을 지적한 바 있다. 그 글의 내용 일부를 요약하자면 첫째, 해원상생은 증산계 교단 전부를 포괄하는 핵심 교리가 아니다. 증산계 교단들 가운데 '해원', '상생', '해원상생'을 교리로 채택하고 있는 곳은 절반이 채 되지 않는다. 둘째, '해원'·'상생'을 교리로 채택한 교단과 '해원상생'을 교리로 채택한 교단은 그 교리에 대한 이해를 다르게 가져가고 있다. '해원'·'상생'을 교리로 채택한 대표적인 교단은 증산교본부·증산법종교 등인데, 이들은 증산을 단군과 수운을 계승한 존재로 보는 삼단신앙(三段信仰)을 채택하고, 증산사상을 단군사상과 무속의 틀 안에서 이해해야 한다고 주장한다. 증산의 해원 역시 무속의 푸닥거

리와 같은 맥락을 갖는 것으로 본다. '해원상생'을 교리로 채택한 교단은 대순진리회다. 이 교단은 증산이 자유 의지에 따른 해원을 인정하면서도, 후천 이상세계를 위해서는 해원에 상생이라는 벡터값이 반드시 붙어야만 한다고 강조했던 것으로 이해했다. 그러니까 자유 의지에 기반한 '임의의' 해원은 증산이 강조한 '상생을 지향하는 해원'과 다르다고 파악했다. 이 사실을 드러내기 위하여 증산의 해원 사상을 '해원'이 아니라 '해원상생'이라는 고유한 종교언어(Religious Language)로 표현해야 한다고 주장한 장본인은 조정산(趙鼎山, 1895~1958)이었다. 그러므로 대순진리회가 말하는 해원상생은 무속이나 다른 종교가 말하는 해원과는 그 내용에서 일정한 차이가 있는 것으로 본다.

필자는 2013년의 글에서 대순진리회의 관점으로 증산의 '해원상생'을 해설하였다. 이영금은 2011년과 2014년의 글에서 대순진리회가 아닌 다른 증산계 교단들의 관점으로 '해원'·'상생'을 해설하였다. 그러므로 이영금의 주장은 '해원'·'상생'을 교리로 채택한 교단들의 관점을 충실히 반영했던 반면,[5] '해원상생'을 교리로 삼은 대순진리회의 관점과는 부딪히게 되었다.

이영금과 필자의 논쟁이 연구자료의 불일치에서부터 시작되었다면, 그 논쟁은 서로 간의 오해에서 빚어진 단순한 해프닝으로 여겨질 수도 있다. 그러나 속사정을 잘 모르는 독자들은 그 논쟁이 무속과 증

---

5 물론, 의문점은 있다. 증산계 교단들의 경전들 가운데 가장 많이 알려진 『대순전경』에도 증산의 언행이 무속에 한정되어 있지 않음을 입증하는 내용이 상당하기 때문이다. 그 부분은 이 글의 주제를 넘어서므로 다루지 않는다.

산계 교단 전체의 입장인 것으로 오해하기 마련이다. 대순진리회의 관점에서 볼 때는 이영금의 주장 가운데 어떤 것이 문제가 되는지 확인해야 할 필요도 있다. 따라서 이 글은 증산교본부나 증산법종교 같은 '해원'·'상생'을 교리로 채택한 교단들의 관점이 아니라, '해원상생'을 교리로 채택한 대순진리회의 관점에서 논쟁에 대한 검토의 필요성이 있다고 본다.

3. 쟁점 검토

논쟁을 검토하기 위해서는 2014년까지 이어진 이영금과 필자의 주장을 더 자세하게 살펴야 한다. 이영금이 2011년에 했던 주장은 다음과 같다: "첫째, 무속의 죽음 의례는 원혼들을 해원시켜 신과 인간이 상생할 수 있도록 만든다. 둘째, 마을 공동체 굿은 끄트머리에 음식을 주변에 뿌려 굶주린 동물을 먹인다는 점에서 신과 인간만이 아니라 자연까지 유기적으로 얽는 상생적 문화다. 셋째, 그러한 전북 무속 특유의 해원·상생 사상이 과거 불교의 미륵사상에 큰 영향력을 행사하여 미륵이 현세인들의 한을 풀어준다는 민중사상을 이끌었다. 넷째, 전북 무속의 해원·상생은 무속의 접신 경험을 한 최제우와 동학농민운동에도 큰 영향을 주었고, 그 결과 동학의 중심은 현세 인간을 해원시키는 것이 되었다. 다섯째, 전북 무속의 해원·상생 사상은 증산에게 가장 큰 영향을 주었다. 이로써 증산은 귀신의 원한은 물론이요, 살아있는 사람의 원한까지 풀 것을 주장함으로써 무속의 해원·상생 사상

을 한 단계 더 끌어올려 신들과 인간들을 모두 해원 시키는 근대적 민중 사상을 태동시킬 수 있었다."[6]

이에 대한 필자의 비판은 다음과 같다: "첫째, 증산은 무속을 포함하는 전근대 종교들의 해원 범위·대상·내용을 더욱 확장했으며, 해원과 윤리적 요소를 결합했고, 후천이라는 종교적 이상세계를 목표로 해원을 말했다는 점에서 무속의 해원과는 그 내용이 다르다고 보는 게 기존 학계의 견해다. 둘째, 증산이 말한 상생은 이영금이 굿의 음식보시를 근거로 삼아 전통 굿에 상생이 있다고 주장했던 것과 다르다. 무속에는 증산이 말한 수준의 상생 개념이 없었고, 증산이 고유한 종교언어로 전유(專有)했던 '상생'이라는 단어도 사용한 적이 없었다. 채희완이 1990년대 초엽 증산의 종교언어인 '해원상생'을 채택하여 '해원상생굿'을 연행하면서부터 무속은 '해원상생'을 자기의 일부로 받아들이기 시작했다. 그전에는 무속이 '해원상생'이라는 용어를 사용했던 적이 없었다. 셋째, 결국 무속과 증산 사이에는 '양방향'의 종교 혼합이 일어났던 것으로 이해해야 한다."[7]

이영금은 이 비판에 대해 다음과 같이 반박했다: "첫째, 재앙을 일으키는 원혼을 위무하여 안녕과 복락을 이끌어오게 하는 무당굿은 가정·마을·고을·국가·우주로까지 확장하여 연행할 수 있다. 무속은 동물을 숭배 대상으로 삼기도 하고 <장자풀이>에서 보듯 저승에 주인 대신 끌려간 백마의 원한을 풀어주기도 하므로, 동물까지 해원하는 기능이 있다. 무속의 굿은 신명을 해원하는 것이지만 놀이 성격도 가

---

6 이영금, 앞의 책, pp.249-259.
7 차선근, 앞의 글, pp.167-171.

지기 때문에, 인간과 인간 사이의 갈등도 해소하는 기능이 있다. 무속 굿은 살아있는 인간의 해원도 포함한다는 말이다. 무속은 원혼만이 아니라 생령·민족·신명·동물로 해원 대상을 정해두고 있었기에, 증산이 원혼을 넘어 해원의 대상을 확장했다고 하는 것은 무속을 본뜬 것에 불과하다. 둘째, 원혼을 위무하면 그 원혼이 보은의 감정을 가져 복을 주는 신이 될 수도 있다. 따라서 무당굿에는 보은을 포함하는 윤리적인 요소가 있다고 보아야 한다. 증산은 기존의 해원에 보은의 윤리를 덧붙인 것이 아니라 무속의 윤리를 가져다 쓴 것일 뿐이다. 셋째, 증산은 유기적 통합체로서 세계를 인식하는 것에 그 사상적 기반을 두었는데 그것은 무속의 세계관이다. 증산은 무속의 해원 풀이 방식을 전폭적으로 수용하였으며, 그가 실시한 천지공사도 무속의 천지 굿 해원 방식을 적극적으로 활용한 것이었다. 그는 무속의 해원 풀이 방식만이 신명계와 인간계 사이에 얽힌 원한을 풀 수 있는 것으로 보았다. 그러므로 증산의 종교적 행위는 무속의 행위인 것으로 파악되어야 한다."[8]

이 논란에서 쟁점이 되는 것은 첫째, 증산이 무속의 해원 대상과 그 범주를 그대로 답습한 것인지, 확장한 것인지 하는 문제다. 둘째는 증산의 해원에 들어있는 상생과 보은의 윤리가 무속의 윤리를 재활용한 것인지, 아닌지 하는 문제다. 셋째는 증산의 해원 방법이 무속 해원 방법을 전폭적으로 수용했는지, 아닌지 하는 문제다. 넷째는 증산의 종교 행위와 사상은 무속의 세계관 속에서 파악되어야 하는지, 아닌지

---

8 이영금, 앞의 글, pp.280-285, pp.290-303.

하는 문제다.[9]

3-1. 해원 대상과 범주 문제

먼저, 해원 대상과 그 범주 논란부터 살피기로 한다. 증산은 해원 대상, 즉 해원을 시켜주어야 할 필요성이 있는 존재를 폭넓게 보았다. 그는 사령(死靈)만이 아니라 살아있는 사람[生靈]과 신명도 해원 대상이라고 생각했으며, 심지어 국가와 민족이라는 추상적 존재, 땅과 같은 사물까지 해원 대상으로 지목했다.[10]

이영금은 이러한 증산의 해원 대상 설정이 무속의 테두리 안에서 이루어진 것으로 본다. 그의 설명에 의하면, 해원을 위한 무당굿은 개인을 넘어 마을 공동체의 풍요와 평안을 위해 연행할 수도 있고, 대규모의 원혼들을 위한 무속 수륙재를 개최할 수도 있으며, 국가적 혹은 우주적 규모의 재앙이 도래했다면 비용과 시간이 소요되기는 하지만 제주도 당굿의 사례와 같이 수많은 신을 초빙하여 국가나 우주적 차원의 굿을 펼칠 수도 있다고 한다.[11] 그러니까 증산이 설정한 해원 대상과 범위는 무속의 그것과 별반 다르지 않다는 것이다.

무속 굿 의례의 해원 대상과 범위가 방대하다거나 확장의 가능성을

---

9 차선근, 「한국종교의 해원사상 연구」 (한국학중앙연구원 박사학위 논문, 2021), p.16.

10 대순진리회 교무부, 『전경』 13판 (여주: 대순진리회 출판부, 2010), 행록 4장 54절, 공사 1장 25·32절, 공사 2장 19절, 공사 3장 2·14·15절, 교운 1장 32절, 교법 1장 67절, 교법 3장 6절, 권지 1장 17·18절, 권지 2장 37절 등; 차선근, 「한국종교의 해원사상 연구」, pp.105-120 참고.

11 이영금, 앞의 글, pp.281-283.

지닌다는 이영금의 주장을 받아들인다고 하더라도, 다음과 같은 사실들은 증산의 해원 대상과 범위가 무속에 한정되는 게 아님을 입증하는 근거가 된다.

3-1-(1) 놀이로 가능한 해원과 가능하지 않은 해원

첫째, 증산은 살아있는 사람을 해원 대상에 포함하였는데,[12] 이영금은 무속에도 살아있는 자의 원한을 푸는 기능이 있다고 말한다. 그 사례는 동해안 별신굿이나 부안의 공동체굿에서 찾을 수 있다고 한다. 그 행사들에서 마을 주민들은 뒤엉켜 한바탕 놀이를 벌임으로써 흥과 신명을 내어 억눌린 감정을 풀어내고 서로를 결속시킨다는 것이다. 다양한 놀이 장치로 살아있는 자들 사이의 갈등을 해소함으로써 묵은 원한을 푸는 방법이 무속에 기존한다면, 증산이 해원 대상을 살아있는 자로 확장했다고 말해서는 안 된다는 것이 이영금의 주장이다.[13] 그리고 그는 증산이 가부장 이데올로기에 희생되어 온 여성의 한을 풀어주려고 한 것이나, 계급 사회에서 억압받았던 천한 사람을 우대하는 것, 가진 자의 횡포에 시달리는 자들의 원한을 풀어주는 것을 모두 그러한 무속의 맥락에서 이해할 수 있다고 보았다.[14]

그러나 증산의 해원 대상은 마을이나 지역 단위 거주민들이 놀이

---

12 차선근, 「한국종교의 해원사상 연구」, pp.118-119.
13 이영금, 앞의 글, pp.290-292; 이영금의 이 주장은 무속 연구자 조성제의 주장과 같다. 조성제는 굿판에서 참여자들이 한바탕 어우러져 걸죽한 춤을 추고 즐김으로써 반목과 오해와 갈등을 풀고 하나의 공동체를 만든다고 말한다. 조성제, 『무속에 살아있는 우리 상고사』 (서울: 민속원, 2005), pp.19-20.
14 이영금, 앞의 글, pp.292-294.

문화로 흥을 돋움으로써 해원을 얻을 수 있는 존재에 한정되지 않는
다. 다음의 사례를 살펴보자.

> 백남신의 친족인 백용안이 관부로부터 술 도매의 경영권을 얻음으로
> 써 전주부(全州府) 중에 있는 수백 개의 작은 주막이 폐지하게 되니라. 이
> 때 상제께서 용두치 김주보의 주막에서 그의 처가 가슴을 치면서 "다른
> 벌이는 없고 겨우 술장사하여 여러 식구가 살아왔는데 이제 이것마저
> 폐지되니 우리 식구들은 어떻게 살아가느냐."고 통곡하는 울분의 소리
> 를 듣고 가엾게 여겨 종도들에게 이르시기를 "어찌 남장군만 있으랴. 여
> 장군도 있도다." 하시고 종이에 여장군(女將軍)이라 써서 불사르시니
> 그 아내가 갑자기 기운을 얻고 밖으로 뛰어나가 소리를 지르는도다.
> 순식간에 주모들이 모여 백용안의 집을 급습하니 형세가 험악하게 되
> 니라. 이에 당황한 나머지 그는 주모들 앞에서 사과하고 도매 주점을
> 폐지할 것을 약속하니 주모들이 흩어졌도다. 용안은 곧 주점을 그만두
> 었도다.[15]

이영금도 이 사례를 언급한다. 그리고 증산이 사회적 약자인 영세
소상인을 해원 시키려고 한 것이라고 해석한다.[16] 그의 논리대로라면,
이 사례에서 백용안과 주모들은 한바탕 어울리는 세속 놀이를 즐겨
갈등을 풀어낼 수 있어야 하고, 그 갈등 풀림은 묵은 감정의 해소로 이
어져 해원이 되어야 한다. 그러나 백용안과 주모들이 무속의 별신굿

---

15 『전경』, 권지 1장 17절.
16 이영금, 앞의 글, pp.293-294.

이나 대동굿 놀이에 참여할 리도 없으려니와, 설령 참여한다고 해도 한바탕의 유흥으로 해원에 다다를 수 있다고는 보이지 않는다. 이영금 본인이 설명한 바와 같이, 증산이 해원 대상으로 설정한 주모들의 원한은 경제적 문제, 생계와 관련된 것이다. 경제적 억압과 생존 문제가 만든 원한은 무속의 놀이로써 풀릴 수 있는 게 아니다. 생계 위기와 같은 원한의 원인을 내버려 둔 채, 유흥으로 그 원한을 풀 수 있다고 여기는 발상은 너무 안이하다.

증산이 과부·홀아비의 재혼을 허용함으로써 그들을 해원 시키고자 했던 사례도 있다.[17] 과부나 홀아비는 무속 해원 대상에 들지 못한다. 그들을 한바탕 놀이에 일시적으로 참여시켜도 그 원한을 풀어줄 수 없다. 서로 등 긁어줄 짝을 찾을 수 없다고 하는 원한의 근본 원인이 제거되지 않기 때문이다.

증산이 말하는 살아있는 사람의 해원이란 한 개인의 소박한 원한은 물론이요(이런 원한은 놀이로써 풀릴 수 있다), 위 사례들과 같이 경제·문화·관습이 만들어낸 원한, 나아가 국가 간 전쟁이나 외교적 억압·수탈이 만들어낸 원한, 국가와 민족이라는 추상적 존재의 원한, 땅과 같은 사물의 원한까지 그 대상으로 한다. 이런 원한은 무속의 놀이 문화를 즐긴다고 해도 풀리지 않는다. 원한이 풀리려면 그 결원(結冤)의 원인이 해결되어야만 한다.

정리하자면, 무속이 말하는 살아있는 자의 해원이란 일시적 놀이와 유흥으로써 성사 가능한 수준에 있는 것이고, 증산이 말하는 살아

---

17 『전경』, 공사 2장 17절, 권지 1장 18절.

있는 자의 해원이란 그런 것을 포함하여 인간들의 노력이나 능력으로
는 해결할 수 없는 수준까지 더 올라간 것이라는 점에서 차이가 있다.
증산이 세속적 놀이를 즐기더라도 풀리지 않는 원한까지 풀어주고자
시도했다는 점에서, 증산의 해원 대상은 무속이 설정한 해원 대상에
국한되는 게 아니라는 말이다.

3-1-(2) 무속이 다루지 않았던 해원들

둘째, 증산은 원혼만이 아니라 신농씨·진시황 등 여러 신명의 해원
을 주장했다.[18] 하지만 무속 역시 그러하니 증산이 해원 대상의 범주
를 넓힌 것은 아니라는 게 이영금의 주장이다. 이영금에 의하면 무속
의 씻김굿은 신명들도 해원 대상으로 삼는다. 씻김굿은 죽은 원혼의
해원을 위주로 하지만, 그 연행 과정에서 무주고혼·가택신·조상신까
지 초빙하여 해원 시키고자 하므로, 결국 무속은 원혼을 넘어 신명들
까지 해원 대상으로 상정한다는 것이다.[19]

그러나 증산이 말한 신농씨·진시황은 이영금이 언급한 무주고혼·
가택신·조상신의 범주에 들어가지 않는다. 무속이 무주고혼·가택
신·조상신 등 몇몇 신명의 해원을 도모할 수는 있겠으나, 신명들 전체
를 해원시켜 왔던 것은 아니다. 이 점에서 증산의 해원 대상 범주는 무
속의 그것에 한정되는 게 아니라고 말해야 한다.

특히 증산은 무속과 달리, 가해자와 반국가적이고 반사회적으로

---

18 같은 책, 공사 3장 17·28절, 교운 1장 17절, 예시 22절 등; 차선근, 「한국종교의
해원사상 연구」, pp.115-118.
19 이영금, 앞의 글, p.281, p.286.

생각되는 신명들까지 해원 대상으로 상정했다는 점을 주목해야 한다. 다음 증산의 발언을 살펴보자.

> "또 지난 임진왜란 때 일본사람이 우리나라에 와서 성공치 못하고 도리어 세 가지의 한만 맺었으니 소위 삼한당(三恨堂)이니라. 첫째로 저희들이 서울에 들어오지 못함이 一한이오. 둘째는 무고한 인명이 많이 살해되었음이 二한이오. 셋째는 모심는 법을 가르쳤음이 三한이라. 이제 해원시대를 당하여 저들이 먼저 서울에 무난히 들어오게 됨으로써 一한이 풀리고, 다음 인명을 많이 살해하지 아니함으로써 二한이 풀리고, 셋째로는 고한삼년(枯旱三年)으로 백지강산(白地江山)이 되어 민무추수(民無秋收)하게 됨으로써 三한이 풀리리라."[20]

증산은 임진왜란 침략자였던 왜군 역시 해원 대상으로 보고 있다. 피해자 신분의 원혼을 해원 시키고자 하는 것은 무속이나 증산이나 마찬가지다. 그런데 왜군은 전투에서 희생된 자라고 하더라도 피해자라기보다는 절대적인 가해자다. 증산은 이런 경우까지 원혼으로 인정하고 해원 대상으로 삼아야 한다고 주장한다.

증산 출현 이전의 전근대 무속에서는 가해자나 악인을 원혼으로 규정하고 이들의 원한을 풀어주려고 시도하는 사례가 흔치 않았다.[21] 이 영금의 주장처럼 씻김굿을 하면서 많은 신명을 초빙할 수 있다. 그러나 증산 이전 시대에 행해졌던 씻김굿에서 침략자나 가해자까지 불러

---

20 『전경』, 예시 74절.
21 차선근, 「한국종교의 해원사상 연구」, pp.25-31, pp.85-87 참조.

모아 그들을 원혼으로 인정하고 그 해원을 도모한다는 것은 보편적인 일이 아니었다. 설령 그런 부류의 씻김굿이 있었다고 하더라도, 그것을 무속의 주류라고 말하기는 곤란하다. 무엇보다 민간에서는 가해자나 침략자를 억울함과 원통함을 가진 원혼으로 규정하는 인식 자체가 미약했기 때문이다. 그렇다면 가해자와 침략자, 악인까지 해원 대상으로 삼았던 증산이 무속의 해원 대상 수준을 넘어선 것은 아니라는 이영금의 주장은 문제가 있다.

3-1-(3) 동물이 원한 것은 후천 해원

셋째, 증산은 동물의 해원을 인정했다.[22] 이영금은 무속이 동물을 해원 대상으로 보고 있었기 때문에 증산은 무속의 해원 대상을 답습한 것일 뿐이고 그 범주를 넓힌 것까지는 아니라고 본다. 그 근거로 제시한 것은 호남 제석굿에서 호랑이·뱀·두꺼비 등을 업신으로 청배(업맞이)하여 그들을 해원 시키려고 한 사례, 동물을 숭배의 대상으로 삼는 사례, 무가 <장자풀이>에서 백마가 인간 대신 저승에 가서 갖은 고초를 겪었기에 원한을 품었고 그것을 푸는 과정을 보여주는 사례였다.[23] 그러나 증산이 말한 동물 해원의 대상은 무속과 같더라도 그 해원의 범주는 무속의 그것보다 더 넓다고 해야 한다. 그 이유는 증산의 동물 해원 내용이 다르기 때문이다.

이영금은 무속의 동물 해원은 인간과 동물 사이의 갈등이 만들어내는 원한을 푸는 것에 있다고 말한다.[24] 그러니까 무속의 동물 해원 내

---

22 『전경』, 행록 2장 15절.
23 이영금, 앞의 글, pp.294-296.

용은 인간과 동물 사이에 존재하는 원한을 푸는 것이다. 증산의 동물 해원은 이것도 포함하겠지만, 그가 말한 궁극적 동물 해원은 그게 아니었다. 증산이 동물 해원을 인정했던 다음의 사례를 살펴보자.

> 상제께서 대원사에서의 공부를 마치고 옷을 갈아입고 방에서 나오시니 대원사 골짜기에 각색의 새와 각종의 짐승이 갑자기 모여들어 반기면서 무엇을 애원하는 듯하니라. 이것을 보시고 상제께서 가라사대 "너희 무리들도 후천 해원을 구하려함인가." 하시니 금수들이 알아들은 듯이 머리를 숙이는도다. 상제께서 "알았으니 물러들 가 있거라."고 타이르시니 수많은 금수들이 그 이르심을 좇는도다.[25]

위 인용문의 시기는 1901년 7월에 증산이 대원사에서 천지대도를 열고 대원사를 막 나섰던 때였다. 증산은 본가에 돌아와 그해 겨울부터 천지공사를 시작하였다고 하니,[26] 동물들이 증산에게 해원을 요구한 시기는 증산이 인간과 신명을 위한 해원공사를 본격적으로 시행하기 이전이었다. 그러니까 해원을 가장 먼저 요구해 온 존재는 인간이 아니라 동물이었으며, 증산이 행한 해원의 개벽공사 첫 장을 장식한 대상도 인간이 아니라 동물이었다는 것이다. 이것은 증산의 해원사상에서 동물 해원이 갖는 위상을 잘 보여준다.

주목할 부분은 증산이 동물 해원을 '후천 해원'이라는 용어로 표현

---

24 같은 글, p.296.
25 『전경』, 행록 2장 15절.
26 같은 책, 공사 1장 1절.

했다는 데 있다. '후천 해원'이란 후천과 관련되는 해원을 말한다. 증산이 말한 후천은 지상선경(地上仙境)의 이상세계다.[27] 그렇다면 동물이 요구하는 해원 즉 증산이 인정한 동물 해원이란, 동물과 인간 사이의 가해와 갈등이 만들어내는 원한을 푸는 것을 넘어, 궁극적으로는 후천 지상선경에 인간과 신명만이 아니라 동물도 들어갈 수 있어야 함을 의미하는 것이다.[28] 후천은 상극이 없이 상생만이 존재하므로, 상생의 원리를 감안한다면 후천에서의 동물 삶은 인간에게 일방적 지배에 시달리는 것은 아닐 것으로 전망된다.

정리하자면 무속은 동물과 인간 사이에 발생한 원한을 해원 내용으로 상정하지만, 증산은 그것을 넘어 동물이 이상세계에 진입하기를 원한다는 것까지 해원 내용으로 상정했다. 증산의 동물 해원은 이상세계 진입(또는 구원)이라는 종교적 색채를 띤 것이라는 말이다. 그렇다면 해원 대상이 동물이라는 점은 같더라도, 그 해원의 범주는 동물-인간의 갈등을 넘어 이상세계 진입까지 설정한 증산의 경우가 더 크다고 해야 한다.

지금까지 살핀 대로 증산은 해원 대상을 살아있는 자, 국가·민족·땅과 같은 추상적 존재, 신명, 동물로 설정했다. 그 해원 대상의 범주와 내용은 무속의 해원에 있는 기존 요소들을 재활용하여 적재적소에 재배치하는 차원을 넘어서는 것이었다. 따라서 증산은 무속의 해원을 답습한 것이라는 이영금의 주장은 받아들여지기 어렵게 된다.

덧붙이자면, 전근대의 무속은 증산이 설정한 수준의 해원을 시도

---

27 같은 책, 예시 81절.
28 차선근, 「한국종교의 해원사상 연구」, p.120.

한 적이 없지만, 지금은 할 수도 있다고 말한다면, 그것은 옳지 않다. 그런 말은 마치, 베토벤이 <합창교향곡>의 아름다운 음악을 작곡했다고는 하나, 그가 등장하기 이전부터 음악가들은 마음속에 그 선율을 이미 가지고 있었고, 언젠가는 그 선율을 마음속에서 꺼내어 연주하게 되어 있었으므로, <합창교향곡>은 베토벤의 독창적인 음악이 아니라 과거 음악가들의 마음속에 있던 선율을 악보로 꼼꼼하게 기록한 것에 불과하다고 주장하는 것[29]과 같다.

3-2. 해원과 연계된 윤리 문제

다음으로 증산의 해원에 들어있는 상생과 보은의 윤리가 무속의 윤리를 재활용한 것인지, 아닌지 하는 문제를 고찰해보자.

이영금은 증산 이전에도 무속 해원굿에 화합과 상생, 보은이 있었으므로 윤리적인 요소가 이미 존재했다고 주장한다. 그러므로 증산이 해원에 윤리를 덧붙인 것은 아니라고 본다. 단지 윤리적 요소를 정리하여 표현한 것 정도라는 게 이영금의 입장이다.[30]

3-2-(1) 무속이 반드시 윤리만 강조하는 것은 아니다

간과해서 안 될 것은 무속이 치유와 평화를 지향하지만, 반드시 그러했던 것은 아니었다는 사실이다. 이를테면 무속의 대표 원혼 가운

---

29 베네데토 크로체, 『미학』, 권혁성·박정훈·이해완 옮김 (성남: 북코리아, 2017), p.33 참조.
30 이영금, 앞의 글, pp.290-292.

데 하나인 최영(崔瑩, 1316~1388)을 들 수 있다. 이성계 일파에게 죽임을 당한 그를 해원하는 무속 의례는 전국에서 활발하다. 그 본산은 개경 덕물산(德物山)의 최영장군사(崔瑩將軍祠)다. 이 사당에서 최영 해원굿이 벌어지면 돼지고기로 만든 성계육(成桂肉)과 성계탕(成桂湯)이 나오고, 참석자들은 이것을 씹으면서 가해자 이성계에 대한 복수심을 달랜다.[31] 최영이 무속에서 차지하는 위상을 고려하면 이 장면은 무시할 수 있는 게 아니다. 원한 풀이를 의미하는 성계육 씹는 행위는 폭력의 상징을 담은 것이다. 무고(巫蠱)나 염매(魘魅), 방자(方子), 시주병(尸疰病) 같은 저주 행위 역시 무속을 구성하는 요소들이다.[32] 이들은 무속이 언제나 평화를 추구하는 모습만 보여준 것은 아니라는 사실을 입증한다. 그러니까 무속은 윤리적 측면과 비윤리적 측면을 모두 가지고 있었다고 해야 한다.

3-2-(2) 무속에는 종교윤리가 뚜렷하지 않다

무속의 비윤리적인 측면을 제외하고, 윤리적인 측면에 한정해서 이영금의 주장을 검토해본다. 첫째, 2013년의 글에서 이미 주장했지만[33] 무속의 윤리적 요소를 '상생'이라는 언어로 표현하는 것은 타당

---

31 최길성, 「한의 상징적 의미」, 『비교민속학』 4 (1989), p.48, p.54, p.63.
32 무고는 독의 일종, 염(魘)은 허수아비를 만들어 바늘로 찌르는 감염 주술의 일종, 매(魅)는 영혼을 유도하거나 매개하는 주술, 시주병은 죽은 사람의 혼이 다른 사람에게 붙어서 생기는 병이다. 방자는 무고와 저주하는 일을 말한다. 자세한 내용은 다음을 참고할 것. 최종성, 「무의 치료와 저주」, 『종교와 문화』 7 (2001), pp.118-126; 이능화, 『조선무속고』, 서영대 역주 (파주: 창비, 2008), pp. 239-258.
33 차선근, 「현대사회와 무속의례」, pp.169-170.

하지 않다. '상생'은 증산이 재의미 작용(re-signification)으로써 전유했던 기호다. 증산 이전의 무속은 이런 의미의 '상생'이라는 언어를 사용한 적이 결코 없었다. 상생은 어디까지나 증산의 '발명품'이었다. 이영금은 무속 굿에 보시와 더불어 인간 사이의 갈등을 풀고 화합함이 있음을 들어 그것을 상생이라고 말하기도 한다.[34] 그러나 그것은 더불어 '사는' 공생·공존을 의미하는 것일 뿐이고, 더불어 '살리는' 증산의 상생 개념과 합치하지는 않는다.

둘째, 이영금의 주장과 같이 무속에 윤리적 요소가 내재한다고 하더라도, 그것은 증산의 경우처럼 종교윤리로 기능하는 적극성을 띠는 것까지는 아니었다. 무속의 윤리는 굿이라는 의례 현장에서 나타나는 것이므로 의례주의(ritualism)가 강하고, 일상생활의 윤리적인 요소는 상대적으로 약하기 때문이다.[35] 이것과 달리 증산은 오행의 관계를 설명하는 용어였던 상생에 우주 전체를 주관하는 법칙이라는 정체성을 더 부과하고 윤리적 요소를 결합함으로써 가해자의 윤리와 피해자의 윤리까지 포섭하도록 만들었다. 증산의 해원 윤리에서, 가해자와 피해자가 상생을 추구하는 방식은 각각 다르며 그 윤리 실천들은 구원론을 전제로 성립될 정도다.[36] 무속 굿에는 가해자의 반성을 적극적으로 추동하는 실천 윤리가 증산의 경우처럼 나타나지 않는다. 가해자와 피해자가 뚜렷한 사안에서, 이 문제는 무시할 수 있는 게 아

---

34 이영금, 앞의 글, pp.290-292.
35 박일영, 「샤머니즘에서 본 마음」, 원광대학교 마음인문학연구소(편), 『종교, 마음을 말하다』(고양: 공동체, 2013), p.129.
36 차선근, 「한국종교의 해원사상 연구」, pp.125-126.

니다. 가해자의 사죄를 도외시한 채 피해자의 용서만 강조하는 해원은 한계가 있을 수밖에 없기 때문이다. 가해자의 사죄를 강요하라는 것이 아니라, 적어도 가해자가 사죄를 하지 않는 상황에 대한 대응을 설명하는 이론적 장치가 마련되어 있어야 한다는 뜻이다. 그것이 증산의 경우에서는 종교적 수행과 구원론으로 제시되고 있지만, 무속 굿에는 딱히 보이지 않는다. 이런 상황이라면, 증산이 무속 굿에 기존하는 윤리적 요소를 이론적으로 정리한 것(구체화·이론화)에 불과하다는 이영금의 주장은 성립될 수 없다.

3-2-(3) 보은은 무속의 전유물이 아니다

셋째, 이영금은 무속에도 보은의 사상이 있다고 말한다. 그 근거는 원혼을 해원 시키면 그 원혼이 그에 대한 답으로 복을 준다는 데 있다.[37] 그러나 증산은 원혼 해원의 보응으로 설명되는 무속의 보은 개념을 답습하지 않았다. 다음 사례를 보자.

> "조선과 같이 신명을 잘 대접하는 곳이 이 세상에 없도다. 신명들이 그 은혜를 갚고자 제각기 소원에 따라 부족함이 없이 받들어 줄 것이므로 도인들은 천하사(天下事)에만 아무 거리낌 없이 종사하게 되리라."[38]

> "신농씨가 농사와 의약을 천하에 펼쳤으되 세상 사람들은 그 공덕을 모르고 매약에 신농 유업(神農遺業)이라고만 써 붙이고, 강태공이 부국

---

37 이영금, 앞의 글, p.275, pp.283-284.
38 『전경』, 교법 3장 22절.

강병의 술법을 천하에 내어놓아 그 덕으로 대업을 이룬 자가 있되 그 공덕을 앙모하나 보답하지 않고 다만 디딜방아에 경신년 경신월 경신일 강태공 조작(庚申年庚申月庚申日姜太公造作)이라 써 붙일 뿐이니 어찌 도리에 합당하리오. 이제 해원의 때를 당하여 모든 신명이 신농과 태공의 은혜를 보답하리라.'[39]

증산의 이 발언들은 신명들이 보은하는 상황을 나타낸다. 그런데 그 신명들은 원혼 신분이 아니다. 또 해원을 시켜준 데 대한 감사로 보은하려는 것도 아니다. 그들의 보은은 무속에서 말하는 원혼의 보답이 아니라, 일반적인 의미의 '갚음'을 말하는 것이다. 대순진리회는 그러한 보은을 실천 수행 항목 가운데 하나인 훈회(訓誨)에 넣어두고 있고,[40] 구체적으로는 천지·국가와 사회·부모·스승·직업에서 받은 은혜에 보답함을 생활화할 것으로 명시하고 있다.[41]

보은은 무속의 전유물이 아니다. 보은을 말한다고 해서 무속에 속하는 것이라고 말하면 안 되는 이유다. 무속도 증산도, 그 누구도 보은을 말할 수 있다. 다만 그 내용은 달라질 수 있다. 그 다름이 각각의 특징을 만들어낸다. 지금 보듯이, 증산이 말하는 보은은 원혼이 보답함을 내용으로 하는 무속의 보은에 국한되는 것이 아니다.

---

39 같은 책, 예시 22절.
40 대순진리회 교무부, 『대순진리회요람』(서울: 대순진리회 출판부, 1969), pp.19-20.
41 대순진리회 교무부, 『포덕교화 기본원리(其二)』(여주: 대순진리회 출판부, 2003), p.10.

3-3. 증산이 사용한 해원 방법 문제

이영금은 증산이 무속의 해원 풀이 방법을 사용하여 자신의 종교적 이상세계를 실현하고자 했다고 주장한다. 그 근거로 제시한 것은 증산이 거울·북·고깔·종이 등과 같은 무구(巫具)를 사용했다는 점, 해원 의식 후 사용 도구들을 태웠다는 점, 부적을 사용했다는 점, 증산 부부가 자신들의 신분을 무당이라고 자처했다는 점, 무당집에 가서 빌어야 살 수 있으리라고 점, 그들이 무당굿과 풍물굿으로 해원을 시도했다는 점이다.[42] 이를 하나씩 검토해본다.

3-3-(1) 무구와 소각 문제

첫째, 이영금은 증산이 거울·북·고깔·종이와 같은 무구를 사용하고, 사용 후에는 그것들을 소각했기에 무속적이라고 주장한다. 그러나 거울은 논외로 하더라도[43] 북·고깔·종이는 무구지만, 무구가 아니다. 불교의 승려도 그들의 의례를 할 때 고깔을 쓰고 북을 치며 종이를 사용한다. 종묘제례악에서 보듯 유교의 의례에서도 북[晉鼓]을 비롯한 여러 악기가 사용된다. 그러나 불교나 유교의 의례를 두고 그들이 무구를 사용한다고 하지 않고, 그들의 의례가 무속적이라고도 말하지 않는다. 그렇다면 증산의 경우에 대해서도 같은 관점으로 바라보아야 타당하다. 증산이 북·고깔·종이를 사용했다고 해서 그것을 두고

---

42 이영금, 앞의 글, pp.297-301.
43 거울을 무속의 전유물로 볼 수 있는가 하는 문제는 무속의 정의·기원·범주 문제와 닿아있으므로 이 글에서는 다루지 않는다.

무구를 사용했다거나 무속적이라고 말할 수 없다는 것이다. 더구나 증산이 수많은 해원을 시도할 때 북과 고깔을 사용한 사례는 불과 한두 차례에 지나지 않는다. 그가 무구를 사용했다고 하더라도 오히려 그것은 드문 사례였을 뿐이다.

소각을 무속으로 보는 관점 역시 문제가 있다. 주지하듯이 유불도로 대표되는 동아시아의 종교의례에서 소각은 보편적 행위다. 무속이 소각이라는 특정 행위를 발명한 것도 아니고, 소각이 무속의 전유물인 것도 아니다. 증산이 소각한 행위를 두고, 무속에 소각이란 게 있으니 증산도 무속의 그것을 본받아 행한 것이라고 말하면 안 된다.

3-3-(2) 부적 사용 문제

둘째, 증산은 종종 부적을 사용했다. 이것을 두고 그의 행위를 무속적이라고 말할 수 없다. 부적은 무속의 발명품도, 전유물도 아니기 때문이다. 부적(talisman)은 고대에서부터 아시아·인도·지중해 연안·유럽 등 전 세계 곳곳에서 사용된 종교적 물품이었다는 점, 그리고 각국의 민간신앙은 그 부적을 자신들의 의례에 활용해왔다는 점을 상기할 필요가 있다. 오래전부터 기독교·이슬람·불교·도교도 다양한 부적들을 사용해왔다. 부적을 무속의 발명품이자 전유물이라고 가정한다면, 전 세계 거의 모든 종교는 무속의 영향을 받았다고 말해야 한다. 이런 설명은 학계에서 인정받을 수 없다. 증산의 사례 역시 마찬가지로 이해해야 한다. 그가 부적을 사용한 것은 사실이지만, 그것을 무속의 범주에 묶어둘 수 없다는 뜻이다. 만약, 그가 사용했던 부적이 무속의 부적과 완전히 같은 형식과 내용을 가졌다면 이영금의 주장이 가

능할 수 있다. 그러나 그의 부적은 아직도 해석 불가한 채로 남아있으며, 무속 부적과의 관련성 여부는 밝혀진 바가 없다. 그러하다면 이영금과 같은 섣부른 판단은 곤란하다.

3-3-(3) 부분─전체의 오류

셋째, 이영금은 증산과 고수부를 '증산 부부'로 명칭하고, 이들이 스스로 무당으로 인정했다고 주장한다. 고수부를 증산의 배우자로 보는 인식은 그를 증산의 후계자로 보는 교단들이 공유하는 것이다. 대순진리회는 증산과 고수부를 '부부'로 보지 않는다. 수부(首婦)는 증산이 천지공사를 시행할 때 음양을 조정하기 위해 마련한 캐릭터이며, 여기에는 고수부[고판례]와 김수부[김말순] 두 명이 있었다는 것이 대순진리회의 입장이다.[44]

증산이 자신을 무당의 남편인 재인(才人)이라고 했다는 이영금의 주장은 다음과 같은 증산의 일화를 근거로 한다.

> 상제께서 하루는 무당 도수라 하시며 고부인(高夫人)에게 춤을 추게 하시고 친히 장고를 치시며 "이것이 천지(天地) 굿이니라." 하시고 "너는 천하 일등 무당이요 나는 천하 일등 재인이라. 이 당 저 당 다 버리고 무당의 집에서 빌어야 살리라."고 하셨도다.[45]

증산이 무속의 굿을 연행하면서 무당과 재인을 언급하고, 무당의

---

44 대순진리회 교무부, 「『전경』 용어」, 『대순회보』 103 (2010), p.37.
45 『전경』, 공사 3장 33절.

집에서 빌어야 살 수 있다고 말했던 것은 인정된다. 그러나 그 행위는 억압받는 하층 신분이었던 무당을 위한 '무당도수'를 보면서 한 것이었다. 무당도수는 증산이 시행한 많은 천지공사들 가운데 하나였을 뿐이다. 그러니까 무당도수는 증산의 천지공사 전체를 관통하는 총체적인 것이 아니라, 극히 일부에 해당한다. 이 일화로써 증산의 신분과 행위 전체를 무속에 속하는 것으로 단정하는 행위는 성급한 일반화의 오류 또는 전체−부분의 오류를 범하는 것이다.

무당의 집에 가서 빌어야 살 수 있다고 했을 때의 무당은 무격(巫覡)이 아닐 가능성이 상당하다는 문제도 있다. 증산은 종교적 행위를 하면서 수많은 상징을 사용했다. 그의 종교적 행위 속에 등장하는 특정 물품이나 사람은 그 자체일 수도 있으나, 대개는 그것이 상징하는 다른 것인 경우가 많다. 이영금이 위에 든 사례에 대해서, 대순진리회뿐만 아니라 대부분의 증산계 교단들은 증산이 말했던 무당을 무격으로 해석하지 않는다. 증산이 무속에 의지하려 한 것이라고도 해석하지 않는다. 그 대신 다른 상징성을 가지는 것으로 본다. 예를 들어, 고수부를 받들 뿐만 아니라 고수부와 증산을 부부로 인정하는 증산계 교단들 가운데 가장 핵심적인 단체인 증산교본부의 최고 지도자[宗領]조차, 이 일화에서 증산이 말한 무당은 무속의 무당(巫堂)이 아니라 이 당도 저 당도 그 어느 당에도 속하지 않는 '무당(無黨)'을 의미한다고 해석한다.[46]

위 인용문의 사례는 증산이 천지굿을 했다고 말한다. 그러나 이 하나만을 갖고 그가 모든 해원을 천지굿으로 했다고 단정하면 안 된다.

---

46 정발, 『(증보)대순전경 해설』(이리: 원광사, 1990), p.300. 정발은 본명이 정영규(丁永奎)로서, 증산교 본부 대법사의 최고 지도자인 종령을 역임했다.

천지굿은 그의 많은 천지공사들 가운데 하나인 무당도수에 한정되어 시행된 것이었다. 증산이 천지굿을 하였지만, 그러나 그가 오로지 무속의 해원 방법만을 사용하여 모든 해원을 시도했던 것은 아니다. 다음의 사례는 그 가운데 하나다.

> 상제께서 하루는 경석에게 검은색 두루마기 한 벌을 가져오라 하시고 내의를 다 벗고 두루마기만 입으신 후에 긴 수건으로 허리를 매고 여러 사람에게 "일본 사람과 같으냐?"고 물으시니 모두 대하여 말하기를 "일본 사람과 꼭 같사옵나이다." 하노라. 상제께서 그 의복을 다시 벗고 "내가 어려서 서당에 다닐 때 이웃 아이와 먹으로 장난을 하다가 그 아이가 나에게 지고 울며 돌아가서는 다시 그 서당에 오지 않고 다른 서당에 가서 글을 읽다가 얼마 후 병들어 죽었도다. 그 신이 원한을 품었다가 이제 나에게 해원을 구함으로 그럼 어찌 하여야 하겠느냐 물은 즉 그 신명이 나에게 왜복을 입으라 하므로 내가 그 신명을 위로하고자 입은 것이니라."고 이르셨도다.[47]

어린아이의 원혼을 해원 시키는 위 사례에서 증산은 원혼의 요구를 들어주기만 할 뿐, 천지굿과 같은 무속의 그 어떤 방법도 사용하고 있지 않다.

증산은 다양한 방법으로 해원을 시도했다. 그것에는 동물 해원과 같이 화용론적인 언어를 구사하거나, 종이에 글을 쓰거나, 땅에 묻거

---

47 『전경』, 행록 4장 54절.

나 하는 행위 등이 다양하게 포함되어 있다.[48] 무속 등 특정한 종교의 해원 방법에 한정되지 않았기에, 오히려 그는 폭 잡을 수 없는 일을 한다고 비판받았다.[49] 증산은 여러 방법을 사용할 수밖에 없는 이유를 "선천에서는 판이 좁고 일이 간단하여 한 가지 도(道)만을 따로 써서 난국을 능히 바로 잡을 수 있었으나 후천에서는 판이 넓고 일이 복잡하므로 모든 도법을 합하여 쓰지 않고는 혼란을 바로 잡지 못하리라."고 설명했다.[50] 그럼에도 불구하고, 증산이 행한 해원 방법에는 한 가지의 일관된 원칙은 있었다. 그것은 위 인용문에서 보듯이 요구를 들어주는 것, 즉 결원의 소이연을 해결하는 것이었다.[51]

지금까지 살폈듯이 이영금은 증산의 원한 풀이 방식이 무속의 원한 풀이 방식과 같다고 하였지만, 증산의 해원은 방법론적인 측면에서 무속의 해원을 일부 차용했다고 하더라도 그것은 '극소수'의 경우에 지나지 않는다. '극소수'라면 오히려 '전체적으로 볼 때 무속적인 색채가 옅다'라고 평가하는 게 더 타당할 수도 있다. 그렇기에 그의 해원 방법을 무속과 완전히 같은 것으로 이해하는 것은 잘못된 것이다.

3-4. 대순사상을 무속의 세계관 속에서 파악하는 문제

이영금은 증산의 해원이 무속의 그것을 답습한 것으로 보고, 증산

---

48 같은 책, 행록 4장 47절, 공사 2장 19절, 공사 3장 16·17절 등.
49 같은 책, 교법 2장 41절.
50 같은 책, 예시 13절.
51 차선근, 「한국종교의 해원사상 연구」, p.120.

의 모든 행위 역시 무속의 세계관 안에서 이루어졌던 것이라고 주장한다. 그와 관련되어 제시된 근거는 다음 세 가지다.

3-4-(1) 접신 문제

첫째, 이영금은 최제우가 무속의 무병과 신내림으로 도통했는데, 증산의 도통 수행 방식 역시 무속적인 접신에 있다고 본다.[52] 그는 어느 증산계 교단에서 이 현상을 자신이 직접 체험했다고 말한다.[53] 본인의 직접적인 경험을 바탕으로 한 주장이니만큼, 그의 생각은 확고한 것으로 보인다. 증산계 교단의 수행이 무속의 접신 체험이라면, 증산의 세계관 일체가 무속적인 것으로 파악되는 것도 가능하다.

그러나 증산계 교단 전부가 접신 체험을 수행의 중요 방편으로 삼는 것은 아니다. 그러한 교단도 있겠으나, 적어도 대순진리회는 접신을 광증(狂症)으로 보고 철저히 금한다. 대순진리회는 수행 과정에서 빙의 그 자체, 그러니까 신명을 본다거나 신명의 목소리를 듣는다거나 하는 신비경험을 정도(正道)에서 벗어난 '허령(虛靈)'으로 간주한다.[54] 유학에서 허령은 허령불매(虛靈不昧)의 긍정적인 의미이고 대순진리회에서도 그런 맥락에서 이해해야 할 경우가 있지만,[55] 대체로 대순진리회의 허령은 정기(正氣)를 잃고 사기(邪氣)에 침범당해 본래의 정신을 잃은 상태를 의미한다.[56] 따라서 증산계 교단의 수행을 접신이

---

52 이영금, 앞의 글, p.275.
53 같은 글, p.273.
54 감사원, 「신도(神道)와 해원(解冤)에 대한 바른 이해」, 『대순회보』 86 (2008), pp.20-29.
55 『전경』, 공사 3장 39절.

라고 일괄적으로 말해서는 곤란하다. 교단마다 접신을 유도하는 경우도 있을 것이고, 철저히 금하는 경우도 있을 것이다. 증산계 교단의 수행이 접신이라고 하는 무속에 기반을 둔다고 단정적으로 말할 수 없는 이유다.

3-4-(2) 신명과 세계관 문제

둘째, 이영금은 증산이 삼신이나 칠성·조왕·관왕 등 무속의 신들을 수용했기에 무속적 세계관을 가진 것이고, 신과 인간이 상응한다는 증산의 생각 역시 무속적인 관념에 기반한 것이며, 특히 증산은 음양에 바탕을 두고 만물이 분리될 수 없는 것으로 보았다는 것이 무속의 유기적 세계관과 같다고 말한다.[57] 그러나 이 견해들은 오류다.

이영금은 칠성·조왕·관왕이 무속의 신이라고 주장했으나 이 신들이 애초부터 무속 신분이었다는 생각은 학계의 동의를 받기 어려울 것이다. 증산이 자신의 종교 행위에서 수용했던 신들은 여러 종류가 있다. 그 가운데는 무속적인 것도 있다. 그러나 그 모두가 무속의 정체성을 갖는 것은 아니다. 단적으로 보자면 증산이 1900년대 초에 시루산에서 불러 모았다고 하는 신명들의 면면은 진법주(眞法呪)에서 살필 수 있는데,[58] 여기에서 볼 수 있는 구천의 초월적 존재·옥황상제·석가

---

56 대순진리회 교무부, 『대순지침』 2판 (여주: 대순진리회 출판부, 2012), p.40.

57 이영금, 앞의 글, pp.276-281.

58 증산계 교단마다 사용하는 진법주에는 약간의 차이가 있다. 대순진리회의 진법주는 다음과 같다: 九天應元雷聲普化天尊姜聖上帝下鑑之位 趙聖玉皇上帝下鑑之位 釋迦如來下鑑之位 冥府十王應感之位 五嶽山王應感之位 四海龍王應感之位 四時土王應感之位 關聖帝君應感之位 七星大帝應感之位 直先祖下鑑之位 外先祖 應感之位 七星使者來待之位 右直使者來待之位 左直使

여래·관성제군·명부시왕·사해용왕·사시토왕·칠성대제는 도교나 불교에도 있는 신명들로서, 한국의 무속을 그 기원으로 하지 않는다. 증산의 세계관에 등장하는 신들 가운데 무속의 신들이 몇몇 보인다고 해도 그 모두의 정체성을 무속으로 한정할 수 없다면, 증산의 세계관 자체를 무속으로 단정할 수 없는 일이다.

증산이 신－인간 상응 관념이나 음양에 바탕을 둔 유기적 세계관을 가졌다고 해도, 그가 무속의 세계관을 가졌다고 말할 수 없다. 신－인간 상응이나 음양관·유기적 세계관은 동아시아의 전통적인 만물 동원(洞源) 우주론에 그 뿌리를 두는 것으로서, 유교의 천인상관설(天人相關說)이나 재이설(災異說), 도교『태평경』의 천지인(天地人) 삼합삼통(三合相通) 등에서 이미 그 모습을 보여주고 있다. 한국의 무속이 신－인간 상응 혹은 음양의 유기적 세계관을 창시한 게 아니라, 그러한 관념은 동아시아의 폭넓은 사고방식이었다는 말이다. 증산이 신－인간 상응 혹은 음양의 유기적 세계관을 가졌다면, 그것은 동아시아의 사상사 맥락에서 파악되어야 하는 일이지, 무속의 세계관 속에다 놓고 이해해야 하는 일은 아니다.

3-4-(3) 해원은 무속의 전유물이 아니다

셋째, 이영금이 증산의 종교사상을 무속적인 것으로 단정 짓는 가장 큰 근거는 역시 해원에 있는 것으로 보인다. 무속이 해원을 주요 주제로 삼고 있는데, 증산 역시 그러하므로 증산은 무속적이라는 것이다.

者來待之位 冥府使者來待之位 天藏吉方하야 以賜眞人하시나니 勿秘昭示하사 所願成就케 하옵소서.

해원이 무속만의 고유한 것이라면 그런 주장이 가능하다. 그러나 해원은 무속의 발명품도 전유물도 아니다. 인류 역사에서 해원을 한다는 것, 그러니까 원한을 갚기 위해 복수한다거나 용서한다거나 또는 원혼을 해원시켜 재앙을 면한다거나, 사랑이나 덕을 베풂으로써 원한을 푼다고 하는 것은 오직 무속만이 가졌던 관념이 아니었다. 예를 들어 탈리오 법칙(lex talionis, 同害報復法)은 고대부터 세계 곳곳에서 시행되었던 것이고, 원수를 사랑하라는 기독교의 가르침이나 『노자(老子)』의 보원이덕(報怨以德) 사상, 원혼 해원을 목적으로 하는 유교의 여제(厲祭)나 엄격매자(掩骼埋胔), 불교의 수륙재, 중국 도교『태평경』이 강조하는 해원결(解冤結)은 모두 일정한 해원사상을 품은 것들이다.[59] 이들은 한국 특히 전북 무속에 그 기원을 둔 것도 아니고 그로부터 영향을 받아 생성된 것도 아니다. 원한을 풀겠다는 것은 인간의 원초적인 본능에 해당하고, 그 내용은 다양한 문화나 종교 속에서 다채롭게 전개되어 온 것이니만큼 무속만의 고유한 것으로 논해져서는 곤란하다.

해원을 무속의 전유물로 파악한다면, 역사 해석에 오류를 범하게 된다. 2011년의 이영금 주장에도 그러한 오류가 나타난다. 그것은 앞에서 언급했던 대로 미륵사상과 동학사상에 대한 설명이다.

전술한 대로, 이영금은 전북 무속 특유의 해원·상생 사상이 불교 미륵사상에 강력한 영향을 행사함으로써 미륵이 현세인들의 원한을 풀어준다는 신앙이 형성될 수 있었다고 주장했다. 이 주장의 첫째 오류

---

59 차선근, 「한국종교의 해원사상 연구」, pp.44-55 참조.

는 미륵신앙의 형성과정을 제대로 담아내지 못한다는 데 있다. 주지하듯이 인도에 기원을 두고 있는 미륵은 원래 해원과 무관한 존재였다. 미륵이 백성을 원통함에서 구제하는 구원자로 '창조적으로 오독된' 것은 중국의 당나라 이후부터이고, 그 추동력은 중국 도교의 급진적 메시아니즘에 있었다. 한국에서 미륵이 백성의 원한을 풀어주는 존재로 인식된 것도 그 때문에 가능했다.[60] 그러므로 전북 무속의 해원사상에 영향을 받아 미륵이 백성의 원한을 풀어주는 구원자가 되었다는 이영금의 주장은, 역사적 사실에 바탕을 둔 미륵신앙의 형성과 전개를 제대로 설명해주지 못한다.

둘째 문제점은 이 주장이 변란 사건의 중요한 캐릭터로 미륵이 활용되어 온 역사적 사실과 부딪힌다는 데 있다. 이영금의 주장대로라면, 전북 지역의 미륵신앙은 다른 지역의 미륵신앙과는 달리 해원·상생사상의 영향을 받아 저항의 성격을 상실하고 상생과 평화를 강조하는 방향으로 흘렀어야 했다. 그러나 견훤이 미륵을 자처하며 통일신라에 대한 저항의 근거로 삼았던 사례에서 보듯이 역사가 보여주는 진실은 그렇지 않다. 김홍철은 미륵사상이 전북 지역에 뿌리를 내린 배경 가운데 하나로 전북 지역 특유의 비판과 저항정신을 이미 지적한 바 있다.[61] 이러한 민중의 한풀이 운동은 이영금이 주장하는 상생평화가 아니라 오히려 투쟁의 성격을 띠는 것이었다.

이영금은 또한, 글 도입부에서 언급했듯이, 전북 무속의 해원·상생

---

60 김호성, 「불교 경전이 말하는 미륵사상」, 『동국사상』 29 (1998), pp.64-65; 이봉호, 「『전경』에 나타난 '미륵'의 성격」, 『대순사상논총』 26 (2016), pp.61-63.
61 김홍철, 「모악산하 민중종교운동의 발생 원인에 관한 연구」, 『한국종교사연구』 5 (1996), pp.316-321, pp.328-329.

사상이 최제우와 동학농민운동에도 큰 영향을 주어 현세 인간을 해원시키는 것이 동학의 중심이 되었다고 주장한다. 그러나 최제우는 해원과 상생을 말한 바가 없다. 그의 행보에도 해원·상생과 관련되는 내용이 없고, 동학 관련 문헌들에도 해원·상생을 그의 중심사상이라고 규정할 만한 게 보이지 않는다. 동학농민운동의 중심이 전북이 된 이유는 이영금의 주장과 같이 전북 무속의 해원·상생사상 영향을 받았기 때문이 아니라 고부군수 조병갑의 폭정 때문이었다. 폭정에 대한 저항은 인간의 생존 본능으로서 역사적으로 많은 사례를 보이는 것인데, 이것을 무속 해원에서 받은 영향으로 설명하는 것은 옳지 않다. 더구나 이영금이 말하는 해원은 '저항의 해원'이 아니라 '상생과 평화의 해원'이므로, 그의 주장대로라면 상생과 평화를 지향하는 전북에는 항거하는 성격의 동학농민운동이란 것이 절대로 발생하지 않았어야 했다. 그러나 역사적 진실을 그렇지 않았다.

지금까지 살핀 것처럼, 증산의 세계관을 무속의 그것으로 파악해야 한다는 이영금의 주장은 그 근거가 불충분하거나 오류가 있다. 그러므로 증산의 세계관을 무속의 세계관과 동일시하는 것은 재고되어야 한다.

4. 대순사상, 어떻게 연구할 것인가?

과거 기독교인들은 기독교가 다른 종교나 문화에게서 그 어떤 영향도 받지 않았으며, 오직 'creatio ex nihilo(無에서 창조된 것)'였다고 강조

했다. 그러나 기독교가 유대교 외에도 그리스·바빌로니아·시리아· 이란 등지의 종교 문화에게 많은 영향을 받았음이 확인되자 그 주장 은 폐기되었다.[62] 이 글도 기독교의 과거 오류와 마찬가지로 증산의 해원사상이 '無에서 창조되었다'는 주장을 하려는 것은 아니다. 다만 그의 사상을 전근대의 무속과 동일시하는 것은 문제가 있다는 것, 그 리고 그의 해원이 과거 무속이나 유불도의 해원과 비교하였을 때 어 떤 변화된 모습을 보이는지 살피는 것이 더 중요함을 강조하려는 것 이다.

증산의 해원에 무속의 해원 요소가 보이는 것은 인정된다. 그러나 그렇다고 해서 증산의 해원 일체가 무속에 모두 포섭되는 것은 아니 다. 앞 장에서 살폈듯이, 이영금은 증산의 다양한 종교적 행위와 방법 가운데 '극히 일부'에서 나타나는 무속적인 모습을 가지고 그의 세계 관 일체를 무속인 것으로 단정하고 있다. 부분으로써 전체를 규정한다 는 점에서 이영금은 성급한 일반화의 오류(fallacy of hasty generalization), 전 체-부분의 오류(mereological fallacy)를 범하고 있다고 말할 수 있다. 또 이영금은 해원이나 상생과 같은 몇몇 종교적 개념이나 종교적 도구들 을 무속의 발명품이자 전유물인 것으로 전제하고 있다. 이런 잘못된 설정은 잘못된 주장들을 생산할 수밖에 없는 원인이다.

대순진리회를 비롯한 한국 신종교에 무속의 내용이 들어 있을 수 있다는 주장은 그 누구도 부인하기 어렵다. 다만, 거기에 무엇이 왜 첨

---

62 Hans G. Kippenberg, "In Praise of Syncretism: The Beginnings of Christianity Conceived in the Light of a Diagnosis of Modern Culture," in Anita M. Leopold and Jeppe S. Jensen, eds., *Syncretism in Religion: A Reader* (New York: Routledge, 2004), pp.30-35.

가되었는지, 무엇이 어떻게 변형되었는지, 왜 그러했는지, 그 결과 어떤 의미를 만들게 되었는지를 관찰하는 작업이 더 중요하다. 그것이 19세기에 출현한 한국 신종교를 적확(的確)하게 이해하도록 도울 것이기 때문이다.

증산계 종교들을 무속과 같은 것으로 파악하는 이영금의 주장은 재고되어야 한다. 오래전 강돈구는 이 사실을 이미 지적한 바 있다. 좀 긴 편이지만, 이 글의 논지를 담은 중요한 내용이기에 인용해본다.

"신종교의 특징을 무속과 관련짓는 데서 생길 수 있는 문제 … 이것은 긍정적인 측면과 부정적인 측면을 모두 지니고 있는데, 먼저 신종교에서 전통적인 요소를 찾는다는 점에서는 바람직한 지적이라고 할 수 있다. 예를 들어서 김열규는 동학 및 증산계 신종교의 전통적인 요소를 세 가지로 지적하면서 그중의 하나로 신비체험을 들고 있다. 이것은 하다크레(H. Hatdacre)가 일본 신종교의 치병 의례를 설명하면서 그것이 일본 전통종교와 밀접한 관련을 지니고 있다는 점을 강조하는 것과 마찬가지로 긍정적인 평가를 받을 수 있다. 그러나 신종교가 신비체험을 강조한다고 해서 그 신비체험을 모두 무속적인 현상이라고 간단하게 지적해버리는 것은 부정적인 평가를 받을 수밖에 없다. 왜냐하면 이런 식의 주장은 예를 들어서 서구의 오순절 운동을 무속적인 현상이라고 지적하는 것과 마찬가지의 오류를 범할 수 있기 때문이다. 대부분의 종교, 아니 모든 종교는 나름대로의 신비주의(mysticism)를 지니고 있다. 이때 이슬람의 수피 신비주의(Sufi mysticism)를 단순히 무속적인 현상이라고 지칭할 수 있을까? 물론 이것은 우리나라의 무속을 수피적이라고 지칭하는 것

과 같은 오류에 속한다. 따라서 무속의 공수, 기독교의 방언, 또는 신종교에서 발견되는 신언(神言), 토설(吐說) 등이 유사한 현상이라고 해서 이들을 모두 무속적인 현상이라고 간단하게 지칭하는 것은 문제가 있다. 그리고 이와 같이 신종교의 특징을 무속신앙이라고 규정하고 그 무속신앙이 한국인의 심성에 미친 영향을 의타심, 운명신앙, 역사의식의 결여, 주술신앙이라고 열거한다면, 이것은 결국 신종교에 대한 정당한 설명이라기보다는 오히려 가치 평가적인 설명이라는 비난을 받아 마땅하다."[63]

한국 신종교를 무속의 틀로 재단하면 많은 오류를 낳는다는 그의 지적이 나온 지는 벌써 30년이 넘었다. 그러나 아직 한국 학계에는 그의 주장이 정착되지 못하고 있는 것 같다.

특정 종교를 또 다른 종교의 세계관에 근거하여 이해하려는 태도는 강돈구의 지적대로 긍정적이기도 하고 부정적이기도 하다. 예를 들자면, 중국에 처음 불교가 도입될 때 도교의 관점으로 불교를 해석한 이른바 격의불교(格義佛敎)란 게 있었다. 격의불교는 불교의 원 뜻을 흐리게 한다는 부작용도 있었으나, 중국 사회에 자리를 잡게 하는 데 도움이 되었다는 긍정적인 평가도 받는다.

그러나 긍정과 부정을 갖는다고 하더라도, 종교를 연구하는 학술적 태도만큼은 격의불교와 같은 방향으로 흘러서는 곤란하다. 순수

---

63 강돈구, 「신종교연구서설」, 『종교학연구』 6 (1987), pp.204-205; 「신종교연구 서설」은 강돈구, 『종교이론과 한국종교』 (서울: 박문사, 2011), pp.534-582에 재수록되었다. 인용문은 표현이 일부 수정된 2011년 판의 글을 옮긴 것이다.

한 학술 연구는 포교 전략과는 별도로, 종교 그 자체를 연구하는 것이 되어야 하기 때문이다. 이것은 종교를 마주할 때 그 종교를 '있는 그대로' 보아야 함을 의미한다. 대순사상의 연구를 위해서는 각종 자료의 섭렵·답사·체험·인터뷰 등이 필요하겠으나, 무엇보다 가장 먼저 가져야 할 기본적인 태도는 '편견 없이, 있는 그대로의 본 모습'을 객관적으로 보는 것이다. 다시 말하자면 대순진리회를 무속의 세계, 불교의 교학, 도교의 사상, 기독교 신학에 근거하여 논할 것이 아니라, 대순진리회를 대순진리회 그 자체로 볼 수 있어야 한다는 것이다. 무속·불교·유교·도교·기독교에서도 볼 수 있는 특정 요소들이 대순진리회 내에서 관찰될 때, 그 요소들이 어떻게 같고 다른지, 혹 재해석된 부분은 없는지 살필 수 있어야 한다. 유사점만 강조하는 방식은 과거의 낡은 학문으로 비판받은 지 오래이며, 지금은 차이점까지 동시에 강조하는 것이 현대종교학의 정체성이라는 점을 숙지할 필요가 있다.

어떤 종교학자는 종교라고 하는 것을 연구할 때 살살 밟고 다닐 수 있어야 한다고 말한다. 종교연구란 인간의 꿈을 밟고 다니는 것이기 때문이다.[64] 대순진리회를 연구할 때도 이 학자와 같은 태도가 필요하다. 편견을 버리고, 객관적인 시선으로 대순진리회를 대순진리회 그 자체로 대하는 연구는, 이 종교학자와 같이 살살 밟고 다니는 일을 가능하게 할 것이다.

---

64 윌프레드 캔트웰 스미스, 『종교의 의미와 목적』, 길희성 옮김 (경북: 분도출판사, 1991), p.27.

증산계 종교 일괄기술에 나타난
문제점과 개선 방향

1. 여는 글

한국 신종교에 대한 기존 일괄기술은 한국 신종교 전체의 '공통적'이라고 여겨지는 특성을 나열한 뒤, 그에 대한 보충 설명을 목적으로 개별 신종교 교단들을 잠깐씩 언급하는 정도에 그치는 경향이 있다. 하지만 그 공통이란 게, 개별 신종교 교단들이 갖는 내용과 특징들을 하나씩 뽑아 뭉쳐놓은 것에 불과한 경우가 많다. 이에 필자는 「대순진리회의 개벽과 지상선경」(2013, 4장)에서 한국 신종교들에 대한 학계의 기술 전반을 재검토하고 교정해야 함을 주장하면서, 그에 대한 일례로 개벽과 이상세계에 대한 기존 기술들을 비판적으로 살핀 바 있다.

이러한 문제의식에 따라 필자는 '신종교'라는 단일 항목 기술에 대해서만이 아니라, 신종교에 속하는 '각 계열'에 대한 일괄기술도 교정해야 한다고 본다. 이것은 이미 오래전 강돈구에 의해 제기된 것이기도 하다.

> 우리가 염두에 두어야 할 것은 무슨 계열이니 하는 추상적인 신종교 분류체계에 지나치게 의존하지 말아야 한다는 점이다. 이제 우리에게 필요한 것은 추상적인 계통 분류가 아니라 구체적인 종교, 다시 말해서 구체적인 교단이다. 주지하다시피 예를 들어서 구한말 강일순에 의해 시작된 증산 종단은 여러 교단으로 나뉘어 활동하고 있다. 이제 우리는 증산 종단 일반에 대한 연구보다는 대순진리회나 증산도 등 구체적인 교단에 대한 연구를 진척시켜 나가야 한다.[1]

그의 말대로 증산 교단들을 살펴보자. 주지하듯이 증산 교단, 즉 증산계[2]는 한국 신종교 가운데 가장 많은 교단을 가지고 있다.[3] 증산계처럼 불과 반세기 사이에 50개가 넘는 교단으로 갈라진 사례는 세계 종교사에서도 쉽게 찾아보기 힘들다.[4] 또한 증산계의 새로운 교단 출현은 과거와 같이 맹렬한 기세는 아니지만 지금도 여전히 이어지고 있다.[5]

이러한 증산계 교단들은 증산에 대한 해석이나 신앙, 교리, 수행 등에서 각자의 입장을 고수한다.[6] 증산계 내부에서는 각 교단을 교리 또는 운영 측면에서 하나의 단일 체제로 묶어내기 위한 여러 시도가 있었다.[7] 하지만 증산계 가운데 하나의 교단인 증산교본부의 이상호와 이정립, 홍범초에 의해 주도된 이 움직임은 사실상 그들의 입장을 관철하려는 쪽으로 흐른 것이 사실이었고, 자신의 교리 해석을 포기해야 하거나 수정을 강요 받는 입장이었던 대다수 교단은 정체성 문제

---

1 강돈구, 『종교이론과 한국종교』 (서울: 박문사, 2011), pp.662-663.

2 이 글에서는 증산으로부터 비롯된 신종교들을 '증산계'로 표현한다. 강돈구, 「신종교 연구 서설」, 『종교학연구』 6 (1987), pp.187-190 참조; '증산교'로 유형화할 수도 있지만, 증산교(본부)는 1928년에 이상호에 의해 설립된 실체가 있는 교단의 이름이기도 하므로, 이 용어로써 증산계 교단 전체를 나타내기는 곤란하다. 차선근, 「대순진리회의 현재와 미래 — 포덕을 중심으로」, 고병철 외, 『한국종교의 확산전략』 (파주: 한국학술정보, 2012), pp.139-140 참조.

3 윤이흠, 『한국종교연구 3』 (서울: 집문당, 1991), p.164; 이재헌, 「한국 신종교의 현재와 미래」, 『종교연구』 68 (2012), p.124.

4 같은 책, p.115.

5 김탁, 「증산교의 교리 체계화 과정」 (한국정신문화연구원 석사학위 논문, 1986), p.2.

6 김탁, 『증산교학』 (서울: 미래향 문화, 1992), pp.395-398; 이재헌, 앞의 글, p.124.

7 배용덕·임영창, 『증산신학개론(中·下)』 (서울: 증산사상연구회, 1984), pp.95-97; 홍범초, 「증산종단의 초교파운동」, 『한국종교사연구』 9 (2001) 참조.

에 직면할 수밖에 없었다. 따라서 교리 통일이나 교단 연합은 그 필요성에도 불구하고 어느 수준 이상을 넘어서기 어려웠다.[8] 상황이 이러하다 보니 한국 신종교 가운데 가장 많은 교단을 가지고 있는 증산계를 일괄 기술할 때는, 증산계 교단들에 대한 개별 분석을 토대로 유사점과 차이점을 적절하게 구분해야만 한다.

오래전, 강돈구가 신종교 개별 교단들에 대한 연구 필요성을 제기하였으나 그 후속 연구는 계속 이어지지 못하였다. 그 결과 대부분의 증산계에 대한 일괄기술은 교단별 차이가 있다고 전제하면서도 증산계의 특정 교단, 이를테면 증산교본부 혹은 대순진리회의 입장을 증산계 전체의 그것으로 옮겨버리는 경우가 많았다. 아마 증산교본부는 일찍부터 교리 통일을 주도해 온 교단이라는 점이, 대순진리회는 증산계 가운데 최대 교단이라는 점이 그 이유였을 것으로 여겨진다. 증산계 특정 한두 교단의 입장으로 증산계의 다른 교단 또는 증산계 전체를 설명하려 드는 시도는 바람직스럽지 않다. 이런 방식은 증산계 개별 교단들의 독자성과 고유성을 침해할 뿐만 아니라 증산계에 대한 바른 이해도 보장해주지 못하기 때문이다.

1960년대 이미 미국에서는 개신교 안에 존재하는 많은 분파를 동질적으로 본다는 것에 대한 비판이 일어난 사례가 있다. 미국 개신교 안에는 보수 교단과 자유주의 교단이 공존할 뿐 아니라 이 분파들 사이의 차이가 뚜렷함에도, 이들을 묶어서 분석하면 많은 정보가 감추

8　윤이흠, 「민족종교-민족종교의 사회변화에 대한 대응태도를 중심으로」, 한국정신문화연구원 인문연구실(편), 『사회변동과 한국의 종교』(성남: 한국정신문화연구원, 1987), pp.205-206 참조.

어진다는 것이었다.[9] 조너선 스미스 역시 '단수형의(singular)' 유대교를 이해하려고 시도하기보다는 '복수형의(plural)' 유대교들[10]에 대한 폭넓은 연구가 필요함을 강조한 바 있다. 유대교에 대한 일원적 접근은 존재하지도 않는 동일성을 찾으려고 대상을 왜곡시킬 우려가 있으며, 결국 배타적이고 획일적인 기술로 흐르기 쉽기 때문이라는 것이다.[11] 이 두 사례는 하나의 종교 안에 속하는 여러 교단, 그리고 심지어 하나의 같은 교단이라 하더라도 시간이나 장소, 구성원 등에 따라 얼마든지 그 성격이나 내용이 달라질 수 있음을 강조한다. 이러한 관점에서 보면, 한국 신종교사를 서술할 때도 증산계 교단의 공통점만을 구성하는 기술은 유용하지 못하며, 공통점 대신 유사점과 차이점을 적절하게 구별해서 기술하는 것이 증산계에 대한 바른 이해에 더 효과적이라는 점을 생각할 수 있다.

이 글은 이러한 문제 제기를 위해 기획된 것으로서, 신종교 가운데 증산계의 일괄기술에서 나타나는 몇몇 문제점들을 짚어보고자 한다. 이를 위해 2절에서는 증산계의 신앙 대상과 수행에 대한 일괄기술에 나타난 문제점들을 살필 것이다. 3절에서는 증산계의 사상에 대한 일괄기술에 드러난 문제점, 특히 증산계의 대표 사상이 해원상생이라고 널리 알려져 있으나 실제 해원이나 상생 이념을 교리로 채택하고 있

---

9 오경환, 『종교사회학』 (파주: 서광사, 1990), p.111.

10 intertestamental Judaism, postbiblical Judaism, early Judaism, late Judaism, hellenistic Judaism 등.

11 Jonathan Z. Smith, *Imaging Religion: Essays in the Study of Religion* (Chicago: The University of Chicago, 2004), pp.20-22; 안신, 「조나단 스미스의 종교 현상학 연구-형태론과 비교론을 중심으로」, 『철학과 현상학 연구』 34 (2007), pp.18-19.

는 증산계 교단은 절반 정도에 그친다는 사실을 지적할 것이다. 특히 해원상생을 교리로 삼는 교단들의 경우에도 그 사상의 이해 방식에서는 일정한 차이가 있다는 점을 강조하고자 한다. 이로써 증산계의 대표 사상이 해원상생이라는 일괄기술에도 일정한 교정이 필요하다는 사실이 제시될 수 있을 것이다. 아울러 이 글에서 일괄기술을 수록한 저작물의 선정에는 개인 논문 대신 전문 연구단체 명의로 발간된 것들을 위주로 한다는 점을 미리 밝혀둔다.

2. 증산계 신앙 대상과 수행에 대한 일괄기술 문제점

2-1. 『한국 신종교 조사연구 보고서』: 신앙의 대상을 잘못 기술

먼저 증산계의 신앙 대상에 대한 기존의 일괄기술 문제점을 살펴보자. 비교적 최근에 발간되었으며 또 가장 대표적이라고 할 수 있는 『한국 신종교 조사연구 보고서』(1996)에는 다음과 같은 기술이 보인다.

> (증산은) 1901년 전주 모악산 대원사(大願寺)에 들어가 도를 닦기 시작하여 그해 7월 5일 성도(成道)하게 되었다. … 이러한 천지공사의 주재자가 바로 구천상제(九天上帝)인 강일순이다. … 증산교의 일차적인 신앙대상은 이 세상을 구원하기 위해 강림한 상제인 강일순이다. 그러나 강일순 외에도 환인 환웅 단군 등 우리나라 시조신과 각 민족의 시조신, 공자, 석가, 예수 등과 같은 문명신, 모든 사람의 조상인 선령신, 그리고 최수

운과 마테오 리치(Matteo Ricci), 진묵대사(震黙大師) 등도 신앙의 대상이 되고 있어 모든 종교를 포괄하고 있다.[12]

이러한 기술은 증산계 교단들에서 관찰되는 '실제' 종교현상을 제대로 반영하지 못하고 있다. 그것은 첫째로, 이 기술 가운데 증산이 1901년 대원사에서 한 공부가 성도를 위한 수도 행위였다는 부분은 증산교본부의 이상호가 간행한 다음의 『대순전경』을 원용한 것이다.

천사[증산] 여러햇동안 각지(各地)에 유력(遊歷)하사 많은 경험(經驗)을 얻으시고 신축(辛丑)에 이르러 비로소 모든 일을 자유자재(自由自在)로 할 권능(權能)을 얻지않고는 뜻을 이루지 못할 줄을 깨다르시고 드디어 전주(全州) 모악산(母嶽山) 대원사(大願寺)에 들어가 도(道)를 닦으사 칠월 오일(七月五日) 대우(大雨) 오룡허풍(五龍噓風)에 천지대도(天地大道)를 깨 다르시고 탐음진치(貪淫瞋癡) 사종마(四種魔)를 극복(克服)하시니 이때 그 절 주지(住持) 박금곡(朴錦谷)이 수종(隨從)들었더라.[13]

『대순전경』에 따르면, 증산은 원래 천지를 주재할 권능이 없었으며, 도를 닦고 나서야 비로소 천지대도를 깨달을 수 있었던 존재이다. 이러한 관점에서 이상호의 동생 이정립은 증산의 성도(成道)를 예수의 신성감화(聖神感化)나 석가모니의 오도(悟道)와 같은 것으로 설명한다.[14]

---

12 한국종교연구회, 『한국 신종교 조사연구 보고서』(한국종교연구회, 1996), pp. 140-144.
13 이상호, 『대순전경』 6판 (김제: 동도교 증산교회 본부, 1965), p.19.

하지만 증산의 대원사 공부에는 이러한 해석만 있는 게 아니다. 대표적으로 대순진리회의『전경』은 증산의 대원사 공부를 깨달음과 특별한 능력을 얻기 위한 수도 행위가 아니라 천지신명을 심판하고 천지의 새로운 상생대도를 연 일종의 종교적 행위였던 것으로 간주하고 있다.

상제께서 신축(辛丑)년 五월 중순부터 전주 모악산 대원사(大院寺)에 가셔서 그 절 주지승 박금곡(朴錦谷)에게 조용한 방 한 간을 치우게 하고 사람들의 근접을 일체 금하고 불음불식의 공부를 계속하셔서 四十九일이 지나니 금곡이 초조해지니라. 마침내 七월 五일에 오룡허풍(五龍嘘風)에 천지대도(天地大道)를 열으시고 방안에서 금곡을 불러 미음 한 잔만 가지고 오라 하시니 금곡이 반겨 곧 미음을 올렸느니라.[15]

"이곳[대원사]이 바로 상제께서 천지신명을 심판한 곳이니라."[16]

이런 입장은 증산이 원래 삼계 대권을 가진 상제였으며, 따라서 대권을 얻어오기 위해 수도를 할 필요가 없었다는 관점에서 나온 것이다.[17] 대순진리회는 증산이 대원사 공부에 들어가기 이전에, 고향인

---

14 이정립,『대순철학』(김제: 증산교본부 교화부, 1947), p.93.

15 대순진리회 교무부,『전경』13판 (서울: 대순진리회 교무부, 2010), 행록 2장 12절.

16 같은 책, 교운 2장 21절.

17 박용철,「대원사 공부의 이해에 나타난 종통의 천부성에 대한 고찰」,『대순회보』68 (2007), pp.88-107; 나권수,「대순진리회의 이상사회론 연구」,『대순사상논총』21 (2013), pp.431-434 참조.

객망리의 시루산에서 '천지의 대권을 조정하는 능력을 지녀야 시행할 수 있다고 생각되는' 천지공사를 이미 하고 있었다고 본다.[18] 그러므로 대순진리회 세계에서 증산은 대원사에 들어가 천지의 대권을 얻기 위한 목적의 수도를 할 필요가 없는 존재다. 대순진리회 입장으로는, 증산의 대원사 공부가 깨달음을 얻기 위한 수도였다고 기술하는『대순전경』의 관점을 받아들이기 어렵다. 무엇보다 신앙의 대상인 증산의 신성성과 직결되기 때문이다.[19]

이처럼 증산의 대원사 공부에 대한 해석은 두 가지가 있다.『한국 신종교 조사연구 보고서』는 이러한 점을 충분히 고려하지 않고 있다. 앞으로 한국 학계에서 증산계에 대한 일괄기술을 시도한다면, 증산의 대원사 공부 부분에 이르러서는 증산교본부『대순전경』의 '수도 행위'라는 해석과 대순진리회『전경』의 '천지공사 행위－신명의 심판'이라는 해석을 동시에 고려해야 한다.

둘째, 증산이 구천상제라는『한국 신종교 조사연구 보고서』의 기술은 대순진리회의 입장을 적은 것일 뿐이고, 증산계 전체의 공통된 입장이 아니다. 증산진법회의 배용덕이 "구천상제라는 호칭은 일단 불합리하다 할 수밖에 없다."라고 하고,[20] 증산도의 안경전이 '구천상제

---

18 "상제께서 三년 동안 주유하신 끝에 경자(庚子)년에 고향인 객망리에 돌아오셔서 … 어느 날 시루봉에서 진법주(眞法呪)를 외우시고 오방신장(五方神將)과 四十八장과 二十八장 공사(公事)를 보셨도다."『전경』, 행록 2장 7·10절.
19 더구나 우주의 절대자라는 존재가 우주의 진리를 '몰라서', 또 우주를 주재하는 권능이 '없어서 얻어내려고' 공부까지 해야 했다는 말까지 나오는 상황에서는 더더욱 그러할 것이다. 이강오,「한국 신흥종교에서 보는 도교와 불로장생」, 한국도교사상연구회(편),『도교와 한국사상』(서울: 범양사, 1988), p.179 참조.

는 상제님을 모독하는 호칭'이라고 한 데서[21] 알 수 있듯이, '증산이 구천상제'라는 기술은 증산계의 몇몇 교단에 거부감마저 불러일으키는 상황이다.

증산의 신격은 매우 다양하다. 오래전 홍범초의 조사에 따르더라도 증산교본부는 통천상제(統天上帝)로, 삼덕교는 구궁천도무극상제로, 모악교는 증산성왕상제로, 순천교는 천주로 규정하는 등, 증산에 대한 위격(位格)은 무려 50개가 넘는다.[22] 따라서 증산의 위격에 대한 일괄기술 역시 이러한 사정을 충분히 고려하여 작성해야 한다.

셋째, 증산계 신앙 대상에 환인과 환웅, 단군, 각 민족의 시조신, 공자, 석가, 최수운, 마테오 리치 등이 포함된다는 『한국 신종교 조사연구 보고서』의 기술은 증산계 모두가 그러하다는 말인지, 증산계 가운데 어느 한 교단이 그러하다는 말인지 분명하지 않다. 아마 이 기술은 증산계 각 교단의 신앙 대상을 구분 없이 일괄적으로 뭉쳐놓은 것인 듯 보인다. 증산계 각 교단의 신단(神壇) 구성과 신앙 대상을 정리한 다음 <표 9-1>을 참고하면 이런 추정이 가능하다.

유신론 종교 전통을 다룰 때 신앙의 대상을 정확하게 기술해야 함은 두말할 나위가 없다. 증산계 교단들은 증산을 신앙의 대상으로 삼는 데에서 공통점이 있지만, 증산 외에 신앙의 대상이 되는 구체적인 신위들에는 유사점 혹은 차이점들이 있다. 이를 살피지 못하고 각 증산계 교단들의 신앙 대상들을 모두 묶어서 하나로 열거하는 데 그친

---

20 배용덕·임영창, 앞의 책, p.67.
21 안경전, 『관통 증산도 1』(서울: 대원출판사, 1993), p.76.
22 홍범초, 『증산교개설』(서울: 창문각, 1982), pp.283-285.

<표 9-1> 증산계 교단들의 신단 구성[23]

교단	창교자 (창교 연대[24])	신단 구성
선도교(태을교)	고판례(1911)	만법화권강성상제(萬法化權姜聖上帝), 존성대법고성후비(尊聖大法高聖後妃)
보천교	차경석(1911)	일광영(日光影: 구천을 상징) 월광영(月光影: 옥황상제인 증산을 상징) 성광영(星光影: 북두칠성으로서 행정기구를 상징) ※ 이 신단은 1922년 5월 15일에 낙성한 십일전(十一殿)에 봉안된 삼광영(三光影)이다.
안내성 선도	안내성(1913)	대성위(大聖位): 천황(天皇), 지황(地皇), 인황(人皇) 사선령위(四先靈位): 직선조, 외선조, 처선조(妻先祖), 처외선조(妻外先祖)
태을교	박공우(1914)	옥황상제하감지위(玉皇上帝下鑑之位) 관운장응감지위(關雲長應鑑之位) 진묵대사응감지위(震默大師應鑑之位)
무극도 (후에 태극도, 대순진리회로 교명이 변경됨)[25]	조정산(1918)	구천응원뇌성보화천존강성상제, 조성옥황상제, 서가여래, 명부시왕, 오악산왕, 사해용왕, 사시토왕, 관성제군, 칠성대제, 직선조, 외선조, 칠성사자, 우직사자, 좌직사자, 명부사자 ※ 신단 구성의 완료는 1950년대 중후반의 일로 생각된다.
순천도	장기준(1920)	천위(天位), 지위(地位), 인위(人位)
삼덕교	허 욱(1920)	대화신단(大化神團) 천지직선조하감지위(天地直先祖下鑑之位: 증산대성을 뜻함) 총명도통진묵대사신위(聰明道通震默大師之位) 해마대제관성제군신위(解魔大帝關聖帝君之位)
미륵불교 (미륵불교법상종)	김형렬(1921)	미륵존불하감지위(彌勒尊佛下鑑之位)
증산교본부	이상호(1928)	통천상제(統天上帝) 증산대성(甑山大聖) 생화삼신(生化三神: 환인·환웅·단군) 수운대신사(水雲大神師) ※ 단군, 수운, 증산을 하나의 계통으로 잇는 삼단신앙체계를 발의하였으며, 삼신전에는 환인천제, 환웅천왕, 단군왕검, 무극전에는 주회암, 이마두, 진묵, 최수운, 관성제군, 김일부, 전명숙, 명부 및 신장들을 따로 모신다. 1954년에 증산대성과 고수부의 영정을 합봉하여 오다가 도조의 절대적인 권위와 맞지 않다고 하여 1973년에 수부전을 따로 지어 고수부의 영정을 옮겼다.[26] 그러나 이에 대해 의견이 분분하여 영정 합봉을 복귀하려는 시도가 일어나는 등 지속적인 갈등에 시달렸다.[27]
보화교	김환옥(1930)	증산대법사(甑山大法師) 수운대도주(水雲大道主) 단군대성조(檀君大聖祖) 청강대성사(淸江大聖師: 교주인 김환옥을 말함)
인도교	채경대(1931)	증산신성(甑山神聖)

태인미륵불교	정인표(1934)	구천미륵불하강지위(九天彌勒佛下降之位) 대성지성문선왕응감지위(大聖至成文宣王應鑑之位: 공자를 말함) 삼계도솔신장응감지위(三界兜率神將應鑑之位: 관운장을 말함) 석가여래불응감지위(釋迦如來佛應鑑之位) 용화불토왕대신응감지위(龍華佛土王大神應鑑之位: 진표율사를 말함)
단군성주교	강승태(1936)	옥황상제 ※ 옥황상제는 원시천주이자 단군이며 증산이고, 증산은 단군의 성신 (聖身)이라고 함.
증산법종교본부	강순임(1937)	증산 미륵불
모악교	여원월(1937)	증산상제
무을교	김계주(1942)	무성상제(戊聖上帝: 증산을 말함) 기성대제(己聖大帝: 차경석을 말함) 무성제군(戊聖帝君: 교주인 김계주를 말함)
대한불교미륵종 (무을교)	김계주(1942) -김홍현(1959)	미륵불(증산을 말함) ※ 그 외에 신농씨, 단군, 강태공, 고수부, 김수부 등을 따로 모심.
동도교법종금강도 ※ 단군성주교에서 분파	김승례(1962)	천선천불천유단군천덕황(天仙天佛天儒檀君天德皇: 天地元尊位 甑山 道聖으로서 증산을 말함) 천선천불천유단군천황모(天仙天佛天儒檀君天皇母) 천선천불천유수운천덕황(天仙天佛天儒水雲天德皇) 천선천불천유수운천황모(天仙天佛天儒水雲天皇母) 천선천불천유공자천덕황(天仙天佛天儒孔子天德皇) 천선천불천유공자천황모(天仙天佛天儒孔子天皇母) 황극도주마두위(皇極道主瑪竇位) 황극오황숭례부(皇極五皇崇禮婦)
영세종주도	정대오(1964)	증산천주
청도대향원	김삼일(1965)	증산대성, 강순임
증산진법회	배용덕(1973)	옥황상제, 미륵불
증산도	안세찬(1974)	증산대성(중앙) 수부 고부인(좌편) 단군왕검(우편)

---

23 문화공보부, 『한국 신흥 및 유사종교 실태조사 보고서』 (서울: 문화공보부,
1970), pp.27-32, pp.96-103, pp.112-126, pp.291-365, pp.393-403; 홍범초,
『범증산교사』 (예산: 범증산교연구원, 1988); 범증산교연구원, 『월간 천지공사』
3 (예산: 범증산교연구원, 1988), pp.22-23; 범증산교연구원, 『월간 천지공사』 6
(예산: 범증산교연구원, 1989), pp.21-25; 범증산교연구원, 『월간 천지공사』 45
(예산: 범증산교연구원, 1992), pp.28-33; 범증산교연구원, 『월간 천지공사』 48
(예산: 범증산교연구원, 1992), p.19; 한국민족종교협의회, 『한국 민족종교 총람』
(서울: 한국민족종교협의회, 1992); 이강오, 『한국신흥종교총람』 (서울: 대흥기획,
1993), pp.192-205; 한국종교사회연구소, 『한국종교연감』 제2권 (서울: 고려한

다면, 있는 그대로의 종교현상을 드러내지 못한다. 또한 증산계 각 교단이 어떤 신위를 신앙 대상으로 삼고 있는지도 알 수 없고, 각 교단의 특징도 추출할 수도 없게 된다. 그러므로 증산계 교단들의 신단 구성과 신앙 대상이 다양하다는 사실을 인지하고, 각 교단의 유사점과 차이점을 드러내려는 태도를 갖추어야 한다.

이처럼『한국 신종교 조사연구 보고서』의 일괄기술 가운데 몇몇 부분들은 특정 교단들의 입장이 각각 '발췌'되어 짜깁기되어 있다. 결국 이 기술은 증산계 모두를 포용하지 못하고 있으며, 심지어 증산계 어느 교단 하나조차도 만족시키지 못하고 있다.

2-2.『한국종교의 의식과 예절』: 의례와 수행에 사용되는 주문을 잘못 기술

다음으로 문화체육부 명의로 발간된『한국종교의 의식과 예절』(1996)을 살펴보자. 여기에 나타난 증산계 일괄기술 역시 위에서 제시

림원, 1994), pp.1479-1557;『한국 신종교 조사연구 보고서』, pp.145-152; 김홍철·류병덕·양은용,『한국 신종교 실태조사 보고서』(익산: 원광대학교 종교문제연구소, 1997), pp.154-284; 차선근,「대순진리회 상제관 연구 서설(Ⅱ)」,『대순사상논총』23 (2014), pp.254-255.

24 각 교단이 내세우는 창교 연대의 기준은 교조의 최초 신비경험, 교단 건물 건설, 최초 포교 등 다양하다. 이에 대한 자세한 고증은 이 글의 범위 밖이므로 생략하고, 여기에서는『한국 신종교 실태조사보고서』에 명기된 창교 연대를 그대로 인용하였다.

25 무극도의 교단 변천 과정에 대해서는 차선근,「대순진리회의 변천 과정과 무극 태극의 관계」,『상생의 길』4 (2016), pp.8-48 참조.

26 범증산교연구원,『월간 천지공사』31 (예산: 범증산교연구원, 1991), p.9.

27 범증산교연구원,『월간 천지공사』49 (예산: 범증산교연구원, 1993), p.35.

한 문제점을 모두 갖고 있다.[28] 더구나 이 자료에는 증산계의 의례와 수행에 대한 일괄기술에까지 문제점이 더 발견된다. 그것은 증산계의 의례와 수행에 사용하는 것이라고 하면서 다음과 같이 12종의 주문을 소개한 것이다.[29]

《부기(附記)》 증산교의 呪文들

ⓐ 봉축주(奉祝呪): 무극신 대도덕 봉천명 봉신고 도문소자 소원성취케 하옵소서

ⓑ 태을주(太乙呪): 훔치훔치 태을천상원군 흠리치야도래 흠리함리 사바아

ⓒ 기도주(祈禱呪): 시천주조화정 영세불망만사지 지기금지원위대강

ⓓ 진법주(眞法呪): …

ⓔ 칠성주(七星呪): …

ⓕ 운장주(雲長呪): …

ⓖ 이십팔숙주(二十八宿呪): …

ⓗ 이십사절주(二十四節呪): …

ⓘ 도통주(道通呪): …

ⓙ 신장주(神將呪): …

ⓚ 해마주(解魔呪): …

ⓛ 신성주(神聖呪): 신성대제 태을현수 어아강설 범어영극. 이상의 주문은 청우일신회에서 사용하는 대표적인 주문을 옮겨놓은 것이다.

---

28 문화체육부, 『한국종교의 의식과 예절』(서울: 화산문화, 1996), pp.421-422, p.428.
29 같은 책, pp.434-436.

여기에는 봉축주의 '봉천명 봉신교'를 '봉천명 봉신고'라 하는 등 몇몇 오자가 보인다.[30] 필자가 문제 삼고 싶은 것은 이런 오자가 아니라, '증산교의 주문들'이라 하여 마치 증산계 교단 전체가 사용하는 주문인 듯한 뉘앙스의 제목을 달았지만, 실제로 내용은 청우일신회라는 하나의 증산계 교단에서 사용되는 주문에 그치고 있다는 사실이다. 청우일신회는 1980년대 대순진리회에서 분파되어 나온 교단으로, 그 주문은 대순진리회의 그것과 유사한 것으로 보인다. 『한국종교의 의식과 예절』은 청우일신회라는 하나의 사례라는 점을 분명히 밝혔지만, '증산교의 주문들' 항목에 더 이상의 별도 언급을 생략함으로써 증산계 교단들이 사용하는 주문은 청우일신회의 그것과 대동소이하다는 오해를 주고 있다.

다음 <표 9-2>는 증산계 교단들 가운데 몇몇 교단들이 사용하는 주문들을 모아본 것이다.

여기에서 알 수 있듯이, 증산계에서 수행 또는 의례에 사용하는 주문들은 교단별로 다르다. 증산계의 의례와 수행에서 주문이 차지하는 비중이 절대적이라는 주지된 사실을 고려한다면, 여러 증산계 교단들의 다양한 주문 사용 실태에 대해 간략하게라도 언급을 하는 게 더 나았을 것이다.

---

30 태을주의 '흠리치야도래 흠리함리사바아'는 '훔리치야도래 훔리함리사바아', 진법주의 '석가여래'는 '서가여래', 칠성주의 '원황전기'는 '원황정기', 이십사절주의 '방현4령'은 '방현령', '장곤근'은 '장공근'이 각각 바른 표기이다.

교단	창교자 (창교연대)	교단에서 사용하는 주문들
선도교(태을교)	고판례(1911)	24절후주, 태을주, 시천주주(侍天主呪), 진액주, 칠성경, 관성주, 지신주(地神呪), 서전서문, 대학우경장, 주역서문, 64괘명, 진법주, 개벽주, 해인주, 갱생주
태을교	박공우(1914)	기도주, 개벽주, 진액주, 운장주, 진법주, 신성주, 칠성경, 태을주, 도통주, 절후주, 갱생주, 우보주, 서전서문, 28수 28장, 명령훔주(命令吽呪)
무극도 (후에 태극도, 대순진리회로 교명 변경됨)	조정산(1918)	봉축주, 태을주, 기도주, 진법주, 칠성주, 운장주, 이십팔수주, 이십사절주, 도통주, 신장주, 해마주, 신성주 ※ 이 주문이 무극도 창설 당시부터 사용된 것은 아니다. 무극도 시절에는 심경도통주, 원대주, 관음주, 복마주, 음양경, 운합주, 옥추통, 태극경, 명이주, 오방주, 오장주, 구령삼정주, 예고주 등도 썼다고 한다. 현재의 주문 체계는 1950년대 중후반에 확정된 것으로 생각된다.
증산교본부	이상호(1928)	갱생주, 오주, 태을주, 절후주, 신성주, 관운장주, 진법주, 개벽주, 칠성경
보화교	김환옥(1930)	시천주, 태을주, 칠성주, 삼화주, 대강령단편주, 운장주, 개벽주, 영통주, 오행주, 환생주, 의통주, 정기주
태인미륵불교	정인표(1934)	대장전 조석기도 주문, 수덕전 조석기도 주문, 칠성전 조석기도 주문, 명부전 조석기도 주문, 복록전 조석기도 주문, 남자 입도 주문, 여자 입도 주문, 영생법 주문, 길성 주문, 자심각통 주문, 정신영생 주문, 보신득력 주문, 득체화신 주문, 명심지각 주문, 수신 주문, 천지진악 주문, 음양이기 주문 등
단군성주교	강승태(1936)	태을주, 해원주, 칠성주, 개벽주, 운장주, 절후주, 진법주
증산법종교본부	강순임(1937)	태을주, 삼천주, 오주, 도통주, 진주주(眞主呪), 준제주, 자씨주, 진법주, 운장주, 기도주, 관음주, 해마주, 음양경, 운합주, 옥추통주, 개벽주, 태극주, 24절, 24장, 28수, 28장, 칠성경, 현무경
모악교	여원월(1937)	기도주, 태을주, 통심주, 갱생주, 천심주, 도통주, 개벽주, 인선주, 대강령주, 소강령주, 대학주, 접신주, 대발문주, 비막주, 화제주, 관운장주, 비보신장주, 오주, 진법주, 육정주, 육갑주, 통로주, 개벽주, 칠성주, 24절후주, 24절후신장주, 28수주, 28수신장주 등
무을교	김계주(1942)	현무경, 천운경, 천지진액주, 태을주, 대차력주, 개벽주, 진법주, 이십팔수주, 절후문, 칠성경, 오주, 무성주, 신천지해원주, 공명은자주, 심견광개주, 무신주, 일심주 등
동도교법종금강도 ※ 단군성주교에서 분파	김승례(1962)	구세주, 강신주, 부신주, 솔관심주, 태을주, 강령주, 신장주, 성칠성주, 사왕주, 해원주, 대신력주, 구령주, 신법주, 신력주, 기발주, 진허령주, 산왕신장주, 결실주, 기통주, 육합주, 개안주, 선령주, 단식주, 천도주, 수명주, 천통주, 생기주 등 77가지가 있음.
청도대향원	김삼일(1964)	도덕주, 오주, 관음주, 태을주, 도통주, 도령주, 진주주(眞珠呪), 준제주, 칠성경, 태극주, 옥추통, 운합주, 진법주, 기도주, 음양경, 운장주 등
증산진법회	배용덕(1973)	천문주, 채면주, 시천주, 오주, 신성대제주, 운장주, 태을주, 절후주, 28수주, 갱생주
증산도	안세찬(1974)	태을주, 오주, 절후주, 운장주, 갱생주, 칠성경, 진법주, 개벽주

31 홍범초, 『범증산교사』, p.55, p.225, pp.499-500, p.550, p.571, p.578, pp. 604-615, p.691, p.722, pp.759-762, p.786, pp.845-846; 증산도 홈페이지 (http://www.jsd.or.kr, 접근일 2013년) 참조.

또한 증산계 교단에서 사용되는 주문들의 명칭이 같고 그 내용이 유사하다고 하더라도, 그 세부적인 부분에서는 다른 경우도 간혹 있다는 사실 역시 밝혀두어야 한다. 이를테면 증산계 몇몇 교단에서 사용하는 진법주(眞法呪)는 다음 <표 9-3>과 같이 조금씩 그 내용에 차이가 있다.

<표 9-3> 증산계 몇몇 교단들이 사용하는 진법주(眞法呪)[32]

선도교	九天下鑑之位 玉皇上帝下鑑之位 釋迦如來下鑑之位 冥府十王應感之位 五嶽山王應感之位 四海龍王應感之位 四時土王應感之位 直先祖下鑑之位 外先祖應感之位 妻先祖應感之位 妻外先祖應感之位 七星使者來待之位 右直使者來待之位 左直使者來待之位 冥府使者來待之位 天藏吉方하야 以賜眞人하나니 勿秘昭示하사 所願成就 하옵소셔
대순진리회	九天應元雷聲普化天尊姜聖上帝下鑑之位 趙聖玉皇上帝下鑑之位 釋迦如來下鑑之位 冥府十王應感之位 五嶽山王應感之位 四海龍王應感之位 四時土王應感之位 關聖帝君應感之位 七星大帝應感之位 直先祖下鑑之位 外先祖 應感之位 七星使者來待之位 右直使者來待之位 左直使者來待之位 冥府使者來待之位 天藏吉方하야 以賜眞人하시나니 勿秘昭示하사 所願成就케 하옵소서
증산교본부	九天下鑑之位 統天上帝下鑑之位 衆宗祖聖下鑑之位 冥府十王應感之位 五嶽山王應感之位 四海龍王應感之位 四時土王應感之位 直先祖下鑑之位 外先祖應感之位 妻先祖應感之位 妻外先祖應感之位 七星使者來待之位 左側使者來待之位 右側使者來待之位 冥府使者來待之位 天藏吉方하야 以賜眞人하나니 勿秘昭示하사 所願成就케 하옵소서
보화교	九天上帝下鑑之位 玉皇上帝下鑑之位 釋迦如來下鑑之位 直先祖下鑑之位 外先祖應感之位 妻先祖應感之位 妻外先祖應感之位 四時土王應感之位 四海龍王應感之位 五嶽山王應感之位 冥府十王應感之位 七星使者來待之位 左直使者來待之位 右直使者來待之位 冥府使者來待之位
증산도	九天下鑑之位 甑山上帝下鑑之位 衆宗祖下鑑之位 冥府十王應感之位 五嶽山王應感之位 四海龍王應感之位 四時土王應感之位 直先祖下鑑之位 外先祖應感之位 妻先祖應感之位 妻外先祖應感之位 七星使者來待之位 左側使者來待之位 右側使者來待之位 冥府使者來待之位 天藏吉方하사 以賜眞人하시니 勿秘昭示하시고 所願成就케 하옵소서

32 고민환, 『선정원경』(필사본, 발행년도 미상), p.134; 대순진리회, 『주문』(서울: 대순진리회 수도부, 1972), pp.2-3; 증산교본부, 『증산교요령』(김제: 증산교본부, 1990), pp.16-17; 동도교 보화교회, 『대도진법』(김제: 동도교 보화교회 출판부, 필사본, 1967), pp.61-62; 증산도 홈페이지(http://www.jsd.or.kr, 접근일 2013년) 참조.

『한국 신종교 조사연구 보고서』와『한국종교의 의식과 예절』에 나타난 두 가지 일괄기술의 사례를 들었을 뿐이지만, 이 외에도『한국민족문화대백과사전』(1991)이나『한국종교문화사전』(1991),『한국신종교실태조사보고서』(1997) 등 단체 명의 저작물들,『한국신흥종교총람』등 개인 명의 저작물들에서도 이러한 오류들을 쉽게 확인할 수 있다.[33]

연구 목적을 위해 편의상 신종교들을 몇 개의 유형으로 분류하는 것은 필요한 일이다. 하지만 각 유형에 속하는 교단들 전부가 같은 모습을 한 것은 아니다. 이 교단들에 대한 일괄기술은 이러한 사실을 잘 고려해야만 한다. 오래전 브레데 크리스텐센(William Brede Kristensen, 1867~1953)의 "다른 종교의 이해가 신자들 자기의 생각 및 평가와 달랐을 때 우리는 이미 그들의 종교를 말하고 있는 것이 아니다. 그때 우리는 역사적 실재를 무시하고 오직 우리들의 말을 하는 것이다."[34]라는 지적을 상기한다면, 각 유형에 속하는 교단들의 개별 특성을 무시한 일괄기술은 공감적 이해에 바탕을 둔 연구 자세라 할 수 없을 것이다. 모두가 그러한 것은 아니지만, 대체로 기존의 증산계 일괄기술이 있

---

33 1990년대 이후의 연구 결과만 하더라도, 다음의 증산계 일괄기술들에 본문에서 지적한 문제점들이 나타난다.『한국민족문화대백과사전』21 (성남: 한국정신문화연구원, 1991), p.186;『한국종교문화사전』(서울: 집문당, 1991), pp. 599-600;『한국신종교실태조사보고서』, p.151;『한국신흥종교총람』, p.188; 노길명,「증산의 개벽사상과 한국의 미래」, 한국민족종교협의회(편),『민족종교의 개벽사상과 한국의 미래』(서울: 한국민족종교협의회, 2004), p.119, pp. 121-124; 김형기,『후천개벽사상연구』(파주: 한울, 2004), p.119; 장재진,『근대 동아시아의 종교다원주의와 유토피아』(부산: 산지니, 2011), p.77.

34 김승혜 등,『종교학의 이해』(경북: 분도출판사, 1986), p.154.

는 그대로의 실제 종교현상을 제대로 반영해내지 못하고 있으므로,
향후 이에 대한 교정과 개선이 필요해 보인다.

3. 증산계 교리에 대한 일괄기술 문제점

3-1. 증산계 교단들의 주요 교리와 해원, 상생, 해원상생

3-1-(1) 증산계 교단들의 교리들

증산계의 대표 사상이 해원상생이라는 것은 학계의 정설로 되어 있
는 듯하다. 이런 인식과 기술들은 대체로 『대순전경』이나 『전경』 등
특정 몇몇 교단의 경전[35] 기록에 그 근거를 두고 있다. 하지만 증산계
의 모든 교단이 해원상생을 자신의 주된 교리로 내세우고 있지는 않
다. 각 증산계 교단의 교리를 모아보면 다음 <표 9-4>와 같다.

이에 따르면, 조사 대상으로 삼은 22개 증산계 교단 가운데 '해원'
또는 '상생', '해원상생'을 교리로 명시하고 있는 교단은 모두 10곳이
다. 나머지 교단들 교리에서는 '해원'이나 '상생', '해원상생'이 발견
되지 않는다. 심지어 증산의 수종도(首從徒)로 알려진 김형렬이 세운

---

35 증산계 교단들이 사용하는 경전은 다양한데, 그 가운데 몇몇을 소개하면 다
   음과 같다. 선도교(『仙政圓經』), 보천교(『敎典』), 순천도(『玄武經』), 삼덕교(『生
   化正經』, 『大巡典經』), 동도법종금강도(『天地道聖論』), 증산교본부(『甑山天師公
   事記』, 『大巡典經』), 보화교(『新天經』, 『新地經』, 『新人經』), 미륵불교(『彌勒大道眞
   理明理大典』), 증산법종교본부(『大巡典經』, 『中和經』), 대순진리회(『典經』), 청
   도대향원(『甑山大道全經』, 『大巡典經』), 증산도(『道典』) 등. 범증산교연구원,
   『월간 천지공사』 25 (예산: 범증산교연구원, 1990), p.7 참조.

<표 9-4> 증산계 교단들의 주요 교리[36]

교단	창교자 (창교연대)	주요 교리	
선도교	고판례(1911)	수행요목: 明心見性, 破邪顯正, 棄忙就眞, 廢惡修善, 觀善懲惡, 耐怨害忍 安受苦忍 육화명심: 身和同住, 口和無諍, 意和無違, 見和同解, 戒和同遵, 利和同均	
보천교	차경석(1911)	1923년에 정한 교리	一心, <u>相生</u>, 去病, <u>解冤</u>
		1934년에 바꾼 교리	一理: 仁義 四綱: 敬天, 明德, 正倫, 愛人 主義: <u>相生</u>
안내성 선도	안내성(1913)	삼대종지: 侍奉天地人三神, 統卒仙佛儒三道, 一心誠敬信 팔조 신앙요목: 修道布德, 神人合德, 祛病<u>解冤</u>, 安心安身, 綱紀不亂, 救靈送死, 政治不犯, 産業勤務	
무극도 (후에 태극도, 대순진 리회로 교명 변경됨)	조정산(1918)	종지: 陰陽合德, 神人調化, <u>解冤相生</u>, 道通眞境 신조: 四綱領- 安心, 安身, 敬天, 修道, 三要諦- 誠, 敬, 信 목적: 無自欺 精神開闢, 地上神仙實現 人間改造, 地上天國建設 世界開闢	
순천도	장기준(1920)	玄武經 思想, 病劫, 醫通, 後天仙境	
삼덕교	허 욱(1920)	종지: <u>解冤</u>, 報恩, <u>相生</u> 강령: 尊祖愛親, 崇德廣業, 端本淸源	
미륵불교 (미륵불교법상종)	김형렬(1921)	새 마음 새 몸 가꾸는 수련법, 十善道	
증산교본부	이상호(1928)	교의: 천지공사 기본이념: <u>解冤</u>, 報恩, <u>相生</u>, 造化, 大全協同 강령: 濟生醫世, 化民靖世	
보화교	김환옥(1930)	교리: 守心正氣, <u>解冤相生</u> 강령: 奉天命 奉神敎에 의한 布德天下 廣濟蒼生 輔國安民	
인도교	채경대(1931)	삼계: 亂法亂道者·陰陽不正者·私僞敢行者 경계 오잠: 不隱惡·不避嫌·不宿怨·不飾非·不折氣 조심	
용화교 (대한불교용화종)	서백일(1931)	각행원만, 견성성불, 전법도생, 보국안민	
태인미륵불교	정인표(1934)	天地公事, 大仁大義, 知恩報恩, 誠心誠敬, 儒佛仙合一	

---

36 홍범초, 『범증산교사』; 범증산교연구원, 『월간 천지공사』 5 (예산: 범증산교연구원, 1989), pp.16-22, 『한국종교연감』 제2권; 『한국 신종교 조사 연구 보고서』; 『한국 신종교 실태 조사 보고서』 참조. 교리가 구체적으로 확인되지 않는 교단들과 멸실된 교단들, 특정 교단에서 분파되었지만 모태가 되는 교단의 교리에서 큰 변동이 없는 교단들은 제외하였다.

단군성주교	강승태(1936)	忠孝禪明不忘之道, 愛親敬長降師之德, 仁義禮智三綱五倫, 神人合發萬化定機, 布德天下救濟蒼生
증산법종교본부	강순임(1937)	삼합덕: 仙體, 佛心, 儒用 삼법리: **解冤**, **相生**, 報恩
모악교	여원월(1937)	사대본의: 崇天, 知恩, 敬祖, 人尊 오대강령: 1.취지: 上帝上觀 信仰相生 오대강령: 2.목적: 廣濟蒼生 孝德天下 오대강령: 3.실천: 敬天地人 愛物如己 오대강령: 4.主義: 心主爲仁 言主位德 오대강령: 5.希望: 道成德立 地上仙境
무을교	김계주(1942)	오덕목: 道, 德, 仁, 義, 禮 사대강령: 敬天, 明倫, 正德, 愛人
영세종주도	정대오(1964)	본지: 天地誠敬信하면서 재창조의 기본원리인 海印法理透得에 정진하여 광제창생의 念力으로 太平治世함 신조: 正心·正氣·正道·正覺·正行의 인간 완성
용화미륵불교 연구회	서승영(1965)	三遷革命
증산대도일화장 (금산사미륵불숭봉회)	정혜천(1967)	人尊正立, **相生**造化, **解冤**報恩, 廣濟蒼生, 弘益人間 실현
증산진법회	배용덕(1973)	**해원**이념, **상생**이념, 보은이념, 大全協同이념, 원시반본
증산도	안세찬(1974)	삼대사상: **解冤**, **相生**, 報恩 천지공사, 후천개벽, 원시반본
정도교	이정원(1982)	지상천국 건설, 正道

교단이나, 증산 화천 직후 종도들의 구심점 역할을 했던 고판례가 세운 교단조차도 해원이나 상생을 주요 교리로 채택하고 있지 않다. 설령 이들이 내부적으로 이런 교설을 가지고 있었다고 하더라도, 이들이 명문화하여 전한 교리 체계에 '해원', '상생', '해원상생'이 보이지 않는다는 것은, 이들이 이 개념들을 상대적으로 덜 중요하게 파악했다는 방증이다. <표 9-4>가 증산계 전체 교단을 정리한 것은 아니라 할지라도, 이는 다소 의외의 사실로 받아들여진다. 그렇다면 증산계의 대표적인 사상을 해원상생으로 인식하는 기존 학계의 관행에는 문제

가 있는 셈이다.

3-1-(2) 해원, 상생, 해원상생을 교리로 내세우는 교단들

증산계 안에는 많은 교단이 있지만, 몇몇 교단을 제외하면 대부분
은 규모 면에서 사회적 영향력이 미미하였다. 교세와 사회에 노출된
정도를 고려하면, 증산계에서 주목되는 교단들은 보천교, 무극도(현재
의 대순진리회), 증산교본부, 증산진법회, 증산도 정도를 꼽을 수 있다.
그리고 이들은 모두 '해원', '상생' 또는 '해원상생'을 교리 체계에 포
함하고 있고,『대순전경』이나『전경』,『도전』 등의 경전에서 그런 사
실을 강조하고 있다. 바로 이 점 때문에 증산계의 대표 사상이 해원상
생인 것으로 알려지게 된 것으로 생각된다.

이 교단들을 좀 더 들여다보자. 우선 보천교는 시기적으로 '해원'과
'상생'을 가장 먼저 교리화한 교단이라는 점에서 주목된다. 보천교의
교주 차경석은 이상호로 하여금 1921년에 종지를 제정하게 하였는
데, 여기에 '우리 天師께서 대순의 성인으로 이 땅에 강세하사, 선천
의 수명이 다한 운수를 닫으시고 후천의 무궁한 운수를 여시니, 병이
사라지고 원이 풀려[祛病解冤] 하늘은 태평함을 얻고'라는 서술이 보인
다.[37] 증산계 교단들에서 '해원'이 교리로 명문화되어 나타난 것은 이
때가 처음이었다고 한다.[38] 보천교가 1923년에 발간한 잡지《보광(普
光)》 창간호의「선포문」에 따르면, 이 무렵 보천교는 신화(神化), 일심

---

37 "唯我天師 以大巡之聖으로 降于斯土하사 閉先天旣盡之數하고 開後天無窮
之運 하시니 祛病解冤에 天成之平하고" 이정립,『증산교사』(김제: 증산교본
부, 1977), pp.90-91.

38 김탁, 앞의 글, p.22; 정규훈,『한국의 신종교』(서울: 서광사, 2001), p.131.

(一心), 상생(相生), 거병(去病), 해원을 교의로 삼고 있었다.[39] 이후 보천교에서 증산계의 많은 교단이 파생되어 나갔음을 고려하면, 보천교의 이러한 교리는 그들에게도 일정한 영향을 주었으리라 짐작된다. 그러나 정작 보천교는 1934년에 신로(信路)를 유교식으로 변경하면서[40] 증산을 신앙의 대상에서 배제하고 '해원'을 교리 체계에서 삭제시켜버렸다. 따라서 증산의 대표 사상이 해원상생이라는 점을 사회에 알리는 데 있어 지속적인 영향력을 행사하지는 못하였다.

무극도(지금의 대순진리회)는 1925년에 종지를 제정하면서 '해원'과 '상생'을 결합한 종교언어인 '해원상생'을 최초로 사용한[41] 교단이라는 점에서 중요하다. 증산의 해원 이념이 상생 이념과 떨어질 수 없는 것임은 주지의 사실이다. 하지만 증산은 '해원상생'이라는 '단일한' 종교언어를 사용한 적이 없었다. 후세 사람들이 증산의 사상을 언급하면서 '해원상생'이라는 단순명료한 종교언어를 사용할 수 있게 된 것은 무극도의 창시자였던 조정산(趙鼎山, 1895~1958) 덕분이었다. 정산은 증산의 해원 이념과 상생 이념을 해원상생이라는 하나의 정형화된 종교언어로 정착시킨 최초의 인물이었다. 해원상생을 포함하는 무극도의 종지는, 무극도가 태극도를 거쳐 대순진리회로 그 외형을 변경시키는 동안에도 그대로 유지되었다. 대순진리회는 1980년대 이후

---

39 "天師긔압서斯世에大巡하샤天地의玄機를調正하시고神人의宿怨을和解하샤先天旣盡의數를閉하시고後天無窮의運을開하시니이것이天地公事이며宇宙의眞理를基礎로하샤神化,一心,相生,去病,解冤,後天仙境의敎義를弘宣하시니이것이萬化歸一이며…" 보천교 중앙본소, 《보광》 창간호 (정읍: 보천교 중앙본소, 1923), p.1.

40 안후상, 「보천교운동 연구」 (성균관대학교 석사학위 논문, 1992), pp.66-67.

41 『전경』, 교운 2장 31절.

증산계 가운데 가장 규모가 큰 교단으로 성장했고, 여러 학교와 병원을 건설하는 등 다른 증산계 교단에 비해 외부에 노출되는 일이 잦았다. 그 과정에서 그들의 교리 가운데 하나인 해원상생이 사회에 알려지게 되었고, 특히 1983년부터 시작된 교단 기관지 『대순회보』의 정기적 발행은 해원상생이라는 종교언어가 사회에 뿌리내리게 하는 데 일익을 담당하였던 것으로 보인다.

증산교본부는 팔파연합회(1926), 증산교단통정원(1949), 증산대도회(1955), 민족신앙총연맹(1960), 동도교(1961), 증산신도친목회(1971), 증산교단통일회(1971), 증산종단연합회(1974) 등을 주도하며 증산계 교단들의 교리를 통일하고자 꾸준히 노력했다.[42] 이 교단은 증산교단통정원 활동 당시부터 상대적으로 교리 체계가 허약했던 다른 교단들에게 단군·수운·증산을 신앙의 대상으로 삼는 삼단신앙(三段信仰)과 거병(祛病)·해원·보은·상생이라는 핵심 교의를 주입하고자 했다. 학술 활동을 활발하게 전개한 증산교본부의 홍범초 역시 1977년에 증산계 교단들의 교리 통일을 제안할 때, 그리고 1989년에 『증산교 첫걸음』을 발간할 때, 해원과 상생을 특히 강조함으로써[43] 증산사상의 중요 이념이 해원과 상생인 것으로 알려지게 하는 데 일조하였다.

증산진법회도 해원과 상생을 교리 체계에 포함하고 있다. 이 단체는 특별한 종교 활동을 전개하지는 않았지만, 1974년에 증산사상연구소를 창설하고 외부 학자들을 초빙하여 학술지인 『증산사상연구』

---

42 홍범초, 앞의 글 참조.
43 홍범초, 「증산종단 교리 통일에 관한 연구」, 『증산종단신도회 제5회 강좌』 (1977), pp.12-13; 홍범초, 『증산교 첫걸음』(서울: 한누리, 1989), pp.91-101 참조.

를 22차례 발간함으로써, 학계에 증산사상의 핵심이 해원과 상생에 있음을 알리는 데 상당한 역할을 담당하였다.

증산도의 교리 체계에도 해원과 상생이 있다. 특히 증산도는 일반 대중을 대상으로 교리 서적들을 출간하여 유통하고, 대학가 젊은 층을 중심으로 동아리 활동과 강연 행사를 지속했다는 점에서, 해원과 상생이 증산의 중요 사상임을 알리는 데 일정 부분 공헌했을 것으로 생각된다.

정리하자면, 증산계 교단의 절반 정도만이 해원, 상생, 해원상생을 교의로 삼고 있을 뿐이다. 하지만 이 교단들 가운데 보천교, 무극도(지금의 대순진리회), 증산교본부, 증산진법회(증산사상연구소), 증산도 등은 상대적으로 교세가 크거나 사회적 활동이 왕성했던 탓에, 증산계의 대표 사상은 해원과 상생, 또는 해원상생인 것으로 널리 알려지게 되었다.

분명히 교단 규모 등 전체적인 면에서 보면 '증산계의 대표 이념은 해원상생이다'라는 서술이 틀렸다고만 할 수는 없다. 하지만 증산계 교단 가운데 절반 정도는(비록 신도 숫자로는 얼마 안 되지만) 해원이나 상생을 교리로 채택하지 않고 있다는 사실 또한 지적되어야 한다. 비록 상대적으로 교세가 열세라 하더라도 해원상생을 교리로 채택하지 않았던 타 증산계 교단들의 고유성과 다양성을 묻어버려서는 안 되기 때문이다.

3-2. 증산계 교단들의 해원상생에 대한 이해

증산계 교단들의 절반 정도는(물론 신도 수로만 따지면 압도적으로 많다) 해

원상생을 주된 교리로 삼고 있다. 그런데 해원상생을 내세우고 있는 (혹은 내세웠던) 교단들, 특히 보천교와 증산교본부, 증산교단통정원, 보화교, 대순진리회 사이에는, 그 사상에 대한 이해 방식에서 일정한 차이가 있다는 점이 눈에 띈다. 바로 그 차이에서 각 교단의 특징들을 좀 더 잘 읽어낼 수 있다.

3-2-(1) 보천교의 해원과 상생

'해원'과 '상생' 이념을 가장 먼저 표방했던 보천교는 그 사상을 어떻게 설명하고 있었는지 살펴보자. 《보광》 창간호(1923)의 「선포문」에는 다음과 같은 내용이 보인다.

> 先天開闢以來 吾人類社會에는 … 暗黑과 罪惡으로 塡充하고 病과 冤이 六合에 瀰蔓하얏도다 …
> 天師긔압서 斯世에 大巡하샤 天地의 玄機를 調正하시고 神人의 宿怨을 和解하샤 先天旣盡의 數를 閉하시고 後天無窮의 運을 開하시니 이것이 天地公事이며 宇宙의 眞理를 基礎로 하샤 神化, 一心, 相生, 去病, 解冤, 後天仙境의 敎義를 弘宣하시니며…. [44]

여기에 증산의 우주적 차원의 해원과 상생, 즉 선천에는 우주의 구조적 문제로 인해 원한이 발생했고 후천에는 이를 해소할 것이라는 내용이 소개되어 있다. 또 「답객난(答客難)」에서는 해원과 상생을 인간

---

44 《보광》 창간호, 「宣布文」.

의 도덕 윤리 차원으로 설명하고 있다.

> 客 相生이란 무삼뜻오닛가?
> 答 相生이라함은 自然의法則, 生存의 原理로부터 생긴 本能的衝動
> 이외다 天地萬物이 相生에依하야生成하고 存在하는것이외다
> 相生이란 實로 宇宙萬有의元氣오 生物進化의要素임니다 …
> 客 解冤은?
> 答 冤이라함은 貧者弱者가 社會에對한不平과 坐는 生老病死와갓흔
> 不可避의苦惱를일음이외다 이것을푸는 것이 곳解冤이외다 그푸
> 는方法은 前者에는 去病相生이면그만이오 後者에는 스사로 懺
> 悔함이외다.[45]

이처럼 보천교는 상생을 자연의 법칙이자 생존 원리에서 나오는 본
능적인 행동이며 서로 사랑하고 돕는 것이라 하고, 원(冤)을 사회적 차
원에서 나오는 불평과 개인적 차원에서 나오는 번뇌로 규정하면서,
불평은 상생으로 번뇌는 참회로 푸는 것을 해원으로 말하고 있다.

보천교의 상생과 해원에 대한 설명은 선천과 후천이라는 개념을
이용한 우주적 차원에서 이루어지고 있고, 또한 살아있는 인간들의
윤리 도덕적 차원에서도 시도되고 있다. 그러므로 이 설명은 억울하
게 죽은 원혼을 위무하는 씻김굿·진오귀굿, 천도재, 여제(厲祭), 엄격
매자(掩骼埋胔) 등의 전통 해원 이념과는 다른 것이었다. 전술했듯이 보

---

45 《보광》 창간호, pp.30-31.

천교는 1934년 이후로 해원과 상생 이념을 교리 체계에서 삭제해 버렸기 때문에, 이러한 사상을 사회에 계속 알려지게 하는 데는 한계가 있었다.

보천교에서 해원, 상생 교리 정립을 처음 주도한 인물은 이상호였다. 그는 차경석과 뜻이 맞지 않아 보천교에서 탈퇴하였다가 1926년에 『증산천사공사기』를 발간하고 1928년에 동화교(후에 증산교본부)를 세운 뒤 1929년에 『대순전경』 초판을 펴냈는데, 후에 보천교가 해원 교리를 배제하였을 때도 이상호는 해원과 상생 이념을 그대로 유지하였다.[46]

3-2-(2) 증산교단통정원과 증산교본부의 해원과 상생

일제강점기가 끝나면 해원과 상생 이념에 접근하는 방식에서 뚜렷한 변화가 감지된다. 1949년 2월, 증산계 17개 종파가 서울에 모여 증산교단통정원(甑山敎團統正院)을 만들고 교리를 하나로 통일시키려고 시도하는데,[47] 이 단체의 대표는 통교(統敎)인 류동열이었고, 부통교는 이상호와 김환옥이었다. 류동열(柳東說, 1879~?)은 종교 지도자라기보다는, 삼일운동 후 대한민국 임시정부의 참모총장을 지내는 등 독립운동으로 많은 공을 세웠고, 해방 후에는 초대 통위부장(統衛部長)을 지

---

46 해방 직후 이상호의 동생인 이정립은 『대순철학』에서, 허영과 야망의 범람으로 원한이 생기니 이를 경계하는 것이 해원의 내적 의의이며, 자기를 희생하여 타인의 성취를 협조하는 것이 해원의 외적 의의라고 하였다. 이로 보면, 증산교본부에서 해원과 상생 이념은 줄곧 유지되고 있었다고 할 수 있다. 이정립, 『대순철학』, pp.174-175 참조.

47 이정립, 『증산교사』, pp.339-341.

내면서 국군 창설에 앞장서는 등 사회적 영향력이 큰 인물이었기에 통교로 추대되었다. 따라서 실제적인 종교 활동은 교단 지도자인 부통교들에 의해 주도되었다. 특히 핵심적인 역할을 담당하였던 사람은 증산교본부의 이상호와 이정립이었다. 이때 증산교단통정원이 발표된 「증산교단 선언」 가운데 해원과 상생에 대한 부분은 다음과 같다.

'해원'은 '홍익인간'의 소극면(消極面)인 신도(神道), 무도사상(巫道思想)의 중핵이념, 즉 '푸념', '푸닥거리'의 발전적 종합개념이니, 선생께서는 그 신도적 의의로써 만고역신 원신(冤神)의 원한을 해소하시고 그 인간적 의의로써 협동연쇄관계에서의 자연발생적 모순인 모든 '척'의 해소와 개성발전상 무한욕구로부터의 원한을 자율자제로 방지할 것을 명하신 것이다. … '상생'은 '홍익인간'의 적극면의 타일단(他一端)인 '계음(禊飮)', '서치(序齒)', '풍류(風流)', '화랑(花郞)' 등 사상의 중핵이념에 자(慈), 인(仁), 양(讓), 애(愛) 일체 도덕적 기본사상을 섭취순화한 발전적 종합이념이니, 선생께서는 그 신도적 의의로써 각 지방신, 문명신, 역신(逆神), 원신(冤神) 등 일체신명을 화협집결하여 대통일신단을 결성하시고 그 인간적 의의로써 협동연쇄관계에서의 희생, 봉공, 이타의 협동도덕정신을 함양케하신 것이다.[48]

이에 따르면, 증산의 해원은 '푸념, 푸닥거리의 발전적 종합개념'이라고 하여 무속의 관점에서, 또 증산의 상생은 '홍익인간의 발전적

---

48 같은 책, pp.342-349.

종합이념'이라고 하여 단군·화랑 등 한국 전통문화의 관점에서 설명되고 있다.

이것은 당시 증산교단통정원이 규정한 삼단신앙 때문이었다.[49] 삼단신앙에 따르면, 증산은 단군과 수운을 계승한 존재다. 따라서 그의 사상 역시 그들의 사상을 발전시킨 것으로 설정되어야 하니, 이를테면 증산의 천지공사조차 단군의 홍익인간·재세이화를 계승한 것이어야 한다.[50] 이런 배경에서 증산교단통정원은 증산의 해원과 상생 이념을 각각 무속과 단군의 관점에서 접근했던 것이었다.

증산교단통정원의 입장은 이 모임에 참여한 17개 교단[51]들을 비롯한 몇몇 증산계 교단들의 교의 체계에 일정한 영향을 주었다. 하지만 모든 교단이 이 입장을 받아들인 것은 아니었다. 물론 이를 주도한 증산교본부는 지금까지도 이 노선을 고수하고 있다.[52]

증산교본부가 주동한 증산교단통정원의 해원과 상생 이념 이해 방식, 즉 증산의 독창성을 덜 강조하고 한국 전통문화와 강력한 접붙이기를 시도했던 것에는, 대중들이 증산의 사상을 이질적이지 않은 것

---

49 그때 규정된 증산교단 규약 제2조는 다음과 같다. "본 교단은 동도(東道)를 신앙하는 각 분파교단을 통일정리하여 단군시조, 수운선생, 증산선생의 삼단신앙체계 하에 거병해원보은상생(祛病解冤報恩相生)의 교의홍선(敎義弘宣)을 목적함." 같은 책, p.353.

50 "증산선생께서 … 「홍익(弘益), 이화(理化)」의 발전적 종합개념인 중계적(中繼的) 천지공사의 사상체계를 수립하사…." 같은 책, p.347.

51 17개 교단들 가운데 증산교본부와 보화교가 있었던 것은 알려져 있지만, 나머지 교단들에 대해서는 기록이 없어 확인할 수 없다. 홍범초, 「증산종단의 초교파운동」, p.389 참조; 당시 유력한 교단 가운데 하나였던 무극도(태극도)는 이 모임에 참가하지 않았다.

52 증산교본부의 교의 체계에는 증산교단통정원의 「증산교단 선언」이 그대로 등재되어 있다. 『증산교요령』, pp.37-46.

이라고 느끼게 해주는 장점이 분명히 있었다. 반면 일정한 폐해도 가져왔다. 그것은 증산의 해원과 상생 이념이 무속의 해원이나 단군의 홍익인간 이념과 관련이 있다고 하더라도, 그 내용에서 일정한 차이가 있다는 점을 놓칠 우려가 커지게 되었다는 점이다.

증산은 기존의 해원 이념을 초역사적 관점, 즉 우주의 구조 및 운행과 연관된 거대 담론의 영역으로 끌어들였다. 따라서 그의 해원 이념은 해원의 대상과 시간적·공간적 영역이 확대되어 있다는 점, 지상선경이라는 종교적 이상세계를 추구한다는 점, 도덕 실천·상생·보은이념과 결탁하였다는 점에서 기존의 그것에 비해 그 내용과 범주가 더크고 넓다.[53] 하지만 증산교단통정원의 접근방식은 이러한 이해에 도달하게 하는 데 장애가 될 수도 있다. 예를 들면, 1990년대 이후 해원상생 이념을 도입한 해원상생굿이 한국 사회에 퍼져나가면서 점차 무속은 해원상생을 받아들여 자기 것으로 내면화하여 갔는데, 이후 나타난 무속 담론은 해원상생사상이 증산 이전에 무속에 이미 있었다는것이었다. 물론 학술적 관점에서 이는 사실이 아니다. 해원상생굿의해원상생 이념은 무속 본래의 해원 이념보다 확장된 형태이기는 하지만 증산의 해원상생사상에 비해서는 그 폭이 좁기 때문이다.[54] 그러나

---

53 김열규, 「원한의식과 원령신앙」, 『증산사상연구』 5 (1979), p.19; 최준식, 「왕중양과 강증산의 삼교합일주의」, 『종교연구』 5 (1989), p.65; 최준식, 「증산의 가르침에 나타나는 혼합주의의 구조」, 『종교·신학연구』 2 (1989), p.39, pp. 43-44; 노길명, 『한국신흥종교연구』 (서울: 경세원, 2003), pp.56-59; 차선근, 「중국 초기 민간도교의 해원결과 대순진리회의 해원상생 비교연구」, 『종교연구』 65 (2011), p.100; 차선근, 「강증산의 대외 인식」, 『동ASIA종교문화연구』 2 (2010); 차선근, 「현대사회와 무속의례-해원상생굿의 출현과 그 의미를 중심으로」, 『종교연구』 72 (2013), pp.168-169 참조.

증산교단통정원 이후부터 제기된 해원과 상생 이념에 대한 이해 방식
은, 무속이 해원상생을 원래 자기의 부속물로 여기게 하는 데 대한 반
론을 약화한다.

정리하자면, 1934년 이전의 보천교 그리고 증산교본부는 해원상
생사상의 독자성을 강조하는 입장이었다. 1934년 이후 보천교는 해
원 교리를 포기하였고, 증산교본부는 일제강점기 이후 증산교단통정
원 활동을 주도하면서 무속과 단군이라는 한국 전통문화와의 연계성
을 강조하며 해원과 상생 이념에 접근하는 방식으로 그 방향을 선회
하였다. 그리고 그 접근방식의 근저에는 삼단신앙이 있었다.

보천교와 증산교본부에서의 해원, 상생 교리 등장과 그에 대한 해
석의 흐름을 살핌으로써 읽어낼 수 있는 것은 무엇인가? 먼저 보천교
의 경우에는 증산 특유의 색채를 탈각시키는 방향으로 교단의 모습이
변모해나갔다는 사실을 재차 확인할 수 있다. 차경석은 증산을 신앙
의 대상에서 제외하고 신앙과 교의를 유교식으로 변경하면서 '증산
대성의 신권(神權)을 믿고 그 권화(權化)에 의하여 신통묘술(神通妙術)이
나올 것을 믿지 말고 인의(仁義)의 대도(大道)를 준수하는 것이 옳다'고
선언하자, 기절하거나 할복하는 사람들이 나올 정도로 보천교 신자
들은 큰 충격을 받았다. 이로써 보천교를 떠나 새로운 교파를 창립하
는 사람들이 속출하였다. 물론, 이에 대해 차경석이 증산에 대한 신앙
을 완전히 포기한 것은 아니었다는 해석이 있다.[55] 그렇지만 해원 교

---

54 차선근, 「현대사회와 무속의례 – 해원상생굿의 출현과 그 의미를 중심으로」
　　참조.
55 홍범초, 『범증산교사』, pp.130-133; 안후상, 앞의 글, pp.66-67.

리의 배제, 즉 차경석이 천지공사의 기본원리가 되는 해원 이념을 삭제하였다는 점은 그가 증산 특유의 사상을 사실상 포기했다는 것을 의미하기에 충분했고, 따라서 보천교에는 증산 특유의 색채가 탈각될 수밖에 없었다.

증산교본부의 경우를 보자. 이 교단은 해방 직후인 1945년 10월 23일 서울 마포에서 대법사(大法社)를 창립하여 종교 활동을 재개하였는데, 그때 선포된 강령에는 새로운 민족 이상을 수립하고, 새로운 민족문화를 건설하자는 것이 포함되어 있었다.[56] 이런 맥락에서 증산교본부의 해원과 상생 이념에 대한 이해 방식의 변경은, 일제강점기 이후 한국 민족문화를 강조하는 방향으로 교단의 정체성을 세워나간다는 그들의 선언이 어떻게 실천으로 옮겨졌는지 확인시켜주는 것임을 알 수 있다. 다시 말해서, 증산교본부는 해방 이후 교리 해설 방향을 전통문화와의 연계를 강조하는 쪽으로 전개했으니, 해원과 상생에 대한 설명 방식의 변화는 바로 그것을 나타내는 것이었다. 무속이나 단군과의 접점을 강조하는 이러한 전략 변화는 해방 직후 혼란한 시대의 민족 정체성 담론, 대종교와의 관련성, 포교의 일환 등 여러 각도에서 논의해야 할 것이나 본 고의 목적과 범위에서 벗어나므로 생략한다.

3-2-(3) 보화교의 해원상생

증산의 해원과 상생 이념에 대한 이해 방식에서, 거론할 필요가 있

---

56 대법사 창설 당시 선포된 강령은 다음과 같다. 一.새로운 民族理想을 수립할 것, 二.새로운 民族文化를 건설할 것, 三.새로운 국민도덕을 건설할 것, 四.새로운 생활규범을 제정할 것. 이정립, 『증산교사』, pp.318-323.

는 또 다른 증산계 교단은 보화교(普化敎)다. 증산계 교단에서 정산으로부터 비롯된 교단들을 제외했을 때 '해원'이나 '상생'이 아닌 하나의 독립된 종교언어인 '해원상생'을 교리로 사용하고 있는 곳으로 현재 명맥이 유지되고 있는 교단은 보화교가 거의 유일하다.[57]

이 교단을 창립한 사람은 증산교단통정원의 또 다른 부통교인 김환옥(金煥玉, 1896~1954)이었다. 그는 26세이던 1921년에 보천교에 입교하여 십이임(十二任)[58]의 자리까지 올랐다가 1929년에 탈퇴하고 1930년 봄에 신비 체험을 한 뒤 독자적인 종교 활동을 시작하였다. 해방이 되자 그해 10월, 정읍 백암리에 교당을 지어 무극대도(無極大道)를 창설하고 증산교단통정원에 가입하여 부통교의 자리까지 올랐으며, 1952년에 신태인으로 본부를 옮겼다가 1953년에는 보화교로 교명을 바꾸었고 다음 해에 세상을 떠났다. 김환옥의 뒤를 이은 사람은 부인 남정선(南井仙)이다. 그는 1956년에 김제 쌍용리로 보화교 본부를 옮겼고 1957년에 사망하였다. 그 후 김명환(金明煥)이 '해도(海圖)'라는 독창적인 그림을 들고나와 자신만의 교설을 펼치더니, 1959년에 수십 명의 교인을 선동하여 본부에 있던 사람들을 몰아내고 자신이 김환옥의 뒤를 이었다고 주장하며 교권을 장악한 채 오늘에 이르고 있다.[59]

---

57 증산도에서 간행한 『도전』에는 1929년에 고수부가 '도통천지 해원상생'이라는 글귀를 읽게 했다는 기록이 보이지만, 이것은 고수부가 해원상생을 교리로 채택한 것을 말해주지는 않는다. 증산도 도전편찬위원회, 『도전』(서울: 대원출판사, 1996), p.1009.

58 보천교의 간부는 방주 60명, 대리 60명, 육임 360명, 십이임 4,320명, 팔임 34,560명, 십오임 518,400명으로 총 55만 7,760명으로 알려져 있다. 홍범초, 『범증산교사』, p.87 참조.

59 같은 책, pp.556-559; 『한국 신종교 실태 조사 보고서』, pp.186-187.

보화교 본부에서 발행한『보화교와 신앙체계』는 1957년 1월 20일에 제정해서 1968년 7월 3일에 개정한 필사본인데,[60] 거기에 실린 간명한 교리 체계는 다음과 같다.

三. 敎理
守心正氣 解冤相生[61]

보화교가 '해원상생'을 최제우의 '수심정기(守心正氣)'와 짝을 이루는 것으로 설정하고 있는 것은 보화교의 신앙체계 때문이었다. 김환옥이 증산교단통정원의 부통교였던 만큼, 보화교는 증산교단통정원의 통일 교리 체계와 밀접한 관계가 있다. 보화교의 신앙은 삼단신앙에 기반을 두면서도 약간의 변형을 가한 것이었다. 보화교의 주장에 따르면 단군이 조물주이며, 이 조물주가 하늘에 있다가 최제우의 몸에 응기하였고, 다시 증산에게 응기하였으며, 마지막으로 김환옥에게 응기하였다고 한다.[62] 보화교가 교리를 제정할 때 최제우의 수심정기와 증산의 해원상생을 동격으로 두고 서로 짝을 맞춘 것은 이러한 배경에서 이해될 수 있다. 다시 말해서 보화교의 이러한 입장은 증산교단통정원의 삼단신앙을 변용하고 재해석한 결과로 나타난 것이다.

그리하여 보화교는 다음과 같이 '해원상생'을 '수심정기'의 짝패로 설명한다.

---

60 홍범초,『범증산교사』, p.565.
61 보화교 본부,『보화교와 신앙체계』(김제: 보화교 본부, 필사본, 1957), p.1.
62 같은 책, pp.2-3;『한국민족종교총람』, p.534

실천적인 의미에서 상생이 아무리 훌륭하여도 無智라는 존재가 있으면 상생이 상생으로써의 本價를 失할 염려가 없지않음으로 智慧를 필요로 하였고 능력을 필요로 하였다.

여기에 해원상생이 디디고 설 바탕은 守心正氣라는 絶對理氣의 극치 상태를 제외하고는 있을 수 없음을 깨칠 것이고, 수심정기 이후에 오는 사회는 또한 해원상생 이외의 것이 올 수 없음도 짐작하겠다.

이 쌍벽을 이루운 두 어구는 兩輪的이며 兩翼狀이니 분리할 수 없는 바인데, 水雲甑山 두 어른을 마치 胡越視하는 경향에는 실로 慨嘆을 禁할 수 없고….[63]

원래 동학에서 수심정기는 한울님을 극진히 공경하고 강령을 체험하여 한울님을 내재화(內在化)하자는 개인 실천 수양론의 영역에 속하는 것이다.[64] 이것이 해원상생과 어떻게 짝이 될 수 있는지는 자세한 설명이 없어 알 수 없다. 다만 확실한 것은 보화교가 자신들의 신앙에 입각하여 증산의 해원상생을 동학의 관점에서 접근하고 있다는 점이다.

이로써 증산계 가운데 보화교는 동학과의 연대성이 뚜렷한 교단이라는 사실을 읽어낼 수 있다. 대체로 증산계 교단들은 증산이 원래 수운에게 계시를 내렸던 인물임을 강조하고, 증산사상이 참동학이라고 하여 동학사상보다 우월한 것으로 본다고 알려져 있으나, 보화교는 이러한 입장에 동조하지 않는 증산계 교단이라는 말이다.

---

63 동도교 보화교회, 《보화》 창간호 (김제: 동도교 보화교회본부, 1965), p.61.
64 김용휘, 「동학에 나타난 도교적 제요소 검토」, 『도교문화연구』 24 (2006); 최종성, 「동학의 신학과 인간학」, 『종교연구』 44 (2006); 이성전, 「동학의 수심정기에 대한 일고찰」, 『도교문화연구』 27 (2007) 참조.

3-2-(4) 대순진리회의 해원상생

마지막으로 증산계 교단들 가운데 가장 규모가 큰 대순진리회(무극도, 태극도)의 해원상생을 살펴본다.

대순진리회의 해원상생에 대한 설명은 기본적으로 우주론적 측면과 실천 수양론적 측면으로 나뉠 수 있다. 우주론적 측면의 해원상생은 증산이 시행한 천지공사의 결과로 인해 만고로부터 내려온 모든 원이 풀리고 상생의 후천이 이룩되어 나가는 천지와 신명계의 변화를 말하며, 실천 수양론적 측면의 해원상생은 인간 개개인이 묵은 원을 풀고 상생을 도모해야 한다는 수행의 대원칙을 말한다.[65] 이러한 설명 방식은 보천교와 해방 이전의 증산교본부로 이어지는 설명 방식과 크게 다르지 않다.

대순진리회의 해원상생에 대한 이해 특징은 증산의 독창성을 보다 강조하는 것에 있다. 이를테면 『대순진리회요람』은 '성사(聖師)께옵서는 신통자재(神通自在)로 구애(拘礙)됨이 없이 四十년간 유일무이(有一無二)한 진리(眞理)를 인세(人世)에 선포(宣布)하시고'라고 말하고 있다.[66] 즉 증산의 가르침은 절대적이며 유일무이한 것이라는 뜻이다. 이런 맥락에서 해원상생은 증산의 가르침을 축약한 종지 가운데 하나이기 때문에, 해원상생에 대한 접근은 증산의 독창성을 강조하는 방식이 채택된다. 대순진리회의 내부 담론에서 증산교단통정원의 무속이나 단군 이념 같은 한국 전통사상과의 접목을 강조하는 이해, 또는 보화

---

65 차선근, 「대순진리회의 역사와 교리」, 『동아시아 신종교의 흥기와 전파 그리고 현대사회』 ('한국 대순진리회와 대만 일관도의 종교대화 학술대회' 발표집, 2012.5.25), p.26.

66 대순진리회 교무부, 『대순진리회요람』 (서울: 대순진리회 교무부, 1969), p.8.

교의 동학사상을 강조하는 이해 방식을 찾아볼 수 없는 것은 이러한 배경 때문이다.

전술했듯이, 대순진리회는 무극도 시절 증산의 해원과 상생 이념을 하나로 묶어 '해원상생'이라는 단일한 종교언어로 만들어냄으로써, 증산의 해원과 상생을 '상생을 전제로 한 해원' 또는 '상생을 목표로 한 해원'으로 그 의미를 명확하게 드러낸 최초의 교단이라는 데에 일정한 의의가 있다. 이 교단은 과거 무극도 시절부터 해원상생사상에 대한 이해 방식을 증산의 독창성을 강조하는 것으로 줄곧 유지하고 있다.

4. 어떻게 개선해야 하는가?

이 글은 증산계 신앙 대상과 수행의 일괄기술에 나타난 몇몇 문제점들을 지적하였다. 그것은 구체적으로 증산의 대원사 공부에 대한 해석, 증산의 신격 명칭, 증산계 신앙의 대상, 증산계 수행과 의례에 핵심적인 역할을 담당하는 주문에 대한 것들이었다. 대체로 이 부분들에 대한 일괄기술에는 몇몇 교단들의 입장이 '각각' 발췌되어 반영되어 있었고, 그러다 보니 결국 이 기술들은 증산계 모두를 포용하지 못하고 있으며, 심지어 증산계 어느 교단 하나조차도 만족시키지 못한다는 문제점을 보이고 있었다.

아울러 증산계 교리의 일괄기술에 드러난 문제점도 살폈는데, 그것은 증산계의 대표 사상이 해원상생이라고 하지만 실제 그것을 교리로 채택하고 있는 교단은 절반 정도에 그친다는 사실, 또한 해원상생

에 대한 이해 방식에서 각 교단에 따라 무속·단군 이념 혹은 동학사상이라는 틀을 이용하는 경우와 독창성을 강조하는 경우로 나뉜다는 사실을 간과하고 있다는 것이었다.

물론 이 글은 증산계 일괄기술의 무용론(無用論)을 주장하려는 게 아니다. 일괄기술은 증산계에 대한 대략적인 이해의 방향성을 알려준다는 의미가 있으므로 필요하다. 다만 제시하고 싶은 것은 상기 문제점들을 교정·개선하자는 것이다. 그러기 위해서는 우선 개별 교단들의 고유성과 다양성을 인정하는 태도가 확립되어 있어야 하리라고 본다. 그리고 증산계 교단들의 공통점을 찾으려고 애쓰는 대신에 차이를 드러내려는 세밀한 관점을 유지하는 것이 필요하다. 현대종교학의 유력한 흐름을 고려하면, 이러한 주장이 억견(臆見, doxa)에 지나지 않는다고만은 할 수 없을 것이다.

필자는 이 원고를 준비하면서 한국 신종교사(新宗教史)의 정확한 기술과 정립을 위한 길은 여전히 멀다는 생각이 들었다. 아직 다양한 신종교 교단들에 대한 축적된 개별 연구들이 부족한 실정에서, 더구나 1990년 중반 이후 더 이상의 신종교 교단들에 대한 현황 조사가 없는 상황에서 신종교 각 교단의 유사점과 차이점을 추출하려는 작업은 쉽지 않은 것이 사실이기 때문이다. 향후 이에 대한 연구들이 이어졌으면 하는 바람이다.

제10장

대순사상의 정체성과 그 연구자료 문제

1. 신종교와 신종교들, 증산계 종교와 증산계 종교들

1-1. 성급한 일반화의 오류

기독교 안에는 로마 가톨릭을 비롯하여 정교회, 프로테스탄트교회 등 다양한 분파가 존재한다. 그 가운데 가톨릭은 예수의 모친 마리아가 원죄 없이 태어나 하느님을 낳았으며, 평생 동정이었고, 지상에서 생애를 마친 후 육체와 영혼이 동시에 천국으로 들어 올려진[蒙召昇天: 被昇天] 성모(聖母)라고 추앙한다. 정교회도 이 전승을 인정하는 편이다. 이 사실을 근거로 들면서 어느 연구자가 '기독교는 성모 마리아를 숭배하는 종교'라고 기술한다고 가정해보자. 그러면 성모 공경을 부정하는 대다수의 프로테스탄트교회는 즉각 반발할 것이 자명하다.[1] 그 연구자는 특정한 하나의 교단 사례로써 전체 교단들을 설명하는 '성급한 일반화의 오류'를 범하고 있으며, 자신의 연구 대상을 왜곡한 채 진실과 유리된 자기만의 말을 하고 있을 뿐이라는 비판까지 받을 것이다.

이런 일이 이상하게도 한국 신종교 연구에서는 종종 벌어진다. 이를테면 증산계 교단들의 교리에 해원(解冤)이 나타난다는 사실을 근거로 내세우면서 한국의 신종교는 해원을 중심 주제로 삼는다고 말하거나, 증산계 교단들 가운데 하나인 대순진리회의 신앙 대상이 구천상

---

1 Yoon Yongbok and Massimo Introvigne, "Problems in Researching Korean New Religions: A Case Study of Daesoon Jinrihoe," *The Journal of CESNUR* 2:5 (September–October 2018), p.92.

제(九天上帝)라는 이유로 증산계 교단들은 구천상제를 신앙 대상으로 삼는 종교라고 기술하거나 하는 사례들이 그에 해당한다.[2]

최근에도 어느 책을 읽다가 다음과 같은 구절을 접하게 되었다.

> 동학농민혁명의 영향을 받은 천도교, 증산교, 정역, 대종교, 원불교, 갱정유도 등의 민족종교들은 서세를 극복하고자 보편적인 대안문화를 만들고자 새로운 동서합일의 도덕문명론을 제시하고 있다. … 요컨대, 동서의 상극적 갈등 속에 빠져 있는 인류를 구원하기 위해 더불어 사는 공동체적 도덕문명을 마련해야 한다고 주장한다. 어느 한쪽의 정복이 아니라 해원상생의 원리를 기반으로 한 동서합덕(東西合德)을 주창하고 있는 것이다.[3]

위의 글을 적은 이는 한국 신종교에 대한 애정을 가득 담아, 한국 신종교가 인류를 구원하는 좋은 방법을 제시한다고 주장한다. 그러나 그의 글 가운데 천도교, 증산교, 정역, 대종교, 원불교, 갱정유도가 동

---

2 제한적인 사례로써 전체를 일반화하는 경우는 많지만, 그 가운데 몇몇은 다음과 같다. 노길명, 「한국 신흥종교운동의 사상적 특성」, 『종교·신학연구』 (서울: 서강대학교 종교 신학연구소, 1989); 김진수, 「한국민족종교의 후천개벽 사상에 관한 비교연구」, 서울대학교 석사학위 논문 (1994), p.12, pp.71-72; 류병덕, 「한국 신종교의 실상과 그 연구 현황」, 『한국종교사연구』 5 (1996), pp.138-139; 노길명, 「한국 근·현대사와 민족종교운동」, 『한국민족종교운동사』 (서울: 민족종교협의회, 2003), pp.64-66; 김홍철, 「근·현대 한국 신종교의 개벽사상 고찰」, 『한국종교』 35 (2012), pp.12-39; 박광수, 「한국 신종교의 개벽사상 소고」, 『한국종교』 35 (2012), pp.44-55; 윤승용, 「한국의 근대 신종교, 근대적 종교로서의 정착과 그 한계」, 『종교문화비평』 22 (2012), pp.173-175.

3 윤승용, 「서세동점과 동세서점의 차이」, 한국종교문화연구소(편), 『종교문화의 안과 밖』 (서울: 모시는 사람들, 2021), p.68.

서합덕을 주창한다는 사실, 그 동서합덕의 기반은 해원상생 원리라는 사실은 옳은 표현이 아니다. 동학이라는 이름 자체가 서학에 대비되는 데다가, 서학에 대해 비판적이었던 천도교의 교조 최수운이 서양과의 합덕을 도모했다고 말하기는 어렵고, 천도교·정역·대종교에는 해원상생이라고 할 만한 게 발견되지 않기 때문이다.

위 인용문은 '공자와 석가와 예수는 모두 다 인(仁)함을 좇아 자비를 베풀고 원수를 사랑하고자 애썼던 분들이다'는 표현과 같다. 공자·석가·예수가 성인(聖人)이면서 이타적인 어떤 일을 했음을 말하고자 하는 의도는 알겠으나, 이런 학술적이지 않은 표현은 공자·석가·예수를 따르는 사람들에게 많은 비판을 받을 수밖에 없다.

'해원상생(解冤相生)'은 한국 신종교나 증산계 교단들의 공통 종교언어가 아니고, 대순진리회의 고유한 종교언어라는 사실은 이미 학계에 보고된 바가 있다(9장). 이를 간과하고, 한두 교단의 특수한 종교언어를 전체 신종교의 것으로 보편화하여 기술하는 것을 과연 학술적이라고 말할 수 있을까? 이런 기술은 기독교를 성모 인도하심의 은총을 받는 종교라고 일반화하거나, 예수를 인과 자비를 행한 성인이라고 주장하는 것과 같은 오류를 범하는 것이다.

'신종교'와 '신종교들'을 구분하지 않는다면 이런 문제가 발생한다. 증산계 '종교'와 증산계 '종교들'을 구분하지 않을 때도 같은 문제가 나타난다. 1장에서 설명한 조너선 스미스의 주장에 따르면, 이것은 상황과 차이를 무시하고 위치설정의 지도 단 하나만 가지고 모든 영토를 설명하려는 데서 비롯되는 오류들이다.

1-2. 일반화 이전에 개별 교단의 1차 자료 수집부터

예전에 필자는 한국 신종교들 또는 증산계 교단들의 다양성을 무시하고 하나의 개념으로 성급하게 보편화하는 기술들이 한국종교의 현실을 정확하게 짚어내지 못한다고 지적하면서, 한국종교의 개벽·이상세계·신앙 대상·실천·교리를 서술할 때는 개별 교단들의 입장을 유심히 들여다볼 필요가 있다는 요지의 논문을 두 차례에 걸쳐 투고·게재한 바 있다(4장·9장). 이 논문들이 좋은 심사평만 받은 것은 아니었다. 어느 심사자는 신종교 전체를 묶어서 개괄적으로 기술하는 '것만' 학술적인 태도이며, 개별 교단의 모습을 드러내는 각론은 호교론에 불과하다고 비판하고, 투고된 논문의 수가 부족한 학회의 사정으로 부득불 게재를 허락한다는 심사평을 보내왔다.

당시에도 그랬지만 시간이 흐른 지금도, 한국 신종교의 총체적인 개괄 모습만 다루는 것이 학자의 올바른 학술적 태도라는 그 심사자의 생각에는 도저히 동의해 줄 수 없다. 신종교를 일반화하여 말하는 일이 필요하기는 하나, 꼼꼼한 개별 교단 자료 수집과 분석이 없다면 사실상 그러한 작업은 불가능하기 때문이다.

신종교의 특정 주제를 개괄할 때 특정 교단의 특수 사례를 보편화하여 기술하는 관행은 아직도 한국 학계에서 사라지지 않았다. 엘리아데 방식의 이런 제국주의적 획일화 관행은 포스트 모더니스트들의 신랄한 공격을 받기 마련이다. 이런 관행은 반드시 극복되어야 한다. 개괄 작업은 그 하위 범주에 속하는 개별 교단들의 다양한 목소리들을 먼저 살핀 후에(모두를 살필 수 없다는 한계는 인정되어야 한다) 그 유사점과

차이점을 구별하면서 결과물을 종합해야 가능할 것이다.

1-3. 개별 교단의 고유성 인정하기

참여관찰을 활용한 자료 수집은 종교학의 전부가 아니다. 종교학의 목표도 아니다. 그러나 1차 자료를 수집하지 않는다면, 종교학은 단 한 걸음도 앞으로 나아갈 수가 없다. 1차 자료를 무시하고 2차 자료만, 그것도 왜곡된 형태의 2차 자료만 가지고 논의를 진행하겠다는 건 학자의 바른 자세가 결단코 아니다!

개별 교단의 1차 자료 수집과 분석에서는 먼저 갖추어야 할 자세가 있다. 그것은 개별 교단들의 고유성과 정체성을 인정하는 태도를 견지하는 것이다. 그렇지 않으면 섣부른 일반화나 보편화에 빠질 가능성이 크다. 이 글의 관심 주제인 대순진리회라고 하는 교단의 자료를 수집하고 연구하는 태도도 이와 같아야 한다.

그러나 일부 학자들은 대순진리회를 기술할 때 대순진리회의 1차 자료 대신 증산계 교단의 다른 자료를 활용하려는 자세를 보인다. 이것은 증산계 종교와 증산계 종교들을 구분할 필요가 없다는 생각 때문으로 여겨진다.

이런 사례는 외국에서도 발견된다. 2018년 브릴 출판사가 발간한『동아시아의 신종교 안내서(Handbook of East Asian New Religious Movements)』에 실린 존 요르겐슨(John Jorgensen)의 '대순진리회(Taesunjillihoe[4])'가 하

---

4 대순진리회의 영문 홈페이지(http://eng.daesoon.org)에 의하면 교단의 영문 표기는 'Taesunjillihoe'가 아니라 'Daesoon Jinrihoe'다.

나의 사례다. 여기에서 그는 대순진리회를 기술할 때 9종의 기초 자료를 활용하고 있지만, 그 가운데 대순진리회의 1차 자료는 2종에 불과하다. 그 2종의 자료조차도 인용된 비중이 매우 낮을 뿐 아니라, 요르겐슨 본인이 직접 찾아 조사하지 않고 다른 자료에 인용된 것을 그대로 받아쓰기한 것이다. 나머지 7종의 자료는 대순진리회와 경쟁 관계에 있으면서 적대적인 자세를 취하는 교단들이 만든 것들인데, 요르겐슨은 이 자료들의 가치 평가적인(경쟁 상대 교단을 비방하는) 해석과 주장을 빌려와 대순진리회를 기술하고 있다.[5]

대순진리회가 아닌 다른 증산계 교단의 자료를 사용하여 대순진리회를 설명하는 이런 시도는, 대순진리회의 교리·조직·의례·수행이 다른 증산계 교단들의 그것과 일치하거나 유사하다고 여겼기 때문이다. 이런 태도는 글의 서두에서 제시한 것처럼, 가톨릭이나 정교회의 자료·해석·(때로는 가치 평가적인) 주장으로써 프로테스탄트교회를 설명하고 이해하려는 오류와 같다. 이런 잘못된 인식은 대순사상의 정체성과 그것을 구성하는 1차 자료를 제대로 이해하지 못한 데에서 발생한다.

그러면 증산계 종교들 가운데 하나인 대순진리회는 자신을 다른 증산계 종교들과 어떻게 다르게 드러내려고 하는가? 다음 절에서 이를 짚어보자.

---

5 John Jorgensen, "Taesunjillihoe," in Lukas Pokorny and Franz Winter, eds., *Handbook of East Asian New Religious Movements* (Leiden: Brill, 2018), pp.360-381; Yoon Yongbok and Massimo Introvigne, *op. cit.*, pp.84-107.

2. 대순사상의 정체성

2-1. 대순사상의 개념

2-1-(1) 대순과 대순사상

『서경』「태서」에는 '다음 날 (주나라) 무왕이 육군(六軍: 천자의 군대)을 크게 순시하고[大巡] 군사들에게 분명하게 맹세하였다'라는 구절이 있다.[6] 이때 보이는 '대순(大巡)'이라는 용어는 '크게 살피며 다닌다'는 뜻이다.

대순진리회는 이 '대순'을 세상이 멸망으로 향해가는 사상 초유의 위기를 구제해 달라고 신명들이 하소연하자, 지고한 신인 구천상제가 그것을 받아들이고 직접 삼계를 돌며 살폈다는 뜻으로 사용한다. 그리고 그 최고신은 대순(大巡)한 끝에 동방의 약소국에 불과했던 한국 땅에 강증산(姜甑山, 1871~1909)이라는 인간으로 태어나 상생대도(相生大道)를 새롭게 열고 천지공사로써 세상을 구제할 방책[眞理]을 내어놓았다고 하는 것이 대순진리회 세계관의 기본 설정이자 신앙이다.[7]

구천상제가 인간 증산으로 활동하면서 보인 행적과 가르침은 대순진리회의 사상, 곧 대순사상을 구성한다. 그러나 대순사상은 구천상

---

6 時厥明, 王乃大巡六師, 明誓衆士.『書經』, 「泰誓」.

7 대순진리회가 인간 증산을 지고한 신으로 신앙하는 이유는, 삼계를 개벽하고 우주의 법칙과 도수를 재조정하는 천지공사는 최고신이 아니면 할 수 없는 일이라는 생각 때문이다. 대순진리회 교무부,『전경』13판 (여주: 대순진리회 출판부, 2010), 예시 9절; 대순진리회 교무부, 「인간이신 증산을 상제님으로 믿는 이유」,『대순회보』74 (2007), pp.14-15.

제의 행적 하나만으로 정의되지 않는다. 대순진리회는 증산의 가르침을 유지(遺志)라고 부르고, 그것이 계시로 도주(道主) 조정산(趙鼎山, 1895~1958)에게 전해졌다고 믿는다. 정산은 유지를 체계화하여 유법(遺法=眞法)을 만들었고, 그것을 공개석상에서 유명(遺命)으로 도전(都典) 박우당(朴牛堂, 1917~1996)에게 계승시켰다. 우당은 그 유법을 펴면서 유훈(遺訓)을 남겼다. 증산-정산-우당의 인적 계보는 종통(宗統)으로 불리고, 이를 통해서 내려온 유지-유명-유법이 대순사상의 내용을 구성한다. 따라서 대순사상이란 구천상제인 증산의 가르침을 정산이 구체적으로 정립하고 우당에게 계승시켰던 일련의 사상체계를 말하는 것으로 개념화된다.

이러한 개념 규정은 두 개의 신앙, 즉 증산이 구천상제라는 신앙과 증산-정산-우당의 종통에 대한 신앙을 기초로 한다. 그리고 증산의 행적과 가르침이 정산에 의해 해석되고 우당에 의해 계승된 것이 대순사상임을 강조한다.[8] 달리 말하자면 정산과 우당의 손길을 거치지 않고 표출된 증산의 사상은 대순사상이 아니라는 것이다.

2-1-(2) 대순사상 용어의 선택 전략

이 지점에서 대순진리회는 자신의 사상을 증산계 교단들의 사상과 구분하려는 의도를 가졌음을 읽을 수 있다. 여기에는 증산을 신앙하는 교단들이 많다는 현실 속에서 대순진리회가 그들과 구분되는 독자성을 확보하려는 배경이 있다. 대순사상이라는 용어의 선택[9]은, 증산

---

8 차선근, 「대순진리회와 감천 태극도장의 사상 비교」, 『대순회보』 109 (2010), p.102.

계 교단들의 사상이 흔히 증산사상으로 많이 알려져 있었으므로 이와 차별화하려는 전략의 하나로 이해할 수 있다는 뜻이다.

이를 두고 증산계 교단의 일부 혹은 그 아류에 불과하다는 세간의 인식을 받아들이기 싫어하는 일종의 호교론으로만 단정해서는 안 된다. 왜냐하면 증산계 교단들의 증산에 대한 해석, 신위, 교리와 그 해설, 수행 방법, 의례, 경전 등이 통일되어 있지 않고, 그러하기에 대순진리회의 사상이 다른 증산계 교단들의 사상과 차이를 보인다는 것은 사실이기 때문이다(9장 참조). 그 차이를 무시하고 호교론으로만 치부하는 것은 교단의 고유성을 무시하는 폭력적 시선일 수 있다.

2-2. 증산사상과 대순사상의 관계

대순사상이라는 용어의 사용과 확산은 대순진리회가 1992년에 설립한 대진대학교 대순사상학술원에 의해 주도되고 있다. 이 단체는 1996년 12월부터 2022년 말까지 43차례에 걸쳐 『대순사상논총』을 발간하였다.[10] 학술 단체 이름이나 논문집 제목에서 보듯 이들이 내세우는 용어는 증산사상이 아니라 대순사상이다. 그렇다면 대순사상은 증산사상과 어떤 관계에 있는가?

---

9 '대순사상'이라는 용어의 사용 실태와 과정은 이경원, 「대순사상 연구의 현황과 전망」, 『대순사상논총』 20 (2009), pp.4-5 참조.

10 『대순사상논총』은 2017년에 한국연구재단 등재 후보지로, 2019년에 등재 학술지로 선정되었다. 대진대학교의 또 다른 부설기관이었던 대진학술원도 2012년 6월부터 2017년 6월까지 모두 15차례에 걸쳐 『대순진리학술논총』을 발행한 바 있다.

2-2-(1) 삼단신앙과 증산사상

김방룡은 광의의 의미로서 "증산 사후 생겨난 모든 증산계 종단의 사상을 통틀어 증산사상이라 볼 수 있다."고 말한다.[11] 그리고 대순사상을 증산사상 속에서 논할지, 아니면 증산사상을 배제하고 신종교 안에서 논할지 논의가 필요하다고 제안한다. 물론 그는 대순사상을 증산사상의 하위 범주 속에서 논해야 한다는 주장을 더 피력한다.[12]

그가 말하는 증산사상의 넓은 정의를 기준으로 계통을 그려본다면 대순사상의 좌표점은 증산사상의 하위에 놓인다. 대순사상은 증산사상의 하위로서 논해져야 한다는 그의 주장도 타당하다. 그러나 그의 주장 현실화는 쉽지 않다. 증산사상은 그가 말하는 광의의 개념으로 인식되어오지 않았다는 사실 때문이다.

대순사상이라는 용어는 비교적 최근에 등장한 것이다. 그 이전에는 증산사상이라는 용어가 일반적이었다. 증산사상이 학계에 정착하게 된 데에는 배용덕이 1973년에 창설한 증산진법회의 부설 연구기관인 증산사상연구회의 역할이 컸다. 이 단체는 1975년 3월부터 2000년 11월까지 22차례에 걸쳐 『증산사상연구』를 발행함으로써 증산사상에 대한 연구를 주도했다.

이때 알려진 증산사상이란 단군을 강조하는 삼단신앙(三段信仰)을 반영한 것이 주류였다. 삼단신앙은 해방 후에 증산교단통정원(甑山敎

---

11 김방룡, 「증산사상의 연구 동향과 대순사상의 학문적 과제」, 『대순사상논총』 20 (2009), p.26.
12 같은 글, p.27, p.63.

團統正院)이 만든 것이다. 증산계 교단들이 일제강점기에 강제 해산당했다가, 해방 후인 1949년 증산교본부의 이상호가 주동하여 17개 증산계 교단들을 모아 류동열을 대표로 추대하고 설립한 단체가 증산교단통정원이다. 이들은 민족의 구심점으로 단군을 설정하고, 단군의 홍익인간과 재세이화의 이념을 계승한 것이 수운의 사상이며, 증산은 단군과 수운의 사상을 이어받아 해원과 상생, 천지공사 사상을 만들었다고 설명했다. 그러므로 단군—수운—증산을 동시에 받들어야 한다는 것이 곧 삼단신앙이다. 증산은 단군 관련 특별 발언을 남긴 적이 없었고, 일제강점기 시절의 증산계 교단들도 단군과 그의 사상을 신봉하지 않았다는 점을 고려하면, 증산교단통정원의 이 교리 정립은 해방 직후 한국 사회에 유행했던 단군 민족주의에서 영향을 받은 것이라고 할 수 있다(5장 pp.198-202; 9장 pp.381-386 참조).

　대다수 증산계 교단들은 증산교단통정원이 발명해낸 삼단신앙을 받아들였다. 배용덕의 증산진법회도 마찬가지였다. 그러므로 배용덕이 주도했던 『증산사상연구』에는 삼단신앙의 흔적이 남게 되었고, 그 맥락 속에서 증산사상의 해설이 이루어졌다. 학계에 알려져 왔던 증산사상의 실체가 증산교단통정원의 삼단신앙을 토대로 하고 그 사상의 연원을 단군에 둔 것이라면, 삼단신앙을 수용하지 않는 증산계 교단의 입장으로서는 그것을 받아들일 수 없게 된다. 그러니까 해방 이후, 특히 1970년대 이후 학계에서 인식해 왔던 증산사상은 증산계 교단 모두의 사상을 포괄하는 광의의 개념이 아니었던 것이다.

2-2-(2) 삼단신앙과 대순사상

대순진리회의 전신은 1925년에 창도된 무극도다. 무극도는 일제 강점기에 강제 해산을 당하였고 해방 후에 활동을 재개하였지만, 증산교단통정원의 활동에는 동참하지 않았다. 그들의 삼단신앙도 받아들이지 않았다. 무극도가 1950년에 태극도로 교명을 변경하고 1969년에 대순진리회 창설로 조직이 새로 개편된 이후에도 마찬가지였다. 대순진리회는 단군을 국조이자 인류의 위대한 스승 가운데 한 분으로 인정하지만, 증산교단통정원과 같이 단군을 신앙과 사상의 연원으로 보지는 않는다.[13] 필자는 이 사실을 지적하고 단군사상이 보여주는 서사구조와 모티프(천신 하강, 홍익인간, 신시, 재세이화, 인간의 神化 혹은 聖化)가 대순사상의 그것과는 같지 않다는 것을 살핀 바 있다(5장 참조).

증산을 지고한 존재인 구천상제로 신앙하는 대순진리회의 입장으로는, 증산이 단군과 수운의 사상을 계승했다는 삼단신앙을 수용할 수 없다. 하느님이 인간, 혹은 자신보다 하위의 존재에게 그 신앙과 사상의 연원을 두어야 함을 인정해야 하기 때문이다.

이 같은 신앙 대상의 위상 문제는 가볍게 볼 수 있는 사안이 아니다. 주지하듯이 예수의 신성(神性)에 대한 해석 차이는 기독교가 유대교의 범주 안에서 논의되지 않게 만드는 핵심적인 이유 가운데 하나다. 이슬람이 기독교의 범주 안에서 논의되지 않는 것도 같은 이유다.

그렇다면 대순사상과 증산사상의 경우에도 마찬가지 시각이 적용

---

13 대순진리회가 1년에 한 번씩 발행하는 '대순 달력'에는 단기(檀紀)가 등장하고, 여주본부도장 포정문에는 단군이 창생을 구제하는 위대한 스승이자 제왕으로 적은 글귀가 있다(5장 pp.201-202 참조).

되어야 한다. 증산사상은 김방룡이 말한 광의의 개념이 아니라 증산교
단통정원의 삼단신앙으로 포장된 협의의 개념으로 알려져 왔고, 대순
사상은 그것을 거부하고 정산의 관점이 반영된 해석과 체계화 및 우당
의 계승을 거친 사상체계로 알려져 왔던 것이 학계의 사정이자 현실이
라면, 그 양자를 동등한 범주 내에서 혹은 대순사상을 증산사상의 하위
범주로 가져가서 논의한다는 것은 타당하지 않다는 말이다.

　물론, 증산사상 연구자들이 반드시 삼단신앙을 표현하는 것은 아
니다. 『대순전경』 자체에는 단군－수운을 신앙하는 내용이 없으므로,
그 경전만 사용하여 증산을 해설한다면 삼단신앙을 굳이 강조할 필요
가 없다. 김탁을 예로 들자면, 그는 『대순전경』에 기반하여 증산의 사
상을 설명하는 데 집중하기에, 그의 연구에는 단군 민족주의나 삼단
신앙의 색채가 거의 나타나지 않는다. 그럼에도 불구하고 『대순전경』
이 삼단신앙을 주도한 증산교본부에서 편찬되었다는 사실, 특히 증
산사상이 25년(1975~2000) 동안 증산진법회의 『증산사상연구』를 통해
단군 민족주의의 색채를 지닌 것으로 알려져 왔다는 사실을 부정할
수는 없다. 최근에는 증산도가 단군 민족주의 색채를 강하게 부각한
증산사상을 표방한 학술대회를 열고 있기도 하다. 사정이 이러하다
면 김탁과 같은 예외적인 연구자가 일부 있다고 하더라도, 삼단신앙
또는 단군 민족주의라는 경계가 뚜렷하게 그어져 있는 한, 증산사상
은 증산사상으로 대순사상은 대순사상으로 각각 논의하는 것이 옳다.

　정리하자면 해방 이후 증산교단통정원의 영향을 받은 대다수의 증
산계 교단은 삼단신앙을 수용하고 그것을 기반으로 활동하였다. 그
리고 그들의 사상은 증산사상이라고 불려왔다. 이와 달리 대순진리

회는 삼단신앙을 수용하지 않았다. 증산의 인신강세(人身降世)나 상생대도, 해원상생의 가르침이 유일무이한 미증유의 진리라고 주장하는데서 보듯이,[14] 대순진리회는 증산의 독창성을 강조하는 입장이다. 그렇다면 대순사상을 증산사상의 하위 범주로 놓아서 논하기는 곤란하다고 말해야 한다. 증산사상이 증산계 교단 모두를 포괄하는 광의의 개념으로서 존재한다면 대순사상을 그 하위 범주에서 논의하는 것이 정당하나, 현실은 증산사상이 삼단신앙의 맥락 속에서 표현되어왔기에 삼단신앙을 인정하지 않는 대순사상은 그 안에 담길 수 없다는 말이다.

3. 대순사상의 1차 자료 문제

대순진리회를 연구하고 기술하기 위해서는 대순진리회의 1차 자료(primary sources)를 활용해야 한다. 당연한 말이다. 그러나 놀랍게도 이 인식은 보편적이지 않다. 그래서 지금도 대진대학교 대순사상학술원은 외부 학자들에게 논문 작성을 의뢰할 때 종종 이 사실을 강조하곤 한다. 특히 문제가 되는 것은 『대순전경(大巡典經)』, 그리고 태극도 감천도장에서 발행한 『진경』(『태극진경』)이다. 이 자료들은 대순진리회의 1차 자료들이 아니지만, 종종 대순진리회를 기술할 때 사용할 수 있는 자료라는 오해를 일으킨다.

---

14 대순진리회 교무부, 『대순진리회요람』 (서울: 대순진리회 교무부, 1969), p.8, pp.10-11.

3-1. 『대순전경』은 대순진리회 경전이 아니다

3-1-(1) 『대순전경』의 공공성 획득 실패

대순진리회의 경전은 『전경(典經)』이다. 『전경』은 1974년 초판을 시작으로 2010년까지 13판이 발행되었다. 대순진리회를 기술하기 위한 경전은 당연히 『전경』이다. 그럼에도 불구하고 몇몇 연구자들은 증산의 언행을 살필 때 『대순전경』을 인용하려는 경향이 있다. 『대순전경』은 증산계 교단 최초의 경전이며, 그 뒤에 등장한 증산계 교단 경전들은 『대순전경』을 모체로 삼고 있다고 여기기 때문이다.[15]

그러나 대순진리회의 경전이 아니라 증산교본부의 경전인 『대순전경』은 증산계 교단 전체를 대표하지 않는다. 문제는 『대순전경』의 출판 경위에 있다.

『대순전경』의 저자는 이상호(李祥昊, 1888~1967)와 그의 동생 이정립(李正立, 1895~1968)이다. 『대순전경』의 서지 정보에는 저자가 이상호 단독으로 되어 있으나, 실제로는 이상호와 이정립 두 사람이 저술에 참여했다. 배용덕에 의하면 판권을 이상호가 가지고, 집필은 이정립이 주도했다고 한다.[16] 그들 형제는 증산 문하에 있었던 친자종도(親炙宗徒)[17]가 아니었기 때문에 증산의 언행을 직접 접한 적이 없었다. 그들

---

15 윤승용, 「신종교의 경전에 대한 개설」, 『신종교연구』 16 (2007), pp.24-25.

16 홍범초, 「증산종단 경전성립사 연구」, 『한국종교사연구』 3 (1995), pp.59-60; 배용덕·임영창, 『증산사상연구 10 : 증산신학개론(중·하)』 (서울: 태광문화사, 1984), p.59.

17 종도란 증산을 추종했던 사람들의 명칭이다. 친자종도는 증산을 직접 대면했던 종도를 이르는 말이다. 홍범초, 「도조(道祖) 증산대성(甑山大聖)의 생애」, 《월간 천지공사》 1 (1988), p.11.

은 증산 사후 6년이 지난 1915년 무렵에 증산계 초기 교단인 태을교에 가입했고, 증산의 종도였던 차경석과 김형렬에게 증산의 행적을 들은 것을 시작으로 여러 종도를 찾아다니며 증언을 채록했다. 그 최초 결과물이 『증산천사공사기(甑山天師公事記)』(1926)이며, 그 내용이 더 보강되어 발행된 것이 『대순전경』(초판, 1929)이다.[18]

이 과정에서 그들은 작업을 단독으로 수행했을 뿐, 종도들의 증언을 교차 확인하지도, 채록했던 자료를 공개하지도 않았다. 이상호는 종도들의 증언이 담긴 수십 권의 수첩과 노트들을 구식 장롱 속에 넣어놓고 자물쇠를 채운 채 보관했는데, 이 자료들은 1967년 1월 17일(음력 병오년 12월 7일)에 발생한 화재로 소실되어버렸다. 그리고 다음 날 이상호는 사망하였고,[19] 이정립은 그 이듬해에 사망하였다. 이로써 『대순전경』의 근거가 되는 기초 자료를 확인할 방법은 완전히 사라졌다.

구술 수집과 그것의 기록·윤문 작업에는 전달자와 기록자의 주관적 견해와 해석이 포함되기 마련이다. 그러므로 기록이 사적영역을 넘어 공적영역으로 나아가기 위해서는 공공성을 획득하기 위한 과정을 밟아야 한다. 불교 경전도 몇 차례의 결집(Samgiti)을 거쳐 만들어졌다는 사실을 상기할 필요가 있다. 그러나 이상호 형제는 『대순전경』을 출판할 때 공개와 검증으로 신빙성과 설득력을 획득하는 작업을 하지 않았다. 『대순전경』이 이상호 형제에 의해서 폐쇄적으로 간행되었다는 사실은, 이 경전이 이상호가 설립한 동화교(東華敎) 혹은 증산교본부의 입장만을 반영했음을 말한다. 이것은 『대순전경』이 증산계

---

18 홍범초, 「증산종단 경전성립사 연구」, pp.59-66.
19 같은 글, p.71.

교단 전체를 대표하기에는 중대한 결함을 안았음을 의미한다. 배용덕도 『대순전경』 출판에 이상호 형제만 간여한 데다가, 특히 증산계 교단 가운데 하나인 증산교본부의 명의로 발간함으로써 증산계 교단 전체의 공인 서적이 아닌 개인 저서에 불과하게 되었다고 비판한다.[20]

3-1-(2) 증산에 대한 신성성 문제

증산계 교단들이 『대순전경』 대신 자신들만의 경전을 별도로 만들어 사용하는 까닭은 『대순전경』에 공공성이 부여되지 않았다는 문제 때문이기도 하지만, 교단마다 증산에 대한 신성성을 다르게 가져간다는 또 다른 이유도 있다. 쟁점 가운데 하나는 증산이 천지공사를 시행하기 이전인 1901년에 대원사에서 시행한 49일 공부 해석 문제다. 『대순전경』은 증산이 이 공부로 대각(大覺)을 이룸으로써 자신의 정체를 자각하게 되어 비로소 신성성을 획득하게 되었다고 기술한다.[21] 이것을 읽은 어느 연구자는 "증산은 자신이 상제이며 불(佛)이며 예수와 같은 구세주라고 하면서도 생이지지(生而知之)를 못하여 다년간의 구도 끝에 모악산 대원사에서 천지의 대도를 깨달았다고 하는데 …."라는 비평을 단 적이 있다.[22]

『대순전경』의 기술은 이상호 형제의 관점에서 이루어진 것으로서, 증산계 모든 교단이 여기에 동의하는 것이 아니다.[23] 예를 들어 대순

---

20 배용덕·임영창, 앞의 책, p.63.
21 이상호, 『대순전경』 6판 (김제: 동도교 증산교회 본부, 1965), p.19.
22 이강오, 「한국 신흥종교에서 보는 도교와 불로장생」, 한국도교사상연구회 (편), 『도교와 한국사상』 (서울: 범양사, 1988), p.179.
23 박용철, 「대원사 공부의 이해에 나타난 종통의 천부성에 대한 고찰」, 『대순회

진리회는 증산이 원래 구천의 최고신으로서 신성한 존재였으며, 그의 대원사 공부는 모르는 것을 익히거나 깨닫는 차원이 아니라 신명을 심판하고 상생대도를 열기 위한 모종의 종교적 행위였던 것으로 설명한다(9장 pp.359-362 참조). 따라서 대순진리회는 다소 비꼬는 듯한 그 연구자의 발언을 받아들일 수 없다.

증산의 대원사 공부 해석 차이가 보여주는 신앙 대상의 신성성 문제, 그리고 그것의 경전화(經典化) 작업은 단순하고 소소하게 취급될 수 없는 사안이다. 무함마드 만평이 부른 테러 사건들[24]과 2021년의 『원불교전서』 개정판 폐기 사태[25]에서 보듯이, 이런 문제는 상당히 주의해서 접근해야 한다.

증산계 교단의 각 경전에는 『대순전경』과 공유하는 내용도 있으나, 증산의 신성성을 다르게 규정하기도 하고, 서술 관점의 차이를 드러내며 일부 내용이 변형 혹은 삭제되어 있기도 하고, 때로는 새로운 내용이 보강되어 있기도 하다. 이런 문제는 증산의 언행과 사상에 대한 해석을 다르게 하므로 무시할 수 있는 것이 아니다(9장 참조). 그러므로

보』 68 (2007), pp.88-107 참조.

24 2005년 덴마크의 일간지 <윌란스 포스텐(Jyllands-Posten)>에는 무함마드가 머리에 폭탄을 얹은 만평이 실렸다. 이 만평은 무슬림에 의해 신성모독으로 항의를 받았다. 프랑스 주간지 <샤를리 에브도(Charlie Hebdo)>는 이 만평을 2006년과 2015년에 다시 게재했다. 이에 불만을 품은 무슬림 테러리스트가 주간지 본사에 난입하여 총격 테러를 가했다. 이 사건으로 12명이 사망하였다. 2020년에는 프랑스 중학교 교사가 수업 시간에 이 만평을 보여주었다가 무슬림에 의해 참수당했다.

25 2021년 원불교에서 44년 만에 『원불교전서』 개정판을 내었다가 오탈자·윤문 문제와 목우십도송(牧牛十圖頌) 및 교헌 편집 실수 문제를 지적받고 경전이 전량 회수·폐기되었다. 이 사건으로 인해 교서 감수위원, 교화부원장, 교정원장, 감찰원장 등 업무 관련자들이 사퇴하거나 징계를 받았다.

증산교본부를 기술하고자 한다면 그들의 경전인 『대순전경』을, 대순진리회를 기술하고자 한다면 그들의 경전인 『전경』을 각각 사용해야 한다.

3-2. 『진경』(『태극진경』)은 대순진리회 경전이 아니다

혹자는 정산의 언행을 기술할 때 『태극진경』(또는 그것을 풀어서 적은 『조정산 전기』)을 사용하려는 자세를 보이기도 한다. 『태극진경』은 정산의 일대기를 기록했지만 태극도 감천도장에서 만든 것으로서 대순진리회의 경전은 아니다. 대순진리회는 『태극진경』을 신뢰성이 떨어지는 서적으로 인식한다. 그 이유를 살피려면 1968년 교단의 분규로 거슬러 올라가야 한다.

3-2-(1) 교단 분규 이후의 『전경』

정산은 1925년에 정읍에서 무극도를 창도하여 이끌다가 일제에 의해 강제 해산을 당하자, 해방 후에 부산에서 다시 무극도를 부활시켰다. 1950년에는 교단의 이름을 태극도로 바꾸었고 1958년에 화천하면서 태극도의 간부 전원을 모아놓은 뒤 우당에게 종통을 계승하도록 하고 종단의 운영을 맡겼다. 그로부터 10년 가까이 우당은 부산 감천에서 태극도를 이끌었다.[26] 그때 교단의 교리를 정리한 자료들이 여러 개 발간되었다. 특히 『선도진경(宣道眞經)』은 오늘날 대순진리회의 경

---

26 차선근, 「대순진리회의 변천 과정과 무극 태극의 관계」, 『상생의 길』 4 (2016), pp.8-48 참조.

전인 『전경』의 모태가 된 경전이었다.

1967년이 되면 태극도의 몇몇 간부들이 우당에게 반기를 들기 시작한다. 갈등은 우당이 신문물을 받아들여 도인 자녀들에게 학교 교육을 받게 하고 머리 모양을 자유롭게 하는 등 생활 문화 개혁적인 모습을 보이자, 보수적이었던 태극도 간부들이 이에 불만을 품었던 데서부터 출발했다.[27] 이들은 교단을 운영할 권리가 우당에게 있지 않고 자신들에게 있다고 주장하면서 소요를 일으켰다. 이를 수습하기 어려웠던 우당은 1968년에 태극도 감천도장을 떠나 서울 중곡동에 도장을 새로 설립하고 조직을 개편했다. 그리고 1972년에는 교단의 수행을 정리한 『의식』, 1974년에는 새로운 경전인 『전경』을 간행하도록 지시했다.

3-2-(2) 교단 분규 이후의 『태극진경』

감천도장의 수도인 가운데는 우당을 따라 대순진리회로 옮겨 간 이들도 있었고, 감천의 태극도장에 남은 이들도 있었다. 남은 이들은 우당에 반대하는 세력이었던 만큼 우당에게 적대적인 자세를 취했다. 또한 그들은 정산이 정해놓은 교리도 변경했다.

1987년 새로운 경전인 『진경전서』의 출판은 그러한 모습을 분명하게 드러낸다. 『진경전서』는 1989년에 윤문을 거쳐 『진경』으로 재출판되었다. 이 서적의 전편은 증산의 일대기를 기록한 『무극진경』, 후편은 정산의 행적을 기록한 『태극진경』으로 구성되어 있다. 『무극진경』

---

27 대순종교문화연구소 편집, 『훈시』(미발행), 임신(1992)년 1월 5일(양력 1992. 2.8).

은 '증산이 무극을 주재하는 무극주(無極主)'라는 관점을, 『태극진경』
은 '정산이 태극을 주재하는 태극주(太極主)'라는 관점을 각각 기초로
한다. 이것은 태극을 주재하는 존재가 증산이라고 했던 정산의 가르침
과는 다르다.[28] 이 때문에 대순진리회는 1968년 우당이 감천도장에서
나온 이후에 그곳에서 출판되었던 자료들, 특히 『태극진경』을 인정하
지 않는다. 더구나 『태극진경』은 바뀐 교리 외에도 정산의 행적에 대한
기록의 정확성에 문제가 있다는 지적을 계속 받는 상황이다.[29]

정리하자면 대순진리회의 경전은 『전경』이다. 『태극진경』은 1974
년에 간행된 『전경』보다 13년 늦게 나온 『진경전서』(『진경』은 15년 늦음)
에 실린 것으로서, 대순진리회를 창설한 우당에게 반대하는 사람들
이 만든 서적이다. 또 정산의 원래 가르침과 일정한 차이가 있으며, 그
내용의 정확성을 대순진리회는 인정하지 않고 있다. 그런 만큼, 증산
－정산－우당의 계보에서 벗어나 출판된 『태극진경』은 대순사상을
구성하는 1차 자료가 될 수 없다.

3-3. 대순사상을 구성하는 자료들

그렇다면 대순사상을 연구하는 데 활용 가능한 자료들은 어떠한 것
들이 있는가? 앞서 언급한 대로, 우당은 10년 동안 태극도의 지도자로

---

28 차선근, 「대순진리회와 감천 태극도장의 사상 비교」, pp.110-112; 차선근,
    「대순진리회 상제관 연구 서설 (Ⅰ)」, 『대순사상논총』 21 (2013), pp.128-131.
29 예를 들면 정산이 만주로 망명간 장소와 귀국 상황, 무극도 당시의 조직, 문공
    신의 강도사건 등이다. 차선근, 「대순진리회와 감천 태극도장의 사상 비교」,
    pp.112-116 참조.

활동하였기 때문에, 이 기간에 발행된 태극도 간행물은 대순사상의 1
차 자료에 해당한다. 증산-정산-우당의 인적 계보 속에서, 그리고
무극도-태극도-대순진리회로 이어지는 교단의 흐름 속에서 대순
사상의 1차 자료로 인정되는 자료를 정리해보면 다음 <표 10-1>, <표
10-2>와 같다.

<표 10-1> 우당이 감천도장에서 태극도를 이끌고 있을 때 출판된 자료 목록

간행년	자료명	간행 명의	비 고
1956	『태극도 통감』	박경호[30]	교단 안내서. 필사본과 인쇄본 두 종류가 있음
1963	『규정』	태극도	조직 구성과 의식을 소개함
1963	『도헌』	태극도	교단의 헌법
1963	『수도요람』	태극도 교화부	교단의 취지와 연혁, 교리를 소개함
1965	『선도진경』	태극도 교화부	교단의 경전
1966	『수도규정』	태극도	공부 등 교단의 실천을 소개함
1966	『태극도 안내서』	태극도 교화부	교단 안내서
1967	『선도진경』 2판	태극도 교화부	교단 경전
1967	『채지가』	태극도 교화부	구전되는 가사 모음집
1967	『태극도 월보』	태극도 교화부	교단 월간지[31]

---

30 발행인이 도인 대표 박경호(朴景浩)로 적혀 있는데, 이 이름은 우당의 원명(原
名)이다.

31 『태극도 월보』는 우당을 교단의 지도자로 인정하는 논조로 출발했으나, 우당
이 감천도장을 떠난 이후에는 그를 비난하는 논조로 급격히 바뀌었다. 1차 자
료로 활용할 수 있는 『태극도 월보』는 우당이 감천도장에 머물고 있던 시절에
발행된 1967년 1월부터 1968년 6월까지다.

<표 10-2> 우당이 대순진리회를 창설하고 조직을 개편한 이후 발행한
자료 목록 (개정판 발행은 생략)

간행년	자료명	간행 명의	비 고
1969[32]	『대순진리회 요람』	대순진리회 교무부	교단 안내서
1972	『의식』	대순진리회 교무부	교단의 수행을 정리함
1972	『도헌』	대순진리회	교단의 헌법
1974	『전경』	대순진리회 교무부	교단 경전
1978	『채지가』	대순진리회 교무부	구전되는 가사 모음집
1982	『대순성적도해요람』	대순진리회 교무부	증산과 정산의 행적 그림 해설서
1984	『대순지침』	대순진리회 교무부	우당 훈시

　　이 외에도 교단 내부의 각종 문건, 이를테면 도전의 훈시 자료, 교단
내 부서의 업무일지(예를 들어 총무부 업무일지), 일기(『성재일지』 등) 등도 1차
자료로 활용할 수 있다. 그러나 이 자료들은 미출간 상태로 남아있어
서 따로 정리하지는 않았다.

　　교단 명의로 발간된 각종 교리 해설서, 입문서, 안내서도 있다. 이
자료들은 <표 10-2>의 1차 자료들을 토대로 만들어졌으므로 2차 자
료에 해당하지만, 교단 내부의 목소리를 담았다는 점에서는 여전히 1
차 자료라고 할 수 있다. 이들을 정리한 것이 <표 10-3>이다.

32　1969년에 간행된 것으로 되어 있으나, 1974년에 출판된 『전경』이 인용된 것
　　으로 보아 『전경』 출판 이후에 인쇄된 것으로 보인다.

<표 10-3> 대순사상 연구 자료 목록 (국문판, 개정판 발행은 생략)

간행년	자료명	간행 명의	비 고
1975	『포덕교화 기본원리』	대순진리회 교무부	교리 해설서
1976	『증산종교사상』[33] (『대순종교사상』)	한국종교문화연구소 (대순종교문화연구소)	교리 해설서, 장병길 저술
1978	『전경 색인집』	대순진리회 교무부	『전경』의 색인집
1979	『증산의 생애와 사상』	대순종교문화연구소	안종운이 증산의 생애를, 장병길이 증산의 사상을 각각 집필함
1983	『대순회보』	대순진리회 교무부 (대순종교문화연구소)	1호와 2호는 대순종교문화연구소 명의로, 3호부터는 대순진리회 교무부 명의로 발행됨
1983	『대순사상의 현대적 이해』	대순종교문화연구소	논문집
1987	『대순진리 입문』	대순종교문화연구소	교단의 실천을 적은 장병길의 저술
1987	『대순진리 강화 I』	대순종교문화연구소	교단 교리 해설서, 장병길 집필
1989	『대순진리 강화 II』[34]	대순종교문화연구소	교단 교리 해설서, 장병길 집필
1989	『천지공사론』	대순종교문화연구소	교단 교리 해설서, 장병길 집필
1998	『대순사상의 이해』	대순종학 교재연구회	대진대학교 교재
1999[35]	『종단 대순진리회』	대순진리회 교무부	교단 화보집
2000	『대순진리의 신앙과 목적』	대순사상학술원	교리 해설서, 최동희·이경원 공저
2000	『상생윤리학』	대순사상학술원	교리 해설서, 안종운 집필
2003	『포덕교화 기본원리 II』	대순진리회 교무부	교리 해설서
2003	『대순소식』	대순진리회 기획부	교단 월보. 2003년 12월부터 2006년 11월까지 37차례 발행
2003	『교화모음집』	대진대학교 교정원	교리 해설서
2004	『상생의 길』	대순진리회 교무부	연구 글모음 집. 2021년까지 5회 발행
2015	『훈시』	대순진리회 교무부	『대순회보』에 게재된 우당의 훈시 15편을 묶음
2016	『대원종』	대순진리회 교무부	연구 글모음 집. 2021년까지 2회 발행

---

[33] 『증산종교사상』은 장병길 교수가 집필한 서적으로서 한국종교문화연구소 명의로 발행되었다가, 1989년에 수정·증보를 거쳐 『대순종교사상』으로 명

2009년 이후에는 교단의 자료들이 영문·중문·일문으로 번역 출판되기 시작했는데, 그 자료들은 <표 10-4>와 같다.

<표 10-4> 대순사상 연구 자료 목록(영문·중문·일문판, 개정판 발행은 생략함)

간행년	자료명	간행 명의	비 고
2009	An Introduction to Daesoonjinrihoe	Daesoon Institute of Religion & Culture[36]	『대순진리회 요람』 영문 번역판(1st eds.)
2010	典经	大巡宗教文化研究所	『전경』 중문(간체) 번역판
2010	大巡指针	大巡宗教文化研究所	『대순지침』 중문(간체) 번역판
2010	大巡真理会要览	大巡宗教文化研究所	『대순진리회 요람』 중문(간체) 번역판
2010	Daesoonjinrihoe: The Fellowship of Daesoon Truth	Daesoon Institute of Religion & Culture	교단 안내서
2012	典經	大巡宗教文化研究所	『전경』 중문(번체) 번역판
2012	大巡指針	大巡宗教文化研究所	『대순지침』 중문(번체) 번역판
2012	大巡眞理會要覽	大巡宗教文化研究所	『대순진리회 요람』 중문(번체) 번역판
2016	Hunshi (Teachings of Dojeon)	The Academic Affair Department of Daesoonjinrihoe[37]	우당 훈시를 영문으로 번역
2018	The Dao Constitution	The Academic Affair Department of Daesoonjinrihoe	『도헌』을 영문으로 번역
2018	The Temple Complexes of Daesoon Jinrihoe: A Guidebook for Visitors	The Academic Affair Department of Daesoonjinrihoe	교단 안내서

칭이 바뀌어 대순종교문화연구소 명의로 재발행되었다.
34 처음에는 『대순진리 진수(眞髓)』로 인쇄되었다가, 『대순진리강화 II』로 제목이 변경되어 발간되었다.
35 『대순회보』 63호 (1999) 12면에 『종단 대순진리회』가 1999년에 발간되었음을 알리고 있다.

2018	Leaflet for Daesoon Jinrihoe	The Academic Affair Department of Daesoonjinrihoe	교단 안내서
2018	Explanatory Paintings of the Sacred History of Daesoon: The Supreme God of the Ninth Heaven	The Academic Affair Department of Daesoonjinrihoe	『대순성적도해요람』 가운데 증산의 행적만 영문으로 번역함
2019	Basic Principles for Propagation and Edification 1 & 2	The Academic Affair Department of Daesoonjinrihoe	『포덕교화 기본원리』 Ⅰ, Ⅱ 영문 번역
2020	The Canonical Scripture	Daesoon Institute of Religion & Culture	『전경』 영문 번역판
2020	The Guiding Compass of Daesoon	Daesoon Institute of Religion & Culture	『대순지침』 영문 번역판
2020	Essentials of Daesoon Jinrihoe	Daesoon Institute of Religion & Culture	『대순진리회 요람』 영문 번역판(2nd eds.)

　이상 <표 10-1>부터 <표 10-4>까지의 목록들이 대순사상을 구성하는 자료들이다. 이 외에도 정리 중이거나, 정리가 마무리되어 발간을 앞둔 자료도 있다. 『우당 훈시』(가칭)가 그 가운데 하나다. 따라서 자료 목록은 더 늘어날 전망이다.

4. 닫는 글

　지난 반세기 사이에 50여 개가 넘는 증산계 교단들이 생겨났다. 그

36　대순종교문화연구소의 영문 표기.
37　대순진리회 교무부의 영문 표기.

리고 많은 숫자의 교단들이 사라졌다. 과거에 비해서는 덜한 편이지만 새로운 증산계 교단의 등장은 아직도 계속되고 있다. 윤이흠은 짧은 시간에 벌어진 이런 분열이 세계종교사에서도 흔히 볼 수 있는 게 아니라고 평가한 바 있다.[38] 그에 의하면, 증산계 교단 분파의 가장 큰 원인은 신비체험에 의한 것이라고 한다. 선도를 창시한 안내성, 순천교의 장기준, 삼덕교의 허욱, 동도법종금강도의 강승태, 보화교의 김환옥, 미륵불교의 정수산, 대한미륵불교종의 김계주 등도 증산에게서 계시받아 교단을 열었다는 것이다.[39] 이러한 계시의 신성성은 다른 교단과의 차별화를 시도하도록 만드는 원동력이다.

대순진리회도 정산이 증산에게 종통 계승을 계시로써 받아 무극도를 창도하여 지금에 이르렀다고 본다. 그러므로 대순진리회 역시 다른 교단과의 차별 전략을 채택하는 것이 당연해 보인다. 그러나 간과해서는 안 될 것은 그 전략의 이면에 계시의 신성성만이 아니라, 교단과 교단 사이에 교리·수행·의례·조직·경전의 차이가 선명하게 드러나는 부분이 있는 것은 부인할 수 없는 사실이라는 점이다. 이 글은 그것을 삼단신앙 및 단군 민족주의의 수용과 증산의 신성성 획득이라는 측면에서 지적했지만, 더 살펴보면 그들의 옷차림부터 의례에 이르기까지 차이는 한 두 가지가 아니다. 이를 지적하지 못하고 호교론, 즉 대순진리회가 증산계 교단의 아류라는 시선에서 벗어나 계시의 신성성을 부각하려고 한다는 의심에 머무를 경우, 증산계 교단 안에 실존하는 다양성은 조망할 수 없게 된다.

---

38 윤이흠, 『한국종교연구』 3 (서울: 집문당, 1991), p.115.
39 같은 책, pp.115-116, p.164.

증산계 각 교단이 증산에 대한 신앙을 공통으로 한다는 사실만을 이유로 해서 그 모두를 같은 종교로 단정한다면, 개별 교단들의 고유성은 무시되고 그들에 대한 구체적인 정보는 묻히게 된다. 개별 교단의 입장에는 연구자의 이런 태도가 폭력적으로 비칠 수 있다. 또한 성급한 일반화의 오류를 범하는 것이어서 학술적이지도 못하다.

증산계 개별 교단의 수가 많다는 사실은 그 자료의 수집에 현실적인 어려움이 있음을 말한다. 그러나 그 어려움이 개별 교단의 고유성을 무시해도 된다는 면죄부를 주지 않는다. 쉽지는 않지만, 그들의 고유성을 인정하고 그들의 정보를 최대한 많이 확보하려는 노력이 필요하다. 1차 자료의 확보와 그에 대한 객관적 분석을 등한시하는 자세, 저 교단의 자료를 가지고 이 교단을 설명하려는 자세, 남이 생산한 2차 자료만 활용하려는 자세는 과거 안락의자 인류학이 받았던 비판을 받아 마땅한 것이며, 또한 학자의 학술적인 연구 태도도 아님을 유념해야만 한다.

제1장 스미스와 스미스, 종교학의 대장장이들

『三國遺事』.

강돈구,『한국 근대종교와 민족주의』, 서울: 집문당, 1992.
_____,「동아시아의 종교와 민족주의」,『종교연구』22, 2001.
_____,『종교이론과 한국종교』, 서울: 박문사, 2011.
_____,『어느 종교학자가 본 한국의 종교교단』, 서울: 박문사, 2016.
_____,「한국 신종교 교단 연구의 동향과 과제」, 강돈구 외 지음,『한국 종교교단
　　　연구XII』, 성남: 한국학중앙연구원 출판부, 2020.
권영오,「후백제군의 포석정 습격과 경순왕 옹립」,『한국고대사탐구』13, 2013.
노재현·신상섭,「중국과 한국의 유상곡수 유배거(流盃渠) 특성에 관한 연구」,『휴
　　　양 및 경관계획연구소 논문집』4-2, 2010.
윌프레드 캔트웰 스미스,『종교의 의미와 목적』길희성 옮김, 경북: 분도출판사,
　　　1991.
이소마에 준이치,『근대 일본의 종교 담론과 계보: 종교·국가·신도』, 제점숙 옮김,
　　　서울: 논형, 2016.
장석만,「'종교'를 묻는 까닭과 그 질문의 역사」,『종교문화비평』22, 2012.
조너선 Z. 스미스,『종교 상상하기: 바빌론에서 존스타운까지』, 장석만 옮김, 파주:
　　　청년사, 2013.
최정화,「'종교'에 해당하는 자료는 존재하지 않는가?－종교사(history of
　　　religions)와 비판적 실재론(Critical Realism)적 접근」,『종교문화비평』
　　　40, 2021.

Altman, Michael J., ""Religion, Religions, Religious" in America: Toward a
　　　Smithian Account of "Evangelicalism"," *Method & Theory in the Study
　　　of Religion* 31:1, Feb. 2019.
Braun, Willi and McCutcheon, Russell T., "Introduction," in Willi Braun and
　　　Russell T. McCutcheon, eds., *Reading J. Z. Smith: Interviews and Essay,*
　　　New York: Oxford University, 2018.
Doniger, Wendy, "Post-modern and -colonial -structural Comparisons." in
　　　Kimberley C. Patton and Benjamin C. Ray, eds., *A Magic Still Dwells:
　　　Comparative Religion in the Postmodern Age,* Calif.: University of

California Press, 2000.

Eaghll, Tenzan, "The Positive Genealogy of J. Z. Smith," in Emily D. Crews and Russell T. McCutcheon, eds., *Remembering J. Z. Smith: A Career and its Consequence,* CT: Equinox Publishing Ltd, 2020.

Evans-Pritchard, Evans E., "Religion," in *The Institutions of Primitive Society: A Series of Broadcast Talks,* by Evans E. Evans-Pritchard and others, Glenco: The Free Press, 1959.

Freiberger, Oliver, "J. Z. Smith on Comparison: Insights and Appropriations," in Emily D. Crews and Russell T. McCutcheon, eds., *Remembering J. Z. Smith: A Career and its Consequence,* CT: Equinox Publishing Ltd, 2020.

Geertz, Armin W., "Long-lost Brothers: On the Co-histories and Interactions Between the Comparative Science of Religion and the Anthropology of Religion," *Numen* 61, March 2014.

Grieve, Pete, "J. Z. Smith: The College's Iconoclastic, Beloved, Chain-Smoking Dean," in Emily D. Crews and Russell T. McCutcheon, eds., *Remembering J. Z. Smith: A Career and its Consequence,* CT: Equinox Publishing Ltd, 2020.

Jensen, Jeppe S., "On How Making Differences Makes a Difference," in Willi Braun and Russell T. McCutcheon, eds., *Introducing Religion: Essays in Honor of Jonathan Z. Smith,* Oakville: Equinox Pub., 2008.

McCutcheon, Russell T, "Introduction: Remembering J. Z. Smith (1938~2017)," in Emily D. Crews and Russell T. McCutcheon, eds., *Remembering J. Z. Smith: A Career and its Consequence,* CT: Equinox Publishing Ltd, 2020.

Paden, William E., "Elements of a New Comparativism." in Kimberley C. Patton and Benjamin C. Ray, eds., *A Magic Still Dwells: Comparative Religion in the Postmodern Age,* Calif.: University of California Press, 2000.

Patton, Kimberley C., "The Magus: J. Z. Smith and "the Absolute Wonder of the Human Imagination"," in Emily D. Crews and Russell T. McCutcheon, eds., *Remembering J. Z. Smith: A Career and its Consequence,* CT: Equinox Publishing Ltd, 2020.

Ramey, Steven and Hughes, Aaron, "Editorial," *Method & Theory in the Study of Religion* 31:1, Feb. 2019.

Schaeffer, Kurtis R., "Citing Smith," in Emily D. Crews and Russell T. McCutcheon, eds., *Remembering J. Z. Smith: A Career and its Consequence,* CT: Equinox Publishing Ltd, 2020.

Smith, Jonathan Z., "The Wobbling Pivot," *The Journal of Religion* 52:2, April 1972.

_____, "Religion, Religions, Religious," in Mark C. Taylor, eds., *Critical Terms for Religious Studies,* Chicago: The University of Chicago Press, 1998.

_____, "The "End" of Comparison: Redescription and Rectification." in Kimberley C. Patton and Benjamin C. Ray, eds., *A Magic Still Dwells: Comparative Religion in the Postmodern Age,* Calif.: University of California Press, 2000.

_____, *Relating Religion: Essays in the Study of Religion,* Chicago: The University of Chicago, 2004.

_____, *On Teaching Religion: Essays by Jonathan Z. Smith,* New York: Oxford University Press, 2013.

_____, Braun, Willi and McCutcheon, Russell T., "Asdiwal: Revue genevoise d'anthropologie et d'histoire des religions: Interview with Jonathan Z. Smith (2010)," in Willi Braun and Russell T. McCutcheon, eds., *Reading J. Z. Smith: Interviews and Essay,* New York: Oxford University, 2018.

_____, "The Chicago Maroon: Interview with Jonathan Z. Smith (2008)," in Willi Braun and Russell T. McCutcheon, eds., *Reading J. Z. Smith: Interviews and Essay,* New York: Oxford University, 2018.

_____, "The Devil in Mr. Smith: A Conversation with Jonathan Z. Smith (2012)," in Willi Braun and Russell T. McCutcheon, eds., *Reading J. Z. Smith: Interviews and Essay,* New York: Oxford University, 2018.

Smith, Wilfred C.. "The Study of Religion and the Study of the Bible," *Journal of the American Academy of Religion* 39:2, June 1971.

Stowers, Stanley, "The Ontology of Religion," in Willi Braun and Russell T. McCutcheon, eds., *Introducing Religion: Essays in Honor of Jonathan Z. Smith,* Oakville: Equinox Pub., 2008.

Urban, Hugh B., "The Poetics and Politics of Comparison: From Revolutionary Suicide to Mass Murder," in Emily D. Crews and Russell T. McCutcheon, eds., *Remembering J. Z. Smith: A Career and its Consequence,* CT: Equinox Publishing Ltd, 2020.

White, David G.. "The Scholar as Mythographer: Comparative Indo-European Myth and Postmodern Concerns," in Kimberley C. Patton and Benjamin C. Ray, eds., *A Magic Still Dwells: Comparative Religion in the Postmodern Age,* Calif.: University of California Press, 2000.

https://www.phrases.org.uk/meanings/268025.html (검색일 2021.11.1)

제2장 정역사상과 대순사상 비교연구

『書經』.
『書經集傳』.
『正易』.
『周易』.
대순진리회,『주문』, 서울: 대순진리회 수도부, 1972.
대순진리회 교무부,『대순지침』, 서울: 대순진리회 교무부, 1984.
_____,『대순진리회요람』, 서울: 대순진리회 교무부, 1969.
_____,『전경』13판, 여주: 대순진리회 출판부, 2010.
태극도 본부,『태극도통감』, 부산: 태극도 본부, 1956.

강돈구,「정역의 종교사적 이해」, 장병길 교수 은퇴 기념 논총간행위원회(편),『한
    국 종교의 이해』, 서울: 집문당, 1985.
_____,「한국 신종교의 역사관」, 강돈구 외,『현대 한국종교의 역사 이해』, 성남:
    한국정신문화연구원, 1997.
금장태,『한국 현대의 유교문화』, 서울: 서울대학교출판부, 2002.
김교빈,「'태극'을 둘러싼 주자학적 이해와 비주자학적 이해의 대립」, 한국철학사
    상연구회(편),『논쟁으로 보는 한국철학』, 서울: 예문서원, 2003.
김만산,「역학상 용어의 개념 정의에 관한 연구(Ⅰ)」,『동양철학연구』17, 1997.
김필수,「"정역사상의 근본 문제와 선후천변화원리에 관한 고찰"에 대한 논평」,『
    종교교육학연구』7, 1998.
김홍철·류병덕·양은용,『한국 신종교 실태조사 보고서』, 익산: 원광대학교 종교
    문제연구소, 1997.
류병덕,「개화기·일제시의 민중종교 사상」,『원불교사상과종교문화』6, 1982.
방동미,『원시 유가 도가 철학』, 남상호 옮김, 서울: 서광사, 1999.
양재학,「서경 홍범사상의 고찰」, 충남대학교 석사학위 논문, 1986.
윤사순,「동양 본체론의 의의」, 한국동양철학회(편),『동양철학의 본체론과 인성
    론』, 서울: 연세대학교 출판부, 1996.
이은성,『역법의 원리분석』, 서울: 정음사, 1985.
이정호,『정역연구』, 서울: 국제대학 출판부, 1983.
_____,『정역』, 서울: 아세아문화사, 1988.
이현중,「'정역'의 한국 사상사적 위상」,『범한철학』20, 1999.
조남호,「주희의 태극 황극론 연구」,『시대와 철학』18-1, 2007.
진래,『주희의 철학』, 이종란 외 옮김, 서울: 예문서원, 2002.

차선근, 「강증산의 대외 인식」, 『동ASIA종교문화연구』 2, 2010.
_____, 「대순진리회 상제관 연구 서설(Ⅰ)－최고신에 대한 표현들과 그 의미들을 중심으로」, 『대순사상논총』 21, 2013.
_____, 「대순진리회의 변천 과정과 무극 태극의 관계」, 『상생의 길』 4, 2016.
_____, 「기문둔갑, 그리고 강증산의 종교적 세계」, 『종교연구』 77-3, 2017.
한동석, 『우주 변화의 원리』, 서울: 대원출판, 2001.
홍범초, 「증산사상에서 易을 어떻게 볼 것인가」, 『신종교 연구』 5, 2001.

村山智順, 『朝鮮の類似宗教』, 京城: 朝鮮總督府, 1935.

제3장 수운과 증산의 종교사상 비교연구

『東經大全』.
『龍潭遺詞』.
단국대학교 동양학연구소, 『漢韓大辭典』 4, 서울: 단국대학교 동양학연구소, 2003.
대순진리회 교무부, 『대순지침』, 서울: 대순진리회 교무부, 1984.
_____, 『대순진리회요람』, 서울: 대순진리회 교무부, 1969.
_____, 『전경』 13판, 여주: 대순진리회 출판부, 2010.
이상호, 『대순전경』 6판, 김제: 동도교 증산교회 본부, 1965.
태극도 본부, 『태극도통감』, 부산: 태극도 본부, 1956.

강돈구, 「신종교연구서설」, 『종교학연구』 6, 1987.
_____, 「한국 신종교의 역사관」, 강돈구 외, 『현대 한국종교의 역사 이해』, 성남: 한국정신문화연구원, 1997.
금장태, 「제천의례의 역사적 고찰」, 『대동문화연구』 25, 1990.
김경재, 「최수운의 신 개념」, 이현희(편), 『동학사상과 동학혁명』, 서울: 청아출판사, 1987.
김낙필 외, 「한국 신선사상의 전개에 관한 연구」, 『도교문화연구』 15, 2001.
김상일, 『수운과 화이트헤드』, 서울: 지식산업사, 2001.
김수인, 「한국 신종교의 선가적 요소」, 『종교연구』 57, 2009.
김승혜, 「한국인의 하느님 관념」, 『종교신학연구』 8, 1995.
김용휘, 「최제우의 시천주에 나타난 천관」, 『한국사상사학』 20, 2003.
_____, 「동학에 나타난 도교적 요소 재검토」, 『도교문화연구』 24, 2006.
김종서, 「동서 종교간 충돌과 현대 한국의 역동적 신앙」, 『종교와 문화』 16, 2009.
김 탁, 「한국 신종교에서 보는 그리스도교」, 『종교신학연구』 6, 1993.
_____, 『한국종교사에서 동학과 증산교의 만남』, 서울: 한누리미디어, 2000.
_____, 「증산교단사에 보이는 도교적 영향」, 『도교문화연구』 24, 2006.

김홍철, 「한국신종교에 나타난 도교사상」, 한국도교사상연구회(편), 『도교사상의 한국적 전개』, 서울: 아세아문화사, 1989.

노길명, 「대순사상에서의 경천·수도의 의미와 성격」, 『대순진리학술논총』 7, 2007.

민영현, 「한국「선(仙)」과 증산사상의 특징 및 그 도교성에 대해-한국인의 생명사상을 중심으로」, 『도교문화연구』 26, 2007.

박경환, 「동학의 신관-주자학적 존재론의 극복을 중심으로」, 『동학학보』 2, 2000.

박용철, 「대원사 공부의 이해에 나타난 종통의 천부성에 대한 고찰」, 『대순회보』 68, 2007.

신진식, 「내단학의 성명쌍수 사상의 현대적 의의」, 『도교문화연구』 27, 2007.

양은용, 「한국도교의 흐름과 신종교」, 『신종교연구』 10, 2004.

윤기봉, 「불교 권화사상의 한국적 전개와 대순사상 연구」, 동국대학교 박사학위논문, 1994.

윤석산, 「동학에 나타난 도교적 요소」, 한국도교사상연구회(편), 『도교사상의 한국적 전개』, 서울: 아세아문화사, 1989.

＿＿＿, 『초기 동학의 역사』, 서울: 신서원, 2000.

＿＿＿, 「천도교 용어에 관한 일고찰」, 『종교연구』 31, 2003.

＿＿＿, 「동학의 개벽사상 연구」, 『한국언어문화』 42, 2010.

윤이흠, 「동학운동의 개벽사상」, 『한국문화』 8, 1987.

이경원, 『한국의 종교사상』, 서울: 문사철, 2010.

이근철, 「『삼일신고』에 나타난 한국 선도의 수행법」, 『도교문화연구』 33, 2010.

이성전, 「동학의 수심정기에 대한 일고찰」, 『도교문화연구』 27, 2007.

이찬구, 「동학의 신관에 관한 문제」, 『종교문화연구』 4, 2002.

이혁배, 「천도교의 신관에 관한 연구」, 『종교학연구』 7, 1988.

임태홍, 「초기 동학교단의 부적과 주문」, 『종교연구』 42, 2006.

장병길, 『대순종교사상』, 서울: 대순종교문화연구소, 1989.

장석만, 「한국 신화 담론의 등장」, 『종교문화비평』 5, 2004.

정재식, 『전통의 연속과 변화』, 서울: 아카넷, 2004.

정혜정, 「동학의 한울님 이해」, 『문명연지』 2-2, 2001

차선근, 「정역사상과 대순사상의 비교연구-우주론을 중심으로」, 『종교연구』 60, 2010.

＿＿＿, 「근대 한국의 신선관념 변용-대순진리회의 지상신선사상을 중심으로」, 『종교연구』 62, 2011.

＿＿＿, 「중국 초기 민간도교의 해원결과 대순진리회의 해원상생 비교연구」, 『종교연구』 65, 2011.

＿＿＿, 「대순진리회 상제관 연구 서설 (Ⅰ)」, 『대순사상논총』 21, 2013.

최동희·이경원,『대순진리의 신앙과 목적』, 포천: 대순사상학술원, 2000.
최수빈,「중국도교의 관점에서 살펴본 동학의 사상과 수행」,『동학학보』20, 2010.
최종성,「동학의 신관과 인간관」,『종교연구』44, 2006.
_____,「조선전기 종교혼합과 반혼합주의」,『종교연구』47, 2007.
표영삼,『동학(Ⅰ)－수운의 삶과 생각』, 서울: 통나무, 2004.
홍범초,『증산교개설』, 서울: 창문각, 1982.

Deal, William E. and Beal, Timothy K., *Theory For Religious Studies,* London: Routledge, 2004.

제4장 대순진리회의 개벽과 지상선경

『道德經』.
『三國遺事』.
『龍潭遺詞』.
『禮記』.
『彌勒經典』, 이종익·무관 역, 서울: 민족사, 1996.
대순진리회 교무부,『전경』13판, 여주: 대순진리회 출판부, 2010.

강돈구,「정역의 종교사적 이해」, 장병길 교수 은퇴 기념 논총간행위원회(편),『한국종교의 이해』, 서울: 집문당, 1985.
_____,「신종교 연구 서설」,『종교학연구』6, 1987.
_____,「한국 신종교의 역사관」, 강돈구 외,『현대 한국종교의 역사이해』, 성남: 한국정신문화연구원, 1997.
_____,「근대 신종교와 민족주의Ⅰ－동학·증산교를 중심으로」, 강돈구 외,『근대성의 형성과 종교지형의 변동Ⅰ』, 성남: 한국학중앙연구원, 2005.
_____,『종교이론과 한국종교』, 서울: 박문사, 2011.
구사회,「미륵사상과 강증산」,『불교어문논집』3, 1998.
김경재,「최수운의 시천주와 역사이해」,『한국사상논총』7, 1975.
김낙필,「도교와 한국 민속」,『민속과 종교』, 서울: 민속원, 2003.
김삼룡,『한국 미륵신앙의 연구』, 서울: 동화출판공사, 1983.
_____,『미륵불』, 서울: 대원사, 2001.
김용휘,「한국 선도의 전개와 신종교의 성립」,『동양철학연구』55, 2008.
김진수,「한국민족종교의 후천개벽사상에 관한 비교연구」, 서울대학교 석사학위논문, 1994.
김 탁,「강증산의 원시반본사상」,『한국종교』18, 1993.
_____,「증산교 상생사상의 특성과 전개과정」,『신종교연구』13, 2005.

김형기, 『후천개벽사상연구』, 파주: 도서출판 한울, 2004.

김홍철, 『한국 신종교 사상의 연구』, 서울: 집문당, 1989.

_____, 「증산교에 나타난 불교사상」, 『석산 한종만박사 화갑기념 한국사상사』, 전북: 원광대학교출판국, 1991.

_____, 「한국 신종교의 미륵신앙」, 『한국사상사학』 6, 1994.

_____, 「근·현대 한국 신종교의 개벽사상 고찰」, 『한국종교』 35, 2012.

나권수, 「한국 신종교의 개벽사상에 관한 고찰-수운, 증산, 소태산을 중심으로」, 『신종교연구』 24, 2011.

노길명, 「한국 신흥종교운동의 사상적 특성」, 『종교·신학연구』 2-1, 1989.

_____, 「한국 근·현대사와 민족종교운동」, 노길명·김홍철 외, 『한국민족종교운동사』, 서울: 민족종교협의회, 2003.

도연명, 『한역 도연명전집』, 차주환 역, 서울: 서울대학교 출판부, 2001.

류병덕, 「한국 신종교의 실상과 그 연구현황」, 『한국종교사연구』 5, 1996.

박광수, 「한국 신종교의 개벽사상 소고」, 『한국종교』 35, 2012.

_____, 『한국 신종교의 사상과 종교문화』, 서울: 집문당, 2012.

서신혜, 『이상세계 형상과 도교서사』, 파주: 한국학술정보, 2006.

송항룡, 『한국도교철학사』, 서울: 성균관대학교 출판부, 1987.

유요한, 「비교종교학 연구의 최근 동향」, 『종교문화연구』 6, 2006.

윤석산, 「용담유사에 나타난 수운의 대외의식」, 『한양어문』 3, 1985.

_____, 「동학의 개벽사상 연구」, 『한국언어문화』 42, 2010.

윤승용, 「한국의 근대 신종교, 근대적 종교로서의 정착과 그 한계-개벽사상을 중심으로」, 『종교문화비평』 22, 2012.

윤이흠, 『한국종교연구 2』, 서울: 집문당, 1991.

이경원, 「한국 근대 신종교에 나타난 선·후천론의 특질」, 『신종교연구』 4, 2001.

_____, 「강증산의 후천개벽론」, 『한국종교』 35, 2012.

이정호, 『정역』, 서울: 아세아문화사, 1988.

이종은·윤석산·정민·정재서·박영호·김응환, 「한국문학에 나타난 유토피아 의식 연구」, 『한국학논집』 28, 1996.

장재진, 『근대 동아시아의 종교다원주의와 유토피아』, 부산: 산지니, 2011.

정재서, 『한국 도교의 기원과 역사』, 서울: 이화여자대학교 출판부, 2006.

조너선 Z. 스미스, 『종교 상상하기』, 장석만 옮김, 서울: 청년사, 2013.

차선근, 「강증산의 대외인식」, 『동ASIA종교문화연구』 2, 2010.

_____, 「정역사상과 대순사상의 비교연구-우주론을 중심으로」, 『종교연구』 60, 2010.

_____, 「근대 한국의 신선 관념 변용」, 『종교연구』 62, 2011.

_____, 「중국 초기 민간도교의 해원결과 대순진리회의 해원상생 비교연구」, 『종교연구』 65, 2011.

_____, 「수운과 증산의 종교사상 비교연구-하늘관과 수행관을 중심으로」, 『종교연구』69, 2012.

_____, 「종교언어로서의 '원시반본(原始返本)' 개념 재검토」, 『대순사상논총』29, 2017.

陳正焱·林其錟, 『中國古代大同思想硏究』, 香港: 中華書局, 1988.

Pals, Daniel L., *Eight Theories of religion,* New York: Oxford University Press, 2006.

Smith, Jonathan Z., *Relating Religion,* Chicago: University of Chicago Press, 2004.

제5장 대순사상과 단군사상 비교연구

『三國遺事』.
『抱朴子』.
대순진리회 교무부, 『포덕교화기본원리(其二)』, 서울: 대순진리회 출판부, 1983.
_____, 『대순진리회요람』, 서울: 대순진리회 교무부, 1969.
_____, 『전경』13판, 여주: 대순진리회 출판부, 2010.
증산도 도전편찬위원회, 『증산도 도전』2판, 대전: 대원출판사, 1996.

강돈구, 「전통사상과 종교간의 대화」, 『종교연구』4, 1988.
_____, 「한국 민족주의와 단군」, 『단군학연구』1, 1999.
고남식, 「구천상제의 강세신화와 지상천국」, 『대순사상논총』15, 2002.
김두진, 『한국고대의 건국신화와 제의』, 서울: 일조각, 1999.
김성환, 「한국 도교의 자연관-선교적 자연관의 원형과 재현」, 『한국사상사학』23, 2004.
김일권, 「17세기 단군 이해의 민족주의적 경향」, 『종교학연구』14, 1995.
_____, 「한국 고대 '仙' 이해의 역사적 변천」, 『종교연구』13, 1997.
김재원, 『단군신화의 신연구』, 서울: 심구당, 1977.
김태곤, 「무속상으로 본 단군신화-단군신화의 형성을 중심으로」, 『사학연구』20, 1968.
김헌선, 『한국의 창세신화』, 서울: 길벗, 1994.
김홍철, 「증산사상과 풍류도」, 『증산사상연구』15, 1989.
_____, 「단군신앙의 실태와 그 특성」, 『단군학연구』1, 1999.
_____, 「증산사상에 나타난 신교적 요소」, 『증산사상연구』22, 2000.
대순진리회 교무부, 「대순진리회」, 『대순회보』38, 1993.
류동식, 『한국무교의 역사와 구조』, 서울: 연세대학교 출판부, 1978.

류승국, 「한국인의 신관」, 장병길 교수 은퇴 기념 논총 간행위원회(편), 『한국종교의 이해』, 서울: 집문당, 1985.

_____, 「광개토대왕비문을 통해서 본 한국고대사상의 원형 탐구」, 『학술원논문집(인문·사회과학편)』 43, 2004.

배종호, 「한국사상의 원류와 증산사상」, 『증산사상연구』 11, 1985.

_____, 「홍익인간사상과 증산의 해원상생사상」, 『증산사상연구』 14, 1988.

범증산교연구원, 『월간 천지공사』 2, 예산: 범증산교연구원, 1988.

서영대, 「단군관계 문헌자료 연구」, 서울대학교 종교문제연구소(편), 『단군-그 이해와 자료』, 서울: 서울대학교 출판부, 1994.

서울대학교 종교문제연구소, 『단군-그 이해와 자료』, 서울: 서울대학교 출판부, 1994.

선우미정, 「교육이념인 '홍익인간'의 유교철학적 고찰」, 『동양철학연구』 70, 2012.

성현경, 「단군신화의 문학적 연구」, 서울대학교 종교문제연구소(편), 『단군-그 이해와 자료』, 서울: 서울대학교 출판부, 1994.

송항룡, 『한국도교철학사』, 서울: 성균관대학출판부, 1987.

송호정, 『단군, 만들어진 신화』, 서울: 도서출판 산처럼, 2005.

양무목, 「종교와 문학을 통한 도통진경 사상의 고찰」, 『대순사상논총』 5, 1998.

_____, 「대순사상과 정치적 민주주의의 실현-4대 종지를 중심으로」, 『대순사상논총』 6, 1998.

오은경, 「오우즈 투르크와 우즈베크 영웅서사시의 상호텍스트성 연구: 「밤스 베이렉」와 『알퍼므쉬』를 중심으로」, 『중동연구』 35-3, 2017.

_____, 「알타이 문화 벨트 투르크 민족들의 구비 영웅서사시와 샤머니즘」, 정석배 외, 『한국 문화 원류와 알타이 신문화 벨트 1』, 성남: 한국학중앙연구원 출판부, 2017.

윤이흠, 『한국종교연구 3』, 서울: 집문당, 1991.

_____, 『한국종교연구 5』, 서울: 집문당, 2003.

윌리엄 페이든, 『비교의 시선으로 바라본 종교의 세계』, 이진구 옮김, 파주: 청년사, 2004.

이명현, 「한국철학의 전통과 과제」, 한국정신문화연구원(편), 『한국의 민족문화』, 성남: 한국정신문화연구원, 1979.

이상훈, 「고대 한국과 알타이 국가 간 건국 및 영웅신화 비교」, 정석배 외, 『한국 문화 원류와 알타이 신문화 벨트 1』, 성남: 한국학중앙연구원 출판부, 2017.

이서행, 『한국윤리문화사』, 성남: 한국학중앙연구원, 2011.

이 욱, 「조선전기 원혼을 위한 제사의 변화와 그 의미」, 『종교문화연구』 3, 2001.

이익주, 「고려후기 단군신화 기록의 시대적 배경」, 『문명연지』 4-2, 2003.

이정립, 『증산교사』, 김제: 증산교본부, 1977.

이찬구, 「단군신화의 새로운 해석 − 무량사 화상석의 단군과 치우를 중심으로」, 『신종교연구』 30, 2014.

이창익, 「종교는 결코 끝나지 않는다 − 조너선 스미스의 종교이론」, 『종교문화비평』 33, 2018.

이필영, 「단군연구사」, 서울대학교 종교문제연구소(편), 『단군 − 그 이해와 자료』, 서울: 서울대학교 출판부, 1994.

이항녕, 「단군사상과 증산사상」, 『증산사상연구』 6, 1980.

_____, 「증산의 우주평화사상 − 후천개벽과 삼계선경화」, 『증산사상연구』 15, 1989.

_____, 「대순사상의 우주사적 의의」, 『대순사상논총』 1, 1996.

_____, 「신인조화사상의 현대적 의의」, 『대순사상논총』 3, 1997.

이현희, 「민족정통사의 원류와 증산사상」, 『증산사상연구』 9, 1983.

임태홍, 「한국 고대 건국신화의 구조적 특징 − 중국과 일본의 신화를 통해서 본」, 『동양철학연구』 52, 2007.

_____, 「단군신화에 나타난 유교적 성격」, 『유교사상연구』 30, 2007.

장병길, 「대순과 그 역사(役事)」, 『대순회보』 2, 1984.

정세근, 「한국 신선 사상의 전개와 분파」, 한국정신문화연구원(편), 『한국고유사상·문화론』, 성남: 한국정신문화연구원, 2004.

정영훈, 「최근의 단군관련 인식혼란과 과제」, 『고조선단군학』 7, 2002.

_____, 「홍익인간사상과 한국문화」, 『민족학연구』 8, 2009.

정재서, 『동아시아 상상력과 민족서사』, 서울: 이화여자대학교 출판부, 2014.

정재식, 『전통의 연속과 변화 − 도전받는 한국 종교와 사회』, 서울: 아카넷, 2004.

조너선 Z. 스미스, 『종교 상상하기: 바빌론에서 존스타운까지』, 장석만 옮김, 파주: 청년사, 2013.

조현범, 「한국종교학의 현재와 미래」, 『종교연구』 48, 한국종교학회, 2007.

차선근, 「근대 한국의 신선 관념 변용 − 대순진리회의 지상신선사상을 중심으로」, 『종교연구』 62, 2011.

_____, 「대순진리회 상제관 연구 서설 (Ⅰ) − 최고신에 대한 표현들과 그 의미들을 중심으로」, 『대순사상논총』 21, 2013.

_____, 「대순진리회의 개벽과 지상선경」, 『신종교연구』 29, 2013.

_____, 「증산계 신종교 일괄기술에 나타난 문제점과 개선 방향」, 『신종교연구』 30, 2014.

_____, 「대순진리회의 변천 과정과 무극 태극의 관계」, 『상생의 길』 4, 2016.

_____, 「종교언어로서의 원시반본 개념 재검토」, 『대순사상논총』 29, 2017.

최근덕, 「한민족의 天사상」, 『유교사상연구』 4·5, 1992.

최동희, 「한국사상의 원류와 증산사상」, 『증산사상연구』 15, 1989.

최문형, 「홍익인간 사상의 다문화주의적 함의」, 『다문화와 평화』 3-1, 2009.

최병헌, 「단군인식의 역사적 변천-고려시대 단군신화 전승 문헌의 검토」, 서울대학교 종교문제연구소(편), 『단군-그 이해와 자료』, 서울: 서울대학교 출판부, 1994.

하정현, 「근대 한국 신화학의 태동-단군 담론을 중심으로」, 『종교연구』 49, 2007.

_____, 「단일민족, 그 신화 형성에 관한 일고찰-종교 가르치기의 한 사례 연구」, 『종교문화비평』 29, 2016.

Smith, Jonathan Z., *Relating Religion*, Chicago: University of Chicago Press, 2004.

제6장 근대 한국의 신선 관념 변용

「武夷九曲歌」.

『史記』.

『三國史記』.

『三國遺事』.

『仙术秘庫』.

『龍潭遺詞』.

『抱朴子』.

『太平經』.

대순진리회 교무부, 『대순지침』, 서울: 대순진리회 출판부, 1984.

대순진리회 교무부, 『대순진리회요람』, 서울: 대순진리회 교무부, 1969.

_____, 『전경』 13판, 여주: 대순진리회 출판부, 2010.

구보 노리타다, 『도교사』, 최준식 옮김, 왜관: 분도출판사, 1990.

김낙필, 「해동전도록에 나타난 도교사상」, 한국도교사상연구회(편), 『도교와 한국사상』, 서울: 범양사, 1988.

김낙필·박영호·양은용·이진수, 「한국신선사상의 전개」, 『도교문화연구』 15, 2001.

김성환, 「초기 도교의 철학사상」, 『중국철학』 7, 2000.

_____, 「한국 도교의 자연관」, 『한국사상사학』 23, 2004.

_____, 「한국의 선도 연구」, 『도교문화연구』 28, 2008.

김승혜, 「도교 상청파의 생명관」, 한국도교문화학회(편), 『도교와 생명사상』, 서울: 국제자료원, 1998.

김용휘, 「동학에 나타난 도교적 요소 재검토」, 『도교문화연구』 24, 2006.

_____, 「한국 선도의 전개와 신종교의 성립」, 『동양철학연구』 55, 2008.

김일권, 「전통시대의 삼교 교섭과 공존의 문화-고려시대의 다종교상황을 중심

　　　　으로」, 『한국문화와 종교적 다양성』, 성남: 한국정신문화연구원, 2003.

_____, 「진한대 방사의 성격과 방선도 및 황로학의 관계 고찰」, 『동국사학』 44, 2008.

김　탁, 「증산교단사에 보이는 도교적 영향」, 『도교문화연구』 24, 2006.

김현주, 「고소설과 문인산수화의 도인, 그 심리적 의미와 도가적 사유체계」, 『시학과 언어학』 12, 2006.

김홍철, 「한국 신종교에 나타난 도교사상」, 『도교사상의 한국적 전개』, 서울: 아세아문화사, 1989.

楠山春樹, 「도가사상과 양생설과 신선사상」, 『도교학연구』 11, 1993.

대순종교문화연구소 편집, 『훈시』, 미발행.

대순진리회 교무부, 「도전님 연두훈시」, 『대순회보』 29, 1992.

_____, 「혈식천추도덕군자」, 『대순소식』 4, 2004.

박규태, 「일본 신도와 도교: 천황 및 이세신궁과의 연관성을 중심으로」, 『종교연구』 76-1, 2016.

박대복, 「『삼국유사』 소재 김유신 설화의 巫 관념과 天 관념」, 『한국민속학』 44, 2006.

박병석, 「중국의 국가, 국민 및 민족 명칭 고찰」, 『사회이론』 26, 2004.

송항룡, 『한국도교철학사』, 서울: 성균관대학교 출판부, 1987.

원　양, 『중국의 종교문화』, 박미라 옮김, 서울: 도서출판 길, 2000.

윤석산, 「동학에 나타난 도교적 요소」, 『도교사상의 한국적 전개』, 서울: 아세아문화사, 1989.

윤찬원, 「도교 권선서에 나타난 윤리관에 관한 연구」, 『도교문화연구』 29, 2008.

이경원, 『한국의 종교사상』, 서울: 문사철, 2010.

잔스촹, 「대순사상의 인문정신과 인류평안의 이념」, 『대순사상논총』 21, 2013.

장언푸, 『한 권으로 읽는 도교』, 김영진 옮김, 서울: 웅진씽크빅, 2008.

전세영, 『공자의 정치사상』, 서울: 인간사랑, 1992.

정규훈, 『한국의 신종교-동학·증산교·대종교·원불교의 형성과 발전』, 서울: 서광사, 2001.

정귀화, 「순자의 군자론에 대한 연구」, 『부산정치학회보』 7, 1997.

정세근, 「한국 신선사상의 전개와 분파」, 『한국 고유사상·문화론』, 성남: 한국정신문화연구원, 2004

정재서, 『한국 도교의 기원과 역사』, 서울: 이화여자대학교출판부, 2006.

조흥윤, 『한국종교문화론』, 서울: 동문선, 2002.

차주환, 『한국의 도교사상』, 서울: 동화출판공사, 1984.

최삼룡, 「선인설화로 본 한국 고유의 선가에 대한 연구」, 한국도교사상연구회(편), 『도교와 한국사상』, 서울: 범양사, 1988.

최운식, 「신선 설화의 전승 양상과 한국인의 의식」, 『한국민속학』 44, 2006.

표영삼, 『동학(1) - 수운의 삶과 생각』, 서울: 통나무, 2004.

勞思光, 『中國哲學史』, 台北: 三民書局, 1981.

제7장 중국 초기 민간도교의 해원결과 대순진리회의 해원상생 비교연구

『太平經合校』, 北京: 中華書局出版, 1997.
대순진리회 교무부, 『대순진리회요람』, 서울: 대순진리회 교무부, 1969.
_____, 『전경』 13판, 여주: 대순진리회 출판부, 2010.

강돈구, 「신종교연구서설」, 『종교학연구』 6, 1987.
구보 노리타다·니시 준조, 『중국종교사』, 조성을 옮김, 서울: 한울, 1990.
김낙필, 「도교와 한국 민속」, 『민속과 종교』, 서울: 민속원, 2003.
김성환, 「초기 도교의 철학 사상」, 『중국철학』 7, 2000.
김열규, 「원한의식과 원령신앙」, 『증산사상연구논문집』 5, 1979.
김 탁, 「증산교단사에 보이는 도교적 영향」, 『도교문화연구』 24, 2006.
김홍철, 『한국 신종교 사상의 연구』, 서울: 집문당, 1989.
_____, 「한국 신종교에 나타난 도교사상」, 『도교사상의 한국적 전개』, 서울: 아세
아문화사, 1989.
노길명, 『한국신흥종교연구』, 서울: 경세원, 2003.
박금규, 「유교사상과 증산교사상의 소고」, 『한국종교사연구』 10, 2002.
박문현, 「태평경과 묵자의 경세사상」, 『도교학연구』 12, 1993.
박용철, 「전경에 나타난 원의 본질과 구조」, 『대순사상논총』 1, 1996.
오문환, 「강증산의 '해원상생'의 의의와 한계」, 『정치사상연구』 4, 2001.
오상훈, 「『태평경』과 후한 도교운동의 전개」, 『역사학보』 97, 1983.
윤찬원, 「태평경에 나타난 도교사상 연구」, 서울대학교 박사학위논문, 1992.
_____, 「도교 권선서에 나타난 윤리관에 관한 연구」, 『도교문화연구』 29, 2008.
이경원, 「대순진리회의 '상생' 이념에 관한 연구」, 『신종교연구』 13, 2005.
_____, 「대순진리회의 해원 이념에 관한 연구」, 『대순진리학술논총』 4, 2009.
이 욱, 「조선 전기 원혼을 위한 제사의 변화와 그 의미」, 『종교문화연구』 3, 2001.
정재서, 「『태평경』의 성립 및 사상에 관한 시론」, 『인문과학논집』 59-1, 1991.
_____, 「한국 도교의 고유성」, 『한국 전통사상의 특성 연구』, 성남: 한국정신문화
연구원, 1995.
정재식, 『전통의 연속과 변화』, 서울: 아카넷, 2004.
진성규, 「증산의 해원상생관에 대한 고찰」, 『증산사상연구』 16, 1990.
차선근, 「상극에 따른 원한으로 진멸지경에 처한 세상」, 『대순회보』 65, 2006.
_____, 「강증산의 대외 인식」, 『동ASIA종교문화연구』 2, 2010.

_____, 「대순진리회의 변천 과정과 무극 태극의 관계」, 『상생의 길』 4, 2016.
천도교중앙총부 교서편찬위원회, 『천도교 약사』, 서울: 천도교중앙총부, 2006.
최수빈, 「중국도교의 관점에서 살펴 본 동학의 사상과 수행」, 『동학학보』 20, 2010.
최종고, 「갈등과 해원의 법사상」, 『사회이론』 14, 1995.
최준식, 「왕중양과 강증산의 삼교합일주의」, 『종교연구』 5, 1989.
한국종교연구회, 『한국 신종교 조사 연구보고서』, 1996.

陳靜, 「太平經中的承負報應思想」, 『宗教學研究』 2, 四川大學, 1986.

제8장 무속과 증산의 해원사상 비교로 본 대순사상 연구 관점의 문제

대순진리회 교무부, 『대순지침』, 서울: 대순진리회 출판부, 1984.
_____, 『대순진리회요람』, 서울: 대순진리회 교무부, 1969.
_____, 『전경』 13판, 여주: 대순진리회 출판부, 2010.
_____, 『포덕교화 기본원리(其二)』, 여주: 대순진리회 출판부, 2003

감사원, 「신도(神道)와 해원(解冤)에 대한 바른 이해」, 『대순회보』 86, 2008.
강돈구, 『종교이론과 한국종교』, 서울: 박문사, 2011.
김열규, 「원한의식과 원령신앙」, 『증산사상연구』 5, 1979.
김호성, 「불교 경전이 말하는 미륵사상」, 『동국사상』 29, 1998.
김홍철, 「모악산하 민중종교운동의 발생 원인에 관한 연구」, 『한국종교사연구』 5, 1996.
박일영, 「샤머니즘에서 본 마음」, 원광대학교 마음인문학연구소(편), 『종교, 마음을 말하다』, 고양: 공동체, 2013.
베네데토 크로체, 『미학』, 권혁성·박정훈·이해완 옮김, 성남: 북코리아, 2017.
윌프레드 캔트웰 스미스, 『종교의 의미와 목적』, 길희성 옮김, 경북: 분도출판사, 1991.
이능화, 『조선무속고』, 서영대 역주, 파주: 창비, 2008.
이봉호, 「『전경』에 나타난 '미륵'의 성격」, 『대순사상논총』 26, 2016.
이영금, 『(호남지역 巫문화)해원과 상생의 퍼포먼스』, 서울: 민속원, 2011.
_____, 「무속 사상과 증산 사상의 상관성」, 『한국무속학』 28, 2014.
정 발, 『(증보)대순전경 해설』, 이리: 원광사, 1990.
조성제, 『무속에 살아있는 우리 상고사』, 서울: 민속원, 2005.
차선근, 「현대사회와 무속의례」, 『종교연구』 72, 2013.
_____, 「한국종교의 해원사상 연구」, 한국학중앙연구원 박사학위 논문, 2021.
최길성, 「한의 상징적 의미」, 『비교민속학』 4, 1989.
최종성, 「무의 치료와 저주」, 『종교와 문화』 7, 2001.

최준식,「왕중양과 강증산의 삼교합일주의」,『종교연구』5, 1989.

_____,「증산의 가르침에 나타나는 혼합주의의 구조」,『종교·신학연구』2, 1989.

Hans G. Kippenberg, "In Praise of Syncretism: The Beginnings of Christianity Conceived in the Light of a Diagnosis of Modern Culture," in Anita M. Leopold and Jeppe S. Jensen, eds., *Syncretism in Religion: A Reader*, New York: Routledge, 2004.

제9장 증산계 종교 일괄기술에 나타난 문제점과 개선 방향

대순진리회,『주문』, 서울: 대순진리회 수도부, 1972.
대순진리회 교무부,『대순진리회요람』, 서울: 대순진리회 교무부, 1969.
_____,『전경』13판, 여주: 대순진리회 출판부, 2010.
동도교 보화교회,《보화》창간호, 김제: 동도교 보화교회본부, 1965.
_____,『대도진법』, 김제: 동도교 보화교회 출판부, 필사본, 1967.
보천교 중앙본소,《보광》창간호, 정읍: 보천교 중앙본소, 1923.
보화교 본부,『보화교와 신앙체계』, 김제: 보화교 본부, 필사본, 1957.
이상호,『대순전경』6판, 김제: 동도교 증산교회 본부, 1965.
증산교본부,『증산교요령』, 김제: 증산교본부, 1990.
증산도 도전편찬위원회,『도전』, 서울: 대원출판사, 1996.

강돈구,「신종교 연구 서설」,『종교학연구』6, 1987.
_____,『종교이론과 한국종교』, 서울: 박문사, 2011.
고민환,『선정원경』, 필사본, 발행년도 미상.
김승혜 등,『종교학의 이해』, 경북: 분도출판사, 1986.
김열규,「원한의식과 원령신앙」,『증산사상연구』5, 1979.
김 탁,「증산교의 교리 체계화 과정」, 한국정신문화연구원 석사학위 논문, 1986.
_____,『증산교학』, 서울: 미래향 문화, 1992.
김용휘,「동학에 나타난 도교적 제요소 검토」,『도교문화연구』24, 2006.
김형기,『후천개벽사상연구』, 파주: 한울, 2004.
김홍철·류병덕·양은용,『한국 신종교 실태조사 보고서』, 익산: 원광대학교 종교 문제연구소, 1997.
나권수,「대순진리회의 이상사회론 연구」,『대순사상논총』21, 2013.
노길명,『한국신흥종교연구』, 서울: 경세원, 2003.
_____,「증산의 개벽사상과 한국의 미래」, 한국민족종교협의회(편),『민족종교 의 개벽사상과 한국의 미래』, 서울: 한국민족종교협의회, 2004.
문화공보부,『한국 신흥 및 유사종교 실태조사 보고서』, 서울: 문화공보부, 1970.

문화체육부, 『한국종교의 의식과 예절』, 서울: 화산문화, 1996.

박용철, 「대원사 공부의 이해에 나타난 종통의 천부성에 대한 고찰」, 『대순회보』 68, 2007.

배용덕·임영창, 『증산신학개론(中·下)』, 서울: 증산사상연구회, 1984.

범증산교연구원, 『월간 천지공사』 3, 예산: 범증산교연구원, 1988.

_____, 『월간 천지공사』 5, 예산: 범증산교연구원, 1989.

_____, 『월간 천지공사』 6, 예산: 범증산교연구원, 1989.

_____, 『월간 천지공사』 25, 예산: 범증산교연구원, 1990.

_____, 『월간 천지공사』 31, 예산: 범증산교연구원, 1991.

_____, 『월간 천지공사』 45, 예산: 범증산교연구원, 1992.

_____, 『월간 천지공사』 48, 예산: 범증산교연구원, 1992.

_____, 『월간 천지공사』 49, 예산: 범증산교연구원, 1993.

안경전, 『관통 증산도 1』, 서울: 대원출판사, 1993.

안 신, 「조나단 스미스의 종교 현상학 연구-형태론과 비교론을 중심으로」, 『철학과 현상학 연구』 34, 2007.

안후상, 「보천교운동 연구」, 성균관대학교 석사학위 논문, 1992.

오경환, 『종교사회학』, 파주: 서광사, 1990.

윤이흠, 「민족종교-민족종교의 사회변화에 대한 대응태도를 중심으로」, 한국정신문화연구원 인문연구실(편), 『사회변동과 한국의 종교』, 성남: 한국정신문화연구원, 1987.

_____, 『한국종교연구 3』, 서울: 집문당, 1991.

이강오, 「한국 신흥종교에서 보는 도교와 불로장생」, 한국도교사상연구회(편), 『도교와 한국사상』, 서울: 범양사, 1988.

_____, 『한국신흥종교총람』, 서울: 대흥기획, 1993.

이성전, 「동학의 수심정기에 대한 일고찰」, 『도교문화연구』 27, 2007.

이재헌, 「한국 신종교의 현재와 미래」, 『종교연구』 68, 2012.

이정립, 『대순철학』, 김제: 증산교본부 교화부, 1947.

_____, 『증산교사』, 김제: 증산교본부, 1977.

장재진, 『근대 동아시아의 종교다원주의와 유토피아』, 부산: 산지니, 2011.

정규훈, 『한국의 신종교』, 서울: 서광사, 2001.

차선근, 「강증산의 대외 인식」, 『동ASIA종교문화연구』 2, 2010.

_____, 「중국 초기 민간도교의 해원결과 대순진리회의 해원상생 비교연구」, 『종교연구』 65, 2011.

_____, 「대순진리회의 현재와 미래-포덕을 중심으로」, 『한국종교의 확산전략』, 파주: 한국학술정보, 2012.

_____, 「대순진리회의 역사와 교리」, 『동아시아 신종교의 흥기와 전파 그리고 현대사회』, '한국 대순진리회와 대만 일관도의 종교대화 학술대회' 발표집,

2012.5.25.

_____, 「현대사회와 무속의례－해원상생굿의 출현과 그 의미를 중심으로－」, 『종교연구』 72, 2013.

_____, 「대순진리회의 개벽과 지상선경」, 『신종교연구』 29, 2013.

_____, 「대순진리회 상제관 연구 서설(Ⅱ)」, 『대순사상논총』 23, 2014.

_____, 「대순진리회의 변천 과정과 무극 태극의 관계」, 『상생의 길』 4, 2016.

최종성, 「동학의 신학과 인간학」, 『종교연구』 44, 2006.

최준식, 「왕중양과 강증산의 삼교합일주의」, 『종교연구』 5, 1989.

_____, 「증산의 가르침에 나타나는 혼합주의의 구조」, 『종교·신학연구』 2, 1989.

한국민족종교협의회, 『한국 민족종교 총람』, 서울: 한국민족종교협의회, 1992.

한국종교사회연구소, 『한국종교연감』 제2권, 서울: 고려한림원, 1994.

한국종교연구회, 『한국 신종교 조사연구 보고서』, 한국종교연구회, 1996.

홍범초, 「증산종단 교리 통일에 관한 연구」, 『증산종단신도회 제5회 강좌』, 1977.

_____, 『증산교개설』, 서울: 창문각, 1982.

_____, 『범증산교사』, 예산: 범증산교연구원, 1988.

_____, 『증산교 첫걸음』, 서울: 한누리, 1989.

_____, 「증산종단의 초교파운동」, 『한국종교사연구』 9, 2001.

Smith, Jonathan Z., *Imaging Religion: Essays in the Study of Religion,* Chicago: The University of Chicago, 2004.

증산도 홈페이지(http://www.jsd.or.kr, 접근일 2013년).

제10장 대순사상의 정체성과 그 연구자료 문제

『書經』.

대순진리회 교무부, 『대순진리회요람』, 서울: 대순진리회 교무부, 1969.

_____, 『전경』 13판, 여주: 대순진리회 출판부, 2010.

이상호, 『대순전경』 6판, 김제: 동도교 증산교회 본부, 1965.

김방룡, 「증산사상의 연구 동향과 대순사상의 학문적 과제」, 『대순사상논총』 20, 2009.

대순진리회 교무부, 「인간이신 증산을 상제님으로 믿는 이유」, 『대순회보』 74, 2007.

박용철, 「대원사 공부의 이해에 나타난 종통의 천부성에 대한 고찰」, 『대순회보』 68, 2007.

배용덕·임영창, 『증산사상연구 10 : 증산신학개론(중·하)』, 서울: 태광문화사, 1984.

윤승용, 「신종교의 경전에 대한 개설」, 『신종교연구』 16, 2007.
_____, 「서세동점과 동세서점의 차이」, 한국종교문화연구소(편), 『종교문화의 안과 밖』, 서울: 모시는 사람들, 2021.
윤이흠, 『한국종교연구』 3, 서울: 집문당, 1991.
이강오, 「한국 신흥종교에서 보는 도교와 불로장생」, 한국도교사상연구회(편), 『도교와 한국사상』, 서울: 범양사, 1988.
이경원, 「대순사상 연구의 현황과 전망」, 『대순사상논총』 20, 2009.
차선근, 「대순진리회와 감천 태극도장의 사상 비교」, 『대순회보』 109, 2010.
_____, 「대순진리회의 개벽과 지상선경」, 『신종교연구』 29, 2013.
_____, 「대순진리회 상제관 연구 서설 (Ⅰ)」, 『대순사상논총』 21, 2013.
_____, 「증산계 일괄기술에 나타난 문제점과 개선방향」, 『신종교연구』 30, 2014.
_____, 「대순사상과 단군사상 비교연구」, 『대순사상논총』 31, 2018.
홍범초, 「도조(道祖) 증산대성(甑山大聖)의 생애」, 《월간 천지공사》 1, 1988.
_____, 「증산종단 경전성립사 연구」, 『한국종교사연구』 3, 1995.

Jorgensen, John, "Taesunjillihoe," in Lukas Pokorny and Franz Winter, eds., *Handbook of East Asian New Religious Movements,* Leiden: Brill. 2018.
Yongbok, Yoon and Introvigne, Massimo, "Problems in Researching Korean New Religions: A Case Study of Daesoon Jinrihoe," *The Journal of CESNUR* 2:5, September-October 2018.